JN223492

Spikes
Exploring the Neural Code
神経コーディング

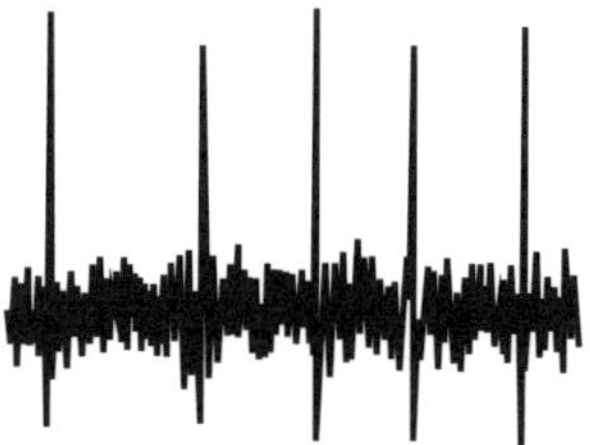

Fred Rieke
David Warland
Rob de Ruyter van Steveninck
William Bialek［著］

山﨑 匡／倉重宏樹［訳］
Tadashi Yamazaki / Hiroki Kurashige

森北出版

SPIKES: Exploring the Neural Code
by Fred Rieke, David Warland, Rob de Ruyter van Steveninck, and William Bialek

Japanese translation published by arrangement with The MIT Press
through The English Agency (Japan) Ltd.

家族へ

序文

本書は，神経系が感覚信号をどのように表現，あるいはコーディングするのかを記したものである．私たちの動機は，定量的な解析手法を用いて神経コードの問題に取り組むことにある．特に，ニューロンの特性を絶対的な尺度で記述し，ニューロンが感覚世界に関して脳に伝えている直観的な概念を，正確に捉えたいと考えている．

神経コードに関する文献はすでに膨大に存在しているが，本書はその総まとめや百科事典的な内容を目指すものではない．むしろ，私たちはごく少数の特定の問題のみを扱う．1.2 節では問題を定義し，1.3 節でその答えに関する 3 つの主張を提出する．続く章では，これらの主張に関連するアイデアやデータ，さらにそれらを裏付ける事例をとりあげる．

神経コードに関する私たちの問題設定は，確率統計，情報理論，信号処理の概念を用いて述べられる．その背後には，これらの概念と統計力学や熱力学との類似性がある．これらの概念は，問題を記述する共通言語であると同時に，実験のデザインや解析の具体的なツールとしても重要である．

このアプローチは，神経計算に関連する問題を扱う物理学者，数学者，工学者にとって魅力的だと期待している．しかし，本書はこの読者層だけを対象としているわけではない．実際のニューロンを用いた実験のデザインや解析についても詳述しているため，実験室での研究に従事する神経生物学者にも注目してほしい．この試みの中で，新しいアイデアや数学的ツールを説明する際には，実際のニューロンから得られたデータを参照する．そのため，本書に登場する図の大部分は，実際のデータに基づいている．

理論と実験を緊密に結び付けるため，本書では，一般的な議論と，初めての読者には不要な細部や計算とを明確に区別する．実験や計算機シミュレーションとは異なり，本文中の数学的な内容は，読者が手を動かして検証可能である．この検証を通じて理解を深め，直観を育てることができる．しかし，すべての計算を追うのは疲れるかもしれない．そこで，計算の詳細は「数学的側面」としてまとめた．多くの読者にはこの付録も参照してもらいたいが，細部を探ることなく本文の内容を楽しめるようにした．

訳者まえがき

名著「Spikes: Exploring the neural code」の日本語訳をここにお届けします．

本書は，スパイクによる脳の情報表現と情報処理の仕組みを解説した専門書です．堅固な理論的背景に基づいた，スパイク列を解析するための様々な手法を紹介しています．基礎的な内容ですが平易ではない，読み応えのある本です．

前世紀末に出版され，もはや古典に分類される本書ですが，その内容は現在でも有効です．なぜなら，本書で用いられている手法は数学であり，数学は古くならないからです．むしろメゾスコピックレベルでの大規模計測・大規模シミュレーションが可能になり，スパイクによる情報処理メカニズムの解明に手が届きそうないまこそ，広く読まれるべきものと確信します．

翻訳にあたっては，通常の誤字脱字の修正はもちろんのこと，すべての式変形を一行一行チェックし，できるだけ間違いを修正しました[◆1]．結果的に，原著よりもはるかに正確な記述となりましたが，まだ間違いが残っている可能性は否定できません．ぜひ腕だめしをしてみてください[◆2]．

また式の理解をより進めるために，手を動かして楽しめるプログラムを用意しました．楽しんでいただけたらと思います．

https://www.morikita.co.jp/books/mid/085081

ニューロンはなぜ／どのようにしてスパイクを使うのか？ を理解するための一助になれば幸いです．

May the spikes be with you.

2024 年 10 月吉日

訳者一同

◆1　見切り発車で作業を開始したら，公式の正誤表が存在しないことが後に発覚（！）したため，そうせざるを得ませんでした．

◆2　そして間違いを見つけたら，そっとやさしく教えてください．

謝辞

私たちは幸運にも多くの人々と協働する機会を得て，本書で議論する問題に対する考えを形成することができた．彼らの名前の多くは本文中に現れる．ここで彼らの名前を列挙し，共同作業の楽しさを思い出すとともに，あらためて感謝の意を示すこととする．D. A. Bodnar, R. R. Capranica, R. H. Carlson, M. DeWeese, W. Hare, R. Koberle, M. Landolfa, S. B. Laughlin, B. P. M. Lenting, G. Lewen, E. R. Lewis, H. A. K. Mastebroek, M. Meister, J. P. Miller, R. Miller, K. T. Moortgat, W. G. Owen, M. Potters, D. L. Ruderman, S. Smirnakis, N. Socci, S. Strong, J. Vrieslander, W. Yamada, W. H. Zaagman, A. Zee.

何かを正しいと考える，あるいは面白いと自分自身を納得させることは，時に非常に簡単である．幸運にも，私たちは，そう簡単には説得できない多くの友人や同僚に恵まれた．彼らとの議論（口論？）は，私たちのアイデアやプレゼンテーションを研ぎ澄ますための重要な役割を果たしてきた．私たちはロースクールの出身はないので，これ以上彼らから同意を引き出すのは難しい．よって，アイデアの利用は自己責任でお願いしたい．再びここで彼らの名前を挙げ，多くの楽しい議論を思い出すとともに，感謝の意を示す．J. J. Atick, H. B. Barlow, D. A. Baylor, W. Bruno, E. J. Chichilnisky, M. Crair, S. DeVries, H. Duifhuis, B. Edin, J. H. van Hateren, P. I. M. Johannesma, J. S. Joseph, A. J. Libchaber, L. Kruglyak, J. W. Kuiper, J. N. Onuchic, D. Seligson, A. Simon, D. G. Stavenga, G. Zweig.

本を書いていると，時折，この労力が報われるのだろうかと疑問に思うことがある．そのため，原稿の草稿を求める同僚の存在は，多くの読者がこの本に関心をもっているという錯覚を与えてくれた．彼らが実際にどれだけ興味をもっているかはわからないし，単に礼儀正しく本音を言わないだけなのかもしれないが，有益なフィードバックを提供してくれたことに感謝する．H. B. Barlow, C. D. Bialek, K. Miller, T. J. Sejnowski. The MIT Press の匿名の査読者の中には，詳細なレビューを提供してくれる者もいた．その内容は大変有益であった．提供されたフィードバックには相反する意見もあったため，私たちの返答がすべての査読者を満足させるものではないかもしれないが，提供された各コメントに基づき，できる限り文章の修正を行った．他の本の著者も同様に，思慮深い査読者に恵まれることを願っている．

執筆過程で私たちは，「ほぼ完成」と「完成」の間に大きな違いがあることを痛感した．私たちの忍耐強い家族でさえ，この大きな差に気づくこととなった．そのような「ほぼ完成」の原稿を読み，コメントしてくれた方々に感謝する．D. A. Baylor, M. Kvale, K. Miller．彼らの貢献は短期間でありながらも，非常に価値があった．

本書の執筆中，F. R. は，国立衛生研究所の助成金の一部により，シカゴ大学とスタンフォード大学で博士研究員のポジションを得た．D. W. は海軍研究事務所の助成金の一部により，ハーバード大学で博士研究員のポジションを得た．本書の執筆が研究室での仕事の妨げになったときにも支援し励ましてくれた，D. A. Baylor, M. Meister, E. A. Schwartz にも感謝する．R. d. R. v. S. と W. B. は NEC 研究所での在籍中，NEC から多大なる支援を受けた．特に，このプロジェクトに関心をもち，NEC 研究所が楽しく生産的な場所となるよう支えてくれた，J. A. Giordmaine に感謝する．

この本の完成には，2 人の同僚の支援が不可欠だった．Mary Anny Rich と Allan Schweitzer は，本に関連する多くの仕事をサポートするだけでなく，私たちが執筆に没頭している間も他の仕事が回るようにしてくれた．その尽力と変わらぬユーモアに，心からの感謝を捧げる．

この本のアイデアは，The MIT Press の編集者 Fiona Stevens との会話から始まった．この間何年経ったのかもわからないが，彼女は私たちを励まし，叱咤し，同情し，決して忍耐を失わなかった．この本の出版をもたらした，彼女のすべての協力に感謝する．

ここで触れずにはいられないのが，E. D. Adrian 教授の Waynflete 記念講演「知覚の物理的背景」である．その講演における生理学的な研究の成果は，物理学における現実の意味に関する私の考えと非常に一致しているように思えるからだ．具体的には，脳が受け取るメッセージは，外部の刺激とは大きく異なっており，このメッセージは，神経線維を通して伝達され，一定の強度と周波数のパルスとして皮質の特定の場所に到達する．脳が「学習」（ここで「大脳半球に高々と居座る小さなホブゴブリンの醜い姿」のような，問題のある言い方をあえてしよう）するのは，このパルスの分布や「地図」に基づいている．そして，これらの情報をもとに，組合せ数学の複雑な過程を経て，私たちの知覚する世界のイメージが作り上げられる．中立的な様々な信号から，日常の体験の世界を形成する不変的な形や関係が抽出されるのである．

M. Born (1949)

目次

第 1 章

導入

都会暮らしと田舎暮らしの 2 人の友人が日常生活の体験を語り合う．田舎の友人は，そよ風にゆれる麦畑，春の甘い香り，鳥のさえずりなど，牧歌的イメージを思い描く．都会の友人は，駅から出てくる何千もの人々，交通渋滞のにおい，ストリートミュージシャンのドラムのビートなどを思い浮かべる．これらの感覚的体験は人それぞれであるが，共通して，私たちの体験は感覚神経から脳への生データに基づいている．このデータは同じ標準的な形式，すなわち活動電位または「スパイク」とよばれる，一定の電圧パルスのシーケンスで表される．

ものを見るとき，私たちは網膜に映る光の強さを解釈するのではなく，視神経の百万個の細胞が脳に送るスパイクのパターンを解釈している．音を聞くとき，私たちは音の波形を特徴付ける振幅や周波数の変調を解釈するのではなく，およそ 3 万本の聴覚神経線維からのスパイクのパターンを解釈している．入力された感覚信号を処理する際に私たちの脳が行う無数の仕事は，このようなスパイクのシーケンスとともに始まる．その計算結果を実行に移すとき，脳は運動ニューロンにスパイクのシーケンスを送り出す．スパイクシーケンスは脳が耳を傾ける言語であり，脳が内的な思索に用いる言語であり，脳が外界に語りかける言語である．

スパイクが脳の言語であるならば，私たちはその辞書を作りたい．辞書の構造はどうなるだろう，おそらくは類語辞典のようなものになるだろうか．また言語として，個々の単語の意味に影響を与えるような文脈の概念があるかを知りたい．そしてもちろん，言語学的なアナロジーを用いていること自体が妥当かどうかも知りたい．これらの問いを正確に定式化するためには，長い道のりを歩まなければならない．手始めに，2 世紀以上昔の事からとりかかろう．

1.1 古典的な結果

感覚神経の電気的活動によって感覚世界がどのように表現されるのかを理解する際の妨げとなるのは，まず何よりも，その活動を記録する能力の限界である．実際，神経の電気的活動に関する実験の歴史は，より一般的には電気の測定の歴史であるともいえる．今日私たちが理解している電気の科学は，Galvani と Volta によって 1700 年代に始まった (Pera 1986)．Galvani は，カエルの筋肉が金属片に触れると痙攣(けいれん)することを観察し，その金属が筋肉に「動物電気」をもたらすと考えた．Volta は，その電気は金属片が接触した部分で発生するもので，同様の効果は異なる無機物どうしを接触させても得られるはずだと考えた．Volta は正しく，彼のアイデアは現在私たちがボルタ電池とよんでいる，世界で最初の電池を生み出した．電気が動物に由来するものではないという事実は，生気論◆1 の棺桶に打ち込まれた最初の釘となった．

Galvani と Volta は巨視的な計測を行った．彼らの生物学的な実験標本は筋肉の大きな一片，ときには筋肉丸ごとであり，現在私たちが筋肉の構成要素として知っている単一の筋線維ではなかった．身体が細胞からできているという考え方は，19 世紀の顕微鏡学者たちの努力から生まれたものであり，その頂点として，Ramón y Cajal による脳の細胞構築に関する美しい見解が生まれた (Cajal 1909–1911)．このような神経系のより微細な構造が明らかになるにつれ，個々の細胞の活動が私たちの知覚にどのように関係するのかが，自然と問われるようになった．Müller は特殊神経エネルギー (specific nerve energy) 説を提唱し，感覚刺激は任意の神経線維ではなく，ある特定の神経線維がその刺激によって活性化されることによって特徴付けられるとした (Boring 1942)．この見解の証拠として，Helmholtz は自身の内耳の分析に基づき，蝸牛螺旋(かぎゅうらせん)管上で異なる位置にある細胞は，異なる周波数の音刺激に対して感受的であることを論じた (Helmholtz 1885)．19 世紀後半に行われたこのような議論は，現在私たちが神経系について考える際の基盤を形成している．皮質の計算マップ上にあるニューロンの配列が，入力信号を様々な構成要素に分解していると論じた論文を読むと (Knudsen, du Lac, Esterly 1987)，聴覚神経線維の配列が音を周波数成分に分解することに気づいた Helmholtz を思い起こさせる．

Helmholtz と Müller のアイデアを検証するには，神経束の全体の活動ではなく，**個々の**感覚ニューロンの電気的活動を直接観察する必要がある．しかし，個々の細胞からの電気信号は，少なくとも細胞外の観察者から見ると，非常に小さい．この小さな信号を拾うためには，ノイズの少ない新しい増幅法が必要で，20 世紀の最初の 10 年間は真空管がそれを担ってきた．Lucas (1917) は，この新しい素子をケンブリッジ大学で使い，数キロヘルツの帯域幅でマイクロボルトの信号を記録する装置を開発した．この実験はオシロスコープが登場する以前のことであり，サブミリ秒の信号を表示すること

◆1 訳注：vitalism．「生命に非生物にはない特別な力を認める」とする学問．

さえ大きな問題であったことを忘れてはならない．この問題の解決策を，装置の概略とともに**図 1.1** に示す．Lucas は残念なことに若くして亡くなり，この装置を使う仕事は E. D. Adrian に託された．約 10 年かけて，Adrian は今日私たちが知っている神経コードの問題に関して多くを理解した．それとは独立に，H. K. Hartline も同様の発見を多数行った．以下では，まず Adrian が示した推論に従って話を進め，その後 Hartline の観測におけるいくつかの特別な特徴についても触れる．

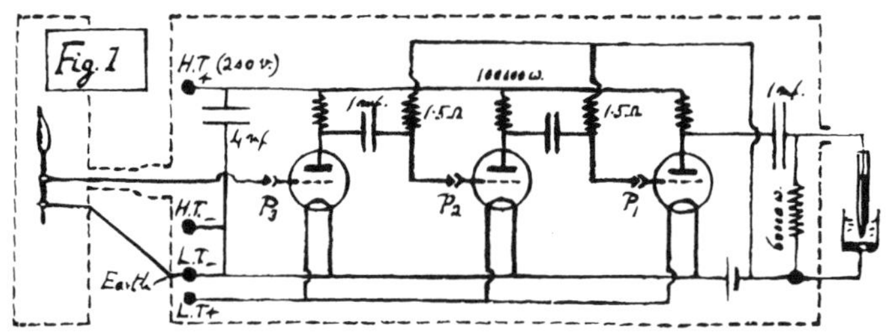

図 1.1 神経線維の電気的活動を記録する，Adrian の装置の模式図．神経線維は左端にある．Adrian はその線維を 2 つの電極の間に置き，神経に沿った 2 点間の電圧の差を測定した．信号は増幅され，右端の水銀柱を制御するために使われた．記録は水銀柱の背後に貼られたフィルム片を読み取ることによって得られた．図 1.3 にその例を示す．Adrian (1926) より抜粋．

Adrian の初期の古典的な研究は，1926 年に発表された一連の論文に詳しく記されている (Adrian 1926; Adrian and Zotterman 1926a, 1926b)．Adrian はこれらの結果とその意味を，（現在でも）非常に読み応えるのある書籍 “The basis of sensation (1928)” にまとめた．Adrian の考察は，その後も 2 冊の本で展開されている (Adrian 1932, 1947)．

Adrian の実験によって，神経コードに関する 3 つの基本的な事実が確立された．まず，個々の感覚ニューロンは典型的な活動電位，つまりスパイクを発生させることを突き止めた．これは，筋肉や運動ニューロンではすでに確認されていた，オール・オア・ナンの法則を示している．つまり，入力刺激は活動電位を発生させ，それが細胞の軸索を通って長距離を伝播するか，しないかのいずれかであり，中間的な信号伝達のメカニズムは存在しない．このことは，単一ニューロンはスパイクの到着時間を通してのみ，脳に情報を伝えることができることを意味する．

Adrian の観察をもう少し明確にするために，同じ実験の現代版を見てみよう．**図 1.2** は，ハエの脳の単一ニューロンの近くに設置したタングステン電極から得られた生データを示している．この電極での電圧は体液中に置かれた参照電極との差として記録されている．波形にはノイズが多いが，適切なフィルタリングによって，明確で典型的

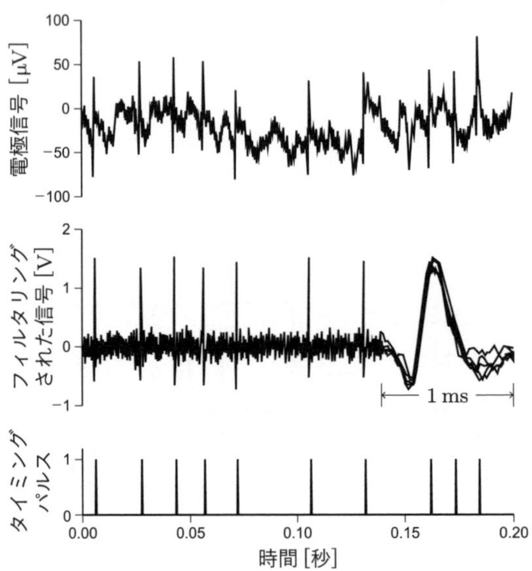

図 1.2 活動電位によるオール・オア・ナンのコーディング．この細胞から発生する活動電位は，同じような波形をもっている．したがって，活動電位は神経コードの基本単位である．上の図は，ハエの脳の細胞近傍に設置された細いタングステン電極と，体液中に置いた参照電極とで記録された電圧の差を示している．中央の図はバンドパスフィルタをかけて，活動電位の比較的高い周波数成分を低周波ノイズから分離したもので，フィルタリング後の個々の活動電位の波形は非常に似ている．右側には，5 つの活動電位の波形を重ねて，時間スケールを引き延ばしたものを示しており，形状と再現性を確認することができる．下の図は，閾値(しきいち)弁別回路によって電子的に発生させたタイミングパルスである．

なイベントを分離することができる．これがこのニューロンが生成した活動電位もしくはスパイクであり，細胞の外から観測できるものである．このオール・オア・ナンの応答からいくつかの疑問が生じる*1．この典型的な活動電位の波形はどのようにして選択され決定されているのか？ そしてこのメカニズムは普遍的だろうか？

活動電位の伝播は能動的なプロセスである．すなわち，細胞はスパイクを生成し伝播させるのにエネルギーを消費し，そのエネルギー消費はスパイクが伝播する距離に比例する．この能動的なプロセスがない場合，細胞膜の電気的特性は，細胞の一端で開始したパルスを等速で伝播させるのではなく，拡散し減衰させるものであり，その特徴的な減衰長は 1 ミリメートルのオーダーである (Hodgkin and Rushton 1946)．よって，

*1 このような疑問に対する答えとなる実験と理論の展開は，今日の神経科学の歴史においては古典に属する (Aidley 1989)．ここでは簡単な要約に留めるが，私たちは読者に，原著論文や Katz (1966) の素晴らしい文章に目を通すことをお勧めする．この歴史の一部は，英国生理学会の 100 周年記念のために書かれたエッセイ (Hodgkin et al. 1977) でも紹介されている．

受動的なメカニズムでは，指先から脊髄までの約1メートルや，あるいは皮質のある領域から隣接する領域までの長距離の信号伝達には不十分であり，活動電位がそのような長距離通信の手段を提供するのである．一方，網膜内や小動物の体内など，短距離にしか信号を送らない細胞は，活動電位を生成する必要がなく，代わりに感覚刺激に対する「段階的な」電圧応答だけで動作することができる (Roberts and Bush 1981)．3.1.4項では，このような連続的な神経伝達の例を詳しく紹介する．

細胞膜の局所的な回路特性には，電圧変化によって変調される能動素子としての抵抗と，並列したイオンポンプによって維持される電源（実質的には電池）が含まれる．このポンプは細胞の代謝による化学エネルギーによって駆動される．Hodgkin and Huxley (1952a, 1952b, 1952c) はイカの巨大軸索の細胞膜の電気的挙動を解析し，その挙動はイオンの種類に選択的な電圧依存性のコンダクタンス◆2 として現象論的に比較的単純に記述できることを示した．これらの局所的な能動素子が軸索の長いケーブル上に配置されると，コンダクタンスの非線形なダイナミクスにより，一定速度で伝播する典型的なパルスが選択され，それ以外のすべての電圧変化は結果的に減衰する．この研究の大きな功績は，このパルスが観察された活動電位と本質的に同じ形状と速度をもっていることを示したことである (Hodgkin and Huxley 1952d)．パルス選択の数学は19世紀に始まったが，完全な理論が構築されたのははるかに後である (Aronson and Weinberger 1978)．Hodgkin–Huxley 方程式は興味深い数学と物理学の問題として，インスピレーションを与え続けている．

Hodgkin–Huxley 方程式は純粋に現象論的な解析に基づくものだが，異なるイオンの選択性をもつコンダクタンスが膜の異なる分子要素（イオンチャネル）に対応し，コンダクタンスの変調がこれらのチャネル分子の離散的な状態遷移に関連しているとの微視的描像を示唆する．低ノイズの信号増幅技術の進展により，異なるチャネル状態間の自発的な遷移によって生じる電気的ノイズを排除し，単一チャネル分子を流れる電流を検出することが可能となった (Sakmann and Neher 1983)．個々のチャネル分子の特性の測定により，現代の分子生物学の技術と組み合わせて，多様なチャネルの種類を特定できるようになった (Hille 1992)．これらの研究はまた，チャネルの構造と機能の多くの特徴が，動物界全体で非常によく保持されていることを実証した (Jan and Jan 1994)．このような分子レベルのメカニズムの普遍性は，スパイクコーディングの普遍性に関する Adrian の観察までさかのぼるものである．Adrian とその同僚たちは，多くの動物の様々な感覚系からの感覚ニューロンの活動を長期にわたって記録し，定量的

◆2 訳注：抵抗の逆数.

な詳細はニューロンごとに異なるものの，その原理は普遍的に思われた．

Adrian の 2 つ目の基本的な発見は，伸展受容器 (stretch receptor) への継続的な負荷のような定常刺激に対して，刺激の増大にともないスパイクの頻度が増加することだった．この原理を最初に示した Adrian の生データを**図 1.3** に，定量的解析を**図 1.4**(a) に示す．スパイクの頻度（または周波数）が刺激の強度を示している．もう少し正確にいうと，定常刺激中の一定時間内に発生したスパイクの数がその刺激の強度を表す．これは**レートコーディング**という考え方である．

Adrian の 3 つ目の発見は，定常刺激を長時間続けると，図 1.4(b) に示すように発火率[◆3] が低下し始めることだった．これは**適応**とよばれ，一般的には，神経応答の刺激の履歴への依存性を表す．Adrian は，この生理学的な現象が，定常的な刺激は徐々に

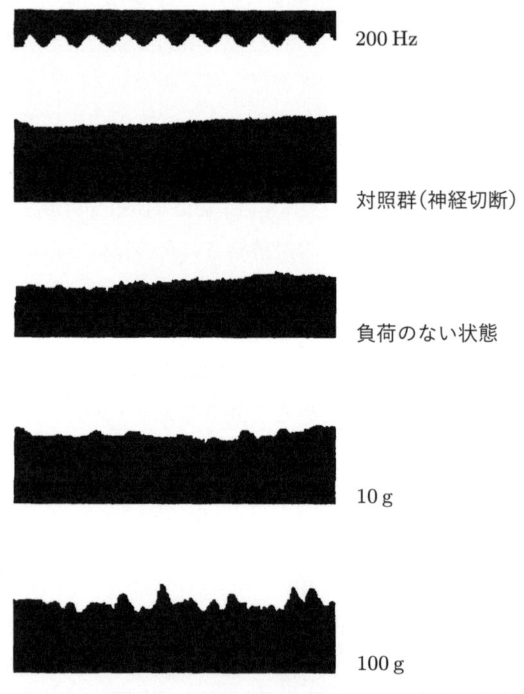

図 1.3 刺激強度の関数としての発火率（Adrian and Zotterman (1926a) より）．各パネルにおいて，スパイクは白黒の境界上の揺らぎとして観測される．時間のマーカーは上部に示されている．Adrian と Zotterman は筋肉への荷重と，筋肉に埋め込まれた伸展受容器の発火率の関係を測定した．異なる重量の重りを筋肉に懸けて，様々な応力を生じさせた．この手法の実験を通して，感覚ニューロンの発火率は応力の増加とともに増大することが確認された．

◆3 訳注：スパイクを発射することを「発火」という．

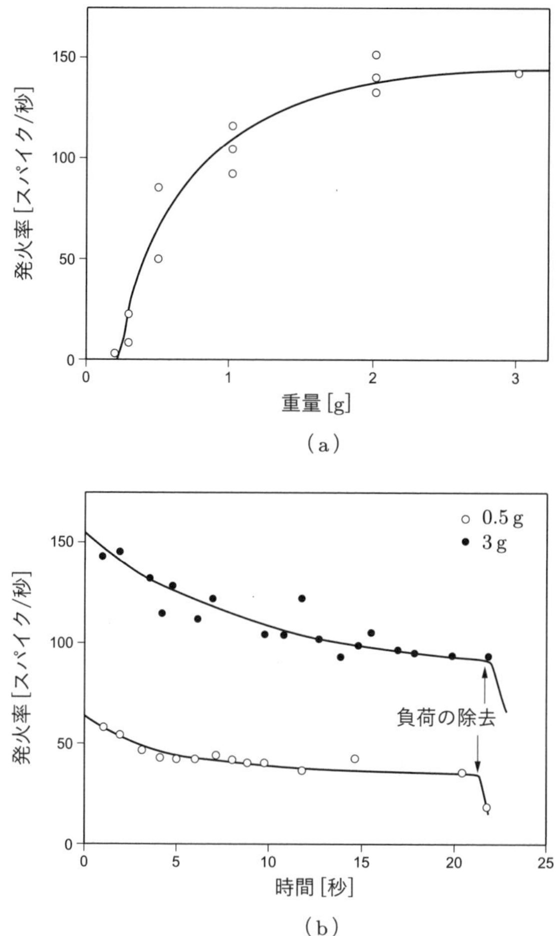

図 1.4 レートコーディングと適応. (a) 伸展受容器の平均発火率を筋肉への荷重の関数として表したもの. 図 1.3 の実験と同様の実験である. (b) $t = 0$ で定常刺激を開始した後の, 発火率の経時的な低下 (Adrian 1926). この不感化（適応）は神経コーディングの一般的な性質である.

気にならなくなるという知覚的な現象に対応するものであると示唆した.

私たちは神経コーディングの問題を正確かつ現代的に定式化しようとしているが, その過程で Adrian と Hartline のアイデアがいかに優れており, その後の神経系の探求のパラダイムを形成したのかということに衝撃を受けた. このことは, 彼らの初期の実験が神経コードの本質的かつ普遍的な特徴を捉えていることを意味している. その一方で, この一本道のアイデアに従った場合, いくつかの重要な点が見落とされた可能性があることも指摘しなければならない.

単一感覚ニューロンの最初の実験では，刺激はしばしば単一のパラメータで定義された．このパラメータは，たとえば伸展受容器に与える負荷のように，刺激を与えている間固定されていた．しかし，自然な刺激は多くのパラメータによって定義されることが一般的である．視覚の場合，視野の小さな領域はその全体的な明るさによって特徴付けられるが，背景に対するコントラスト，その領域内に提示される特徴の大きさや形状，それらの位置や方向，色，深度などによっても表現されうる．Adrian や Hartline の発火率に関する観察とのアナロジーにより，視覚ニューロンの応答をこれらの複数のパラメータの関数としてプロットすることができる．これは，細胞の応答が少数のパラメータに最も強く依存し，これらのパラメータの最適値で最大となる，**特徴選択性**という概念につながる．

特徴選択性の概念の前身は，アメリカカブトガニ *Limulus polyphemus* の複眼にある単一ニューロンの応答を研究した，Hartline とその共同研究者の仕事に起源をもつ．Hartline は，Adrian のレートコーディングの結果を再現しつつ，ニューロンがコードしている刺激は，その細胞が応答する視野領域の明るさと，隣接する細胞が応答する視野領域の明るさとの差であることを見いだした．このように，カブトガニの網膜では空間的なコントラストやエッジに対する応答が強調されることが示されている．Hartline と Ratliff，その共同研究者らは，この強調がマッハバンドという知覚現象に関連してい

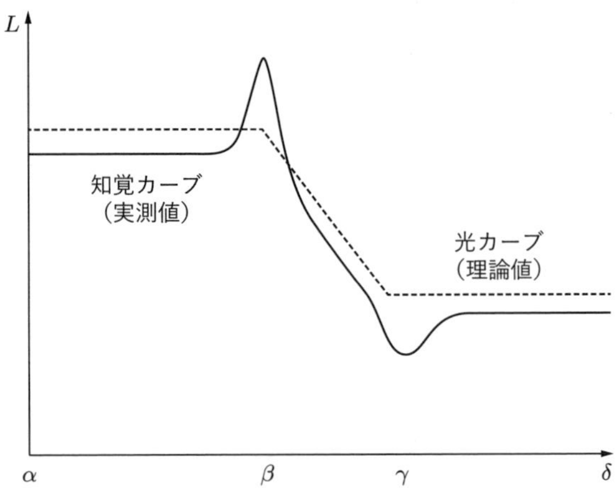

図 1.5　影の縁（ふち）に関するマッハバンド．ここでの「光カーブ」は，影の縁の輝度を物理的に計算して得られたものを指す．点 α は影の完全な外側，点 β は影の外縁，点 γ は影の内縁，そして点 δ は影の完全な内側である．実線は実際に知覚される輝度，つまり「知覚カーブ」を示す．この曲線の最大値と最小値は，視覚系の差分メカニズムに起因するコントラストを強調する明暗のマッハバンドを表している．Ratliff (1974) から抜粋．

ると提案した．これを**図 1.5** に模式的に示す．この現象に関する網膜回路の解明についての研究は，いまでは古典的とみなされる論文にまとめられている (Ratliff 1974).

特徴選択性の概念は，Adrian の学生であった Barlow (1953a, 1953b) によって引き継がれた．**図 1.6**(a) に示されるように，カエルの網膜神経節細胞の応答を調査した際，スポット光に対する応答は，最初はスポットの面積とともに増大し，しかし一定の基準サイズを超えると低下することが明らかとなった．ニューロンが応答する視野の領域を受容野とよぶ．Barlow の研究結果は，この受容野が「中心 – 周辺」構造をもつことを示唆している．すなわち，小さな領域（中心）内のスポット光は細胞を興奮させるが，その外側（周辺）のスポット光は細胞を抑制する（図 (b)）．大まかには，これらの受容野は円形対称である．Kuffler (1953) は，ネコの網膜神経節細胞でも類似の受容野構造を発見した．多くの場合，興奮と抑制はバランスしており，空間的に一様な刺激では応答が得られないことが示されている．もう 1 つの考え方として，これらの細胞が特定の大きさの物体，たとえばカエルが捕食する虫の大きさに選択性をもつという解釈もある．カエルの網膜神経節細胞が特定の「虫検出器」として機能するという観点は，Lettvin ら (1959) によって強く主張された．この考え方においては，感覚ニューロンはある基本的な特徴の有無を示す「はい/いいえ」の判断装置として解釈される．

特徴選択性の重要性は，Kuffler の同僚である Hubel and Wiesel (1962) の研究成果によって強く支持された．彼らは，ネコの視覚野の多くの細胞が，物体の大きさ（たとえば棒の幅）だけでなく，物体が傾く方位にも選択的であることを発見した．Barlow や Kullfer の実験と同様に，Hubel と Wiesel はこの選択性を，静的な刺激の提示，あるいは受容野を横切る刺激の運動に対して細胞が発射するスパイクを数えることで観察した．Hubel と Wiesel はこの方位選択性が，中心 – 周辺受容野をもつ下位視覚系のニューロンの組合せに起因すると提唱し，高次の知覚は基本的な特徴の組合せで構築されるという直観的な概念を明確にした．さらに，彼らは近傍のニューロンが類似した方位に対して選択的であり，特徴選択性が皮質の表面上にマッピングされることを確認した．この皮質マッピングの概念は，体性感覚皮質の細胞の応答に関する Mountcastle (1957) の観察にその一端がある．それ以来，特徴選択性，皮質マップ，発達期におけるマップの自己組織化のアイデアは，皮質の探求を支配してきた (Hubel and Wiesel 1977).

Adrian や Hartline の感覚ニューロンに関する初期の実験を振り返ると，神経コードの記述は 2 通りの異なる方向で拡張可能であることがわかる．一方は，複数の特徴をもつ刺激のコーディングを研究する方向で，これは視覚系の研究で頻繁に行われている．もう一方は，時間依存性をもつ刺激を使用する方向である．自然な環境では，感覚

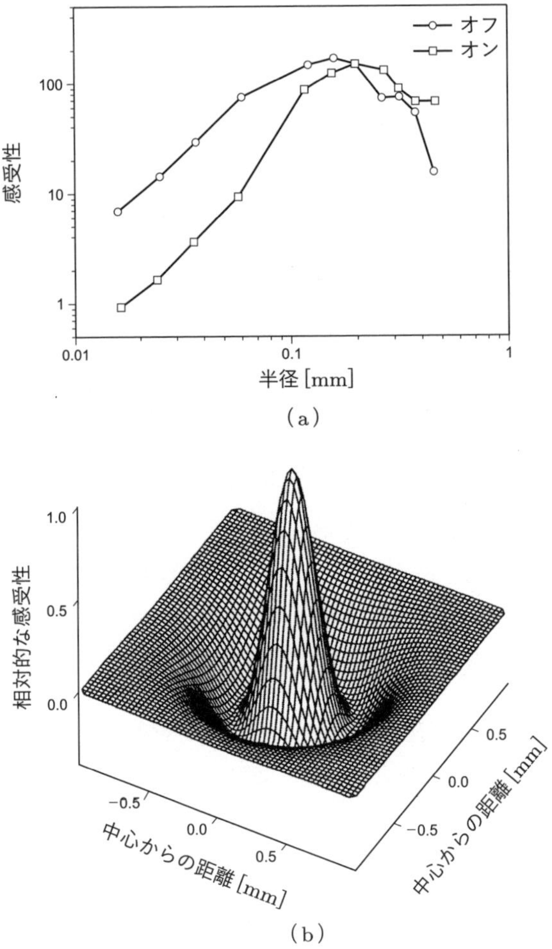

図 1.6 網膜神経節細胞の中心－周辺受容野．(a) カエルの網膜神経節細胞の感受性を，光刺激の半径の関数として表したもの．感受性は一定数のスパイクを発射するのに必要な光強度と定義した．刺激の大きさが大きくなるにつれて，感受性はまず増大する．しかし，刺激が半径 0.2 ミリメートルより大きくなると，感受性は低下し始める．この挙動は，受容野の中心領域で光強度が増大すると応答する「オン」型の神経節細胞と，強度が低下すると応答する「オフ」型の神経節細胞の両方で見られた．(b) (a) の測定結果を説明するために Barlow が提案した受容野構造．受容野中心の興奮性領域に光が当たるとスパイク数は増加し，抑制性の周辺領域に光が当たるとスパイク数は減少する．つまり周辺領域は負の感受性をもつ．スポット光に対する応答が最大となるのは，光刺激が受容野中心全体を覆っているときである．

入力が離散的に分割されて提示されることはなく，単純に入ったり止まったりすることもない．聴覚系の研究は時間的な波形の認識と分類を主な課題としているが，そのような場合でも，多くは精巧ながらも基本的に定常的な信号が使用されることが多い．たとえば母音のコーディングの研究では，実際の母音のパワースペクトルを近似した刺激を連続して繰り返し提示することがしばしば行われてきた．

本書の主要な関心事の１つは，実際の時間依存性をもつ信号を，神経系がどのように表現するかという問題である．静的な刺激に対するコーディングの問題は，脳が自然な条件下で直面する問題とは異なる可能性がある．特に，時間依存性のある信号を考えることで，非常に少数のスパイクについて考えることの重要性が後に浮かび上がってくる．

レートコーディング，特徴選択性，皮質マッピングの概念は，神経コードに関してどのような示唆を与えるだろうか？ 脳のより深層にあるニューロンがより複雑な特徴に選択的であるという事実は，感覚信号が処理の段階を経るときにある種の計算が行われることを示唆するが，この過程を階層的あるいは逐次的に捉えることは適切ではないかもしれない．まず，レートコーディングの概念は，それ以外の特徴が情報を伝達している可能性を無視している．特に，スパイク列の**タイミング**という概念は，神経コードの議論の中心となっている．また，マッピングの概念は，感覚世界の表現におけるニューロンの配列に関わっている．これはアンサンブルあるいは集団コーディングの概念につながる研究テーマである．

神経コードに関する古典的な結果は，多くの研究の方向性を示唆しているが，すべての研究を平等に評価することは難しい．そこで，次の章ではとりあげる問題をより限定していく．

1.2 問題を定義する

神経系の特定の領域における神経コードを「理解する」とは，具体的にどういうことだろうか？ 単一細胞のスパイク列が感覚世界の「情報を伝える」という概念は，具体的にどう定量化されるのか？ また，ある特定のスパイク列が脳が取り組む計算問題に対する「正しい答え」であるとは，どういう意味なのか？ 私たちは，より正確で数学的な言葉を使い，このような疑問を明確にしていこうと思う．神経系について語る際，私たちは「コード」「情報」「信頼性」といった言葉を日常的に使っているが，これらの言葉は，正確な数学的定義をもっている．本書の残りの部分では，これらの定義が新しい実験のデザインや解析にどのような指針を提供するのかを詳しく説明する．正確さを求めることで，新しい視点やアイデアが生まれるということもあるが，まずはよく知られた「ホムンクルス」◆4 という概念を再評価するところから始めたい．

ホムンクルスは，脳に関する議論の中でしばしば揶揄される概念である．この概念は，自分自身の感覚ニューロンの応答を観察し，最終的に生物が経験する知覚を形成する小さな人間，あるいは Michael Land と Simon Laughlin による愛すべき改訂版における小さなハエの存在を仮定するものである．この描像の問題点は，世界を知覚し経験するということが何を意味するのか，その本質にまったく迫っていないことである．一方，私たち神経系の研究者は，しばしば自分たちをホムンクルスのように位置付ける．なぜなら，感覚ニューロンの応答を観察し，その応答が生物にとって何を意味するのかを評価しようとするからである．感覚ニューロンの活動に意味を与える問題は，神経コードの議論の中で中心的な課題である．

ホムンクルスの仕事は，結局のところ脳内を流れる世界の映像の閃光をひたすら眺めることである．しかし，この投影されたイメージは，感覚ニューロンによって生成された活動電位のパターンとしてエンコードされている．ホムンクルスがこのエンコードされたデータからどう意味を解釈しているのかは，実際にはまったく明らかでない．そこで私たちは，「神経コードを理解する」ということは，「神経組織からのスパイク列の配列を解釈する方法を知る」ことであると提案する．そのコードを理解すれば，私たちはホムンクルスのように機能できる．

スパイク列が何を意味するのか，あるいはスパイク列が世界について何を語るのかを問う際，その質問の限界や解答のための文脈を設定する必要がある．もし私たちが 2 種類の感覚刺激しかない世界に生きているとして，スパイク列を使ってどちらの刺激が与えられたかを判定する方法をホムンクルスに尋ねたとすれば，その判定法は，世界は 2 種類の信号から成り立っているという前提での神経コードの完全な理解を提供するだろう．

心理物理学的な多くの弁別実験 (Green and Swets 1966) では，2 択の世界が人工的に作成され，被験者はそのいずれかを選ぶ問題を解かなければならない．この二者択一の問題は，私たちの知覚の信頼性を評価するのに適切な文脈を提供し，ニューロンの信

◆4 訳注：通常，神経科学の文脈における「ホムンクルス」とは，主に体性感覚野において，身体の各部位からの感覚情報がどのようにマッピングされているかを示すモデルのことを指す．身体の各部位が脳内の地図上にどれだけの領域を占めているかが不均等に表されており，たとえば手や顔の感覚が大きく表示される．しかしここでの文脈においては，脳内に住む仮想的な小人のことを指す．ニューロンは何らかの方法で情報を処理しスパイクを発射するが，それを「解釈」するのもまたニューロンであり，解釈の結果もまたスパイクで表現される．しかるに，どこまでいっても「認知」のような高次機能が創出するようには思われないため，スパイクを「解釈」し「認知」をもたらすメタな存在，すなわち小人の存在を仮定したくなるのである．

頼性を調べるのにも有用である．しかし，この 2 択の世界でのみ機能するホムンクルスを想定するだけでは不十分であり，自然界の複雑さに近い状況でスパイク列の意味を探求したい．

自然な状況下では，次の短い時間窓に現れるであろう刺激を事前に知ることはできない．その代わり，無限にある選択肢の中から，その刺激が選ばれる．一方，これらの選択肢はすべて等しく起こりうるわけではない．たとえば，青色の木は存在するかもしれないが，緑の木が突然青くなるわけではない（赤や黄色になるわけでもない）．自然な刺激は時間とともに発展し，そのダイナミクスは何らかの規則性と構造をもつ．この構造は，ニュートンの法則に従って葉っぱが地面に落ちるときのように，決定論的な要素をもつ．しかし，私たちは感覚刺激のダイナミクスを形成する要因のすべてを知っているわけではないので，落ち葉が突風によって進路を変えるように，刺激には予測不可能な面もある．その結果，自然な刺激はランダムに現れるが，それらの信号は背景となる決定論的な物理的プロセスを反映した相関を示す．

このように，私たちは 2 つの選択肢からなる世界ではなく，ランダムだけれども相関のある，時間依存の信号の世界に住んでいるのである．この時間依存性は重要である．なぜなら，何を見るのかを決めるのに永遠に待つことはできないからである．生物学的な観点では，獲物を捕らえる一方で捕食者には捕まらないように，迅速な決断が求められる．物理学的な観点では，長い時間を平均することが，関心のある信号自体を消してしまうおそれがある．したがって，ホムンクルスの役目は，入力スパイク列から感覚世界の静止画像を作成することではなく，むしろ実況中継や同時通訳のようなものである．この実況中継が私たちを取り巻く世界の完全な再現である必要はなく，またそうではない可能性のほうが高い．

それでも，スパイク列に意味を与えるためには，スパイクの離散的なシーケンスから連続的な時間依存の世界を再構築する必要がある．急激に変化する信号はノイズの影響を強く受けるため，研究室では通常，時間的な平均をとるか，同じ信号を繰り返して平均をとることでノイズと戦っている．しかし，ホムンクルスは自由に時間平均をとることはできず，直近の同一コピーを再度要求することもできない．それどころか，ホムンクルスは（あるいは動物も同様に）感覚ニューロンのスパイク列の単一の例から，世界に関する結論を導き出さなければならない．

スパイク列の意味をリアルタイムで伝えるためには，そのデータに含まれるすべてのノイズレベルに対応する必要がある．理想的には，私たちのスパイク列の解釈は，与えられたノイズの条件下でもできるだけ信頼性があるべきである．統計的に洗練されたホムンクルスは，世界で何が起こっているのかについての推定の信頼度を示すだろう．もし，神経コードを理解することがホムンクルスの作成を意味するのであれば，感覚世界の事象に関する推論の精度をもとに，2つの異なるホムンクルスの候補，あるいは2種類の異なる神経コードの構造を比較することができる．

このようにして，私たちは神経コードの理解の問題に対するより正確な定義に近づいている．私たちは自分をホムンクルスの位置に置き，時間的に未知の軌道で変化する刺激に対する感覚ニューロンのスパイク列を観測する．そして，スパイク列のみを入力として，その刺激の正体について実況中継しなければならない．世界の出来事に関する私たちの推論には限界があり，その精度を定量化する必要がある．多くの可能なホムンクルスの中で，スパイク列に含まれるノイズを考慮して，最も的確に世界について伝えてくれるものを探す．最良のホムンクルスは，ノイズに対抗するための時間平均と世界のダイナミクスに追従するための迅速な応答との間で適切な妥協点を見つけることが求められ，これらの時間スケールを厳密に取り扱うだろう．

完全なホムンクルスの構築，あるいは**図1.7**の完全な「フラインクルス」◆5の構築は非常に困難であることがわかるだろう．ハエの場合，視覚信号は複眼のレンズを通じて

図1.7　フラインクルス．絵はM. F. Landによるもの．左下の文言「ハエの脳に収まりこのハエを飛ばそうとする小さなハエ」はS. B. Laughlinの許可を得て引用している．

◆5　訳注：ハエ（「フライ」）と「ホムンクルス」を掛け合わせた造語．

何千もの経路で流れるが，霊長類ではそれに相当する数は 3 桁多い．4.1.1 項で紹介するガの例のように (Roeder 1963)，単一の感覚情報をエンコードするすべてのスパイク列を計測することは不可能ではないが，一般的にはそのようなことは望み薄である．これまで述べてきたとおり，単一のニューロンの応答から何らかの意味を抽出するという研究には長い伝統があり，本書の大部分もそのような観点からの問題を扱っている．もちろん，複数のニューロンに関する問題にも簡潔に触れる．総じて，私たちは次の問いの答えを探ることとなる．単一のニューロンのスパイク列は，世界のどのような出来事に関する情報を私たちに提供するのだろうか？

1.3　本書の中心的な主張

約 70 年前，Adrian は神経コーディングに関する第一世代の実験結果をまとめた (Adrian 1928)．この古典的な著作には，私たちが現在知っている脳の言語に関する情報の大部分が記されている．その 40 年後，Perkel と Bullock (1968) は，この分野の現状を総括する百科事典的なハンドブックを発表し，異なるシステムにおけるコーディング戦略の多様な候補を紹介した．それでは，私たちがこれに付け加えるものは何だろうか？

私たちは，単一ニューロンによるコーディングに関する 3 つの主要な問題を定式化し，それらの解決により大きな進展が達成されたと考えている．これら 3 つの問題が本書の中心テーマである．

1. **時間依存の信号の表現**：多くの感覚系で，単一ニューロンは，刺激が変動する典型的な時間窓において単発のスパイクを発射する．このスパースかつ時間的（テンポラル）な刺激の表現方法は，レートコーディングの概念とは異なり，スパイクの平均化を必要としない．スパースなテンポラルコードは，エンコーディングが複雑な非線形過程であっても，単純なアルゴリズムでデコード可能である．この問題の核心は**デコーディング**であり，従来のエンコーディングの問題よりもシンプルである可能性がある．
2. **情報伝達率（または情報レート）とコーディング効率**：実際の時間依存性をもつ信号において，単一ニューロンがスパイクあたり数ビットのオーダーで情報を大量に伝達できることを示す．少なくとも 1 つの例では，より自然な時間的相関をもつ信号はより効率的にコーディングされ，同じスパイク数でもより多くの情報を提供できるようになる．この高い効率は，情報伝達の基本的な物理的限界にほぼ達している．

3. **計算の信頼性**：神経系の信頼性を理解するためには，どのようなコーディング戦略で計算結果が表現されているかを知る必要がある．神経コードの研究は，神経計算の広い問題と関連している．いくつかの系では，3 つの基本的な要素，すなわち行動の信頼性，単一ニューロンの信頼性，そしてノイズに対する信号の信頼性の物理的限界のうち，少なくとも 2 つが一致していることが示される．物理的限界の検討は，時間依存の信号処理のようなより自然な問題とも密接に関係する．

これら 3 つのテーマに基づき，1.2 節で提示された問題に明確な答えを提供することを期待している．スパイク列のデコードは文字どおりの「実況中継」であり，情報伝達率の計測は，単一ニューロンから得られる情報の量を示す．信頼性の評価は，生物の能力の尺度として位置付けられる．

私たちは，過去数十年にわたる多様な研究結果を参考に，これら 3 つの問題を追求していく．これらの研究の共通点は，ニューロンの挙動を，神経系が実際に機能する状況下で**定量的**に評価しようとする試みである．本書の主要部分は方法論に関するものであり，定量的実験のデザインと解析のための理論的アプローチを紹介する．読者は，このような数学的枠組みの構築が実際に有益であるのか疑問に思うかもしれない．しかし，情報を伝達し処理する素子として，ニューロンは私たちが想像するよりもはるかに多くのことを行っており，厳密な意味で，物理的に可能なことをほぼすべて行っている．ごく単純な量的な疑問，たとえば何発のスパイクが意味のある信号を運べるのか？ といったことにさえ，驚くべき回答が存在する．このような定量的アプローチの結果は，神経系がどのように機能するのかに対する私たちの定性的な概念を，強力に変化させてしまうことになるだろう．

第 2 章 基礎論

スパイクを発射するニューロンの挙動はどのように定量化すべきか？ ニューロンの応答を記述するモデルは何か，そしてそのモデルは十分か，あるいは完璧といえるのか，そしてその基準は何か？ この章では，ニューロンの応答を定量的に特徴付ける様々な方法を紹介し，それらの方法と冒頭で述べたコーディングの問題との関係を探る．私たちの目指すところは，エンコーディング・デコーディングに関する数学的枠組みと，神経の信号処理における時間スケールの生理学的，また動物行動学的直観をつなげることである．特に，この自然な時間スケールは，ニューロンの応答をデコードするのを容易にする要素である．その結果として，あるニューロンからのスパイクが，外界の信号に関して何を示唆しているのかという，実用的な観点での神経コードの理解が得られる．

2.1 ニューロンの応答を特徴付ける

Adrian と Hartline の初期の研究では，ニューロンの応答は，刺激開始後の一定時間内に発射されたスパイクの数として計測された．一方で，現代の実験手法では，一般的に同じ刺激を何度も繰り返し提示し，それに対する応答の平均をとる．初期の手法では，1 回ごとのスパイク列が必ずしも同一でなく，**図 2.1** のようにある程度のランダム性をもつことが示される．このようなランダムな応答は，いくつかの重要な問題を提起する．ニューロンの応答のランダム性をどのように定量的に評価すべきか？ このランダム性の原因は何か？ そして，神経系における情報伝達や計算の信頼性は，どのように制約されるのか？ さらに，もしニューロンの応答が試行ごとに完全に一致しない場合，その正確な数値的特性はどのように定義すべきか？ この中で，まずは最後の問題に焦点を当てる．

2.1.1 確率的応答とベイズの法則

神経コードの理解とは，スパイク列と感覚世界における実際の出来事との関係を把握

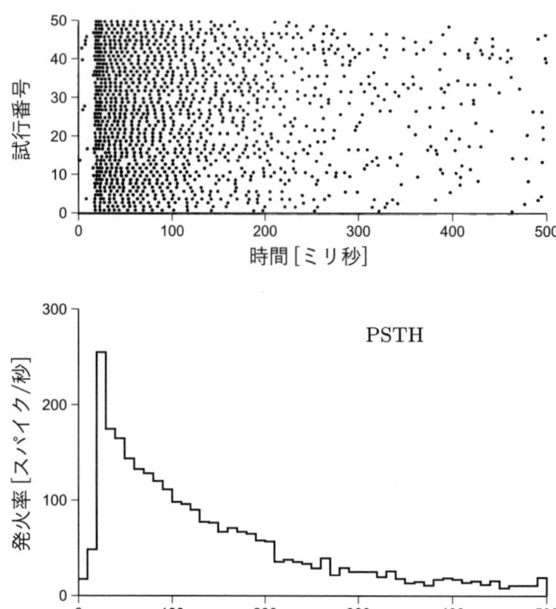

図 2.1　ニューロンの応答のばらつきとその平均応答の特性．上図は，$t = 0$ での刺激に応じた 50 試行分のスパイク列を示すラスタープロットである．各ドットはスパイクの発射時刻を示す．このデータは，図 1.2 において示されたハエの視覚系に関連する運動感受性ニューロン H1 から，細胞外記録によって計測されたものである．ハエが認識する視覚パターンは，$t = 0$ でステップ動作をし，非ゼロの角速度による短いインパルスを発生させる．同じ刺激の繰り返し提示に対するスパイク列は，一致しないことがわかる．刺激提示後の各時間ビン（この場合 10 ミリ秒ごと）でのスパイクの平均数を集計し，提示回数とビン幅で正規化することで，刺激後時間ヒストグラム (post-stimulus time histogram, PSTH) を得る．この正規化により，PSTH は発火率，すなわち単位時間あたりの発火確率 $r(t)$ としての時間の関数を示す．発火率のピーク前の遅延は，視覚受容器の遅延と，受容器から H1 へのシナプス遅延に起因する．

することである．これを，ホムンクルスへの道案内として考えたい．すなわち，スパイク列に意味をもたせる規則の集合を，外国語の単語に訳語をもたせる対訳辞書のように捉えることである．理論上，感覚世界における異なる出来事ひとつひとつがそれぞれ固有のスパイク列の反応を引き起こし，逆にすべてのスパイク列が世界の特定の出来事を指し示すことを想像することができる．しかし，図 2.1 で示されているように，同一の刺激を繰り返しても，生成されるスパイク列は異なるため，そのような単純な一意性をもつわけではない．したがって，神経コードを解読するための「辞書」は，スパイク列と感覚刺激との単純な一対一の対応表とはなりえない．

各感覚刺激に対して，スパイク列は一対一の対応関係ではなく，多数のスパイク列の中から 1 つがランダムに選ばれて割り当てられる．このニューロンの応答を記述し，辞書を構築するためには，そのランダム性の程度を明確に定量化する必要がある．さらに言えば，この辞書は単なる対応関係のリスト以上のものとして表現されるべきである．この文脈で必要とされる適切な言語は，確率論によって提供されるものである．確率論的なアプローチは，以降の議論全体の中心的なテーマとして扱われる．

図 2.1 のような実験では，実験者はある時間依存の感覚刺激 $s(t)$ を選択し，その繰り返しの提示で得られたスパイク列を調べる．毎回同じ応答が得られるわけではないため，異なるそれぞれの応答がある確率で得られるとしかいえない．これは，ある刺激 $s(t)$ が与えられたとき，特定のスパイク列を観測する確率を表すものである．その確率は，条件付き確率分布として表現される．スパイク列は，各スパイクの到着時間 $t_1, t_2, \ldots, t_N$ で表されるので，これを時間のリスト $\{t_i\}$ として略記する．そして，与えられた刺激に対するスパイク列の条件付き分布は，$P[\{t_i\}|s(t)]$ と表記される．

ホムンクルスの問題を定式化する際，実世界が単にいくつかの選択肢の刺激で成り立っているわけではないと述べた．実際，刺激は無限の可能性の中からランダムに選択されるものの，それらの信号はおそらく複雑な相関構造をもっている．この考え方を明確にするため，信号はある確率分布 $P[s(t)]$ に従って選択されると考える．この分布の具体的な関数形は，時間の経過にともなう質感の持続や運動の滑らかさといった，世界の様々な構造を反映するものである．このような構造を表現するため，確率分布 $P[s(t)]$ は**信号のアンサンブル**を定義するという．

信号がランダムに選択されるとともに，ニューロンの応答にもランダム性が存在する場合，感覚世界におけるニューロンの最も完全な記述は，信号とスパイク列の**同時分布** $P[\{t_i\}, s(t)]$ である．この分布は，実験中または自然な環境で，刺激 $s(t)$ とスパイク列 $\{t_i\}$ が同時に観測される尤度の尺度である．通常，刺激と応答の関係では，刺激は確率 $P[s(t)]$ に従って選択され，ニューロンに提示され，その後，ニューロンは条件付き確率 $P[\{t_i\}|s(t)]$ に従ってスパイクを発射する．この関係に基づき，同時分布は条件付き確率と刺激の**事前分布**の積として数学的に分解できる．

$$P[\{t_i\}, s(t)] = P[\{t_i\}|s(t)] \times P[s(t)] \tag{2.1}$$

ここで，刺激の分布 $P[s(t)]$ は，スパイク列の観測前に，特定の統計的構造に基づいて選ばれる信号を表すため，事前分布と称される．

式 (2.1) は，細胞が刺激に対して応答するという直観を記したものだが，それがその系に対する唯一の見方というわけではない．特に，ホムンクルスにとっては最適な視点ではない．ホムンクルスはスパイク列の一例 $\{t_i\}$ を目の当たりにし，それに基づい

て刺激 $s(t)$ について何らかの判断を下さなければならない．その観点から，スパイク列がある分布 $P[\{t_i\}]$ からランダムに選ばれると考える．このスパイク列に対応する唯一無二の刺激は存在せず，ホムンクルスが断言できるのは，与えられたスパイク列に基づき，ある刺激が他の刺激よりもありうる確率が高いということだけである．この観点は，スパイク列が与えられたときの刺激の条件付き分布 $P[s(t)|\{t_i\}]$ として表現できる．事前分布 $P[s(t)]$ が信号のアンサンブルを定義するのと同様，条件付き分布 $P[s(t)|\{t_i\}]$ は**応答条件付きアンサンブル**を定義する．その詳細については 2.2.3 項で議論する．式 (2.1) とは逆向きに，スパイク列を生成する刺激の推論に関して，次式のような視点を採用することも考えられる．

$$P[\{t_i\}, s(t)] = P[s(t)|\{t_i\}] \times P[\{t_i\}] \tag{2.2}$$

ここで，私たちが作りたい対訳辞書は 2 つの部分からなる．1 つは，たとえば，オランダ語から英語への翻訳，もう 1 つは英語からオランダ語への翻訳である．これにより，2 つの言語を関連付けることができるが，視点は 2 つ存在する．信号とスパイク列に関して言うと，この関連付けには確率的な要素が含まれ，2 つの同様の視点が存在する．「スパイク語の話者」は刺激への翻訳を必要とし，分布 $P[s(t)|\{t_i\}]$ を調べる．一方「刺激語の話者」はスパイクへの翻訳を必要とし，分布 $P[\{t_i\}|s(t)]$ を調べる．辞書のように，この 2 つの「言語」の単語リストを作成することで対応関係が得られ，この関係は双方向的である．確率的な文脈では，この翻訳の双方向性は式 (2.1) と (2.2) がそれぞれ同一の同時分布を分解したものであることを意味する．よって，2 つの分解は互いに関連しており，条件付き分布も同様に関連する．

$$P[s(t)|\{t_i\}] \times P[\{t_i\}] = P[\{t_i\}|s(t)] \times P[s(t)] \tag{2.3}$$

$$\Rightarrow P[s(t)|\{t_i\}] = P[\{t_i\}|s(t)] \times \frac{P[s(t)]}{P[\{t_i\}]} \tag{2.4}$$

式 (2.4) はベイズの法則と称され，神経コードを考察するうえでの重要な役割をもつ[*1]．

---

*1 ある種の言葉やフレーズは，科学者でさえも熱狂的な反応を呼び起こすことがある (Carlin 1978)．ベイズの法則はその一例である．現代の理論において，ベイズの法則の数学は基本的なものであり，条件付き確率分布の定義に従っている．それにもかかわらず，ベイズの法則に触れると，宗教的な熱狂を帯びた人々の間で激しい議論が繰り広げられることがある．この論争の歴史と現状については，Earman (1992) を参照されたい．私たちの解釈では，この問題は，世界に関するすべての事前の予測が確率分布に組み込まれているという考え方に起因している．物理学の歴史を例に挙げれば (Weinberg 1983)，Pauli は現在私たちがニュートリノと称している素粒子の存在を仮定した．これは放射性崩壊の過程でのエネルギー保存の矛盾を解消するための仮説であり，ニュートリノはその当時は検出が困難だった．彼はニュートリノを不快な仮説とみなしていたが，エネルギーが保存されないという仮定はさらに不快であった．明らかに，エネルギー保存則に関する彼の信念の「強さ」は，観測がほぼ不可能な粒子に対する懸念を上回っていた．だが，彼にはエネル

図 2.2 は，式 (2.4) によって示される確率分布の分解を示している．この例は，私たちがよく取り扱うハエの脳内の運動感受性ニューロン H1 の実験から得られたものである（より詳細な紹介は 2.2.3 項を参照されたい）．簡略化のため，完全なスパイク列 $\{t_i\}$ を 200 ミリ秒の時間窓内での合計スパイク数 n として考え，刺激 $s(t)$ をハエの視野を横断する際の平均速度 v とした．この同時分布は $P(n,v)$ であり，ここから，刺激速度に対するスパイク数の条件付き分布 $P(n|v)$ や，スパイク数に対する刺激速度の条件付き分布 $P(v|n)$ を構成できる．式 (2.4) において残されている要素は，刺激の周辺分布 $P(v)$ と，スパイクの周辺分布 $P(n)$ である．刺激の周辺分布は実験者によって決定され，スパイクの周辺分布はニューロンの特性，この場合は細胞が刺激を表現する際のダイナミックレンジを反映したものとなる．

図 2.1 は，固定された刺激に対する応答にランダム性が存在することを強調している．それは，個々のスパイク列を示すことで，スパイク列が条件付き分布 $P[\{t_i\}|s(t)]$ から得られることを表している．一方，ベイズの法則がもつ双方向性を強調するために，スパイクを固定し，分布 $P[s(t)|\{t_i\}]$ から取得される刺激のサンプルを表示する同様の図を考えることもできる．これは少し複雑で，原理的にはスパイクの到着時刻 $t_1, t_2, \ldots, t_N$ の長いリストを固定することが求められる．しかし，ここでは，**図 2.3** のように，1 つのスパイクの到着時刻を固定し，その到着時刻の周辺の刺激を考える．固定されたスパイクの到着時刻ごとに，刺激はスパイクごとに変動しているが，これは図 2.1 で示されたスパイク列の変動と完全に類似している．しかし，スパイクの周囲での刺激は非ゼロの平均値をもっており，2.1.3 項でとりあげるように，この平均化された刺激の波形はこの細胞の応答特性の有用な記述となる．図 2.1 と図 2.3 は，定量的解析の第一歩にすぎないが，対訳の問題とベイズの法則の重要性についての洞察を提供している．スパイクと感覚信号との間の対応関係を示す辞書は，確率的な形で表現されるべきであり，ベイズの法則はその辞書の片側ずつがどのように関連しているのかを明らかにしてくれる．

対訳辞書の重要な点は，片方が完成していれば，いつでももう片方を作成することができるということである．オランダ語から英語への辞書があれば，すべての英単語のリストを作成し，その英単語に関連するオランダ語のリストから，各英単語に対応するオ

ギーが保存されない確率を提案することは考えられなかったのだろうか？ ここで私たちが強調したいのは，感覚信号がある確率分布から導かれるということには，原理的に曖昧さはない，ということである．実験室の環境では，この「原理的に」は現実的に適用される．なぜなら，実験者は刺激を選択し，自ら設計した分布 $P[s(t)]$ から刺激を導き出すことができるからである．自然な状況下では，より深い疑問が生じる．自然な刺激が起こる確率分布は明確に存在するのだろうか？ その分布を特定する試みは，5.2 節で詳述されている．

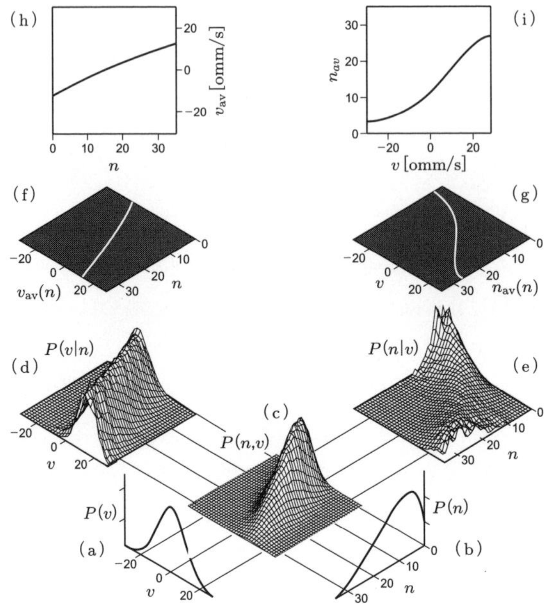

図 2.2 ベイズの法則を，クロバエの運動感受性細胞 (H1) の実験データに適用した図．ハエはオシロスコープに映し出された空間的なパターンを視認しており，そのパターンは画面上でランダムに動き回っている．その際の H1 のスパイク応答を記録した．図は刺激速度 v とスパイク数 n の統計的関係を示すものである．v は 200 ミリ秒の時間窓での平均化された刺激速度で，1 秒あたりのハエの光受容器（単眼，ommatidia）の間隔，omm/s として計測された．1 単眼の距離は，視野の 1.3° に対応する．n はスパイク数で，刺激開始の 20 ミリ秒後から 200 ミリ秒間計測された．これらの変数の選択は単に説明のためのもので，実際にハエが使用している値ではない．ハエは約 1 メートル/秒の速度で飛ぶので，200 ミリ秒もの時間を要して意思決定をしていたら，確実に何かに衝突することになるだろう．(a) 2 ミリ秒ごと時間窓をずらして計算された 200 ミリ秒間の確率分布 $P(v)$．(b) 同様に計算された 200 ミリ秒間で n 個のスパイクが発生する確率分布 $P(n)$．(c) n と v の同時確率分布 $P(n,v)$．ここで，$P(v)$ と $P(n)$ は $P(n,v)$ の周辺分布である．明らかに $P(n,v) \neq P(n) \times P(v)$ であり，これは刺激と応答の間に相関が存在するためである．この相関には順方向と逆方向の 2 つの視点がある．逆方向の説明は (d) に示される $P(v|n)$ と要約される．これは，観測された応答 n をパラメータとする v の分布の集合である．言い換えれば，各 n には v の異なる分布が存在し，ある時間窓で $n = n_0$ の場合，速度の分布は $P(v|n)$ の集合から $P(v|n_0)$ を切り出したものとして提供される．順方向の説明は，与えられた v の値に応じて n の値を導き出すもので，これは (e) に示される条件付き分布 $P(n|v)$ として表現される．図 (f) と (g) 中の白い線は，与えられた n に基づく v の平均値と，与えられた v に基づく n の平均値を示している．これを再表示したのが図 (h) と (i) である．図 (f) と (h) の平均値 $v_{\rm av}(n)$ は，応答 n が観測されたときの刺激の最良の推定値であり，これはスパイク列の観測者が解決しなければならない問題に近い．図 (g) と (i) の平均値 $n_{\rm av}(v)$ は，刺激を関数とする平均応答であり，これは順方向の説明に対応する．私たちが本文中で指摘したように，逆方向の推定結果は線形に近く，しかし順方向の結果は明らかに非線形である．

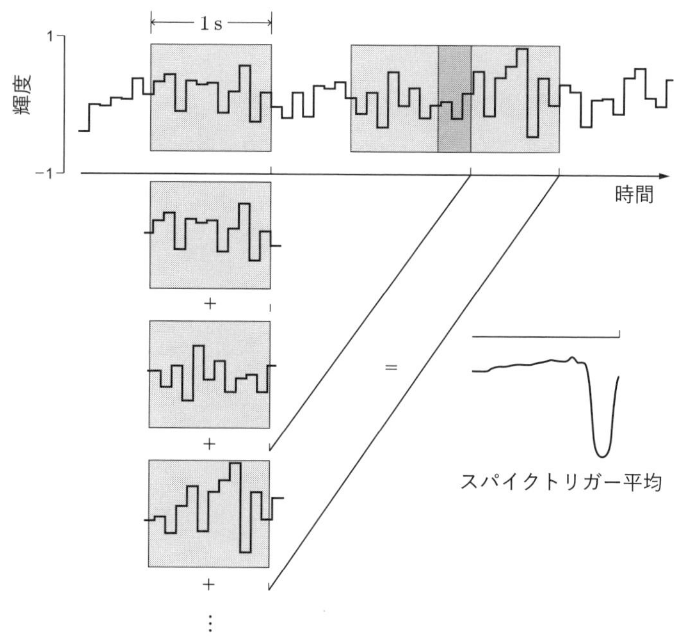

図 2.3　スパイクトリガー平均の計算方法．図の上部には，刺激の一部が示されている．この例では，サンショウウオの網膜に照射された光の輝度の時間変化が示されている．その下は，ある網膜神経節細胞の刺激に対するスパイク応答である．スパイクトリガー平均は，各スパイクに先行する刺激の波形を平均化したものである．スパイクトリガー平均の時間経過を右下に示す．平均すると，この細胞のスパイクの直前に刺激強度の一過性の低下が起こっており，このことから，図 1.6 で紹介した用語によれば，これは「オフ」型の神経節細胞であるといえる．このデータは，Warland and Meister (1995) の実験から得られたものである．

ランダ語の単語を原理的に推測することができる．これにより，英語からオランダ語への辞書を作成することができる．ベイズの法則は，このプロセスが確率分布上でも可能であることを示している．

ベイズの法則は，対訳辞書の抽象的なイメージだけでなく，実用的なことも教えてくれる．神経コードの特性とは，刺激をスパイクに変換する規則 ($P[\{t_i\}|s(t)]$) を特定するか，あるいはスパイクを刺激に逆変換する規則 ($P[s(t)|\{t_i\}]$) を特定することである．もしいずれかの規則で**完全な**リストが得られたならば，それを使って様々な変換問題を解決できる．神経コーディングの研究における伝統的なアプローチは，大雑把にいえば，ある刺激を与えてニューロンの応答を調べ，次に別の刺激を与え，それを繰り返すものであった．この方法で条件付き確率 $P[\{t_i\}|s(t)]$ の特性を特定し，分析方法の違いによってこの分布の様々な側面を明らかにしていく．もし，この過程を完了して

$P[\{t_i\}|s(t)]$ の全体的な構造を真に理解すれば，ベイズの法則によって $P[s(t)|\{t_i\}]$ を構築し，ホムンクルスがスパイク列を解釈する際のルールを提供することができる．

一方，伝統的な方法に固執することなく，最初からホムンクルスの視点で考え，$P[s(t)|\{t_i\}]$ を直接特徴付けるための実験を設計することも考えられる．再び，ベイズの法則は助けとなり，完璧な特徴付けが可能であれば，どちらの視点を採用するかはそれほど重要ではないことを示唆している．しかしながら，この言語の例は，「完璧な辞書」の作成が難しいことを強調している．あるニューロンにとっては，ある視点がもう一方よりも単純である可能性がある．そして，単純な視点を選ぶほうが実用的であることは明白である．しかし，**なぜ**ある視点が他方よりも単純であるのか，という問いは興味深い．この疑問は，神経コードの構造についての深い理解を促すものであり，本章の残りの部分でさらに掘り下げていくテーマとなる．

先に進む前に，図 2.2 を振り返っておこう．前述した 2 つの視点は異なる複雑さをもっている．従来の視点，つまり刺激を固定して応答の分布を調べる方法は，条件付き分布 $P(n|v)$ をもたらし，これはやや複雑な構造をもっている．たとえば，大きな負の速度の場合，最も確率が高い n の値は $n = 0$ である．しかし，ある臨界速度を超えると，分布が $n = 0$ から離れ，スパイク数が非ゼロの明確なピークを示すようになる．一方で，スパイク数が与えられたときの分布 $P(v|n)$ は，ほぼガウス分布に従い，その平均値はスパイク数に応じて速度の範囲で変化する．これらの違いは，実際に 2 つの分布の平均を計算することで，より明確になるだろう．$P(n|v)$ の平均，すなわち刺激強度の関数としての平均スパイク数 $n_{\mathrm{av}}(v)$ は，神経応答の伝統的な指標である．これは，Adrian が様々な系で再現してみせた，おなじみの非線形なシグモイド関数の関係である．しかし，$P(v|n)$ の平均，つまり特定のスパイク数下での刺激速度の平均値は，ほぼ完璧な線形関係をもつ．つまり，神経生物学のいたるところに存在しているはずのシグモイド関数的な入出力関係の非線形性が消失してしまった．なぜこのような視点の変更によってコードの記述が単純化されるのか，その背後にあるメカニズムを理解するのは興味深いことである．

2.1.2 率，間隔，相関

与えられたある時間依存刺激 $s(t)$ に対するニューロンの応答の完全な確率的記述は，条件付き分布 $P[\{t_i\}|s(t)]$ に含まれる．この分布は，スパイクの到着時刻が集合 $t_1, t_2, \ldots, t_N$ となる相対的な尤度を表す．だが，確率分布の**完全な記述**という言い回しは少々危うい．なぜなら，有限個のデータだけでは確率分布を完全に特定することは

できないからである．したがって，現実の実験において目標とされるのは，分布の先頭の数モーメント，つまり平均や分散などの特性を明らかにすることである．スパイク列の分布において，これらの量をどのように定義し，計測することができるかを検討する．そして，これらのモーメントの中に，私たちの注目を引くような特性が含まれていることが期待される．

確率分布の特徴を明らかにするためには，まずその平均を知る必要がある．A.1 節で詳しく述べるように，条件付き分布 $P[\{t_i\}|s(t)]$ の平均を**時間依存発火率** $r(t)$ とよぶ．スパイク列自体は時間に関する非常に特異な関数であり，時刻 t_i におけるパルスからなる．ある時刻 t の 1 点上で，同じ刺激を繰り返し提示しながら得られるスパイク列を平均すると，図 2.1 のような手順に相当する．平均化の際，原理的には時刻 t ちょうどにスパイクが到着した回数を数えるべきだが，実際には不可能である．代わりに，時刻 t の周辺で大きさ $\Delta\tau$ の窓を考慮し，その中に存在するスパイク数を計算して，提示の回数で割ることで，小さな窓内でのスパイク発生確率 $p(t)$ を計測する．ただ，窓を大きくすると確率も増加するので，窓の大きさに依存しない特徴を求めることが望ましい．そこで，可能な限り小さな窓をとる（もし窓が小さすぎると，有限のデータセットでは信頼できる結果が得られない）．窓が十分に小さいと，窓内にスパイクが存在する確率が窓は大きさに比例し，$p(t) = r(t)\Delta\tau$ の関係となる．このようにして発火率 $r(t)$ を定義し，時刻 t の周辺の小さな窓内にスパイクが含まれる，単位時間あたりの確率として考える．図 2.1 で示されるこの時間の関数は，刺激後あるいは刺激間時間ヒストグラム (peristimulus time histogram, PSTH) とも称される．

Adrian の実験では，刺激開始からの非常に大きな時間窓内でのスパイク数のことを「スパイクレート」とよんだ．それは単に，あるスパイク列の一例に含まれるスパイク数を数えたものである．それとは対照的に，時間依存発火率 $r(t)$ は連続的な関数であり，異なる時刻でのスパイク発生の確率を示すものである．したがって，時間依存発火率はスパイク列の**アンサンブル**の特性を示し，図 2.1 の構造からも理解できるように，ニューロンの応答の一例から直接得られるわけでは**ない**．スパイク数を数えることと，時間としての発火率を把握することの違いは，以降の節で非常に重要となる．

ここで，ニューロンが「レートコード」を使っているという説明は，何を「レート」として解釈しているのかという共通の理解を前提として進められている．しかし，これまで考察してきたとおり，少なくとも 2 つの解釈が存在する．それは，Adrian の初めの定義におけるスパイク数のレートと，スパイクの発生確率を表す時間依存性のあるレートである．多くの場合，この「レートコード」のアプローチは，通常「テンポラルコード」として知られる別の方法を提案し（そして排除し）ていることも暗に仮定されている．以降の議論では，これら「レート」の 2 つの意味の違いによる見かけ上の矛盾に，私たち自身と，あいにくなことに，読者も一緒に巻き込んでしまうこととなる．この回りくどさの中で，私たち（そして読者も！）の理解が少しでも進むことを目指す．最終的に，レートコードとテンポラルコードの区別は，期待するほど明確ではなくなるが，それが正しい方向性であると私たちは考える．むしろ，率と時間の違いを明確に区別しようとするアプローチよりも，感覚ニューロンが行動や意思決定において適切な時間窓の中で，多数のスパイクを発射するのかそれとも少数なのかという，より興味深い問題に焦点を当てることがより重要であると思われる．この問題の明確な定式化は，2.2.1 項まで持ち越すことにする．

時間依存発火率に関して最も研究された例は，おそらく刺激 $s(t)$ が時間に関して周期的な場合である．内耳の機械受容器において，時間依存発火率はその系を理解するうえで役に立つ．「純音」（鼓膜での正弦波状の音圧変化）に対する聴覚ニューロンのスパイク数を数えると，スパイク数を自発発火のレベルよりも増加させるのに必要な音の強さには閾値があるように見える．しかし，少なくとも低周波音では，この現象はかなり誤解を招きやすい．**図 2.4** に示すように，小さい音量での低周波の正弦波に対する時間依存発火率は，自発的な頻度の周辺でほぼ完璧に正弦波状に変調する．この条件下で

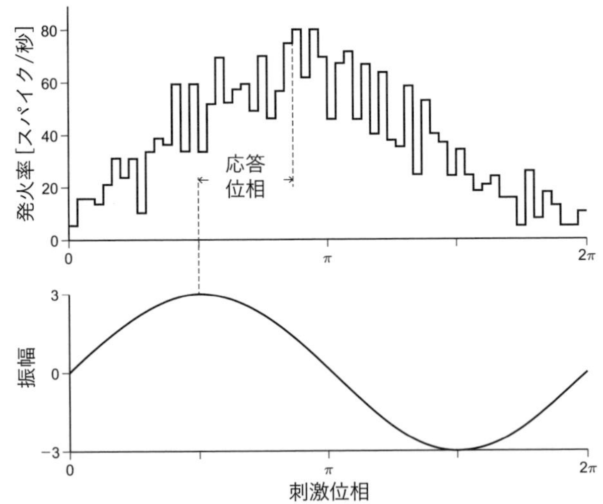

図 2.4　アフリカツメガエルの側線受容器における位相ロック．受容器から少し離れた水中の球体を 5 Hz の正弦波状に振動させ（パネル下），その刺激に対するスパイクの発射時刻を計測した．各スパイクの到着時刻は，実験開始からの絶対時間として，あるいは刺激正弦波に対する相対位相として記録できる．その後，図 2.1 の PSTH と同様の位相ヒストグラムを構成した（パネル上）．Kroese, van der Zalm, and van den Bercken (1978) より抜粋．

は，時間依存発火率 $r(t)$ は

$$r(t) = r_0 + A\sin(\omega t + \phi) \tag{2.5}$$

となる．ここで，r_0 は自発発火の頻度，A は変調の振幅，ω は正弦波刺激の周波数，ϕ は刺激に対する発火の位相であり，変調 A は音圧に比例する．このように，スパイク発射の**確率**は入力信号にあわせて滑らかに変化する．すなわち，任意の小さな信号はそれに比例した小さな応答をもたらす．この変化の感度は驚異的である．ある種類のカエルでは，身体全体を 1/10 オングストローム振動させると，その振動は球形嚢(sacculus)のニューロンで $A \approx 10$ スパイク/秒の変調をもたらすことが知られている (Narins and Lewis 1984).

正弦波刺激による発火率の周期的な変調は，刺激が強くなるとより明瞭になる．この挙動はしばしば**位相ロック**とよばれる (Rose et al. 1967)．時間依存発火率の変化は正弦波刺激の周期にロックされるが，平均発火率は周波数よりもはるかに小さくなり，スパイクは周期のごく一部でしか発生しなくなる．発火の有無のパターンは一見ランダムだが，発火の**確率**の変動は正弦波にロックされている．したがって，個々のスパイクの発火時刻は正弦波の位相に関する情報をもっており，スパイク間隔は正弦波の周期の整数倍にまとまる傾向がある．

低周波音は音の波長が長く，私たちの頭の中に明確な音響的影 (acoustic shadow) をもたらさない．よって，両耳で感じとる音の強さは低周波音では常に同等であり，音源の位置を知る唯一の手がかりは，近いほうの耳に音波が先に届くタイミングである．高周波ではこの時間差は曖昧になるが，シャドーイング効果 (shadowing effect) に支配されて両耳の強度差が顕著になる．この現象は，19 世紀末に Rayleigh 卿によって理解された (Strutt 1877–78)．一連の（あずまやを実験室，Rayleigh 婦人を被験者にした）実験で，彼は少なくとも低周波音については，左右の耳で位相差が聞こえることを結論付けた．この位相差は 10 マイクロ秒以下の時間差に相当する．メンフクロウ *barn owl* は音響的な手がかりだけで獲物を見つけることができ，1 マイクロ秒という短い時間差の閾値をもっている．このような弁別課題における本質的な時間情報は，聴覚神経の位相ロックによって担われていることは間違いなく，メンフクロウの場合は，両耳からやってくる位相ロックされたスパイクを正確に時間的に比較する神経回路を特定することができた．この研究の解説は，Carr and Konishi (1990) を参照されたい．

ここで，位相ロックを古典的なレートコードとの対比で見てみよう．Adrian の最初の研究では，レートは刺激開始後の一定時間内のスパイクを数えることで定義された．発火率によって情報が伝達されるという主張の真意は，時間窓内のスパイクの正確な時間的位置は，その刺激パラメータについての情報を**もたらさない**ということである．しかし，一次聴覚ニューロンのスパイクは，その正確な時間パターンによって刺激に関する情報を提供していることは明らかである．低周波における音源定位は，脳がこの時間情報を，最終的にはマイクロ秒のスケールまで利用できることを示している．

警告したとおり，ここまでで私たちが述べてきたことには矛盾が存在しているように思われる．私たちは位相ロックを時間依存発火率の例として紹介したが，いまや私たちはこの見方がレートコードの考え方と一致していないと主張しているのである．この矛盾の原因は，「レート」の二重の意味，特にこれらの定義とスパイク列を観測する際の時間分解能の関連性にある．図 2.1 のように PSTH を作成する場合，レートとは（原理的には）無限に小さな時間ビンで定義される確率である．これに対して，Adrian はより大きな時間窓，つまり刺激の全時間幅を選択していた．あるいは，正弦波刺激に対する位相ロックの場合，正弦波の周期より十分小さなビン幅を使う限り，タイミングキューの本質を維持できる．たとえば，100 Hz の音を聞いている場合，発火の周期性を明確にするためには 2 ミリ秒のビン幅でスパイクを数えれば十分である．そして，音源定位で比較しなければならない位相の粗い指標を得るためには，5 ミリ秒のビンでもよい（もちろん，個々のニューロンの精度はこれよりもはるかに優れている可能性がある）．

5 ミリ秒のビンでスパイクを数える際，それは小さな時間窓での発火率を計測しているといえるだろうか？ あるいは「テンポラルコード」[◆1] とよぶべきだろうか？ これは，本節の冒頭で触れた発火率の定義を，新たな観点から再評価するものである．Adrian の方法でスパイクを数えるのか，それとも「発火率」という言葉で，図 2.1 の PSTH に示される時間依存関数を指すのか，その選択はどちらとなるのだろうか．聴覚系は特異な例として存在するわけではない．この問題は他のいくつかの系でも見られる（2.2.1 項）．この議論は少々難解かもしれないが，通常のレートとタイミングという考え方の間の区別は，神経コードの理解において本質的なものではないことを示唆しているのではないだろうか．そこで，ニューロンの応答をレートコードやテンポラルコードの視点で解釈するのはいったん忘れ，応答そのものの特徴付けに焦点を当てることにしよう．

条件付き分布 $P[\{t_i\}|s(t)]$ の平均を検討してきたなら，次に考慮すべきは分散である．スパイク 1 発の発生確率を示すレートは分布の 1 次モーメントであり，分布 $P[\{t_i\}|s(t)]$ の分散および共分散の形式的な定義は，スパイク 2 発の同時発生確率に関

◆1 訳注：第 3 章では特にスパイクタイミングに注目して，「タイミングコード」ともよぶ．

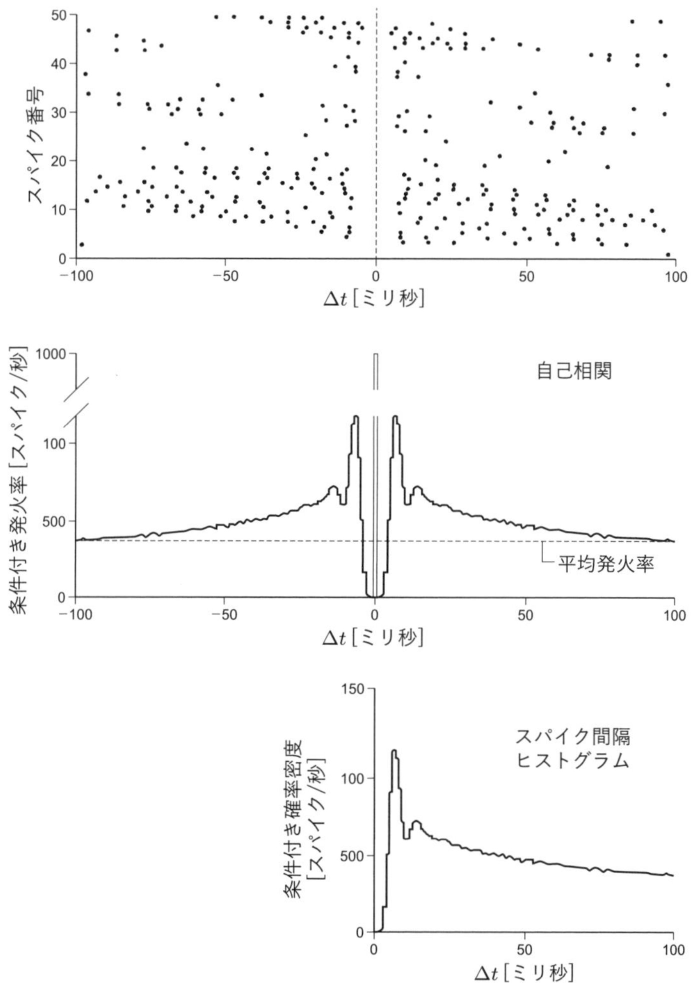

図 2.5　自己相関関数と間隔ヒストグラムの構成．上のパネルは，ハエの視覚系の H1 細胞からのあるスパイク列の記録である．スパイクの発射時刻を点で表すものとする．図の下の行から，スパイクを先頭から順に左から右へとずらしながら，発射時刻を $\Delta t = 0$ に揃えていく．つまり，下から 2 番目の行は先頭のスパイクを左にずらして，2 番目のスパイクの時刻を 0 に揃えたものであり，3 番目の行は，先頭の 2 つのスパイクをずらしたものになる．中央のパネルは，各 Δt ごとにスパイク数を平均し発火率に変換したものである．これが自己相関関数であり，時刻 t においてスパイクが発射された際の，時刻 $t + \Delta t$ の発火率を表すものである．Δt が大きくなると，この条件付き発火率は平均発火率に近づき，時刻 t においてスパイクが発射されたという情報が失われる．この方法により，2 発の連続するスパイクが特定の間隔で発生する確率，すなわちスパイク間隔の分布（下のパネル）も定量化することができる．ここでの手続きでは，すべてのスパイク発生時刻を平均化するのではなく，ずらした各行における $\Delta t = 0$ 以降のスパイク発射時刻のみを平均化する．この間隔の分布を正規化すると確率密度になる．

連する（**図 2.5**）．ここで，スパイク 2 発の選び方は多種多様である．1 つの方法としては，連続する 2 発のスパイクを選ぶ方法が考えられる．この場合，スパイク間の間隔の確率分布を検討することとなる．別の方法として，連続性にかかわらず，2 発のスパイクの同時確率を考慮する方法がある．これは**相関関数**とよばれるものである．多くの場合，相関関数は発火率で正規化される．つまり，時刻 t でスパイクが観測された場合に，別のスパイクが時刻 $t+\tau$ で観測される確率となる．この正規化された相関関数を**条件付き発火率**ともよび，図 2.5 でその概要が示されている．もちろん，他にも多くの可能な方法がある．たとえばちょうどスパイク 7 発分離れた 2 つのスパイク間の時間分布を測定することもできるが，直観的にそれほど有効とは思えないだろう．ある感覚系では，発火率が等しいにもかかわらず，二次統計量が大きく異なるニューロンが存在している．たとえば前庭系では，一次感覚ニューロンの自発活動においてそのような統計的な違いが確認できる (Goldberg and Fernandez 1971).

時間依存発火率は，1 発のスパイクがある瞬間に発生する確率を定量化するものだった．同様に，スパイク間隔の分布は，連続する 2 発のスパイクがある時間間隔で発生する確率を定量化するものである．さらに，相関関数は，任意の 2 発のスパイクがある時間間隔で発生する確率を定量化するものであり，この間に何が起こるかはどうでもよい．これらの量はすべて確率であり，アンサンブルにおけるスパイク列の特性を示すものであるが，単一のスパイク列の観測からは得ることができないものである．相関関数に関する詳細は，A.2 節を参照されたい．

1 つの疑問として，中枢神経系の細胞は，そのような入力スパイクの高次統計量に敏感なのだろうか，ということが考えられる．Segundo et al. (1963) はアメフラシを用いた実験において，この疑問を提起した．理想的な実験では，単一ニューロンにシナプス入力を与えるスパイク列をすべて制御し，その入力の統計量の変化がシナプス後の応答にどう影響するのかを検討することができるだろう．しかし，そのような完璧な制御は現実的には難しく，Segundo らも自らの実験が理想からは遠いものであると認めながらも，**図 2.6** に示されるような明瞭な結果を得た．具体的には，シナプス前の神経線維のスパイクが異なる時間パターンをもつと，それにともなって異なるシナプス後の応答が得られるのである．

Segundo らの実験と考え方が類似しているのは，Mainen and Sejnowski (1995) による研究である．彼らは皮質ニューロンの応答を検討するため，スライス標本を利用し，まず様々な薬理学的手法を駆使してシナプス結合の影響を排除した．続いて Mainen と Sejnowski は，単離された皮質ニューロンに対する電流刺激に基づいて，スパイク応答を計測した．この入力電流は，細胞が生体内で経験するであろう多数のシナプス入

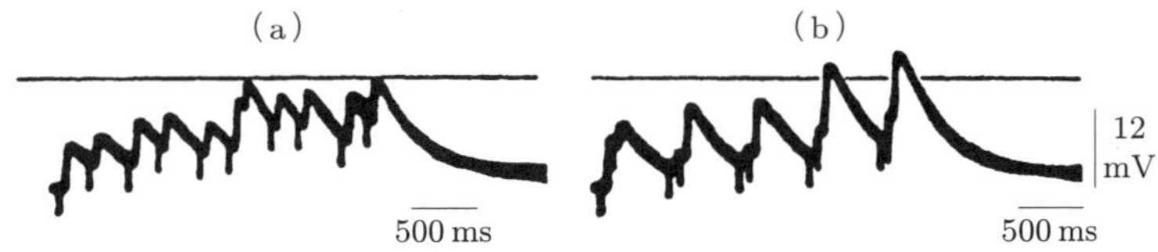

図 2.6 Segundo et al. (1963) から再構成した，入力の時間パターンに対するシナプス後応答の関係．パネル (a) および (b) は，異なる 2 つのシナプス前パルスに対する同一細胞の応答を示している．これらのパルスは，平均発火率は一致しているが，二次統計量が異なっている．これらの刺激に対する応答の閾値の超え方の違いは，シナプス後応答を決定するシナプス前信号の時間パターンの重要性を示している．

力を模倣する，制御されたものである．アメフラシを用いた前述の実験と同じアプローチで，彼らは皮質ニューロンが電流の波形の時間的細部を正確に再現する反応を示すのか，もしくは電流の時間平均だけを反映しているのかを解析した．結論は明快であった．皮質ニューロンは，電流のミリ秒単位の時間的特徴に対して，決定論的なスパイク応答を生成することができたのである．すなわち，シナプス入力のスパイク列に内在する相関が，細胞の応答を変化させるのである．実際のところ，多くの皮質スライス実験では，ステップ入力やパルス入力のような単純な電流入力パターンは，再現性のあるスパイクパターンを生成するものと仮定されている．

ここで思い出すべきことは，活動電位のダイナミクスの最初の解析が，決定論的な記述だったということである．Hodgkin and Huxley (1952d) が示したのは，細胞膜の電位とコンダクタンスの変化の式であり，その式を解くことで，入力電流パターンに対する活動電位のタイミングを予測できる．何世代にもわたる皮質スライスでのニューロンの実験は，Hodgkin–Huxley 方程式の一般化が適用可能であることを示し，電流入力の単純なパターンに対するスパイク生成過程の決定性を暗黙のうちに検証してきた (Gutnick and Mody 1995)．再現性のあるスパイク生成は，巨大軸索や皮質錐体細胞に限られたことではなく，前庭核の細胞に関する実験でも確認されている (du Lac and Lisberger 1995)．実際に，神経細胞膜のノイズに関する古典的な実験では，スパイク生成が顕著に確率的となる刺激強度の範囲を明らかにするために，多大な努力がなされてきた（Verveen 1961; DeFelice 1981 の解説論文）．

時間パターンに対する感度は，積分時間とノイズレベルの両方によって決まる．ニューロンは刺激の総和が閾値を超えたときにスパイクを発射する．古典的な数学の文献 (Rice 1944–45) によれば，閾値を超える平均的な頻度は入力信号の時間的な相関に依存する．しかし，もし細胞自身の電気的特性が非常に長い時間スケールで入力を積分するなら，その積分時間が頻度を決定することになる．同様に，もし細胞が入力信号と混ざり合う内部ノイズ源をもっているなら，入力と出力スパイクの時間的特徴の正確な関係はランダム化される．Mainen–Sejnowki の研究とそれに関連する実験は，少なくとも 1 つの条件下で，スパイク生成メカニズム自体は比較的短い積分時間と低いノイズレベルをもっていることを示唆する．Lass and Abeles (1975) は，活動電位の伝播も比較的ノイズが少ないことを示しており，10 センチメートルの髄鞘（ずいしょう）化された軸索はスパイク到着時間に数マイクロ秒のジッターしか発生させないことを示した．残る顕著なノイズの源はシナプス伝達であり (Katz 1966)，多くの実験では中枢シナプスの伝達は驚くほど失敗することが報告されている (Allen and Stevens 1994; Bekkers and Stevens 1994)．しかし，伝達が成功する場合は，時間のジッターはほぼ発生しない．これらすべての実験は，ニューロンの信号伝達と計算の要素が正確な時間関係を維持できることを示唆している．Abeles と同僚らは，一連の長い研究を通して，前頭皮質のニューロンの挙動に着目し，数百ミリ秒にわたる特定のスパイクパターンがミリ秒の精度で繰り返されうることを示した（たとえば Abeles et al. 1993)．多くの研究者も，感覚刺激の開始に応答して生成されるスパイクは非常に再現性が高いことを指摘している (Dear, Simmons, and Fritz 1993)．しかし，Segundo らによって提起された疑問，すなわち，シナプス後ニューロンは入力スパイクの到着時間をどのようにして正確に測定しているのかについて，いまだに完全かつ定量的な回答は得られていない．

二次統計量を用いたコーディングの可能性を説明するために，低周波数音で刺激された聴覚ニューロンのことを再び考える．音のバースト刺激に応じて生成されるスパイク数は，位相に関する明確な情報を提供しない．しかし，周波数感受性のピークから離れた大きな音は，**図 2.7** で示されるように，最適周波数の小さな音と同じ頻度でスパイクを生成する．このため，振幅と周波数の間に混乱が生じる．それに対して，低周波数の音ではスパイク間隔が刺激周期の整数倍となる傾向があり (Kiang et al. 1965)，これは図 2.4 に示した時間依存の発火率と関連する．このスパイクのクラスタリングは，独立した周波数の推定を可能にし，音の振幅も発火率から確実に推定可能にする．このようにスパイクの到着時刻を正確に記録することで，大きな時間窓でのスパイクのカウントによって生じる振幅と周波数の曖昧さを回避することができる．この考え方は，Wever (1949) による聴覚神経の同期活動に関する初期の研究まで遡ることができる．

この節でとりあげた内容は，ニューロンの応答の特徴付けの進化である．スパイク数の計測からアンサンブル平均，時間依存発火率，スパイク間隔の分布，そして相関関数の記述へと展開している．どのケースも，感覚刺激のパラメータ変化は神経応答の計測値に影響を与えるため，これらの計測値は感覚世界の何らかの特徴をエンコードしてい

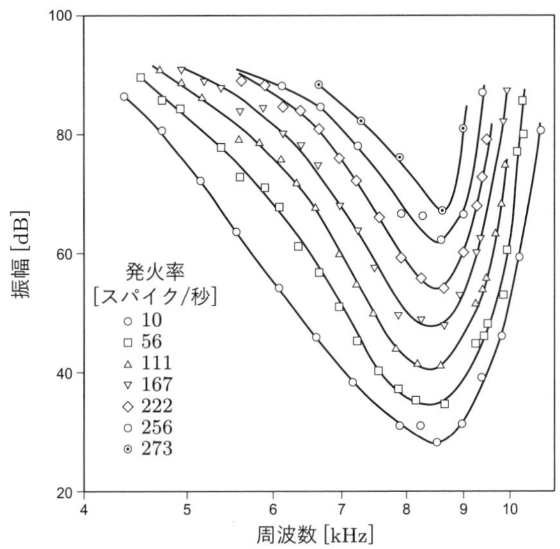

図 2.7 ネコの聴覚神経におけるあるニューロンの発火率の等高線．各曲線は特定の平均発火率を示す純音の振幅，すなわち音量と周波数の組合せを描写している．聴覚ニューロンは特定の周波数範囲に「チューン」しており，このニューロンの場合は周波数が 8.5 Hz のときに最小の音量でも発火する．この周波数チューニングは，音量や周波数の変動が発火率の変化を引き起こすことを示している．具体的には，周波数を調整して水平に移動することや，振幅を変更して垂直に移動することで，ある発火率の等高線から別の等高線に遷移することができる．このデータは Evans (1982) に基づいている．

る可能性がある．Perkel と Bullock が 1968 年に主催した会議では，様々な系の実験から得られたコーディング戦略が紹介された．様々なコードがどのようにして，与えられた刺激に対するスパイク列の条件付き分布 $P[\{t_i\}|s(\tau)]$ に関する連続した高次モーメントを表現するのか，その一端が示された．問題は，モーメントに関する神経応答の特徴付けが収束しそうにないことである．なぜなら，新しい高次モーメントを導入するたびに，それがもたらす新しいコーディング戦略が可能になりうるからである．

2.1.3 入出力解析

ニューロンの特性を完全に現象論的に求めることは可能だろうか．もし可能なら，それによって任意の入力刺激に対する神経応答を予測することが可能になる．工学の分野では，このような特性の特定を「システム同定」とよぶ．一方，物理学では，それは線形および非線形の応答関数の階層を構成することに対応する (Piccard 1985)．これらの手法は線形の場合が最も単純で，2 つの刺激の和に対する応答は，各刺激に対する個別の応答の和と等しくなる．感覚ニューロンはこの意味での線形性からはかけ離れているため，様々な非線形の手法が試みられてきた．具体的には，Volterra と Wiener によるホワイトノイズ解析や逆相関法などの評価法を基盤とするアプローチが行われてきた（A.3 節）．これらの手法についての詳しい解説は，Sakai (1992) や Eggermont, Johannesma, and Aertsen (1983) の論文を参照されたい．

ニューロンの入出力関係の解析には，2 つの異なる課題があることを強調したい．まず，ニューロンが合理的な自然条件下で行っていることを記述するのに十分な，様々なモデル族 (family) が必要である．次に，これらのモデルのパラメータを特定の実験下で測定するための技術が必要である．ホワイトノイズ解析や視覚系での古典的な受容野マッピング技術は，後者の課題に対応するものである．具体的には，ニューロンがどのように応答するのかのモデルを念頭に置き，そのモデルのパラメータを計測する試みである．モデルのパラメータは第 1 Wiener カーネルに集約されるかもしれないし，受容野の位置と次元のリストになるかもしれない．

この節は，神経コードの特徴付けという私たちの中心的問題に関する長い余談のように思えるかもしれない．しかし，この章はニューロンが様々な刺激条件下で何を行うのかを定量化するための一連の手法を紹介するものである．神経応答の定量化に関する文献を読むと，少なくともそれらの実験の背景には，本節で述べる考え方が潜在しているはずである．私たちにとって重要なのは，これらの手法の可能性と限界を理解することに他ならない．

Wiener と Voltarra の方法は，応答関数を計測する方法である．ある系の挙動を線形および非線形応答関数で表すこの考え方は，微積分学で関数をべき級数展開する考え方を一般化したものである．この応答関数の**考え方**は，特定の実験において応答関数をどのように**計測するのか**という問題とは独立であることを強調しておく．

ある数 x とその数の関数 $f(x)$ を考える．f が十分滑らかであれば，基準となる点 x_0 の近傍での値は以下のように近似できる．

$$f(x) \approx f(x_0) + f'(x_0)(x - x_0) + \frac{1}{2}f''(x_0)(x - x_0)^2 + \cdots \tag{2.6}$$

これはテイラー級数であり，$f'(x_0), f''(x_0), \ldots$ は，x_0 における $f(x)$ の 1 次，2 次，$\cdots$ の導関数である．この級数の項を増やしていくと，**図 2.8** の例に示すように，級数の値は $f(x)$ の x_0 の近傍における**厳密な**値に収束する．この収束は関数 $f(x)$ の滑らかさに関する概念が条件となるが，私たちの目的に対しては制約とはならない．さらに，級数の最初の N 項だけを用いた場合に，真の関数にどれだけ近づくかも正確に記

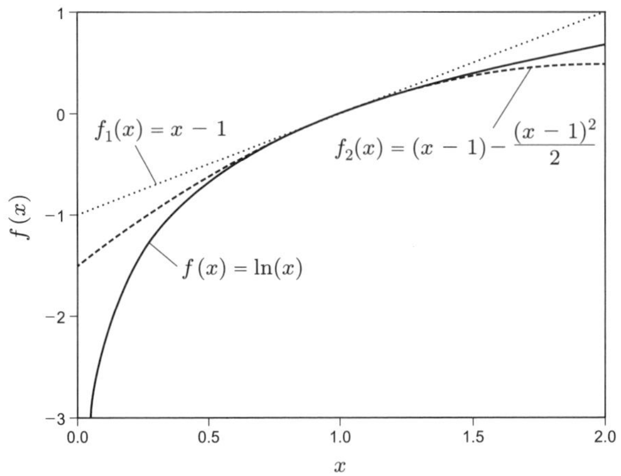

図 2.8 $f(x) = \ln(x)$（実線）のテイラー級数近似．$\ln(x)$ の $x = 1$ の近傍での 1 次近似 $f_1 = x - 1$ と 2 次近似 $f_2(x) = (x-1) - (x-1)^2/2$ を示す．

述することができる．収束性と誤差の減少は，変換 $f(x)$ のモデルとして，テイラー級数は望むだけ正確であることを意味する．すべてのありうるテイラー級数の集合を考えると，その中のどこかに，私たちの関数の真のモデルがあることがわかる．

十分な数の項があればいくらでも真の関数に近づけられるという事実は，実際は特に有用であるとはいえない．基準点 x_0 から離れた点での値は外挿できないことを理解したうえで，最初の数項だけをとりあげるのが望ましい．1 次の項 $\approx (x - x_0)$ までで留める場合，図 2.8 のように，$f(x)$ を x_0 を通るある傾きの直線として近似することになる．ここで，x_0 の十分近くでは近似は適切であり，これは $f(x)$ が滑らかであるという仮定に基づく．このように，それぞれの関数 $f(x)$ には，その非線形性が影響を及ぼす典型的なスケール Δx が存在する．

Volterra (1930) は，関数の入力が単なる数でなく，刺激の時間波形 $s(t)$ のような関数そのものの場合に，考え方を一般化した．このような関数の関数を**汎関数**とよぶ．Wiener (1958) は，Volterra 級数を並べ替えることにより，展開の係数をより容易に計算する方法を示した．しかしながら，数学的にも概念的にも，これらの考え方はすべて，式 (2.6) と図 2.8 で示されたテイラー級数の基本的な概念に由来するものである．Wiener と Volterra の定式化に関する数学的詳細は，A.3 節にまとめられている．

これらの手法の仕組みを理解するために，まずスパイクの機構をもたない系を考えると有益である．スパイクを発射しないニューロンのダイナミクスを考察しよう．膜には依然として電位依存性コンダクタンスが存在するが，その電位変化とチャネルの開閉の集団的な動きは，いくつかの連立微分方程式で記述可能である．これらの式は，Hodgkin–Huxley (1952) の初の定式化と同じ一般的な形をもち，静止電位 V_0 で安定な定常解をもつ．ここで，微小な電流を加えると，膜電位の値も小さく変化する．その極限では，電流の時間依存性は電位のそれと異なるかもしれないが，膜電位の変動は加えられた電流の大きさに比例するはずである．この領域を**線形応答**と称し，線形応答を特徴付ける関数を**伝達関数**とよぶ．

線形に近似した領域で，電流 $I(t)$ に対する電位 $V(t)$ は次式で表せる．

$$V(t) = V_0 + \int_{-\infty}^{\infty} d\tau Z_1(\tau) I(t-\tau) \tag{2.7}$$

この時点では，$Z_1(t)$ は電流に対する電位の線形応答を示す何らかの関数にすぎない．しかし，後にこれが電気的インピーダンスのフーリエ変換と関連していることが明らかになる (Horowitz and Hill 1980)．式 (2.7) は，時刻 $t = 0$ で電流のパルスを 1 発入力する場合，電位変化が $\Delta V(t) \propto Z_1(t)$ と表されること，そして 2 発のパルスを入力する場合，電位変化が 2 つの電位変化の和として表されることを示す．この説明は線形応答の定義である．ある時刻の電位は，過去のすべての時刻での電流によって決定されるため，式 (2.7) はやや複雑になる．この記述は，特定の時刻における信号間の関係ではなく，フーリエ成分間の関係を考慮することで単純化できる．そこで，まず式 (2.7) の両辺をフーリエ変換する．電位のフーリエ変換の定義は次のようになる．

$$\widetilde{V}(\omega) = \int_{-\infty}^{\infty} dt \exp(i\omega t) \left[V(t) - V_0 \right] \tag{2.8}$$

同様に，電流については以下のようになる．

$$\widetilde{I}(\omega) = \int_{-\infty}^{\infty} dt \exp(i\omega t) \, I(t) \tag{2.9}$$

さて，式 (2.7) の両辺をフーリエ変換すると，

$$\begin{aligned}
\widetilde{V}(\omega) &= \int_{-\infty}^{\infty} dt \exp(i\omega t) \left[V(t) - V_0 \right] \\
&= \int_{-\infty}^{\infty} dt \exp(i\omega t) \int_{-\infty}^{\infty} d\tau Z_1(\tau) I(t-\tau) \\
&= \int_{-\infty}^{\infty} d\tau Z_1(\tau) \int_{-\infty}^{\infty} dt \exp(i\omega t) \, I(t-\tau) \\
&= \int_{-\infty}^{\infty} d\tau Z_1(\tau) \int_{-\infty}^{\infty} dt \exp\left[i\omega(t-\tau) \right] I(t-\tau) \exp(i\omega\tau)
\end{aligned}$$

$$
\begin{aligned}
&= \int_{-\infty}^{\infty} d\tau Z_1(\tau) \exp(i\omega\tau) \int_{-\infty}^{\infty} dt \exp\left[i\omega(t-\tau)\right] I(t-\tau) \\
&= \left[\int_{-\infty}^{\infty} d\tau Z_1(\tau) \exp(i\omega\tau)\right] \widetilde{I}(\omega) \\
&= \widetilde{Z}_1(\omega)\widetilde{I}(\omega)
\end{aligned} \tag{2.10}
$$

となる．ここで，

$$
\widetilde{Z}_1(\omega) = \int_{-\infty}^{\infty} d\tau Z_1(\tau) \exp(i\omega\tau) \tag{2.11}
$$

である．$\widetilde{Z}_1(\omega)$ の単位は電位/電流，もしくは抵抗である．抵抗の場合は $\widetilde{Z}_1(\omega) = R$ であり，より一般的には周波数依存のインピーダンスとよばれる．完全に静的な細胞膜の場合，膜の抵抗 R とキャパシタンス C に対して，次式が得られる．

$$
\widetilde{Z}_1(\omega) = \frac{R}{1 - i\omega\tau} \tag{2.12}
$$

$$
\tau = RC \tag{2.13}
$$

なお，インピーダンスや線形応答の**概念**は，抵抗，キャパシタ，インダクタで構成されるよく知られた回路に限られるものではない．線形応答関数の考え方は，工学的なアナロジーに囚われないものである．

しかし，完全な線形応答という仮定は不自然である．そこで，より一般的な場合を考える．小さな入力電流に対する細胞の応答は次のように書ける．

$$
\begin{aligned}
V(t) = V_0 &+ \int_{-\infty}^{\infty} d\tau Z_1(\tau) I(t-\tau) \\
&+ \frac{1}{2}\int_{-\infty}^{\infty} d\tau \int_{-\infty}^{\infty} d\tau' Z_2(\tau,\tau') I(t-\tau) I(t-\tau') + \cdots
\end{aligned} \tag{2.14}
$$

ここで，Z_2 は，2 つのパルス電流を加えた際に各パルスに起因する変化が線形和でなくなる，相互作用による電圧変化を反映している．

同様に，周波数 ω_1 と ω_2 をもつ 2 つの正弦波電流を流す場合，Z_2 はそれらの和と差の周波数 $\omega = \omega_1 \pm \omega_2$ に対する応答を示す．電位依存性コンダクタンスをもつ細胞では，$Z_1, Z_2, \ldots$ はイオンチャネルの活性化パラメータに基づいて定義される．しかしここでは特定のモデルを仮定せず，式 (2.14) を直接計算して，現象論的な視点から細胞の電気的挙動を記述することを選択する．このような記述は Volterra 級数とよばれ，ある条件下では，級数に十分な数の項が含まれれば，系の完全な記述となることを示す定理が存在する．

次に，式 (2.14) がこの例において電流と電圧の関係を完全に記述していると仮定し，

応答関数 $Z_1, Z_2, \ldots$ をどのように**計測**すればよいかを考える．広く採用される手法はホワイトノイズ解析であり，これは Volterra 展開の Wiener による再定式化に基づくものである (Wiener 1958)．Wiener の方法では，系がランダムな入力で駆動されるとし，その入力を平均した際に，各級数が統計的に独立となるように展開を選ぶ．この方法は，系全体の応答が非線形であっても，その線形応答成分を計測できる利点がある．また，級数展開の多くの項を追加して系の記述を改善しようとする際に，低次の項を再修正する必要がないという特徴ももつ．

非線形系の解析における Wiener の方法の本質は，入力信号と出力信号の間の相互相関にある．線形領域では，ある周波数の電流を加えると，同じ周波数で電位が変化する．この背景のもと，Wiener が提唱した考え方は，ホワイトノイズの電流を入力すると，振幅と位相はランダムであるものの，その中にはすべての周波数成分が含まれるので，各周波数成分において電位と電流の相関を計測できるというものである．この相関を通じて計測されるのが，インピーダンス Z_1 である．

さらに，存在するすべての周波数成分に対して，式 (2.14) の Z_2 のような非線形項が周波数の混合を引き起こすことを考慮する．周波数 ω の電位は，$\omega = \omega_1 \pm \omega_2$ となるすべての可能な周波数 ω_1 と ω_2 の電流の寄与を受ける．このため，$\widetilde{V}(\omega)$ と積 $\widetilde{I}(\omega_1)\widetilde{I}(\omega_2)$ との相関を計測し，これを応答における 2 次の非線形性と解釈する．これらの考え方は，A.3 節で詳細に説明する．

Wiener の方法を適用するには，もう 1 つ，**エルゴード性**という数学的概念が必要である．Wiener の方法は，Volterra 級数展開の再定式化であり，異なる項がランダムな入力刺激に対して統計的に独立となるように設計されている．同じく，展開の各項は入力と出力信号の相互相関を通じて計測され，この相互相関はランダム入力における平均である．この平均をどのように計算すればよいのだろうか．理論的には，同じ実験を何度も実施し，入力と出力の**アンサンブル**を収集し，このアンサンブル上で平均をとるのが望ましい．だが実際には，特にランダムな入力においては，実験を長時間実施するほうが手軽である．ランダムな刺激の場合，長時間の実験中の異なる時間窓は，実験のアンサンブルから取得された異なるサンプルのようにみなすことができ，必要に応じて時間平均を計算することができる．時間平均とアンサンブル平均が同等であるとする考えが，エルゴード性の理念である．多くの問題ではエルゴード定理が成立し，この 2 種類の平均が数学的に等価であることがわかる．したがって，入力と出力の相互相関を求める際には，1 回の長期の実験を行い，時間平均を計算すればよい．

これらの技術をスパイキングニューロンの研究にどのように適用できるだろうか．まず，入力をある連続関数 $s(t)$ として考え，それがホワイトノイズのサンプルのように見えるものとして選択することが考えられる．一方で，ニューロンの出力は連続的な電位の値ではなく，離散的なスパイク列 $\{t_i\}$ として現れる．A.1 節で示すように，これらのパルスから時系列としての関数を構築することができる．

$$\rho(t) = \sum_i \delta(t - t_i) \tag{2.15}$$

ここで，「デルタ関数」$\delta(t - t_i)$ は，$t = t_i$ 以外で 0 となり，$t = t_i$ で無限大の値をもつが，積分すると 1 になる関数である．つまり，特定の時間窓における $\rho(t)$ の積分は，その窓内のスパイク数をカウントするものと一致する．しかし，理想的な電流と電位の例とは異なり，$\rho(t)$ はランダムな関数であるものの，入力 $s(t)$ だけによって完全に決定されるわけではない．単純に入力 $s(t)$ と出力 $\rho(t)$ の相互相関を計算すると，A.3 節で示されるように，この相互相関はスパイクの周囲の入力刺激の波形を平均化するものとして解釈できる．その手順は図 2.3 に示されている．この相互相関は，様々な文献で「第 1 Wiener カーネル」「逆相関関数」「スパイクトリガー平均」「平均有効刺激」「トリガー相関関数」として，異なる名称で紹介されている．

感覚ニューロンのホワイトノイズ解析に関する初期の研究において，de Boer and Kuyper (1968) は，第 1 Wiener カーネルがスパイク発射をもたらす刺激の平均と等しいことを強調した．これは，ニューロンがランダムな波形の中から逆相関関数に似た特徴を「探し」，そのような特徴を検出すると，該当の細胞が活動電位を生じるという解釈を支持するものである．この仕組みがどのように動くのかを明らかにするために，発火率が信号にフィルタをかけて得られる単純なモデルを考えると，次のように表現できる．

$$r(t) = r_0 g\left[\int_{-\infty}^{\infty} d\tau f(\tau) s(t - \tau)\right] \tag{2.16}$$

ここで，$f(t)$ はフィルタ関数であり，$g[x]$ は記憶をもたない何らかの非線形関数である．この条件下で，逆相関関数，または第 1 Wiener カーネルは，フィルタ関数 $f(\tau)$ に比例することが示される．このように逆相関を利用することで，少なくともこの単純なモデルにおいて，線形フィルタリングの特性をスパイク生成の非線形性から分離できることが確認できる．このアプローチは，聴覚系でのチューニング曲線の計測や視覚系での受容野の計測に広く適用されている．参考文献として，Eggermont, Johannesma, and Aertsen (1983), Reid and Shapley (1992), DeAngelis, Ohzawa, and Freeman (1995) などが挙げられる．

フィルタ $f(t)$ の形状に合わせた信号を送信する場合，特に $s(t) = f(-t)$ としたとき，発火率 $r(t)$ は最も大きく変動する．厳密にいうと，同じパワー $\int dt s^2(t)$ をもつ他の信号に比べて，この信号は最も大きな発火率の変化を引き起こす．この考察から，ニューロンは発火のきっかけとなる特定の波形を探していると解釈できる．ただし，その引き金となる刺激は確率的な性質をもつものである．

Wiener 法の考え方を続けて，スパイク列 $\rho(t)$ と刺激 $s(t)$ の高次のべき乗との相互相関を計算すると，スパイクに先行する信号の平均相関関数などが現れる．これらの項は，スパイクが波形そのものの特徴だけでなく，波形の包絡線のような高次の特徴によっても引き起こされる可能性があることを示唆している (Marmarelis and Marmarelis 1978)．高周波数成分に選択的な聴覚ニューロンでは，典型的に第 1 Wiener カーネルはほぼゼロであり，第 2 カーネルのみが非ゼロとなる．その第 2 カーネルは，細胞が波形の包絡線の変化に敏感であり，バンドパスフィルタのように振る舞うことを示している．同様に，純粋な視覚運動感受性ニューロンでは第 1 カーネルはゼロであるため，像の明暗は発火率に変化をもたらさない．しかし，第 2 カーネルは視野内の運動に相当する時空間的な相関が，発火率に変調を**もたらす**ことを示している．これらの方法は刺激のより複雑な特徴に対する感受性を明らかにするが，従来のホワイトノイズ解析における相互相関関数はスパイク 1 発の発射時間のみを考慮している．平均化が単一スパイクによって行われることから，このアプローチは刺激 $s(t)$ と時間依存の発火率 $r(t)$ との関数関係の Wiener 展開に該当する．

ホワイトノイズ法は，これまで述べてきたとおり，入出力関係の級数展開の項を計測するための手法の 1 つである．スパイキングニューロンに応用する場合，この入出力関係は，刺激と発火率の関係として表現される．このタイプのモデルにおいて，Wiener 法は応答関数を計測する際の非常に効果的な方法となる．一方，正弦波の刺激を使用する場合，異なる周波数ごとに実験を行い，利用可能なすべての周波数ペアで 2 次の非線形性を計測するという作業を繰り返す必要がある．Wiener 法を使用しても，高次のカーネルを確実に推定するためには大量のデータが必要であり，4 次の項までの解析が行われることは稀である．したがって，十分な項が存在する場合に正確な解に収束するという数学的問題は，実際の実験デザインにとってそれほど関連性がない．より重要なのは，最初の数個のカーネルだけで得られる線形または弱い非線形モデルの妥当性を信じるに足る根拠があるかどうかである．

物理学の講義で学ぶ多くの現象論的な法則は近似であり，いま議論しているような性質をもっている．たとえばオームの法則は，電流が電線を流れる際の電圧降下に比例することを示し，フックの法則は，バネの伸びる量がかかる力に比例することを示す．しかし，バネを強く引っ張ったり，大きな電圧をかけるような状況になると，そのような線形の関係は崩れてしまう．そこで，Wiener 法や Volterra 展開における応答の非線形項が重要となる．線形近似が成立する理由は，展開の n 次の項がある次元なしパラメータ α に対して α^n に比例し，α が十分小さければその項を無視できることによる．

たとえば，完全な結晶のブロックを引き延ばすと，引き延ばした方向に沿ってすべての原子間結合に等しくひずみが分配される．したがって，結晶全体が 5% 長くなれば，各結合も 5% ずつ長くなるだろう．この原子間結合のひずみをエネルギーに変換すると，（おおまかにいって）このひずみエネルギーと結合エネルギーの比がパラメータ α となる．巨視的なひずみのエネルギーは，すべての結合で共有される場合，化学的な結合エネルギーに対して小さい．このため，フックの法則が成立すると考えられる．もし級数展開がニューロンの応答をうまく記述するのであれば，同様の小さなパラメータを特定する必要がある．

次元解析によれば，感覚刺激に対するニューロンの応答に関わるパラメータ α は，ある自然なスケール s_0 と比較したときの信号 s の典型的なスケールに対応する．この信号の自然なスケールとは何かの 1 つの答えとして，この自然なスケールは，系の有効なノイズレベルによって設定されるということが挙げられる．内耳の機械的な変形の自然なスケールは，ブラウン運動のレベルで決まり，それは聞こえるかどうかの閾値付近での変形に相当する（詳細は Bialek 1987 を参照）．だが，この場合，級数の急速な収束のためには，信号が常に閾値のオーダーであることが必要である．聴覚系にはほとんど聞こえない音に関する様々な興味深い非線形性があり，これらの非線形出力の入力音の強度に対する依存性は，Wiener 型の関数列の最初の数項で予測されるものとは異なる (Goldstein 1967)．これは感覚系の知覚における重要な非線形応答を記述する際，関数列の最初の数項だけでは不十分だという明らかな例である．この失敗の原因は，自然な小さなパラメータが欠けていることにあると思われる．同様の非線形性は，個々の有毛細胞の電位応答にも見られる (Jaramillo, Markins, and Hudspeth 1993)．このべき級数アプローチがここでも失敗するかどうかは興味深い．この特異な非線形性は，単一細胞レベルで生じるのだろうか？ それとも，蝸牛の多くの細胞集団の相互作用によるものだろうか？

視覚の場合，背景レベル付近の光強度（コントラスト）の変化に対するニューロンの応答が主な興味の対象となることが多い．この際，背景レベルが自然なスケールとなり，級数による近似の収束性はニューロンの受容野で検出できる最小のコントラストに依存するだろう．このアプローチは成功する見込みがある．なぜなら，自然界の平均的なコントラストはあまり大きくないからである．中心窩（ちゅうしんか）の光受容器の配列では約 30% であり，周辺視ではさらに低くなる (Laughlin 1981; Ruderman and Bialek 1994)．ただし，自然画像におけるコントラストの分布は長いテールをもつことを気を

つける必要がある (Ruderman and Bialek 1994). 光受容器や多数の網膜神経節細胞は 30% のコントラストまでは非常に線形なので，第 1 Wiener カーネルの測定はこの時空間的な線形応答特性を抽出する効果的な手法である．この考え方を具体的な例で示すため，3.1.4 項ではハエの視覚系における光受容器と視葉ニューロン (lamina cell) の線形応答について議論する．

中程度のコントラストに対する線形応答をもつ視覚ニューロンでも，網膜神経節細胞についてはすでに指摘されたとおり，その線形性は背景の光強度に強く依存する (Barlow, FitzHugh and Kuffler 1957). したがって，視覚系の入出力関係を完全に一般化しようとするなら，信号を一定の背景と小さなコントラストに分離することはできない．代わりに，背景輝度の変化を，低周波かつ大振幅の入力刺激成分とみなすべきである．しかし，Wiener 級数の数項だけでは，網膜神経節細胞の完全な応答を正確に記述することは難しい．また，この系は適応的であり，その適応に関わる非線形性は強力で，べき級数だけではうまく捉えられない．光受容器で観察されるような，背景輝度に依存する応答の時定数などの単純な特性も，Wiener カーネルで表現するのは容易ではない．理論的には，無限級数があれば現象を完全に記述することは可能だが，現実的には低次の級数による近似には限界がある．したがって，データを単純な Wiener–Volterra の手法に無理に当てはめると，細胞応答に含まれる単純かつ頑健な特性が見逃される危険性がある．

適応の問題はさらに深刻であり，それゆえより興味深い．たとえば，視覚系でのホワイトノイズ実験では，入力信号 $s(t)$ として背景の輝度だけでなく，コントラストの揺らぎのスペクトル密度も考慮しなければならない．視覚系が平均輝度に適応するだけでなく，輝度の分散，すなわちコントラストにも適応する場合はどうだろうか (de Ruyter van Steveninck et al. 1994; Smirnakis et al. 1995; de Ruyter van Steveninck et al. 1996; Smirnakis et al. 1996)？ そのような適応をもつ場合，級数展開でその特性を記述するのは難しい．そのため，異なる刺激のアンサンブルに対しては，信号ごとに異なる応答を示すと述べるほうが安全である．しかし，その考え方は，任意の刺激に対する応答を完全に記述する系統的な方法を放棄することになる．

まとめると，低コントラスト画像に対する視覚応答などのいくつかの例で，感覚ニューロンが線形，またはほぼ線形の応答を示すことが予想される場面を考察してきた．この極限では，ホワイトノイズ法は，スパイクを用いるニューロンに対しても，またそうでない場合においても，線形および非線形の応答関数を計測するうえで非常に効率的な方法である．Wiener や Volterra の展開を用いて適応をともなう非線形性を記述するのは効率的ではないかもしれないが，現象論的なアプローチでは，これらの方法を使い，適応によって生じるコーディングと計算の変化を記述することが可能である．

2.1.4 発火統計のモデル

これまでの項で，神経応答の「完全な」特徴を与えようとする際の問題点を詳しく見てきた．最初に，Adrian によって定義されたスパイクレートからスタートし，時間依存の発火率，スパイク間隔，相関関数へと進んできた．各段階で，新しいコーディングの可能性を示す新たな現象が明らかになった．Wiener と Volterra のアプローチは，受容野やチューニングカーブといった概念を線形や非線形の応答関数で定量化する方法を提供した．これらの方法での展開を追っていくと，多数の項目にわたって興味深い現象が散見されることを確認した．高次の統計量や Wiener カーネルの高次項を探求することで新たな発見が可能になるが，新しい次数を探求するたびに新しい発見があることそのものが問題である．一貫した神経コーディングの記述への収束が見られない現状を考えると，アプローチの再考が必要かもしれない．

ここでは，スパイクの統計的な性質に対する簡潔かつ近似的な記述を探求する．たとえ近似的であっても，そのようなモデルは，高次の応答の中でどの特性に注目すべきかの手がかりを提供する．さらに，コードの信頼性やスパイク列のデコーディングの可能性といった様々な統計的性質の意味を，この種のモデルのクラス全体を通じて解析的に捉えることが可能となる．これらのモデルの具体的な適用については後に再度触れるが，ここでは，モデルがどのようにして定義され，そのモデルがニューロンの挙動に対してどれほどよく（または不十分に）適合するか，ということを主に検討する．この単純なモデルの妥当性を確認することで，新たな現象も明らかにされる．

ニューロンの発火の統計に関する最も単純なモデルは，おそらくポアソンモデルである．ポアソン過程の主要な特性は，あるスパイクが単位時間内に特定の確率で発火するということ，すなわち発火率である．この発火率は時間に依存するが，過去のスパイクの発火時刻には依存**しない**．では，あるニューロンのスパイクが時間依存性の（非定常な）ポアソン過程に従うという仮定はどのように検証すればよいだろうか．そして，そのようなモデルがもたらす意味は何だろうか．

刺激の波形を $s(t)$ とし，その刺激のもとでの発火率を $r[t; s(\tau)]$ と定義する．ポアソンモデルのスパイクの独立性により，この発火率はスパイクの統計量に関するすべての情報を決定する要素となる．図 2.1 に示すように，時間依存の発火率は，単位時間あたりにスパイクが観測される確率である．具体的には，時刻 t の周辺に幅 $\Delta\tau$ のビンを考えると，そのビン内でスパイクを観測する確率は $p(t) = r[t; s(\tau)]\Delta\tau$ である．もし時刻 $t_1, t_2, \ldots, t_N$ でスパイク列を観測する確率を知りたければ，これらのビンでスパイクを観測する確率と，それ以外のビンでスパイクを観測**しない**確率を計算する必要がある．スパイクは独立に起こることから，この N 個のビンにスパイクがある確率は，

$$\begin{aligned} P(\text{それらのビンにスパイクがある}) &= r[t_1; s(\tau)](\Delta\tau) \times r[t_2; s(\tau)](\Delta\tau) \times \cdots \\ &\quad \times r[t_N; s(\tau)](\Delta\tau) \\ &= r[t_1; s(\tau)] r[t_2; s(\tau)] \cdots r[t_N; s(\tau)](\Delta\tau)^N \end{aligned}$$

となる．A.4 節で説明するように，それ以外のビンにはスパイクがない確率は，次のように与えられる．

$$P(\text{それ以外のビンにはスパイクがない}) = \exp\left\{-\int_0^T dt r[t; s(\tau)]\right\}$$

ここでは，区間 $0 < t < T$ でのスパイク列を考えるものとする．これらの要素を組み合わせると，ビン幅 $\Delta\tau$ のもとでスパイク列 $t_1, t_2, \ldots, t_N$ を観測する確率は，以下のように書ける．

$$\begin{aligned} P[\{t_i\}|s(t)](\Delta\tau)^N &= P(\text{それらのビンにスパイクがある}) \\ &\quad \times P(\text{それ以外のビンにはスパイクがない}) \qquad (2.17) \\ &= \frac{1}{N!} r[t_1; s(\tau)] r[t_2; s(\tau)] \cdots r[t_N; s(\tau)] \\ &\quad \times \exp\left\{-\int_0^T dt r[t; s(\tau)]\right\} (\Delta\tau)^N \qquad (2.18) \end{aligned}$$

ここで，この確率はスパイクを含むビンの幅 $(\Delta\tau)^N$ に比例する．別の言い方をすると，あるイベントを観測する確率は，そのイベントの定義の厳密さを下げると大きくなる．最後に両辺を $(\Delta\tau)^N$ で割って，確率分布 $P[\{t_i\}|s(t)]$ を得る．

確率分布を扱う際は，単位と正規化について常に注意を払う必要がある．$P[t_i|s(t)]$ はスパイクの到着時刻の確率分布を示すものなので，N 個のスパイクの到着を表す項は，単位として $(\text{時間})^{-N}$ あるいは $(\text{発火率})^{+N}$ をもつ．到着時刻を積分し，すべてのスパイク数に関して和をとると，すべての起こりうるスパイク列をとりつくしたことになり，その確率の総和は 1 になるはずである．これが正規化の条件である．しかし，すべてのスパイク到着時刻を積分する際には，数えすぎないように注意が必要である．スパイクはすべて同一なので，時刻 t_i の各スパイクへの異なる割当てを選択することができ，それを取り扱うために式 (2.18) の $1/N!$ が必要となる．正規化の確認は，確率分布の操作を学ぶ際のよい練習となる．具体的な計算は A.4 節で説明する．

ポアソン過程を見分けるにはどうしたらよいだろうか？ おそらく最も簡単なテストは，スパイク数や，スパイク数の分布を見ることである．任意の時間間隔，たとえば時刻 0 から時刻 T までを考え，式 (2.18) に従ってちょうど N 発のスパイクを観測する確率を計算する．その結果は次式のようになる．

$$P(N) = \frac{1}{N!} Q^N \exp(-Q) \tag{2.19}$$

ここで，Q はスパイク数の平均であり，以下のようになる．

$$\langle N \rangle = \sum_N N P(N) = Q \tag{2.20}$$

なお，$Q = \int_0^T dt\, r(t)$ である．つまり，スパイク数の平均は発火率の時間平均である．同様にスパイク数の分散を計算すると，分散は平均と等しいことがわかる．

$$\begin{aligned} \left\langle (\Delta N)^2 \right\rangle &= \left\langle (N - \langle N \rangle)^2 \right\rangle \\ &= \sum_{N=0}^{\infty} (N - Q)^2 P(N) = Q = \langle N \rangle \end{aligned} \tag{2.21}$$

これらのスパイクの統計的性質に関する様々な記述は，それぞれが何らかのモデルに基づいているわけではなく，ポアソンモデルから直接派生した数学的な結果である．さらに，これらの結果はスパイク数の分布が，発火率の時間的な変動に依存するのではなく，むしろ平均スパイク数としての単一の値 Q にのみ依存することを示している．これらの異なる記述間の詳細な関係については，A.5 節を参照のこと．

Teich, Khanna およびその共同研究者たちは，一連の論文で，ネコの一次聴覚ニューロンから，スパイク数の分布と，分散と平均の比を計測した．初期の研究では，約 100 ミリ秒の時間窓でのスパイク数の分布に着目し，その細胞の最適周波数をもつ純音に対する応答を計測した．その結果 (Teich and Khanna 1985) は，ポアソンモデルの予測と合理的に一致していた．多くの研究者が，スパイク数の分散と平均の比をプロットし，ほぼ線形の関係を観察している．ここで注意しなければいけないのは，平均スパイク数が 2 つのまったく異なる方法で変動するという点である．多くの実験では，時間窓の幅 T を固定して，平均発火率を変化させるように刺激パラメータを調節するが，刺激パラメータを固定して T を変化させることもできる (Teich 1989; Teich et al. 1990)．この場合，分散と平均の比として知られるファノ因子は，積分時間 T の関数として変化し，その様子は**図 2.9** に示されている．

図 2.9 は，ポアソンモデルは神経発火の正確な記述になりえないが，適切な時間スケールでの近似としては悪くないことを示している．しかし，長い時間スケールで見る

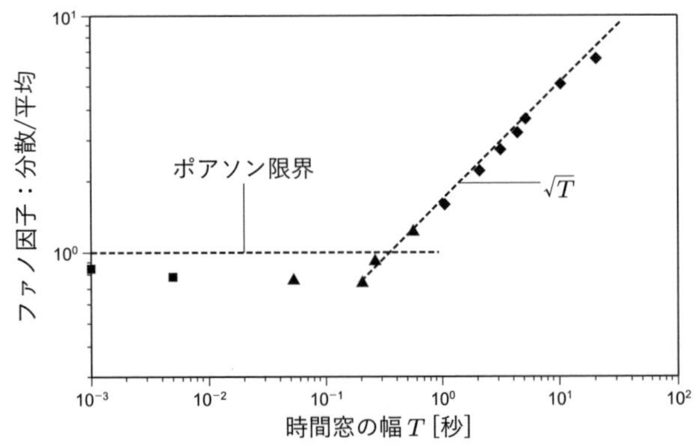

図 2.9　時間窓の幅 T に関するファノ因子の変化．ファノ因子はある特定の時間窓におけるスパイク数の分散を平均スパイク数で割った値であり，ここではネコの聴覚神経細胞からの記録を示している．時間窓が 100–200 ミリ秒より狭い場合，ファノ因子は 1 に近い．これは，スパイク数のポアソン揺らぎと一致している．しかし，時間窓が 500 ミリ秒よりも広い場合，ファノ因子は $\sqrt{T}$ に比例して増加する．つまり，スパイク数の分散はポアソン揺らぎよりも大きくなる．この図は，Teich (1989) をもとに再描画したものである．

と異なる現象が起こっている．ファノ因子の増加の一因として考えられるのは，実験者が聴覚刺激を固定している場合でも，受容細胞のノイズや受容細胞と一次ニューロン間のシナプスノイズなどによって，聴覚ニューロンの発火率が変動する可能性である．このノイズは，大きな時間窓で見ると平均化されるため，ファノ因子は大きな T で一定の値をとるはずだが，実際には $\sqrt{T}$ に比例して増加している．もしノイズが「$1/f$」のようなスペクトルをもっている場合，長い時間スケールでそのようなノイズが顕著になる．ほとんどの電子機器は低周波数でそのようなノイズ特性をもち，このノイズのために，実験者は計測の際に積分時間を長くすることで結果を改善することが難しい (Horowitz and Hill 1980)．このファノ因子の特性は，脳が聴覚情報を処理する際にも同じような現象が生じている可能性を示唆している．

より適切な時間窓において，ポアソンモデルが有効である可能性がある場合，そのモデルをまったく異なる方法でテストすることができる．スパイク数の分布は発火率の時間依存性に対して不変であるが，これらの時間依存性は異なる時刻でのスパイク間の相関を引き起こす．Johnson (1974) は，純音に対する一次聴覚ニューロンの応答を研究し，ポアソンモデルを使用して発火率の時間依存性を観測し，そこから相関関数を予測できるかどうかを検討した．これは，刺激の振幅の広範な範囲で有効であったため，適切な時間窓内でポアソンモデルを強く支持するものとなった．このアプローチが有効である限り，$P[\{t_i\}|s(t)]$ の 2 次モーメントに含まれる情報は，時間依存性をもつ発火率

$r(t)$ が，非常に小さい時間のビンで定義される条件下での情報と等価であるといえる．

上述の例は，やや人工的な刺激，すなわち純音に対する聴覚ニューロンの応答についての議論であった．さらに Miller and Mark (1992) は，合成母音に対する応答を研究し，ポアソン的な挙動からの乖離の程度を調査した．驚くべきことに，彼らは応答のフーリエ成分の分散が，ポアソンモデルで予測される値よりも 3 倍も小さいことを発見した．これらのデータは，系がより自然な信号に直面した際に，ニューロンの応答がより信頼性の高いものとなることを示唆している．これは非常に重要な点であり，以降も何度か触れることになる．

このように，本物のスパイク列は厳密にポアソン過程には従わない．少なくとも私たちが知る限り，スパイク間隔は無限に狭くすることはできず，その主な理由は，すべての細胞のスパイク生成機構が，スパイク発火後の短時間は**不応的**であるためである．すなわち，ポアソンモデルが仮定するように，あるスパイクの発生時刻が他のスパイクの発生時刻と完全に独立しているわけではない．ポアソンスパイクがデータのよい近似となる場面は，不応期の時間スケールや，より一般的には，スパイク生成メカニズムに内在する記憶の時間スケールが，平均スパイク間隔などの関心のある時間スケールに比べて十分短い場合である．この考え方は非常に普遍的であり，ニューロンのポアソン的な挙動を背後にある分子メカニズムの観点から理解するには，時間スケールを分離する根拠を必要とする．

もし刺激が一定であれば，発火率も一定となり，ポアソン過程においてはスパイク間隔の分布は指数関数的になる．さらに，各間隔は他のすべての間隔と統計的に独立である．より現実的に則した描写として，間隔が依然として独立であるものの，間隔の分布が非指数関数的であると仮定するならば，それは不応期（やその他の効果）の導入によって実現される．このようなモデルは**再生過程**とよばれる．

あらためて，私たちは再生過程をどのように理解すればよいのだろうか．ネコの網膜神経節細胞に関して，Troy and Robson (1992) は，Johnson が聴覚神経に対して行ったポアソン的な挙動のテストを適用した．そのアイデアは，離れたスパイク間の相関は，より基本的な要素，この場合は独立したスパイク間隔から計算されなければならないというものである．間隔の分布を計測すれば，間隔が独立であるという仮定のもとで，相関関数（あるいはそのフーリエ変換，パワースペクトル）を計算することができる．輝度が一定の条件下では，この計算は実験と驚くほど詳細に一致する．

神経発火統計のモデルは単純化されすぎているように見えるかもしれないが，無理をしない範囲で十分に有用であることがわかる．もっとも，様々な考え方があるだろう．

1 つの考え方は，単純なモデルでそれなりに説明できるのであれば，より最適なモデルを徹底的に探求すべきである，というものである．具体的には，ポアソン過程や再生過程の近似を修正し，発火率や間隔の分布が特定の刺激にどのように反応するかを定量的に理解することである．たとえば，システム同定の技術を活用することが考えられる．それとは対照的な考え方は，その単純性を活かして，完璧ではなくてもそのモデルを徹底的に分析すべきである，というものである．単純なモデルによる分析の多くは，計算機シミュレーションよりも，紙と鉛筆を使用して手計算で行うことができる．これにより，深い洞察と具体的な予測を得ることができる．そのような予測はモデルの具体的な形に強く依存するので，その詳細を完全に信頼することは難しいかもしれないが，新しい実験の設計や方向性を示唆する定性的な結論を導き出すことは十分に可能である．このようなモデルの直観的な適用について，次の節で詳しく考察する．

2.2 生体の視点に立つ

発火率や間隔の分布は，平均化された量を示しており，これは単一のスパイク列そのものではなく，スパイク列のアンサンブルの特性を反映している．もし「発火率によって情報が伝達される」と主張するのであれば，脳がどのようにしてスパイク列の一例から「発火率」を計測するのか，そのメカニズムを明確にする必要がある．さもなくば，神経コードの真の機構は未解明のままになる．この疑問こそが，2.1.2 項で触れた逆説的な議論の根本的な原因である．この問題の深刻性を理解することは，神経コードに対する新しい考え方や視点の提供につながるかもしれない．

2.2.1 信号の間隔とスパイクの間隔

再び，聴覚ニューロンにおけるスパイク間隔のコーディングを例として挙げて考察しよう．間隔の分布は，固定された振幅と周波数をもつ単一の音に対する応答を特徴付けるものである．現実の大部分の信号は，振幅と周波数の両方が変調される複数の音から成り立っているとみなされる．変調が非常にゆっくりとしていれば，音の主要なパラメータが顕著に変化する前に多くのスパイクが発生することになる．これらの多くのスパイクをもとに，間隔の分布を計算し，その振幅や周波数を推定することが可能となる．しかしながら，生物学的に重要な音（たとえば人の声，コウモリの反響定位，カエルの広告コール，コオロギのチャープ音）の変調は，5–20 ミリ秒の時間スケールで生じるため，1 秒間に 100 発スパイクを発射する細胞であっても，その間には 1, 2 発のスパイクしか発生しない．そのような少数のスパイクでは，信頼性のあるスパイク間隔の分布を得ることは難しく，刺激のパラメータが変わる前に発火率のよい推定値を得ることすら難しい．

コウモリの聴覚系は，少数のスパイクの重要性を示す明確な例を提供している．オオクビワコウモリ *E. fuscus* の聴覚野からの記録により，Dear, Simmons, and Fritz (1993; Dear et al. 1993) は，コウモリ自身のソナーコールと返ってくるエコーを模倣した超音波パルスのペアに対する細胞の応答を研究した．多くのニューロンは，自然環境下で目標物の距離を計測するエコーの遅延時間に対して選択性をもっている．これらの遅延時間に選択的な細胞は，音の単発パルスや純音などの単純化された信号にはほとんど応答しないか，非常に弱くしか応答しない．細胞の特性にあった遅延時間を選択すると，図 2.10 に示されているように，コールとエコーのペアに対して平均して 1 発のスパイクが発生する．このスパイクは，エコーの到着時に確実に発生する．

ニューロンの応答を，最大の応答をもたらす刺激で特徴付ける試みは数多く存在する．しかしこの方法は，様々な種類の刺激によって引き起こされる「典型的な」スパイク数の推定を難しくする．特に大脳皮質では，ニューロンは刺激の複雑な特徴に対して非常に選択性が高いことが多く，適切に選択された信号に対しては，より多くのスパイクが観測される可能性がある．しかし，コウモリの聴覚野に関する実験では，ニューロンの記録と動物の行動の理解を組み合わせることで，このような懸念に対処することができる．**図 2.10** の実験で計測された細胞は，刺激の複雑な特徴，すなわち遅延とコウモリの自然なコールを形成する倍音の組合せの両方に選択性をもっている．しかしながら，すべての可能な刺激空間を探索する必要はない．なぜなら，コウモリは比較的定型的なコールを使って航行し，生理学実験で使用されるものと同様の刺激によって行動が駆動されることが知られているからである．加えて，コウモリが行動を決定する際には，単一のコール・エコーのペアが十分であることが確認されている (Griffin 1958; Simmons 1989)．したがって，コウモリの音響環境における多様性は，各皮質ニューロンからの 1 スパイク以下のオーダーで表現されなければならない．

自然信号の時間スケールと典型的なスパイク間隔の類似性は，聴覚野だけに限られるものではない．ハエの視覚系においては，後の節でとりあげるように，視野を横切る動きに対して，30 ミリ秒以内の補償飛行トルクを生成することができる (Land and Collett 1974)．この短時間の間に，ごくわずかの運動感受性の高いニューロンが数発のスパイクを発射する (Hausen 1984)．また，ある種のガにおいて，コウモリのソナーによって誘発される逃避行動のための複雑な飛行経路は，最も感受性の高い 2 つの聴覚ニューロンが発射するわずか 1, 2 発のスパイクで説明可能である (Roeder 1963)．

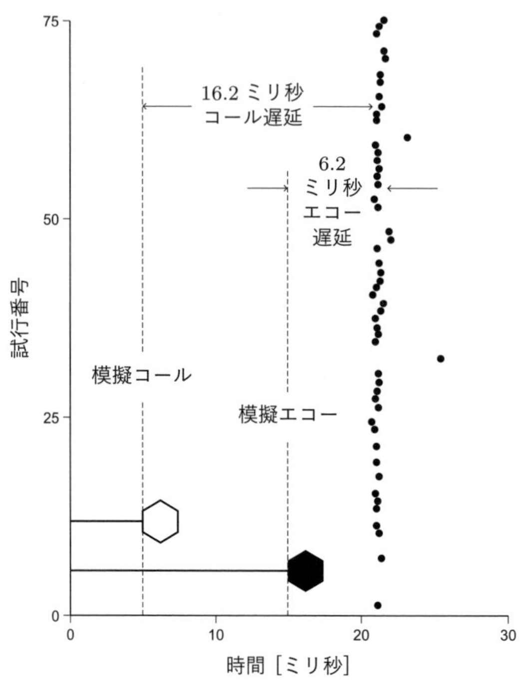

図 2.10　コウモリの聴覚野に存在するニューロンの応答について考察する．模擬されたエコーに対する応答は，大抵はスパイク 1 発として現れるが，時折，スパイクがまったく発生しないこともある．ただし，スパイクの応答は常に一定の遅延時間で生じる．この情報は Dear, Simmons, and Fritz (1993) より引用されている．

サルの一次視覚野において，前注意的に区別可能なテクスチャは，50–100 ミリ秒の行動決定期間中に細胞あたり平均 1–3 発のスパイクを生成する (Knierem and van Essen 1992)．ネコの同様の細胞においては，最適なグレーティング刺激は，100 ミリ秒あたり 3 発未満のスパイクを生成する（たとえば Reid, Soodak, and Shapley 1991）．第 4 章では，神経計算の信頼性に関してとりあげる際，多くのニューロンの弁別能力が，ほぼ 1 発のスパイクが発射される短い時間窓で決まることが示される．同様に，情報理論的な観点から（第 3 章参照），一過性の刺激に対する応答から得られる情報の大部分は，最初の 1, 2 発のスパイクによって伝達されることが示される．

Gallant, Connor, and van Essen (1994) は，サルが目を動かして静止画像を任意に走査する条件下で，一次視覚野のニューロンの応答を研究した．この条件下での平均発火率は 10–50 スパイク/秒であり，1 回の固視期間中に発生するスパイク数は，テクスチャ弁別課題のときと同様に，約 1–5 発であった．これらの細胞は非常に高い発火率を維持できるにもかかわらず，より自然な条件では典型的なスパイク数ははるかに少ないと考えられる．

ラットの体性感覚野には，顔のひげの変位に応答する細胞が存在し，ラットはこのひげの感覚を使って環境を探索する．典型的な行動実験では，ラットをトラックに沿って走らせ，その後，停止してターゲットのテクスチャを触覚的に弁別させる．ラットはひげとターゲットの接触を自由に行い，触覚刺激の強度と持続時間をコントロールする．接触後，課題に応じて右に進むか左に進むかを選択する．課題中の一次体性感覚野のニューロンのスパイク活動を記録すると（たとえば Fee and Kleinfeld 1994），**図 2.11** に示されるように，意思決定に必要な短い接触時間では，最も応答の強い細胞でも平均して約 1 発のスパイクしか発射しないことがわかる．これはコウモリの聴覚野と類似した結果である．刺激は短いパルスで構成され，パルスの強度とダイナミクスは動物自身

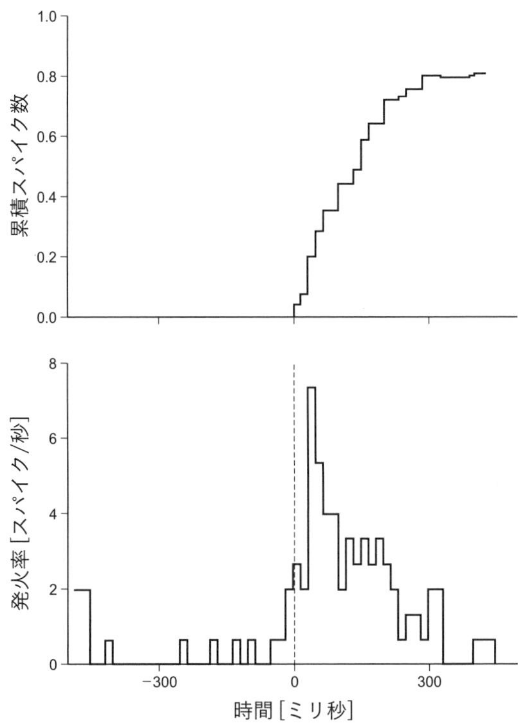

図 2.11　ラット体性感覚野における細胞のダイナミクスと累積スパイク数．$t = 0$ にてラットのひげが識別すべき物体に接触し，ある時点（それは試行ごとに異なる）で接触が解除され，意思決定がなされる．しかし，平均すると，ラット自身の行動による物体との接触の間は，1 発以下のスパイクしか発射されない．Fee and Kleinfeld (1994) から，著者らの好意により抜粋．

の行動によって決定される．行動の決定には 1 発のスパイクで十分であり，皮質ニューロンは刺激の 1 パルスあたり約 1 発のスパイクを生成するのみである．

少数のスパイクが重要であるのは，ニューロンによる信号処理の初期段階だけではないと考えられる．サルの一次視覚野よりも上位の部位では，ニューロンは特定の顔に対して選択的に応答する（たとえば Gross and Sergent 1992 の解説論文）．わずか 20 ミリ秒間の顔の提示でも，400 ミリ秒程度の持続的な発火をもたらすが，その顔が続けてマスクされると，その持続的な活動は失われ，細胞の発火は最大でも 5 スパイク程度になる (Rolls and Tovee 1994)．しかしながら，そのような速やかなマスク条件であっても，私たちの顔認識は確実である．Panzeri et al. (1995) は短い時間スケールでの皮質の応答を解析している．より一般的に，Thorpe とその共同研究者らは，視覚野の各層が次の処理段階へと「結果」を伝える前に，約 1 発のスパイクを発射する機会のみをもつが，それだけで高度な視覚課題を迅速に実行できることを強調している．これらの議論の概略については，Thorpe (1990) や Thorpe, Fize, and Marlot (1996) を参照のこと．

ラットの海馬は，高次感覚野からの入力のみを受け取る．ラットが置かれる空間の位置に対して選択的な細胞，いわゆる「場所細胞」が存在することが明らかにされている (O'Keefe and Nadal 1978)．ラットが空間内で自由に探索する際，これらの場所細胞は最大で 30 スパイク/秒程度の発火率を示す（たとえば Wilson and McNaughton 1993; O'Keefe and Recce 1993 を参照）．もしラットが自身の位置を 1 センチメートルの精度で認識しているとし，ラットが 20 センチメートル/秒の速度で移動できることを考慮すると，その位置に関する海馬の情報は細胞あたり 1–2 発のスパイクに基づいていると考えられる．これは，感覚野での結果と類似している．

1 個のニューロンあたりのスパイク数は少ないかもしれないが，ニューロンは多く存在するため，発火率やスパイク間隔の分布などは，細胞のアンサンブルの平均によって推定することが可能だと考えられる．確かに，感覚信号の大部分は多くの細胞によって共有され，生物の全体的な機能はこの大量のデータを統合する能力に依存している．しかし，これが少数のスパイクの重要性を否定するものではない．多くの無脊椎動物はアンサンブルの平均をとれるだけの細胞数をもたないが，彼らの脳は確かに機能している．私たち人間は暗所で単一の光子を感知することができ（4.1.2 項参照），そしてその知覚は視神経の約 10^6 個のニューロンが発射するごく少数のスパイクに基づいている．超視力 (hyperacuity) に関する実験（4.2.2 項参照）では，これらのきわめて精密な空間判断もまた少数のスパイクに基づいていることが示唆されている．さらに，皮膚の機械受容器から生じる個別の活動電位すら，私たちは「感じる」ことができると示唆する実験もある（Valvo 1995 参照）.

周囲の世界に対する私たちの一貫した知覚は，多くのニューロンによる多数のスパイクに基づいている．しかし，その知覚を構成する各要素も同様であるかといえば，そうではない．私たちの知覚の限界に関する実験，たとえば光子の検出，超視力，閾値付近の触覚は，逆の結果を示している．私たちは，感覚ニューロンが発生させる少数のスパイクの到着を正確に識別できるのである．このトピックに関しては，以降も何度も触れていくことになるだろう．

より根本的な問題は，神経系には多数のニューロンが存在するため，多数のスパイクを利用可能だと簡単に考えてしまうことである．たとえば，多くの細胞のスパイク列をまとめて発火率を計測する場合，それらのニューロンはすべて同じ（あるいはほぼ同じ）信号を伝達しており，平均をとることが妥当だという前提が必要である．さらに，そのニューロンの応答は統計的に独立しており，平均化によって信号の信頼性が向上するという仮説も必要となる．もし，この 2 つの仮説が正しければ，ニューロンの平均化は，同じ刺激が複数回提示されたときの平均化と同等であり，脳は各細胞が高々数発のスパイクしか発射しなくても，発火率や発火間隔を推定することが可能である（ホムンクルスを思い起こしてみよう）．しかしながら，この冗長性と統計的独立性の組合せは極端な仮説であり，それに反する直接的な証拠も存在することを後に検討することになる．

冒頭の議論に戻ると，私たちは数値的な視点から，たった 1 つの細胞を眺めているホムンクルスがどのようにして構成されるのかを理解しようとしている．このホムンクルスは，1 人では何もできないかもしれない．したがって，もしスパイク列から何らかの意味を読み取れるとしたら，その唯一の望みは，他の細胞の出力を監視しているホムンクルスの仲間と議論することである．もしくは，この孤独なホムンクルスは，たった 1 つのニューロンのスパイク列だけから，感覚世界の一部を正確かつ明確に理解することができるかもしれない．しかし，このホムンクルスが何を考え，どのような議論を仲間と交わそうと，その基盤となるのは自らが観察している単一の細胞からのわずかなスパイクである．

この節では，私たちは多くの異なる系における実験結果を検討した．選択した結果に偏りがあるかもしれないが，多くのニューロンが，少なくとも特定の条件下で，**時間に関するスパースなコーディング**を用いていることは明らかである．この場合，それらの細胞は，刺激の変化の「特徴的な時間」ごとに数回のスパイクを発生させることになる．ここで「特徴的な時間」とは，何らかの適切な自然な挙動のもとで定義されるものである．このような状況下で，それ以上のスパイクが存在しない以上，個々のスパイクが重要な情報を伝達していることは間違いない．単発のスパイクが重要であるという主張は，続く章の議論の多くを後押しするものになる．まずは，明らかな議論から開始しよう．

2.2.2 少数のスパイクは脳に何を伝えられるのか？

前節で概説したように，神経コードの研究の伝統的なアプローチは，刺激パラメータの変化に対するニューロンの平均的な応答をカタログ化することだった．発火率とタイミングの議論は，刺激に関するすべての情報が発火率，つまりある時間窓内のスパイク数によって伝達されるのか，またはこの時間窓内の個々のスパイクのタイミングも刺激の変化と相関するのかという問題へと形作られた．しかし，すでにいくつかの例で見てきたように，行動と関連する適切な時間窓には，わずか数発のスパイクしか含まれない．このような極端な状況では，発火率とタイミングを区別するのは難しい．1 発のスパイクが数ミリ秒遅れて発射された場合，それは小さい時間窓内のスパイク数や頻度が変わったと解釈すべきなのだろうか．あるいは，そもそもそのスパイクタイミングは重要な変数なのだろうか．このような微妙な関係を論じるより前に，そもそもどうして少数のスパイクであらゆる情報を伝達できるのか，疑問に思うことは自然である．

神経コードの究極の特性が何であれ，1 発のスパイクの発射によって感覚刺激の性質について完全な確信が得られるとは考えにくい．少数のスパイクが伝達する情報について考察する際，伝達の確実性や不確実性の度合いを定量化する言語が必要である．その言語とは，やはり確率論である．2.1 節で指摘したように，神経コードに対する一般的なアプローチは，既知の刺激に対するスパイクの分布 $P[\{t_i\}|s(t)]$ を様々な角度から検討することである．しかし，生物は，既知の刺激からスパイク列を予測することには関心がない．逆に，生物はスパイク列 $\{t_i\}$ のみをもとに，未知の刺激 $s(t)$ に対して意味ある挙動を示さなければならない．この生物の観点からは，スパイク列を観察することにより，刺激について何を知っているのかを問うことが求められる．その知識はすべて条件付き分布 $P[s(t)|\{t_i\}]$ に含まれており，与えられた特定のスパイク列 $\{t_i\}$ に対する様々な刺激波形の相対的な尤度を示している．

私たちは，与えられた刺激に対するスパイク列の分布と，与えられたスパイク列に対する刺激の分布という，2 つの異なる条件付き確率分布を定義してきた．2.1.1 項で説明したように，この 2 つの分布はベイズの法則を通じて関連付けられている．単純な数学的事実を土台に，ベイズの法則は神経コードの構造についていくつかの重要な知見を提供する．

これまでに，確率分布 $P[\{t_i\}|s(t)]$ は刺激のスパイク列への**エンコーディング**を記述

していることを強調してきた．仮に，この分布に関して必要なことをすべて理解したと仮定しよう．感覚刺激がニューロンのスパイクを引き起こす規則を，ノイズ，適応，非線形性を含めたすべての複雑性を考慮して理解したとする．この場合，分布 $P[\{t_i\}|s(t)]$ は一意に定まる．ベイズの法則の基本的な帰結は，**ニューロンのエンコーディング戦略に関するこの完全な知識だけでは，与えられたスパイク列が外界の何を示しているのかを伝えるには不十分である**ということである．

時刻 $t_1, t_2, \ldots, t_N$ でのスパイク列を観測し，それがどのような感覚刺激によって引き起こされたのかを推測する際に，スパイク列の観測結果から刺激の相対的な尤度を示す分布，すなわち確率分布 $P[s(t)|\{t_i\}]$ を考える必要がある．ベイズの式 (2.4) によると，この分布は 3 項の積として書ける．

$$P[s(t)|\{t_i\}] = P[\{t_i\}|s(t)] \times P[s(t)] \times \left(\frac{1}{P[\{t_i\}]}\right) \tag{2.22}$$

ここで，右辺第 1 項は先に議論したエンコーディングの分布，第 2 項は信号の事前分布，第 3 項は観測されたスパイク列の確率で，分布を正規化する役割を果たす．信号のスパイクへのエンコーディングを完全に特徴付けることができたとしても，そのスパイクがどのように外界の信号を代表するかの解釈は，外界の特性自体に依存する．言葉や文の意味がその文が出現する文脈に依存するのと同じである．このアプローチは，人と人のコミュニケーションの問題にも適用されるが，ベイズの法則はこの「文脈」の概念が，単一ニューロンのスパイク列の解釈にも当てはまることを示している．

デコーディングアプローチの中核にあるのは，ホムンクルスの比喩のとおり，刺激が動物にとって未知であるという事実である．自然環境や実験において，刺激は確率分布 $P[s(t)]$ からランダムに選ばれ，それが刺激のアンサンブルを定義する．多くの実験では単純な刺激アンサンブル（たとえば正弦波）を使うが，その場合，刺激 $s(t)$ は過去の刺激 $s(t' < t)$ から完全に予測可能である．つまり，スパイク列を観測しなくても刺激の情報を得ることが可能であり，スパイク列から追加の情報は得られない．スパイク列が外界の信号に関して何を示しているのかを詳しく知るためには，長時間にわたるスパイク列の観測からも情報を得ることができるような，情報量の多い刺激アンサンブルを選ぶ必要がある．確かに，完全に自然な刺激，たとえばカエルの生息地である池の中で夜を通して録音されたような刺激は，この種の情報の豊富さをもっている．しかし，5.2 節で詳しく述べるように，そのような自然な刺激は，情報の豊富さゆえに，その特性を明確に特定するのが難しい．

どのような刺激アンサンブルに対しても，スパイク列の意味を問うことは可能であり，その答えは状況によって異なるかもしれない．理想的には，様々な刺激アンサンブルを探求し，自然界に存在する信号へと進んでいくことが望ましい（3.3.3 項を参照）．これは神経動物行動学の文脈での主要なテーマであり，信号がその意味をもつためには感覚的環境全体の文脈が必要であるという考えは，典型的な「生物学的」視点とみなすことができるだろう．しかしこのアプローチは，神経系やニューロンを環境から独立した装置として見る伝統的な定量的分析とは異なるものである．以降の節で説明するアプローチは，動物行動学者の直観を定量化し，スパイク列の文脈依存性の意味に数値を与える方法を提示する．

生物からの観点で神経コードを特徴付けるアイデアは，FitzHugh (1958) の初期の研究に起源をもち，彼は感覚ニューロンのスパイク列の統計的解析が生物の理解に必須であると強調した．この種の解析は，Barlow and Levick (1969) により，猫の網膜神経節細胞が光のフラッシュ刺激を検出し，区別する実験で実施された（4.1.2 項で述べる）．しかしながら，これらの実験は，少数の可能な刺激の中から強制的に選択肢を弁別させるものであった．1.2 節では，私たちは「実況中継」のような，未知の時系列信号についての連続的な推定という，より挑戦的な課題をとりあげて考察した．私たちの知る限り，私たちの議論に最も近いものは Johannesma (1981) によるもので，2.3.1 項でその考え方について概説する．

2.2.3 応答条件付きアンサンブル

これまでに，ハエの視覚系に存在する運動感受性ニューロン H1 の応答から，条件付き分布 $P[s(t)|\{t_i\}]$ を実験的に特徴付けることが可能であることを見てきた (de Ruyter van Steveninck and Bialek 1988)．この系の，特にこの特定のニューロンは，後の節で述べるいくつかのアイデアのもととなる．そのため，ここではハエの視覚系の概要と，ハエの行動における視覚的運動推定の役割を詳しく説明することにする．

部屋の中を飛び回るハエの経路は，直線が鋭角なターンで区切られており，その動きは定量化することができる (Wagner 1986a, 1986b, 1986c)．明かりをつけるとハエは着陸する．ハエが一定の経路を維持する能力は，感覚，特に視覚のフィードバックに依存している．ハエの追跡行動の軌跡を注意深く分析すると，視覚入力の変化が飛行経路の変更をわずか 30 ミリ秒の潜時で引き起こすことが示されている (Land and Collett 1974)．

飛行制御のための視覚入力は，ねじりばかりにハエをつないで飛ばさせることで実証できる．ハエの視覚環境が（ハエを囲むドラムやビデオモニター上で）回転すると，ハエはトルクを生み出す．このトルクの符号は回転運動を補償する方向を表す．ハエが自由に回転できるのと同様に，計測されたトルクの負の値に比例した速度を視覚環境に与えることで，感覚–運動フィードバックループを人為的に閉じることができる．この閉ループ条件下では，ハエは自発的に物体に対して固視し，その物体に向かってまっすぐ飛ぶイメージを（その状況下で可能な限り）作り上げることができる．視覚運動制御に関するこれらの基本的な事実は，Reichardt やその共同研究者による一連の実験で確認され，Reichardt and Poggio (1976) によってまとめられた．

より近年では，Heisenberg とその共同研究者らは，この制御ループの重要な側面は可塑的であり，シミュレートされた飛行力学の変化に対応して，ハエが運動を修正できることを示唆している (Heisenberg and Wolf 1984; Wolf and Heisenberg 1990)．物理的に考えると，ハエが 100 ミリ秒の間に 10 度旋回したいと考えた場合，ハエの身体は極度に不安定な気流の中で飛行しているため，それに必要なトルクの計算は実際には非常に複雑である (Dickinson and Götz 1993; Dickinson 1994)．さらに，この問題の答えは変態後の翅（はね）の硬化の仕方，翅の欠けや損傷の有無，風の状態，さらには最近餌を食べたかどうかなどにも依存する．したがって，遺伝的に決められた一定のルールに従って感覚刺激を運動指令に変換するような，単純明快な自動操縦機構ではありえない．

ハエの視覚運動計算への入力は，複眼のレンズの真下に配置された一群の光受容細胞から得られる．光受容器からの信号は，薄板，髄質，小葉の各細胞によって処理され，最終的に小葉板へと伝えられる．小葉板には，大きく，識別された運動感受性ニューロンが数個存在する (Hausen, 1984)．これらの細胞の中には，「広角」運動，すなわちハエの剛体回転によって生じる視野全体の均一な運動に最も強く反応するものがある．一方，他の細胞は狭角運動，つまりハエと背景に対する小さな物体の動きに選択的に反応する (Borst and Egelhaaf 1989; Hausen and Egelhaaf 1989)．小葉板の細胞を損傷させると，視覚に基づく運動に問題が生じる (Hausen and Wehrhahn 1983)．このことは，これらの運動感受性細胞が視覚入力から運動出力への経路における欠かせないリンクであることを強く示している．

脊椎動物の視覚系に詳しい読者のために，ハエの脳のいくつかの特徴を記してみる．まず，小葉板は光受容器から少なくとも 4 つのシナプス分は離れており，これは哺乳類の場合，一次視覚野に相当する部位である．次に，処理が視覚神経網の層を単にフィードフォワードで通過するのではなく，各層での水平方向の相互作用が存在し，さらに髄質から薄板への逆方向の投射も確認されている．最後に，ハエの視覚は単に運動の検出だけで終わるものではない．昆虫は空間的なパターンの記憶 (Dill, Wolf, and

Heisenberg 1993) や新規画像への自発的な嗜好 (Dill and Heisenberg 1995) をもち，小葉の各ニューロンは視覚野の細胞と非常に似た棒状の光刺激の傾きに対する選択性をもっている (O'Carroll 1993).

ここでは，広角・水平運動センサとして機能する H1 ニューロンの実験に焦点を当てて解説する．ハエの後頭部に小さな穴を開け，小葉へのアクセスを確保した状態で，それ以外はほぼ無傷の状態で固定する．良好な条件のもとでは，H1 ニューロンから数日にわたって連続的にデータを記録することができる．このような長時間の実験は，時折エサを与えるために中断する必要があるものの，安定した実験環境は，ニューロンの応答の大規模な統計的サンプルを必要とする課題に取り組むうえで必須である．

$P[s(t)|\{t_i\}]$ の構造を調べる実験では，ハエはオシロスコープ画面に表示された動くパターンを見る*2．信号の波形 $s(t)$ は時間依存の運動の角速度を示しており，パターンの空間構造は固定されている．ここでとりあげる結果の多くは，水平方向にはホワイトノイズ，垂直方向には一様な空間パターンによるものである．これは水平方向の運動の手がかりを視野全体に統計的に一様分布させるための単純な選択である．このような刺激のコードと，より空間的に局所的な刺激のコードを比較する．さらに，速度の波形はガウシアンホワイトノイズに従う刺激アンサンブルから選択され，パターンが空間全体に拡散するように構成される．**図 2.12** は，実験の一部で用いた刺激の波形を，分布 $P[s(t)|\{t_i\}]$ を構成するための手順とともに示している．

この分布 $P[s(t)|\{t_i\}]$ は，実質的には神経コードの辞書であるといえ，ある特定のスパイク列を生成する最も可能性の高い刺激を特定することを可能にする．さらに，分布 $P[s(t)|\{t_i\}]$ の幅は，最も可能性の高い波形を真の刺激として推定する際の信頼度を示している．この分布を利用して，異なるスパイク列がもつ情報量を定量化することもできる．たとえば，短いスパイク間隔をもつスパイク列は，より長い間隔をもつスパイク列と比較して，単位時間あたりに多くの情報を運ぶことができる．実際，スパイクの**欠如**は，単位時間あたりに相当量の情報を伝えることができる．H1 ニューロンにおいて計測された分布 $P[s(t)|\{t_i\}]$ の構造に関するおそらく最も重要な点は，スパイク到着時刻の集合 $\{t_i\}$ から信号 $s(t)$ の実時間での連続的な推定を生成することで，スパイク列のデコードが可能であることを示唆しているという事実である．

---

*2 ハエや多くの昆虫は，ヒトよりもはるかに高い周波数のフリッカー（光の強弱の時間変化）に対して応答できる．明るい環境でのハエの光受容器の記録では，100 Hz 以上の刺激に対して明瞭な応答を示す．しかし，その光受容器からシナプス入力を受け取る薄板のニューロンは，約 100 Hz で最大の反応を示す（図 3.12 参照）．この高い時間分解能のため，ハエの視覚実験では通常のビデオモニターは使いものにならない．実際，ここで述べられている研究では，ディスプレイは毎秒 800 回リフレッシュされた (de Ruyter van Steveninck and Bialek 1988).

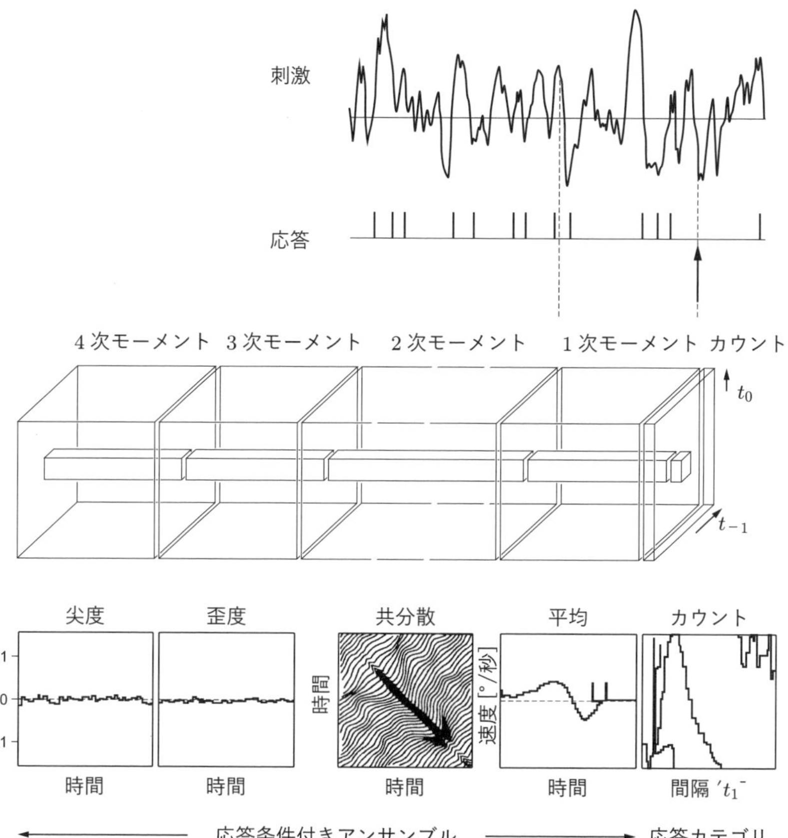

図 2.12 応答条件付きアンサンブルの構成手順．上部の 2 つのトレースは，刺激のサンプル（移動する広角パターンの速度波形 $v(t)$）と，ハエの H1 ニューロンのこの運動に対する離散的な応答を示している．スパイク間隔が $'t_{-1}'$ で，かつ直後に空白のインターバル $'t_0{}^-$ が来るスパイクパターンの発生を，中央ブロック右端の「カウント」とラベル付けされた断面内で数え上げる◆2．この手順は，同時分布 $P['t_{-1}','t_0{}^-]$ を決定するためのものである．各応答カテゴリ，すなわち $'t_{-1}'$ と $'t_0{}^-$ のペアに対して，それに先行する刺激の 100 ミリ秒間の波形を，「1 次モーメント」とラベル付けされたブロック内のスロット $['t_{-1}','t_0{}^-]$ に加算する．波形のサンプリングは 2 ミリ秒ごと，つまり 50 個のビンに分割する．同様に，すべての 2 次モーメント（50 個の各ビン $i, j = 1, \ldots, 50$ に対するすべての速度の組の積 $v_i \cdot v_j$）と，さらに 3 次，4 次の対角モーメント（すべての v_i^3 と v_i^4）も加算する．最後に正規化して，各応答カテゴリ $['t_{-1}','t_0{}^-]$ に対して，先行する刺激アンサンブルの平均の波形，共分散，歪度（わいど）と尖度の対角成分が得られる．一例として，下段のパネルの行にそれを示す．この内容は de Ruyter van Steveninck and Bialek (1988) からの引用である．

◆2 訳注：元論文によると，$'$ がスパイクを，$^-$ が空白をそれぞれ表す．

スパイク列の観測がなければ，私たちは知りうるのは，刺激波形が実験あるいは環境条件で決定されるある事前分布に従って選ばれるということだけである．ある応答の観測は，私たちの統計的な知識を事前のアンサンブルから条件付きのアンサンブルへと更新する．この特定のスパイク列 $\{t_i\}$ を観測することで，あるクラスの刺激の尤度をより高く判断し，別のクラスの刺激の尤度を低く判断することができる．

$P[s(t)|\{t_i\}]$ の構造が実験からどのように特定されるのかを見てみよう．時刻 t_{obs} において，あるスパイク列を観測した場面を考える．この時点で，最後のスパイクからの経過時間を t_0 とし，最後のスパイクとその前のスパイクとの間の時間を t_{-1} とする．このような考え方を続けることができる．この特定のスパイク列を，このニューロンの「応答」(Response) にちなんで R と称する．R の観測から，刺激に関して何が推定できるだろうか．動物の反応時間は短いため，R を定義するスパイク列の短い部分だけを考慮することは理にかなっている．

ここで，非常に長時間の実験を想定し，ランダムに選ばれた連続的に変化する刺激 $s(t)$ を系に提示する場合を考える．そのような長時間の実験では，応答 R が何度も観測される．すなわち，最後のスパイクが $t_{\text{obs}} - t_0$ で発生するような観測時刻 t_{obs} が多数存在する．各 t_{obs} で時間を遡ると，特定の波形 $s(t_{\text{obs}} - \tau)$ が観測されるだろう．実験を継続し，応答 R に先立つすべての波形のリストを作成する．このリストを作成することで，すべての可能な波形のアンサンブルの中から，**応答条件付きアンサンブル**とよばれる部分アンサンブルを抽出している．この部分アンサンブルは，分布 $P[s(t_{\text{obs}} - \tau)|R]$ からランダムに選ばれる波形で構成され，この実験はこの分布におけるある種のモンテカルロサンプリングに相当する．具体的には，$P[s(t)|R]$ は多次元のガウス分布で近似され，平均速度ベクトル $w_R(\tau)$ と共分散行列 $C_R(\tau_1, \tau_2)$ をもつ (de Ruyter van Steveninck and Bialek 1988)．ここで，R はこの条件をもたらす特定の応答である．この近似が妥当であるかは，3 次と 4 次のモーメントを計算して確認できる．

図 2.13 は，異なるいくつかの応答に対する応答条件付きアンサンブルを示している．2 つの単純な条件，単一スパイク $[0']$ および発火しない 50 ミリ秒の期間 $[^{-}50^{-}]$ を，それぞれ図 (a), (b) に示している．単一スパイクの応答条件付きの平均刺激波形は時間に関する連続関数であり，スパイクが発生する約 25 ミリ秒前に最大値をとる．複数の等高線からなる線図は共分散行列を表しており，事前アンサンブルの分散でスケールされている．この図は，スパイクが発射される約 35 ミリ秒前を中心として，非対角成分が負の共分散をもっていることを示している．非対角成分の値が負であるという事実は，応答条件付きアンサンブルを構成する波形は，事前アンサンブルによる波形に比べ

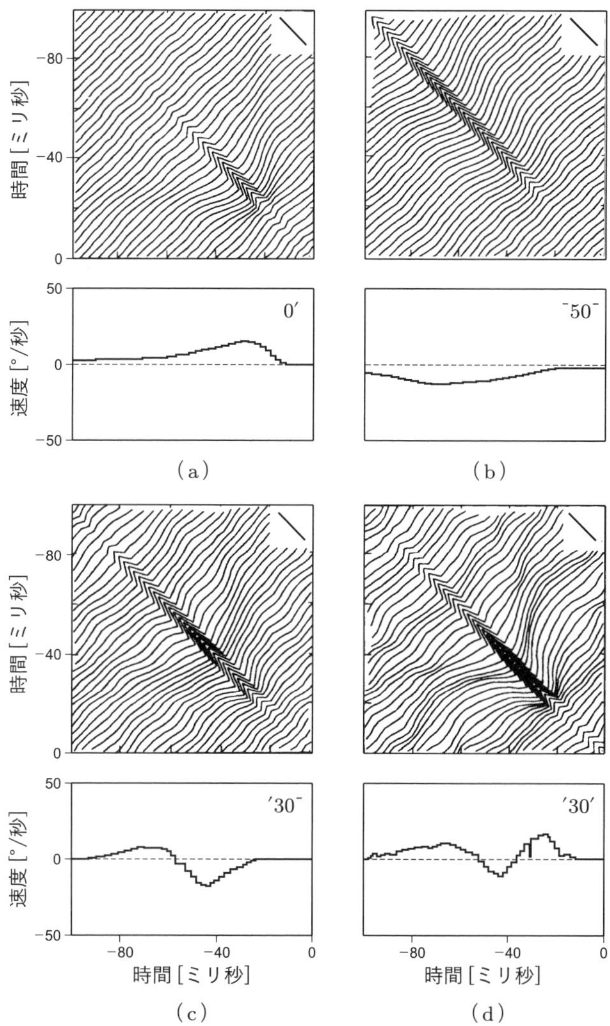

図 2.13　(a–h) 異なる応答カテゴリーのいくつかにおける応答条件付きアンサンブル．各カテゴリーでは，応答条件付きアンサンブルは条件付きの平均波形（下）と共分散（上）で表される．各平均波形の枠の右上に，該当する応答カテゴリーが表示されている．上付き文字 ′・¯ は，それぞれスパイクの有・無を表す．たとえば，′5′10¯ は，5 ミリ秒のスパイク間隔の後に，10 ミリ秒のスパイクのない期間が続くという意味である．横軸は，t_{obs}（最後の観測時刻）からの時間を示している．共分散行列は，左上と右下の対角成分をもつ連続領域で表される．対角成分は基準を示すためゼロに設定されている．右上のスケールバーは 0.05 の長さを示す．正の値は左上方向に，負の値は右下方向に表示される．平均波形に示されるエラーバーは平均の標準誤差を示す．この情報は，de Ruyter van Steveninck and Bialek (1988) に基づいている．

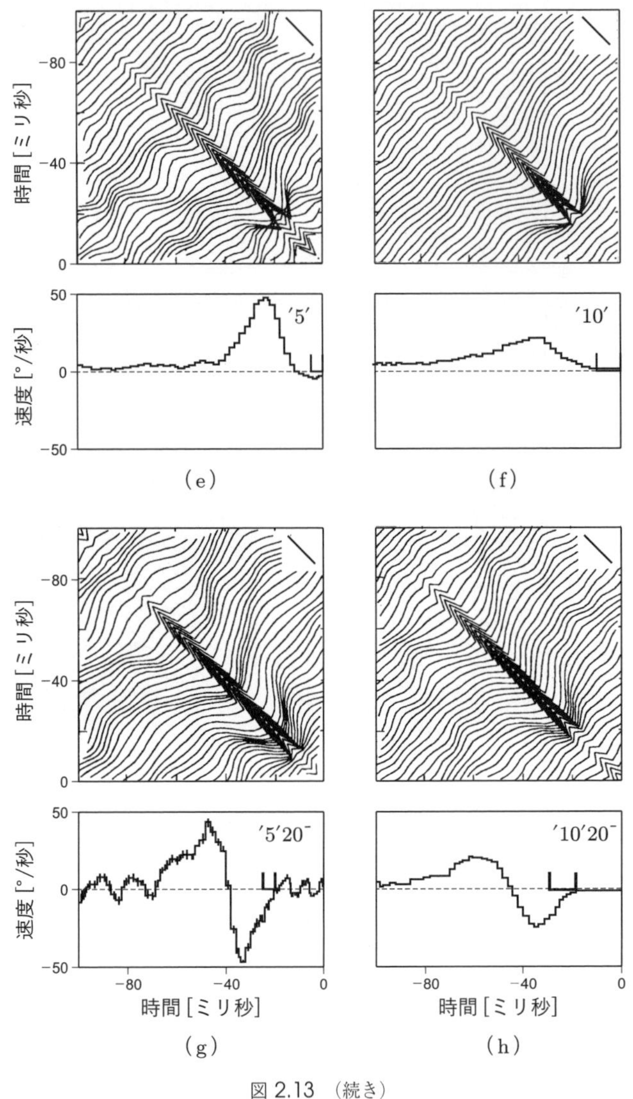

図 2.13　(続き)

て，低周波でのパワーがより小さくなる方向に平均からずれるよう制約を受けていることを意味する．

スパイク列の条件が複雑になるにつれて，対応する条件付き平均波形も複雑化する．これは，複雑なスパイク列がより複雑な信号を示すことを意味する．例として，特定の間隔でのスパイクのペアに基づく条件付き平均波形は，スパイク間隔を変えることで大きく変動する．10 ミリ秒の間隔での条件付き平均波形は，個々のスパイクに対応する波形の線形の重ね合わせによって導出される．しかし，間隔が極端に短いあるいは長い場合はその限りではない．注目すべき点は，この 10 ミリ秒の間隔が本実験で最も頻繁に発生し，この特定の間隔でのみ単一スパイクの波形の線形重ね合わせが観察されたことである．このように，刺激のコーディングの非線形性は，最も一般的な発火パターンから逸脱した間隔であるほど顕著である．

スパイク間隔が長い場合，平均速度波形は 3 つの異なるフェーズに分割できる．2 発のスパイクそれぞれの 25 ミリ秒前に現れる正のピークと，その間の谷である．間隔が 10–15 ミリ秒より短くなると，これらの分離されたフェーズは 1 つのピークに統合され，最小の間隔で非常に高くなる．この変化は，光受容器の積分時間オーダーの長さの間隔で観察される．機能的な解釈の 1 つは，ざっくりといえば，光受容器の積分時間以下の時間スケールでは，刺激イベントの構造を識別することができないということである．しかし，H1 ニューロンはこれよりも短い時間の間隔で発火する能力をもっている．このような短い間隔は，より高い刺激振幅をエンコードするために利用されている可能性がある．

1 つの興味深い問題は，仮想的な観測者が最大限の情報を得るために，スパイクの到着時刻をどの程度の精度で計測する必要があるか，という点である．たとえば，異なるスパイク間隔に対応する 2 つの応答条件付きアンサンブルが，実質的に区別がつかない場合，観測者はこれらの 2 種類の間隔を 1 つのカテゴリにまとめても問題ない．いまは分布 $P[s(t)|R]$ を多次元のガウス分布として近似しているため，この区別可能性についての自然な基準が存在する．これは，一方の分布の平均から他方の平均へのベクトルの長さを，共分散行列によって適切に正規化したものである．これは，2 つの分布から取り出されたサンプルを区別するための信号ノイズ比であり，心理物理実験の解析における弁別可能性パラメータ d' でもある (Green and Swets, 1966)．このテーマに関する詳しい議論は，第 4 章の弁別実験のセクションを参照されたい．

定量的には，もし私たちがイベント R_1 と R_2 のいずれかが提示された場合，d' は対応する刺激を観測することによりこれらを区別する能力を表す指標である．もし区別が困難な場合，d' はほぼゼロに近づく．これは，R_1 と R_2 が事実上同じイベントとみなされることを意味する．逆に，2 つのイベントを容易に区別できる場合，d' は大きな値をもつ．これらのイベントを容易に区別するためのしきい値として，伝統的に $d' = 1$ が用いられてきた．**図 2.14** は，異なるスパイク間隔 t_0 に対する応答条件付きアンサンブル間の弁別性を示している．この弁別性は，$d' = 1$ とした際，$\Delta t_0 = t_0[R_2] - t_0[R_1]$ の値を $t_0[R_1]$ の関数として補間された曲線として記述される．

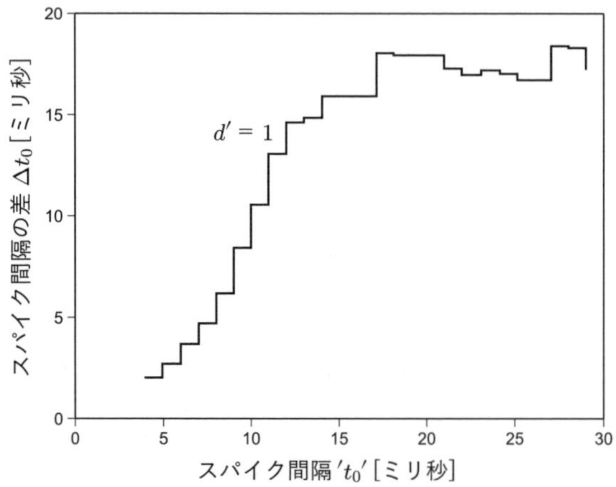

図 2.14 スパイク間隔の長さを関数とする応答条件付きアンサンブルの弁別．2 つの異なる確率分布から得られる信号を弁別する能力は，分布の重なり具合に関係する．もし 2 つの分布がガウス分布の場合，その間の弁別性はパラメータ d' によって定量化できる (Green and Swets, 1966)．この関係性は図 4.19 で詳細に示されている．Δt_0 の外形はスパイク間隔 $'t_0'$ の関数であり，特定のスパイク間隔 $'t_0'$ と $'t_0 + \Delta t_0'$ に対する応答条件付きアンサンブルを，$d' = 1$ のもとで弁別することができる．$'t_0'$ が増加すると，2 つの間隔を弁別するために必要な Δt_0 も増加し，約 17 ミリ秒のところで一定になる．

図 2.14 の結論として，一度スパイクが発射されたら，観測者はその直後は時間経過を高い精度で記録する必要がある．しかし，時間が経過し，次のスパイクが発生しない場合，その高い時間精度は次第に重要性を失っていく．特に，約 17 ミリ秒が経過した時点で，2 発のスパイク間のタイミングはもはや意味をもたなくなり，それぞれが独立したイベントとして扱われるようになる．これは，過去の 17 ミリ秒間にスパイクが発生しなかったという情報が，その後の神経活動の文脈でより重要となることを示唆している．この考察から，情報の最適な抽出のためには，極端に高い時間分解能は必ずしも必要ではないといえる．実際，単一のニューロンにおいても，神経コードは潜在的にタイミングの誤差に対して頑健であるといえる．

図 2.13 の共分散行列で示されたように，あるスパイク列を観測すると，確率分布はある方向に向かって狭まる．この狭まった分布の周辺の刺激に対して，それを表す別のスパイク列が存在する．そのような刺激は任意のスパイク列によってコードされうるが，類似した刺激が類似したスパイク列で滑らかに表現されるならば，その特性は魅力的である．

共分散行列は固有値と対応する固有ベクトルに分解できる．固有ベクトルは独立な刺激の組合せを決定し，固有値は各ベクトルの方向の大きさを表す．応答条件付きアンサンブルの共分散行列の固有値は，事前アンサンブルの対応する値とほぼ等しい．特定の応答 R_i を観測すると，1 つか 2 つの固有値のみが大きく減少する (de Ruyter van Steveninck and Bialek 1988)．この事実は，確率分布の狭小化がすべての可能な刺激波形空間の中で 1 つか 2 つの次元に限定され，その次元は，減少した固有値に対応する固有ベクトルで定義されることを示している．あるコーディングが滑らかかどうかを判断するためには，類似したスパイク列がコードする刺激は，狭小化をもたらす次元と直交する軸でのみ異なることを確認する必要がある．**図 2.15** に示すように，これは実際そうなっている．

上述の確率的な手法は，ある特定のスパイク列 R が伝える情報の正確なデータを提供する．これは，ホムンクルスが問題の一部を解決したことを意味する．もし短いスパイク列の解釈が要求された場合，ホムンクルスはスパイク言語を感覚刺激の言語に翻訳するための辞書として，応答条件付きアンサンブルを参照することができる．しかし，ホムンクルスが**実況中継**を行う場面を考えると，次々に到着するスパイク列の情報を組み合わせる必要がある．ここで提供されたデータでは，その組合せをどう行うのかに関する直接的な実験的手順は提供されない．そこでまず，簡単な近似として，次のスパイク列 R は独立して生成されると仮定する．いくつかの計算（A.6 節参照）により，この仮定から具体的な式 (A.148) が導出され，R_i の列を刺激波形の最良の推定値に関連付けることができる．

H1 ニューロンの実験で解析された応答イベント R_i は，単一スパイク，単一閉区間，および二重閉区間である．二重閉区間の場合は区間に重なりはない．すなわち，1 つ前のイベントの最後のスパイクは，現在のイベントの最初のスパイクとなる．**図 2.16** は，実験中の 2 秒間の刺激を再構成したものである．刺激そのものの波形と，その下にスパイク列を表示している．単一スパイクによる再構成は，他の 2 つに比べて明らかに構造を維持していない．これは H1 ニューロンの方向選択性の影響である．この細胞は一方向の運動に対しては興奮し，反対方向の運動に対しては抑制される．速度がゼロの場合，非常に低い発火率を示す．つまり，この細胞は正の速度をエンコードする場面で大きなダイナミックレンジをもつ．この再構成は，「逆ニューロン」，すなわち刺激 $-s(t)$ を観測するモデルを導入することで対称化できる．ハエは，頭部のそれぞれの側に 1 つの H1 ニューロンをもち，回転する際にこれらが拮抗する形で活性化されるのが自然な状態である (de Ruyter van Steveninck and Bialek 1988)．また，この再構成において，単一区間と二重区間のほうが，単一スパイクよりも対称的であることが興味深い．これは，区間を解析することで，スパイク間の空白を利用して負の速度を表現できるからである．

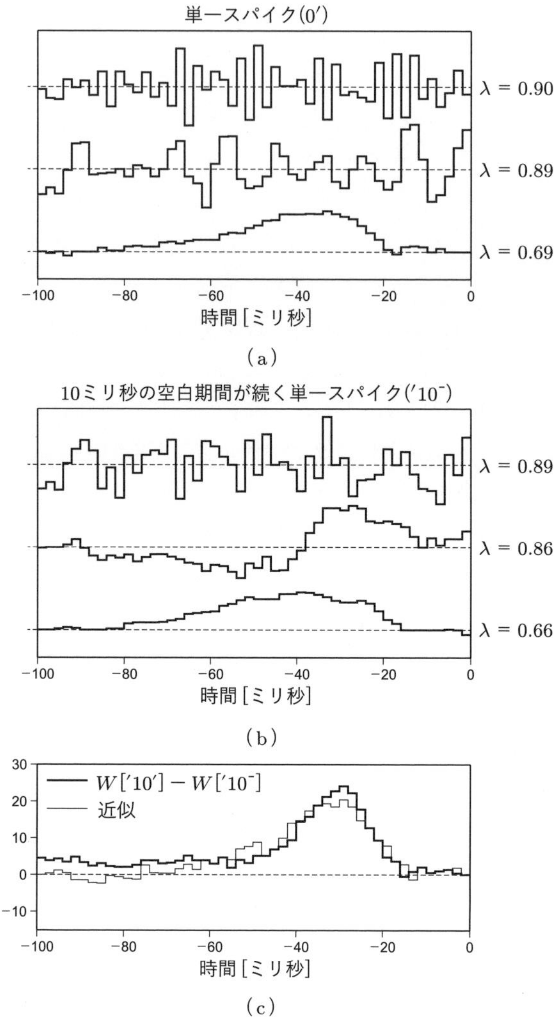

図 2.15　(a) 単一スパイクの共分散行列と (b) 10 ミリ秒の空白期間が続く単一スパイクの共分散行列に関する，最大 3 つの固有値と対応する固有ベクトル．単一スパイクの場合，有意に寄与する固有ベクトルは 1 つだけである．固有値 $\lambda = 0.89$ と $\lambda = 0.90$ の固有ベクトルは細かい振動を示しており，明確な意味をもつとはいえない．単一スパイクの後に 10 ミリ秒の空白期間が続く場合，2 つ目の滑らかな固有ベクトルが $\lambda = 0.86$ で現れる．図 (c) の太線は，10 ミリ秒の閉区間 ($w[{'}10{'}]$) と，同じ 10 ミリ秒の開区間 ($w[{'}10^-]$) の平均波形の差を表し，細線は (b) の 2 つの固有ベクトルを使って，この波形の差を近似したものである．応答カテゴリ $[{'}10^-]$ に「似ている」と考えられる $[{'}5{'}5^-]$ や $[{'}16^-]$ も，この 2 つの固有ベクトルを用いて表現可能である．これは，これらの固有ベクトルが，様々な応答カテゴリの条件付き分布の変動を捉えるための座標軸として機能することを示唆している．

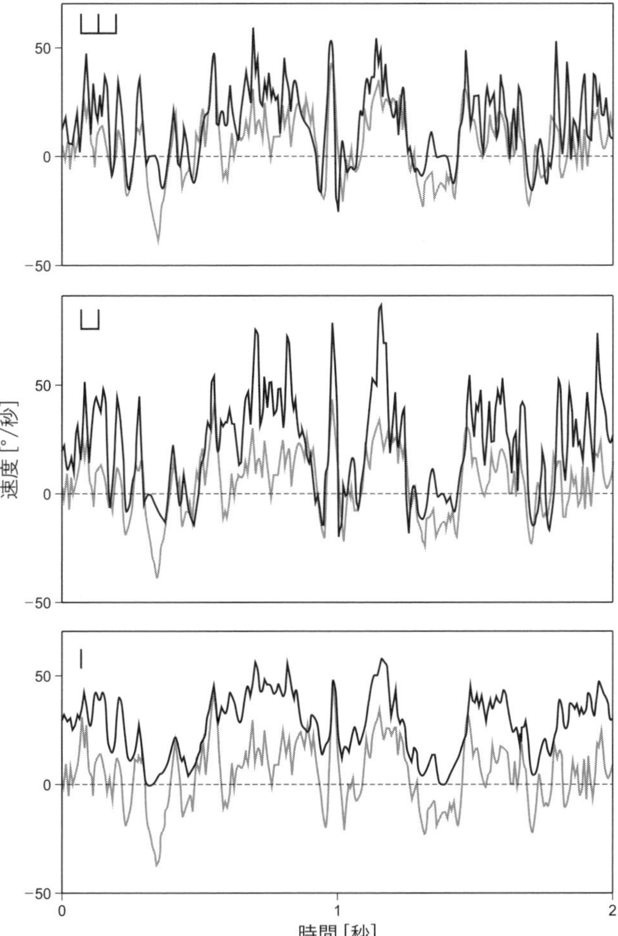

図 2.16 スパイク列を用いた角速度（灰線）の再構成結果を示す（黒線）．下から順に，深さ 1, 2, 3 のスパイク列を利用した結果である．単一スパイクのみの列を用いた場合（下）は，刺激の大きな変動は捉えることができているが，細部の情報は多くが欠落している．2 発のスパイク列を用いた場合（中央）では，再構成の精度は向上しているものの，刺激の一部の特徴を過大に評価している．しかし，3 発のスパイク列を用いた再構成（上）になると，これらの系統的な誤差は減少している．

再構成のもう 1 つの特徴として，スパイク活動が高い領域では，刺激が過大評価される傾向がある点が挙げられる．ただしこの過大評価の度合いは，再構成の深さが 3 スパイクまで達すると低下する．この現象は，スパイク列内の逐次的な相関が影響していると推測される．時間的に離れたイベントが低い相関を示すこともこの推測を支える．別の視点で述べれば，統計的な独立性の仮定は，再構成の深さが増加するにつれてより妥当な近似となる．ただし，3 スパイクの深さにおける再構成が，独立性の仮定を完全に保証するかどうかは明らかではない．それにもかかわらず，この深さでの再構成の質はすでに十分高い．これらの結果は，神経コードの解読をより系統的に試みることが有望であることを示唆する．

最後に，この節におけるいくつかの注意点を触れておきたい．本節を通じて，私たちは神経コードに対する系統的かつ定量的なアプローチを追求してきた．しかし，その過程で様々な近似を採用しながら，次第に複雑な構造が顕在化してきたのも確かである．応答条件付きアンサンブルの構造もこの複雑さから逃れることはできない．たとえば，スパイクが 1 発発生した際の平均波形は比較的単純であるが，スパイクが 2 発，3 発と増えるにつれて，波形の構造も複雑化していく．このような複雑さを克服し，コードの構造を確実に理解することが求められる．

2.3 コードを読む

これまでの議論で，私たちは神経コードの問題を次の基本的な疑問として取り組んできた．すなわち，与えられたスパイク列 $\{t_i\}$ から，未知の刺激波形 $s(t)$ について何がわかるのか，という疑問である．図 2.16 で示したように，私たちはスパイク列を「読み」，元の刺激へ逆変換することができる．これが正しいとすれば，答えは非常に明瞭であり，波形の再構成の精度に関して定量的な解析が行える．では，スパイクの到着時刻の計測に含まれる誤差は，再構成にどう影響するだろうか．刺激の再構成は，必ずしも生物が解いている問題そのものではないにせよ，よく似た問題が解かれている．たとえば，ハエは視覚運動信号だけを頼りに旋回を開始する能力をもつ．これは，ハエの運動感受性視覚ニューロンのスパイク列がトルクに変換され，このトルクが時間依存性をもつ角速度にほぼ一致することを意味する．このトルクの信号は，ハエが感覚ニューロンの離散的なスパイク列を組み合わせて生成する，連続的なアナログ波形である．このようなスパイク列からアナログ信号への復元は，感覚データの神経処理の基本的な手順である．

2.3.1 なぜそれがうまくいくのか

デコーディングの際の主要な問題は，各スパイク列のスパース性とランダム性に起因する．通常，スパイク列のデコーディングは，離散的なスパイクの間の連続した刺激波形を推定するための補間が求められる．しかし，そうした補間が実際に可能かどうかは明らかではない．事実，スパイク列はあらゆる条件下で刺激波形を一意に決定するわけではなく，多くの異なる刺激が同じスパイク列を生成する可能性がある．また，図 2.1 で見たように，同じ刺激の繰り返しであっても同じスパイク列が生成されるわけではない．

形式的には，デコーディングが可能かどうかという問題は，その条件付き確率 $P[s(t)|\{t_i\}]$ の構造に関する問題である．もし $P[s(t)|\{t_i\}]$ がある特定の波形 $\overline{s}(t;\{t_i\})$ に対して鋭いピークをもつのであれば，応答条件付きアンサンブルの議論で見たように，スパイク列 $\{t_i\}$ はその刺激を「表現」しているといえる．さらに，このピークの幅は，$\overline{s}(t;\{t_i\})$ が真の刺激の近似である精度を示すことになる．一方，$P[s(t)|\{t_i\}]$ が幅広く明確なピークをもたない場合，スパイク列を解析して信号 $s(t)$ をデコードする合理的な理由はない．また，$\overline{s}(t;\{t_i\})$ が複数のピークや最大値の稜線をもつ場合，スパイク列 $\{t_i\}$ からの $s(t)$ の推定は曖昧になる．これらの異なる可能性を**図 2.17** で示している．

ハエを用いた $P[s(t)|\{t_i\}]$ の推定の実験結果に触発され，Bialek and Zee (1990) は，スパイクエンコーディングの統計に関する単純なモデル，特に 2.1.4 項でとりあげたポアソンモデルの文脈でデコーディングの問題を定式化した．この定式化では，与えられたスパイク列 $\{t_i\}$ に関連する刺激 $s(t)$ の推定は，スパイクが発生するごとに力を受ける粒子の軌道を予測する問題と等価であると示される．スパイクの入力がない場合，粒子はブラウン運動を行い，$P[s(t)]$ が示すランダムな軌道をたどる．このランダムな軌道は，スパイクによる瞬間的な力と，発火率に依存する定常的な力によって変更される．したがって，スパイク列から刺激を正確に再構成できると仮定すると，これらの瞬時と定常の力は，粒子の軌道を真の刺激波形に近づけるようにはたらくと期待される．

スパイクと信号の関連性は確率的であるため，再構成の問題はより精密に定義されるべきである．自然な方法の 1 つは，与えられたスパイク列に基づいて，最も確率が高い刺激を探ることである．同様に，与えられた力に基づいて最も確率が高い軌道を探ることも考えられる．これは最尤推定として知られており，一般化された最大尤度判定規則は，心理物理学の弁別課題の実験において最大の正答率を提供する．最尤法に関しては 4.1.3 項，A.16 節，および Green and Swets (1966) を参照されたい．別の自然なアプローチは，与えられたスパイク列の条件付きの平均刺激波形を計算することである．この方法は，推定値と真の刺激との平均 2 乗誤差 (χ^2) を最小化する意味で最適となる．与えられたスパイク列に対する刺激の分布が良好な場合，これらの異なる推定方

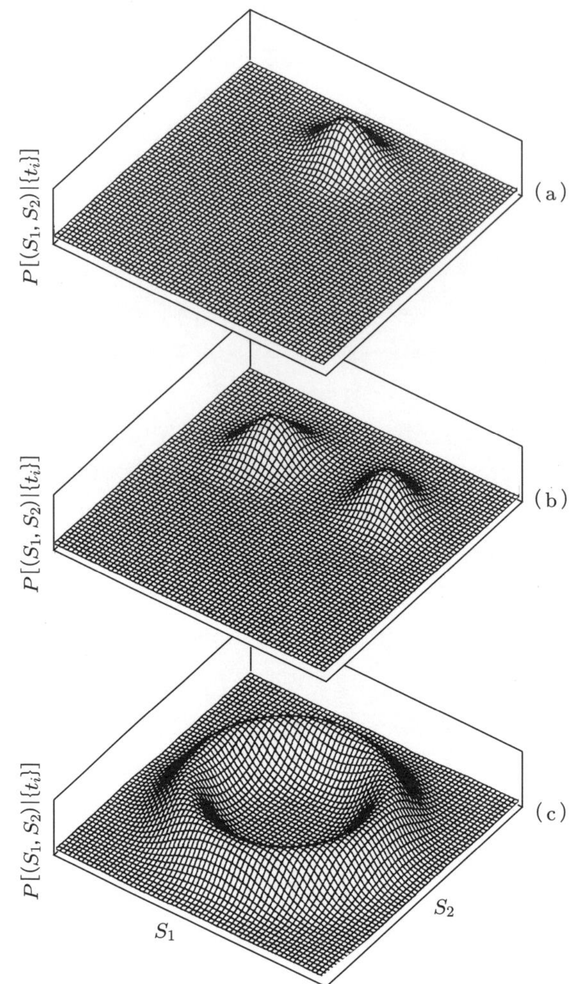

図 2.17 $P[s(t)|\{t_i\}]$ の構造．スパイク列からの直接のデコードの成功は，条件付き分布 $P[s(t)|\{t_i\}]$ の構造に大きく依存する．$P[s(t)|\{t_i\}]$ が (a) のように明確な単一のピークをもつ場合，デコードは可能であり，推定された刺激は $P[s(t)|\{t_i\}]$ のピークもしくはその近傍の値として予測される．一方で，$P[s(t)|\{t_i\}]$ が (b) や (c) のように識別可能な構造をもたなかったり，明確な単一のピークをもたない場合，最適な推定値は定義できない．

法はすべて類似した結果をもたらす．一方，評価基準のわずかな違いによって推定アルゴリズムが大きく異なる結果を出力する場合，スパイク列だけをもとにした信号の頑健な推定は難しそうである．システム同定の文脈ではロバスト推定の要件を明確に定義することが可能であり，その要件は図 2.17 のように，これまでの繰り返しになるが分布

$P[s(t)|\{t_i\}]$ の形状と関連する．後の節では，特に図 2.24 とそれに関連する議論をもとに，この問題を直接的に扱う実験を詳しく検討する．現時点では，χ^2 の観点から最適といえる条件付きの平均に焦点を当てることとする．A.7 節では，最適な推定と条件付き平均との関係について詳しく述べる．

2.1.3 項の入出力解析の議論では，多くの系では粒子の平均軌道が加えられた力に線形に応答することが示されている．具体的には，

$$\langle x(t) \rangle = \int d\tau K_1(\tau) F(t - \tau) \tag{2.23}$$

となる．ここで，$K_1(\tau)$ は線形応答関数として知られ，簡単のため力がない場面での平均位置を 0 とした．この結果，式 (2.23) に定数項を加える必要がなくなる．スパイクエンコーディングの文脈に置き換えると，力はスパイク時刻 t_i においてのパルス列として表される．

$$F(t) = \sum_{i=1}^{N} \delta(t - t_i) \tag{2.24}$$

そして，軌道 $x(t)$ は信号の波形 $s(t)$ に相当する．デルタ関数に関する詳細は A.1 節に譲る．この考えを用いると，機械システムの線形応答は，スパイク列から信号を線形的に再構成する形となる．すなわち，

$$\begin{aligned} s_{\text{est}}(t) &= \int d\tau K_1(\tau) \sum_{i=1}^{N} \delta(t - \tau - t_i) \\ &= \sum_{i=1}^{N} K_1(t - t_i) \end{aligned} \tag{2.25}$$

となる．**図 2.18** は，この式の意味を模式的に示している．式 (2.25) は，神経がどのように信号をスパイクへと変換するのかというプロセスではなく，むしろスパイク列を観測する側がどのように刺激を推定または再構成するかを示している．この視点で，スパイク列を入力とし，刺激（またはそれにきわめて近い何か）を出力するブラックボックスを構築することを考える．

式 (2.25) に基づくと，図 2.18 のブラックボックスは，近似的には線形デバイスと解釈できる．しかし，より一般的な文脈で考えると，このブラックボックスにある程度の非線形性をもたせることができる．これは，等価な統計力学的な問題の文脈で，与えられた力に対して非線形な応答を示す粒子の振る舞いに対応する．この非線形性を考慮すると，式 (2.25) の線形の形式は次のように一般化される．

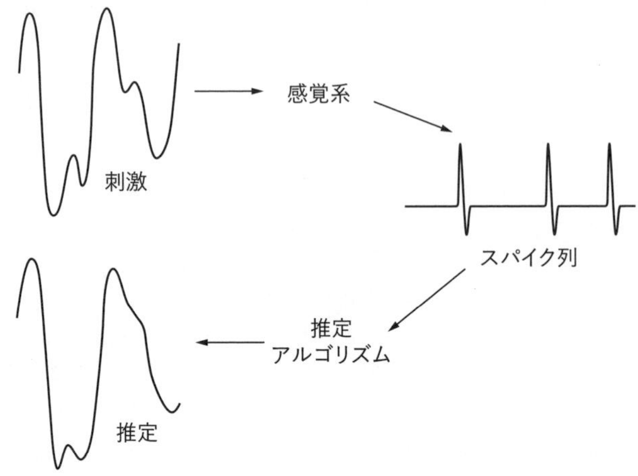

図 2.18 刺激推定の概要.

$$s_{\rm est}(t) = \langle s(t) \rangle = \sum_{ij} K_1(t - t_i) + \frac{1}{2} K_2(t - t_i, t - t_j) + \cdots \tag{2.26}$$

モデルニューロンの解析では，カーネル $K_1, K_2, \ldots$ のすべてを計算することが可能となる．これにより，モデルニューロンからのスパイク列を完全にデコードする手続きが決定される．しかし，このモデルニューロンは実際のニューロンの正確な記述ではないため，式 (2.26) の展開が何を意味するのか，もう少し一般的な理解が必要である．

そもそも，デコーディングのためのフィルタ K_n に含まれる時定数は，たとえば刺激波形 $s(t)$ を時間依存発火率 $r(t)$ に変換する際のニューロンのエンコーディングの時定数とは異なる．実際，カーネルの構造は入力信号の統計性に強く依存するため，神経コードを読むうえでの最適な戦略は，たとえニューロンが適応しなくても，環境中の信号の性質に依存することになる．この考察から，$K_n(t)$ は単なるニューロンの固有の特性ではなく，ニューロンと感覚環境との相互作用に起因する複合的な特性を反映しているといえる．この点は，Bialek and Zee (1990), Bialek (1990) および Gabbiani and Koch (1996) によっても強調されている．

私たちが当初から強調してきたのは，ベイズの法則に従うと，スパイク列の意味は感覚刺激をもたらすアンサンブルに依存するという点である．私たちはニューロンの「声」を，自分たちの期待や前提に基づいて解釈することが多い．この事実は数学的には強調されることは少ないものの，無視できるものではない．スパイク列が刺激波形やその特徴を普遍的に表現することは理論的に可能であるが，そのためには，ニューロンが刺激のアンサンブルの変化に応じて計算方法やエンコーディング戦略を適応させる必要がある．適応は実際に観察される現象であるが，その過程がスパイク列の一貫した「翻訳辞書」を提供するかどうかは定かではない．この再構成の問題において，再構成フィルタ K_n は各文脈ごとに独立して計算されるため，文脈依存性と適応性の問題を直接取り扱うことを余儀なくされる．

フィルタ $K_1(\tau)$ のもう 1 つの考え方として，このフィルタがスパイク列の内在するランダム性やノイズから信号 $s(t)$ を最も適切に推定するためのものである，という解釈が挙げられる．スパイク列に含まれる高周波成分は，観察者がスパイクを分離可能な粒度，すなわち時間分解能を規定する．しかし，これらの高周波成分は，単にノイズとして存在するもので，感覚入力との関連性がない可能性もある．一方，スパイクの発火率の低周波成分は，信号の低周波成分と位相がロックしているかもしれない．このような状況では，高周波のノイズを抑え，信号と強く相関するスパイク列の成分を強化したいと考えるだろう．フィルタ $K_1(\tau)$ は，そのような信号とノイズの分離に最適である．

式 (2.26)，またはもっと簡単に式 (2.25) に基づいた刺激の再構成が成功するとは，具体的にどういうことを意味するのだろうか？ 1 つ明確に理解しなければならないのは，この手法が自動的にうまくいくわけではないということである．たとえば，高周波にチューニングされた求心性の聴覚神経のスパイク列から音圧波形を再構成する試みは，ほぼ確実に失敗するだろう．高周波の聴覚ニューロンは，位相の変動はエンコードできても，音響波形の絶対位相を感知する能力はもっていない．しかし，絶対位相がわからないと，細胞は信号 $s(t)$ とその反転信号 $-s(t)$ に対して同じ反応を示す．結果として，細胞の応答だけでは，どちらの波形が実際に発生したのかを判別することは不可能なのである．これは，先ほど述べた図 (b) と (c) のシナリオと類似している．スパイク列は刺激のある側面に関する多くの情報を提供しているものの，曖昧さも存在し，完全な波形の再構成を妨げているのである．この聴覚ニューロンの場合は，通常は音圧波形の包絡線をエンコードしていると考えられている．この包絡線の再構成は事実成功したが，どのようにして最も適切な包絡線を定義するかは，興味深い課題として存在する (Rieke et al. 1992).

この種の定性的な失敗は，聴覚ニューロンの場合は明確である．より繊細な問題として，式 (2.26) に基づく再構成アルゴリズムが，ただ形式的な展開を生成するだけで，実用的に早い段階での収束が見られないかもしれないというものがある．例として，ニューロンの第 1 の Wiener カーネルが非ゼロである限り，線形再構成フィルタ K_1 も非ゼロである．これは，線形再構成が単に線形応答を異なる視点から考察したものにすぎない可能性を示唆している．しかし，これは正しくない．実際，これら 2 つのアプローチは大きく異なるものである．両方が Wiener によって開発された方法論に関連していることが，混乱に拍車をかけているだけである．

ある信号 $y(t)$ の観測が与えられ，ある別の信号 $x(t)$ の推定を行う場合に，Kolmogoroff (1939; 1941) と Wiener (1949) による厳密な理論は，最適な推定をもたらす線形フィルタをどう選択すべきかを示唆している．私たちの状況では，信号 $\rho(t)=\sum_i \delta(t-t_i)$ を観測し，$s(t)$ を推定する目的があるので，式 (2.25) の手続きは線形フィルタリングであるといえる．そのため，詳細な議論を省略して，スパイク列から信号を推定するための Kolmogoroff–Wiener フィルタを構築しようとしていると解釈することができる*3.

Kolmogoroff–Wiener の結果（およびその後の文献におけるその解釈）は，本質的に，線形フィルタリングで解くことが可能なすべての推定問題を対象としている．しかし，線形フィルタリングはなぜ有効なのだろうか？ 具体的には，なぜ線形フィルタに基づく推定がそれほど有効であり，より複雑な非線形の手法が常によりよいことにはならないのだろうか？ いまの文脈では，ニューロンは非線形な素子であり，その発火率を刺激の冪級数で展開しようとすると，自然条件下では低次の項だけでは不十分である．これは，Wiener や Volterra カーネルを実際のニューロンに適用する際の問題の一部である．しかし，ここでの私たちの展開の方法は大きく異なっている．ニューロンの入出力関係を記述するのではなく，スパイク列を入力とし，刺激波形 $s(t)$ の推定を出力する仮想的なブラックボックスを記述しようとするものである．

推定問題と従来の入出力解析の違いを理解するため，その平均出力 x が入力 s に比例する単純な検出器を考慮する．簡単化のために比例定数を 1 とし，次のように書く．

$$x = s + \eta \tag{2.27}$$

ここで，η は平均がゼロのノイズである ($\langle\eta\rangle = 0$)．この問題の本質は，時間依存性を考慮する必要がないことである．すなわち，式 (2.27) の各項はすべて実数であり，時間の関数ではない．この系の入出力関係の特性付けは自明である．というのも，平均的には出力は入力に等しいからである．しかし，推定問題も同様に明白であるといえるだろうか？ 具体的に，x から s を線形に再構成することがうまくいくとはどういうことだろうか？

x を観測することによって，信号 s に関して得られるすべての情報は，条件付き分布

*3 ここで参照した文献は，スパイク列と感覚刺激の翻訳に関して議論されたような，異なる記号システム間の翻訳における曖昧さを示している．**Колмогоров** は Kolmogoroff もしくは Kolmogorov に写像される．この曖昧さは場所細胞 (O'Keefe and Nadal 1978) や，より具体的には「国細胞」◆3 のようなものを想定することで解決できる．

◆3 訳注：アルファベットの違いを，「国」という場所に選択的な細胞が表現しているだろうという比喩．

$P(s|x)$ に含まれている．ベイズの法則（式 (2.4) 参照）と図 2.2 に基づいて，次の関係式が得られる．

$$P(s|x) = \frac{P(x|s)P(s)}{P(x)} \tag{2.28}$$

信号 s が与えられたとき，$x = s + \eta$ の特定の値が観測される確率は，ノイズ η の分布によって決まる．したがって，次のように表現できる．

$$P(x|s) = P_{\text{noise}}(\eta = x - s) \tag{2.29}$$

この結果を用いると，

$$P(s|x) = \frac{1}{P(x)} P_{\text{noise}}(\eta = x - s)P(s) \tag{2.30}$$

となる．私たちは s の推定に関心がある．条件付き平均を推定値として使用する場合，平均 2 乗誤差を最小化することが知られている（A.7 節参照）．したがって，

$$s_{\text{est}} = \int ds P(s|x)s \tag{2.31}$$

となり，この積分の評価が必要となる．

ノイズ η がガウス分布に従うと仮定すると，次の関係が得られる．

$$P_{\text{noise}}(\eta) = \frac{1}{\sqrt{2\pi\langle\eta^2\rangle}} \exp\left[-\frac{\eta^2}{2\langle\eta^2\rangle}\right] \tag{2.32}$$

式 (2.30) を使用すると，以下の式が導かれる．

$$P(s|x) = \frac{1}{P(x)} P(s) \frac{1}{\sqrt{2\pi\langle\eta^2\rangle}} \exp\left[-\frac{(s-x)^2}{2\langle\eta^2\rangle}\right] \tag{2.33}$$

最も単純なケースとして，信号 s がガウス分布から得られる場合，

$$P(s) = \frac{1}{\sqrt{2\pi\langle s^2\rangle}} \exp\left[-\frac{s^2}{2\langle s^2\rangle}\right] \tag{2.34}$$

となり，以下の関係が得られる．

$$\begin{aligned} P(s|x) &= \frac{1}{P(x)} \frac{1}{2\pi\sqrt{\langle s^2\rangle\langle\eta^2\rangle}} \exp\left[-\frac{s^2}{2\langle s^2\rangle}\right] \exp\left[-\frac{(s-x)^2}{2\langle\eta^2\rangle}\right] \\ &= \frac{1}{Z(x)} \exp\left[-\frac{1}{2}s^2\left(\frac{1}{\langle s^2\rangle} + \frac{1}{\langle\eta^2\rangle}\right) + s\left(\frac{x}{\langle\eta^2\rangle}\right)\right] \end{aligned} \tag{2.35}$$

ここで，$Z(x)$ は信号 s には依存しない正規化定数である．

ガウシアンノイズの背景下でガウス分布に従う信号を観測した場合，データにおける信号の条件付き分布もガウス分布となる．条件付き平均は最尤値と同じであり，式

$\partial P(s|x)/\partial s = 0$ を解くことで容易に得られる．信号の最適な推定値は $s_{\mathrm{est}} = K_1 x$ の形で与えられる．カーネル K_1 は $SNR/(SNR+1)$ であり，ここで信号ノイズ比 SNR は分散の比，すなわち $SNR = \langle s^2 \rangle / \langle \eta^2 \rangle$ として定義される．これは合理的な結果である．線形検出器の出力の最適なデコーディングは線形な系で得られ，そのゲインは SNR に依存する．このゲインの SNR に対する依存性は，入力信号に関する事前知識と，検出器の出力の観測から得られる具体的な知識の両方を反映している．高い SNR の場合，検出器の出力は高信頼性をもち，ゲインは 1 に近づく．一方，低い SNR の場合，検出器の出力は主にノイズであり，検出器の出力を低くして，より事前知識に依存する形にする．このように，検出器の出力と事前知識の両方を取り入れたデコーディング戦略は，信号を系統的に過小評価することとなる．

ガウス分布に従う信号に対する線形推定は一般性をもたない．信号が以下の指数分布に従う場合，

$$P(s) = \frac{s_0}{2} \exp\left(-\frac{|s|}{s_0}\right) \tag{2.36}$$

信号の最尤推定は，驚くべきことに，検出器の出力の閾値関数となる．この閾値 x_0 は $\langle \eta^2 \rangle / s_0$ で与えられ，信号とノイズの強度の両方に依存する．$x < x_0$ の場合，s の最尤値は x の値に関係なく $s = 0$ である．この強い非線形性は，χ^2 を最小化する推定を行うとやや緩和されるが，閾値の上下での最適な推定の振る舞いは大きく異なることが示されている (Potters and Bialek 1994).

指数分布の例から得られる教訓は，たとえ完全に線形な検出器であっても，デコーディングの問題は非常に非線形な解をもつ可能性があるということである．このケースでは，入力信号の分布を変更することで線形性は失われるが，ノイズの統計的性質を変更することも同様に影響を及ぼす．ガウシアンでないノイズだけでも，線形デコーディングを損なうのに十分である．もちろん，信号ノイズ比が非常に高い場合，条件付き分布 $P(x|s)$ はデルタ関数に近づき，その正確な形（ノイズの分布）は問題ではなくなる．しかし，生体の検出器がその限界で動作することは稀である．

この単純な例から，式 (2.26) の K_1 のような線形フィルタを使用してスパイク列をデコーディングできる可能性が，従来考慮されてきたニューロンの入出力の線形性や，刺激と発火率の関係の線形性とは関係ないことが示される．元々の尺度で線形であったとしても，細胞の応答におけるノイズが非ガウス性をもつ場合，線形デコーディングは必ずしも適切ではない．このケースでは，刺激波形を線形フィルタで再構成しようとすれば，ある程度の解は得られるかもしれないが，式 (2.26) のような展開における非線形項を残しておくほうが，よりよい結果をもたらす可能性がある．

従来の入出力関係では，私たちは線形か非線形かをテストする方法を知っている．特に時間依存性を考慮しない場合，感覚入力に対するニューロンの出力をプロットし，その関係が直線的であるかを検証できる．図 2.2(i) に示されている H1 ニューロンの例では，神経出力は 200 ミリ秒の時間窓内のスパイク数で表され，感覚入力はこの時間窓における平均速度として示されている．この関係は，用いられた速度範囲で明らかに非線形である．しかし，デコーディングの問題に対しても同様のプロットは可能だろうか．私たちは，ニューロンの出力に対して刺激の最尤推定値をプロットすることを考える．この最尤推定値（平均 2 乗誤差を最小にするもの）は，観測されたニューロンの出力に対する刺激の平均値であることがわかっている．この条件付き平均は図 2.2(h) に示され，観測されたスパイク数全体を通してスパイク数の**線形**関数であることが確認できる．この図は，200 ミリ秒の時間窓で平均化された入出力という制限された状況に対する，最適なデコーダの明示的な構成であることを示しており，非線形なエンコーディングと線形デコーディングが共存することも確認できる．数学的な例からもわかるように，デコーディングの問題における線形性はエンコーディングの問題における線形性とは異なることが明らかである．図 2.2(h) は，スパイク列が線形にデコードできることを直接示している[*4]．

図 2.19 で示唆されるように，デコーディングの戦略は，信号の相関時間 τ_c と典型的なスパイク間隔の関係性に基づいている．相関時間 τ_c は，信号の過去の動きに基づいて，信号をどれだけの時間予測できるかを示すものである．神経系内で信号がフィルタリングされると，この相関時間は変動する．そのため，神経系によるフィルタリング後かつスパイク生成直前の相関時間を考慮することが必要である．単一のスパイクは，スパイク生成の瞬間の信号に関する情報，すなわち膜電位が閾値を超えたことを示す情報を伝達する．この情報を，スパイク前後の $\pm\tau_c$ の時間窓で外挿する．次のスパイクがずっと後に発生し，その間隔が $\tau \gg \tau_c$ である場合，この次のスパイクは信号に関して独立した情報を提供し，2 つのスパイクの情報は単純に加算される．これは，式 (2.26) の最適な推定の展開が実際には相関時間あたりのスパイク数の平均，つまり $\langle r\rangle\tau_c$ に関する展開であることを示唆する．単純なモデルの場合は，この展開パラメータの同定は，具体的な計算により確認できる．

図 2.2(i) や図 1.4 のようなニューロンの入出力関係の記述は，スパイク列が離散的なイベントの連続であるのに対して，感覚刺激が連続的に変化する時間の関数であるとい

---

*4 図 2.2(h) に示された線形性は，式 (2.25) の再構成アルゴリズムにおける線形性を反映している．この線形性は，式の両辺を $K_1(t)$ で定義される幅を超える時間窓で平均化することにより得られる．この条件下で，図 2.2(h) の直線の傾きは，$K_1(t)$ の平均値に等しくなる．

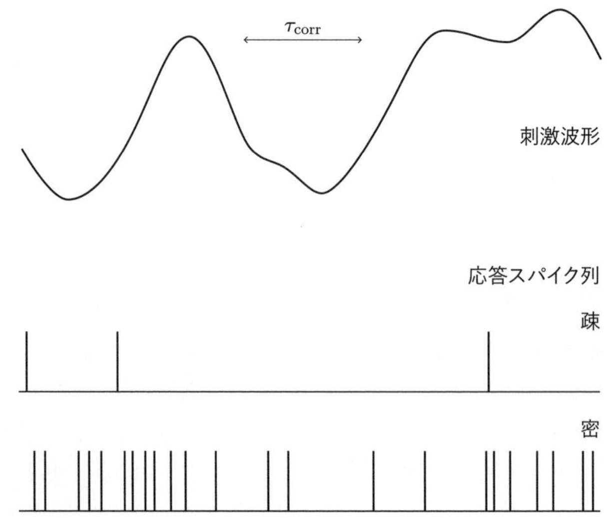

図 2.19 スパイク列が疎（スパース）な場合と密な場合の推定．図 2.18 の推定過程を決定する重要な要素は，入力信号の相関時間に対するスパイクの平均間隔である．スパイクが疎に分布している場合（上）は，刺激の相関時間をスパイクの平均間隔で割った値が小さくなる．この条件下では，後述するように，推定のための系統的なアプローチが有効に機能する．一方，スパイクが蜜に分布している場合（下）は，相関時間あたりのスパイク数が 1 またはそれ以上のオーダーになる．このような状況では，先ほどの条件が満たされなくなるため，再構成のためのアプローチはもはや適切ではない．

う事実を無視してしまう．この種の記述のもとでの刺激の推定は，単に入出力関係を反転させるだけの単純な問題として扱うことはできない．では，スパイクの間の空白期間はどのように取り扱うべきか？ 1.2 節のホムンクルスの説明で触れたように，スパイク列に意味を与えるには「実況中継」の生成が不可欠であり，それを実現するためには，1 つのスパイクから次のスパイクへの外挿が明確に必要とされる．最適なデコーディングアルゴリズムの構造は，従来の入出力関係よりもこの外挿の特性によって主に制御されると考えられる．

入出力関係を再考すると，Wiener 展開や Volterra 展開などの級数展開の手法は，級数が迅速に収束するための小さなパラメータが特定できる場合にのみ有効であることを以前も指摘した．エンコーディングの問題では，このような小さいパラメータを明確に特定するのは難しいことが多い．しかし，デコーディングの観点からは新たな視点が導入される．それは，刺激の相関時間に対してスパイクの発生が少ないという特性が考えられる点である．ここでの焦点は，ニューロンが線形であるか非線形であるかを分類することではなく，どのようなスパイク列が線形的にデコード可能であるかという点に置かれる．

線形デコード性は，（時間スケール τ_c における）信号の有意な変動が 1 発のスパイクを引き起こす程度の神経ダイナミクスの範囲を定義する．この視点は，レートコーディングのモデルが示唆するものとは異なる．レートコーディングのもとで情報の伝達が行われる時間窓は，その中に含まれる数発のスパイクによって発火率を適切に程度の大きさを必要とする．では，$\langle r \rangle \tau_c$ の値に関する具体的な証拠はどれくらい存在するのだろうか？ これまでの観察から，少なくとも一部の神経系は，自然条件下では信号の特徴的な時間スケールに対しておおよそ 1 発のスパイクが発生する範囲で動作していることが示唆される．そのため，このような系のスパイク列は，線形にデコード可能であると考えられる．

ホワイトノイズ法を聴覚系に適用した初期の研究で，de Boer and Kuyper (1968) は，逆相関関数，つまり単発のスパイク発射を引き起こす平均刺激を，刺激波形の特徴として解釈することを強く主張した．これは，システム同定におけるホワイトノイズ法の一般的な使い方に比べ，生物の視点にはるかに近いといえる．このアイデアに従い，Gielen, Hesselmans, and Johannesma (1988) は，逆相関関数から特定されたカーネル $K_1(\tau)$ を用いて，式 (2.25) の刺激波形を推定できると主張した．逆相関関数，つまり 1 発のスパイクを引き起こす平均刺激は，単発スパイクが発射されたという事実のみがわかっている場合の信号の最適な推定である (de Ruyter van Steveninck and Bialek 1988)．そして，Gabbiani and Koch (1996) が指摘したように，線形再構成フィルタは発火率がゼロの極限で逆相関関数に収束する．しかし，スパイクがより高い頻度で出現すると，連続するスパイクの逆相関関数が重なり合い，矛盾した刺激の推定が生じることがある (図 2.3)．この矛盾を解消するためには，各推定値に信頼度の尺度を付与することが必要であり，これは 2.2.3 項で述べたように，確率分布 $P[s(t)|\{t_i\}]$ の計測により達成される．興味深いのは，少なくともモデルニューロンの場合は，式 (2.25) の形式の最適推定器が再び現れることである．しかし，いまやカーネル $K_1(\tau)$ は，ニューロンのフィルタ特性（逆相関関数）だけでなく，刺激アンサンブルの特性にもよることが明らかである．

2.3.2 1 つの実験的な戦略

私たちはこれまで，神経コードを解読する問題を，スパイクを入力とし，感覚刺激の推定を生成する（一般に非線形な）フィルタの構築として，式 (2.26) のように定式化してきた．スパイク生成過程のモデルの文脈でいえば，このフィルタはモデルのパラメータに関連するが，モデルの詳細についての細部は深く考慮する必要はない．代わりに，私たちはデコーディングの一般的な考え方を取り入れ，それを実験のデザインや解析のツールとして活用したい．したがって，実験刺激 $s(t)$ と計測されたスパイク時刻 $\{t_i\}$ が与えられた際のカーネル $K_1(\tau), K_2(\tau, \tau'), \ldots$ の選択方法についての数値的アプローチを探求したい．

モデルニューロンの解析では，カーネルは（たとえば）真の刺激波形とその推定値との平均 2 乗誤差を最小化する形で計算される．より一般的には，推定値がどれほど刺激を正確に表現しているかを示す誤差関数 $E[s(t), s_{\mathrm{est}}(t)]$ を選択し，カーネル $\{K_n\}$ を適用して E を最小化する．理想的には，刺激アンサンブルにおける誤差推定の**期待値**を最小化したい．しかし，長時間の実験では，最小化可能なのは時間平均誤差であり，それは 2.1.3 項での議論におけるエルゴード性の概念に基づくものである．限定されたデータセットではカーネルが過学習する可能性があるため，この手法をとる際には当然慎重である必要がある．

誤差関数として何を使用すればよいのか？ 平均 2 乗誤差のような 2 次の誤差関数を採用すれば，最適なカーネルを解析的に決定できる．以下の誤差関数を考慮する．

$$E[s(t), s_{\mathrm{est}}(t)] = \langle |s(t) - s_{\mathrm{est}}(t)|^2 \rangle G[s(t)] \tag{2.37}$$

ここで，平均 $\langle \ldots \rangle$ は，分布 $P[s]$ に基づく刺激の繰り返しサンプルに関して計算され，$G[s]$ は s の正の汎関数である（例：$G[s] = 1, |s|, s^2, \ldots$）．まず $G[s] = 1$ を選択し，E が通常の刺激とその推定の平均 2 乗誤差，または χ^2 になる点からスタートする．ここで異なる G を選ぶと，刺激の大きな値に対する誤差に重いペナルティを課すこととなる．2.3.3 項では，異なる G の選択がデコーディング戦略にどのような影響を及ぼすかについて議論する．

推定カーネルの選択における第二の問題は因果性である．神経コードを研究するための私たちの動機は，あるスパイク列から生体あるいはホムンクルスがどのような情報を得るのかを考えるところから始まっている．この情報をリアルタイムで取得するためには，スパイク列をテープに記録して後日解析するのではなく，因果的な推定手法を用いなければならない．因果的であるとは，あるスパイクがそれ以前のスパイクによって得られる推定に影響を及ぼしてはならないことを意味する．これは，カーネルの値が負の時刻ではゼロであるべきことを示唆する．すなわち，$\tau < 0$ の場合 $K_1(\tau) = 0$ である．一方，因果性は，過去のスパイクが現在の刺激の推定に影響を及ぼすことはない**ということは意味しない**．もし刺激が有限の相関時間をもつのであれば，刺激の直近の履歴は現在の推定に寄与できる．また，刺激とスパイク時刻との間には厳格な因果関係が

存在し，$t = 0$ でのスパイクは先行する刺激 s $(t < 0)$ によってのみ生成される．しかし，ここで問題が生じる．スパイクは，それが発射された後で刺激の推定に影響を与えるが，刺激がスパイク生成に影響を与えるのは，発射される前である．この問題の解決策は推定に遅延を許容することで，その遅延の大きさはコードの構造に依存する．この問題については後ほど再訪する．

いまや私たちは，因果性の制約のもとで，式 (2.37) の誤差を最小化するカーネル K_n を求めるという，数学的に適切に設定された問題に取り組んでいる．これは，2 つの変数間の関数的な関係に対して最小 2 乗法を適用することに似ている．ただし，ここでは 2 つの変数がスパイク列と時間の関数を示しているためやや複雑になるが，基本的な考え方は同じである．数学的な詳細は A.8 項で説明される．この問題には一般的な懸念点がある．具体的には，フィッティングが誤差推定の局所的な値に「囚われ」，真に最適な近似を見失ってしまうリスクや，最適な近似が観測データのノイズに敏感である可能性などが挙げられる．しかし，以下で紹介する実験の状況では，これらの問題を回避するいくつかの有利な条件がある．第一に，推定誤差 E はカーネル K_n の 2 次形式であり，フィルタの最適化は複雑なものではなく，局所的な解をもたない．第二に，これらの実験ではデータセットが非常に大きく，時には 10^5 発のスパイクから構成されている．最後に，予防策として，実験データの大部分を使ってフィルタを学習し，学習に使っていない残りのデータを利用して推定の質をテストする．これにより，データセットへの「過学習」を避けることができる．

H1 ニューロンの場合，図 2.16 に関連して述べたように，速度波形の再構成に際してもう 1 つの問題が生じる．H1 は運動方向に選択的であるため，正の旋回（視覚刺激が後ろから前へと目を横切る方向）速度のエンコーディングのダイナミックレンジは，負の速度に比べて大きくなる．この単一の細胞からの出力に基づいた速度の推定には偏りが生じるか，少なくとも刺激の符号に強く依存する誤差が含まれると考えられる．

ハエはこの非対称なエンコーディングの問題を，2 つの H1 ニューロンを用いて解決する．2 つのニューロンはハエの頭の片側に 1 つずつ位置しており，ハエが旋回するときには，これらのニューロンは拮抗して刺激される．両方のニューロンは方向選択性の符号を除けば同一の特性をもち，後ろから前への運動に対して活動するが，一方は左から右への動きに，もう一方は右から左への動きに応答する．この効果を実験的にシミュレートするためには，刺激速度 $s(t)$ に応答する 1 つの H1 ニューロンと，刺激 $-s(t)$ に応答する別の H1 ニューロンの反応を記録すればよい．この場合，$s(t)$ と $-s(t)$ に対する応答は，正と負の方向選択性をもつ 2 つのニューロンの応答として解釈できる．

2 つの極性の刺激に対するスパイク列の情報表現を組み合わせることで，2 つの「仮想的な」ニューロンによる再構成を得ることができる．2 つの仮想的な細胞は，方向選択性の符号を除いて同一の特性をもっているため，再構成される波形の式は，2 つのスパイク列に対して（反）対称性をもつ．

$$
\begin{aligned}
s_{\mathrm{est}}(\tau) = & \sum_i \left[K_1(t - t_i^+) - K_1(t - t_i^-) \right] \\
& + \sum_{i,j} \left[K_2(t - t_i^+, t - t_j^+) - K_2(t - t_i^-, t - t_j^-) \right] \\
& + \sum_{i,j} K_2'(t - t_i^+, t - t_j^-) + \cdots
\end{aligned}
\tag{2.38}
$$

ここで，$\{t_i^+\}$ と $\{t_i^-\}$ はそれぞれ，刺激 $s(t)$ と $-s(t)$ への応答のスパイク発射時刻を示す．K_2' は各仮想ニューロンからの 1 つのスパイクの寄与を表す 2 次のカーネルで，これはたとえば，2 つの細胞の発火の一致に特別な意味をもたせることを表す．

この 2 つの仮想ニューロンの考え方は，刺激の再構成にとって必須のものではない．ここでこのアイデアをとりあげたのは，元の実験 (Bialek et al. 1990, 1991) がこの方法で分析されたためである．同じような議論を，サルの MT 野の細胞による運動の識別の解析に関して，4.1.4 項でとりあげる (Britten et al. 1992)．それぞれの事例では，反対の方向選択性をもつ細胞からも同時に記録を行い，その解析を行うほうが理想的だろう．しかし，ハエでもサルでも，得られる結果が大きく変わるとは考えにくい．

2.3.3　最初のテストの定性的特徴

ここでは，先の節で紹介したデコーディング戦略の最初のテストとして，H1 ニューロンの実験における定性的な特性を検討する (Bialek et al. 1990, 1991)．この実験で得られた線形フィルタ $K_1(\tau)$ を図 2.20(a) に，そのフィルタによる再構成を図 (c) に示す．最適なフィルタは 30–40 ミリ秒の時間間隔で積分していることがわかる．ハエの行動における決定時間も 30 ミリ秒のオーダーであるため，このコードの構造は行動の意思決定過程とよく合致しているといえる．さらに，行動データから明らかなのは，非常に少数のスパイクだけがこの再構成に貢献しているという事実である．

フィルタの幅を評価するもう 1 つの手法として，25 Hz 以上の周波数が有意に減衰していることに注目する．この事実はいくつかの重要な意味をもつ．まず，再構成の信号ノイズ比は，25 Hz 以下の周波数で最大となると予想される．次に，高周波の部分では，刺激が機械的に過小評価されている可能性が考えられる．そして最後に，このエンコー

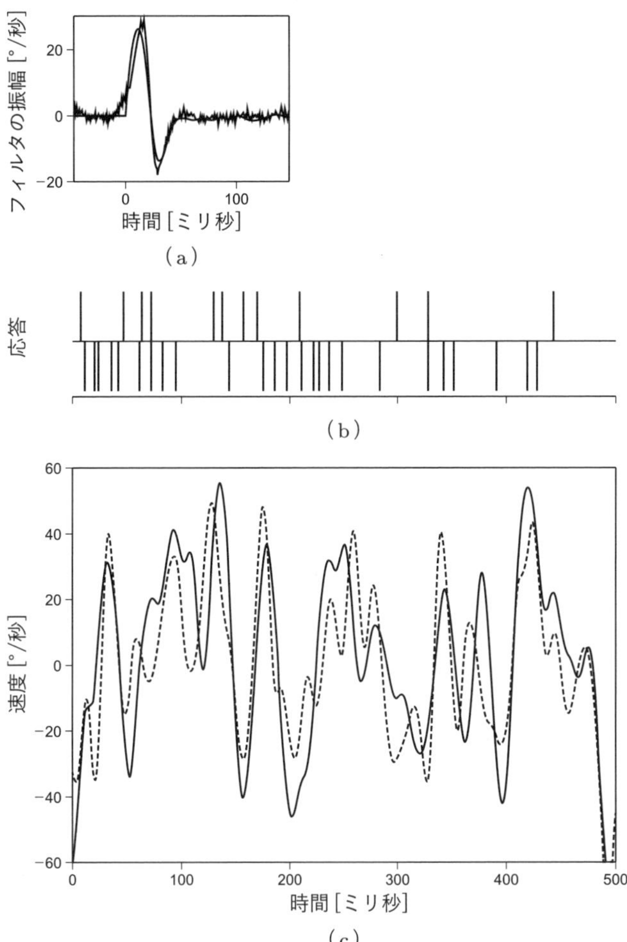

図 2.20　H1 実験の推定．推定されたフィルタを (a) に示す．ノイズが多いほうの軌跡は，刺激とスパイク列から直接計算されたフィルタである．因果性を保持するための推定に際して，フィルタは 40 ミリ秒遅延させている．滑らかな軌跡は，40 ミリ秒の遅延を含む因果性をもつ関数を基底とする展開によって計算されたフィルタである．それぞれの計算の詳細は，本文と A.8 節に記述されている．短い期間の刺激（(c) の波形）に対するスパイクの応答を (b) に示している．上半分のスパイクはこの刺激に対する応答を示し，下半分は速度の符号が反転された同じ刺激に対する応答を示す．H1 ニューロンは 1 つの眼に 1 個ずつ，計 2 個存在し，鏡像対称の方向選択性を有している．したがって，符号を反転させた刺激は，反対側の H1 ニューロンに典型的な応答を引き起こす．この 2 つのスパイク列は，再構成のために使用され，反対側の H1 ニューロンが感知する運動信号を近似する．(a) のフィルタ（このケースでは因果的なシフトは考慮しない）をスパイク列と畳み込むことで，信号の推定（(c) の実線）が得られる．刺激とその推定は，標準偏差 5 ミリ秒のガウシアンフィルタで平滑化されている．

ディング戦略は数ミリ秒オーダーのタイミング誤差に対して比較的頑健である．この理由は，そうした誤差はスパイク列において高周波のノイズを生じさせるだけであり，その高周波ノイズはフィルタ $K_1(\tau)$ によって減弱されるからである．

2.3.1 項でとりあげたとおり，式 (2.26) で再構成される級数が，最初の項または最初の数項で支配されることには，理論的な根拠が存在する．さらに，再構成の線形性は，応答の線形性とは無関係である．この仮説を検証するために，まず H1 ニューロンが，様々な角速度に対して非線形に応答することを確認する．**図 2.21** では，発火率を時間の関数として（図 2.1 のように）示し，それを第 1 Wiener カーネルを用いてフィルタリングされた刺激の予測値と比較している．実際の発火率の値は線形モデルに比べて時に非常に大きくなり，急激な変動を示す．この結果は，個別のスパイクや小さなスパイククラスタが刺激波形の特定の変動に対応して正確な時間で発生することを示唆している．このことは，ガウス分布の入力信号は，ほとんど非ガウス分布の発火率に変換されることを表す．ここでのポイントは，この実験で H1 ニューロンには，線形応答の領域を超える刺激が使用されているということである．

非線形に応答する H1 ニューロンに対して，実際に線形フィルタを使用してスパイクをデコードすることは可能だろうか．再構成に系統的な誤差が存在すると，特に高周波の部分で非線形の要素が重要となる可能性がある．系統的な誤差を検証する一手法として，ある特定の再構成が与えられた場合の平均刺激を，再構成の値自体と比較してプロットする方法がある．もし再構成が頭打ちになるならば（飽和効果），その効果はこのプロット上で直線からの外れ値として観察されるはずである．**図 2.22** を見ると，このような飽和効果は生じていないことが確認できる．

線形再構成を確認するもう 1 つの方法は，式 (2.26) の展開にさらなる項を加えることである．表向きの意味は，この追加の項が再構成の質を向上させるかどうかを確認することである (Rieke 1991)．簡潔にいえば，非線形項を追加しても，χ^2 の意味で統計的に有意な差は生じない．おそらく，χ^2 は再構成の質を評価するには粗すぎる指標であり，非線形項は，より微細な差異を生むものである．3.2.3 項では，各周波数での実効ノイズレベルを定義し，再構成の質を評価するより洗練された手法を説明する．この実効ノイズレベルは，非線形性を加えても改善されないことが示されており，多くの周波数で，このノイズレベルは動きの計算に必要な光受容器入力の信号ノイズ比によって定義される限界に漸近することが知られている．同様の議論は，一次感覚ニューロンの解析にも適用され，線形再構成から得られる情報量（ビット）が，スパイク列自体の統計量によって規定される物理的な限界に漸近することが示される (3.3 節)．これらの状況では，明確な改善をもたらすための非線形項を追加することが原理的に難しい，線形

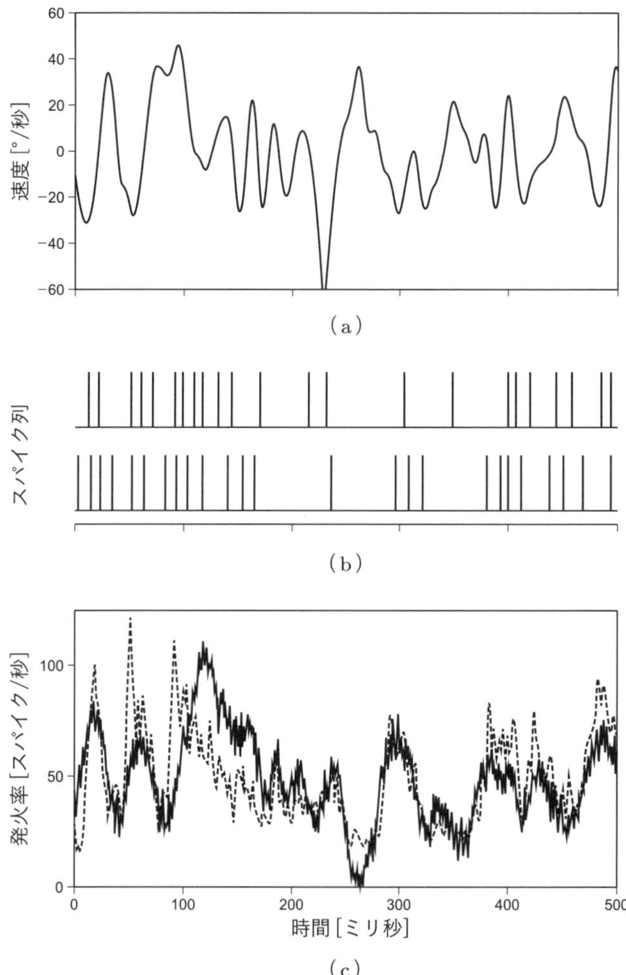

図 2.21 H1 実験における刺激，発火率，および速度の 1 次推定値．パネル (a) は角速度刺激の短い区間を示している．この刺激が 100 回繰り返され，100 通りのスパイク列が得られる．そのうちの 2 つをパネル (b) に示す．これらのスパイク応答をもとに，図 2.1 と同様の手法を用いて時間依存発火率を計測する（(c) の破線）．また，(c) の実線は，Wiener 展開の最初の項から予測される発火率である．この 1 次推定は，発火率の遅い変調は捉えることができるが，素早い変化は捉えられない．

再構成で十分な領域が存在する．

ハエは，感覚信号処理の典型的なジレンマに直面していると考えられる．行動的要因から見ると，判断にかかる時間は短縮されるべきだが，そのような短い判断時間は，処理の各段階でノイズの影響を受けやすくなる．信頼性と判断時間との関係を明らかにす

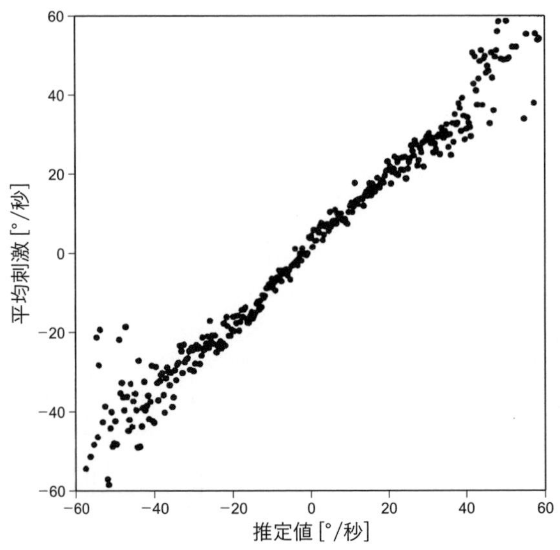

図 2.22 図 2.20 の再構成における，推定値の関数としてプロットされた平均刺激．この推定における系統的誤差（特に飽和効果）は，このプロットにおいて直線からのずれとして現れる．そのようなずれが見られないことから，非線形項が推定過程において有意に寄与していないことが示唆される．

るために，異なる遅延時間での因果的な再構成を検討する．異なる再構成の性能を評価するため，刺激との相互相関を計算したものを図 2.23 に示す．光の伝達に関連する内因性の遅延として考えられる 10 ミリ秒の遅延での再構成は，刺激との間にほとんど相関が見られない．10 ミリ秒から 40 ミリ秒の間の遅延では，遅延が増加するにつれて再構成の性能が向上する．この向上は 40 ミリ秒以上の遅延で飽和し，これはハエの行動的反応時間である 30 ミリ秒に近い．このように，コードの構造と行動の意思決定時間はよく一致する．

私たちはこれまでに，時間的に変化する角速度のみを特徴とする単純化された状況で H1 ニューロンの応答について検討してきた．しかし，現実の状況では，特定の速度波形に対する発火率はハエに提示される視覚パターンの空間的構造に大きく依存する．これは，速度，コントラスト，空間周波数（グレーティング刺激を用いる場合など）といった多様な変数の組合せによる．さらに，H1 ニューロンの応答は速度波形自体に適応的であるため，速度のエンコーディングは信号が選び出されるアンサンブルに依存する．

統計的に定常の空間環境のもとでは，H1 ニューロンの応答が曖昧でも速度波形の推定に支障がないことは前述のとおりである．では，空間環境が変化すると何が起こるだろうか？ この疑問に答えるために，2 つの異なるデータセットが分析された (Rieke

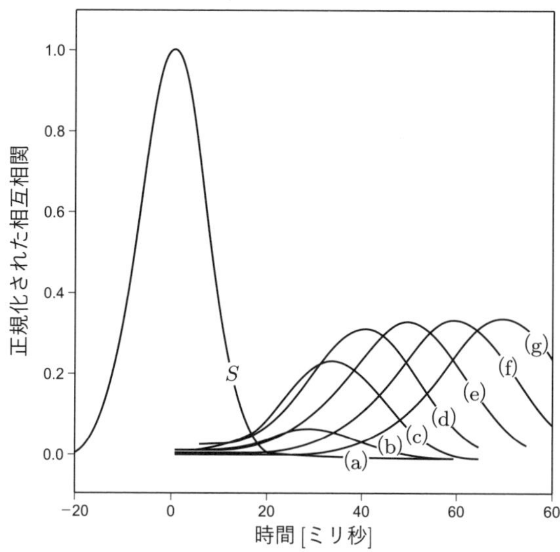

図 2.23 異なる遅延時間における刺激と再構成との間の正規化された相互相関．同時に，刺激の自己相関も曲線 S として，標準偏差 5 ミリ秒のガウシアンフィルタを用いて平滑化して示されている．この相互相関は，それぞれ遅延 10 ミリ秒 (a), 20 ミリ秒 (b), 30 ミリ秒 (c), 40 ミリ秒 (d), 50 ミリ秒 (e), 60 ミリ秒 (f), 70 ミリ秒 (g) に対する刺激の推定値をもとに計算されている．相互相関は遅延が 10 ミリ秒から 40 ミリ秒の範囲で増加するが，遅延をそれ以上大きくしてもほとんど影響がない．

1991)．1 つ目のケースでは，定常的なランダムなパターンを，単一の垂直縞に置き換えた．2 つ目のケースでは，パターンのランダム性はそのままに，光受容器によって検出される実効コントラストを 1 桁増加させた．H1 ニューロンは，全視野にわたる動きセンサとして機能することが期待されるため，単一の幅広い縞と，視野全体をカバーする縞は同じようにエンコードされない．また，ランダムな縞の中での速度の推定精度は，コントラストを上げることで向上することが確認された．これらの推定精度のばらつきの理論的な意味については，4.3.3 項で考察する．異なる刺激アンサンブルのエンコーディングに関して，再構成における量的な違いは明らかだが，質的な違いは見られない．いずれの場合も，スパイク列の線形フィルタリングによって刺激を再構成することが可能であり，再構成に非線形項を含めても大きな影響はなく，デコーディングフィルタ自体も驚くほど類似していることがわかる．これらの結果は，H1 ニューロンのコードを読む戦略が，刺激アンサンブルのパラメータ変化に関してかなりの程度不変である可能性を示唆している．

デコーディング戦略のもう 1 つのアプローチは，信号の特定の性質を強調することで

ある．これまでの議論では，刺激のすべてのあらゆる特徴を等しく扱い，平均 2 乗誤差を最小化するフィルタを選択してきた．しかし，たとえば大きな速度での推定を特に重視したい場合，戦略はどう変わるだろうか？ 再び，私たちが必要とするのは，確率分布 $P[s(\tau)|\{t_i\}]$ の構造の理解である．この分布が単一の明瞭なピークをもっている場合，私たちが選ぶ尺度はデコード戦略に大きな影響を与えないと予想される．一方，2 つの異なる刺激に対して同じように応答する細胞を考えると，最適なデコーディング戦略は，それらの刺激の事前確率や，刺激を誤って推定する際のコストに依存することになる．この尺度に基づき，確率分布 $P[s(\tau)|\{t_i\}]$ が単一のピーク，2 つのピーク，あるいはその間のピークをもつ場合の刺激の推定が形成される．

式 (2.37) の誤差の推定に戻って，異なる汎関数 $G[s]$ に対する線形カーネル K_1 の計算を考える．**図 2.24** は，H1 ニューロンの実験における $G[s] = s^2$ および $G[s] = |s|$ に基づく線形再構成フィルタを示したものである．どちらの場合も，信号が大きいときの誤差に大きなペナルティを課す．全体的なスケーリングを無視すれば，これらの異なる基準に基づくフィルタは基本的に同じ形状である．したがって，これらの異なる基準を使用したデコーディング戦略の間には，顕著な違いは見られない．

H1 に関するこれらの最初のテストは，線形デコーディングが有効であること，そして少なくともこの系では，ホムンクルスが従うべき明確な規則が存在することを示している．私たちは，この規則の一般性を探求し，規則に従うホムンクルスの性能を定量化

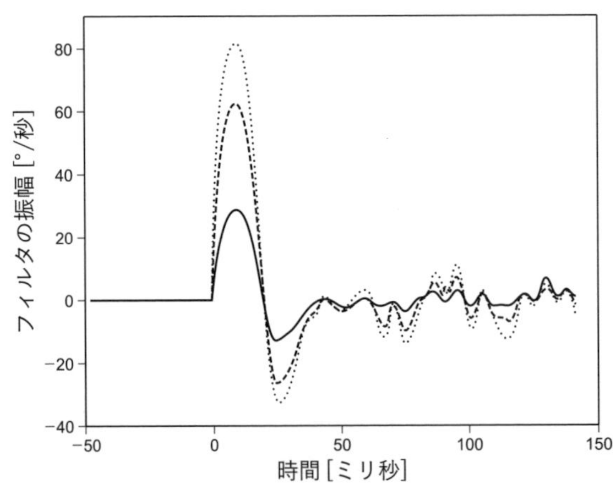

図 2.24 異なる尺度に基づく推定フィルタ．これらのフィルタは，べき級数法（A.8.2 項参照）を使用して，40 ミリ秒の遅延のもとで計算された．それぞれの場合において，式 (2.37) で定義された誤差関数 E を修正した．実線は $G[s] = 1$ に対応し，ここでの E は平均 2 乗誤差となる．破線は $G[s] = |s|$ に，点線は $G[s] = s^2$ に対応している．各フィルタの形状は，スケーリングを除けば類似している．

するツールを開発する必要がある．より複雑なデコーディングルールが存在する場合，スパイク列からさらに多くの情報を抽出できるかもしれないという期待は理解できる．しかし，デコーディングの問題はエンコーディングとは大きく異なる性質をもっており，図 2.2(h) が示すように，非常に非線形なエンコーディングであっても，デコーディングは十分に可能であることが予想される．

2.3.4 まとめ

私たちは，動物が自身の神経活動から感覚環境をどのように推測できるのか，そしてその情報がどのようにして神経応答から抽出できるのかという観点から，神経コーディングの問題にアプローチしてきた．これは，ホムンクルスが直面する問題であると同時に，生物が解決しなければならない本質的な問題でもある．また私たちは，神経コードに関する様々な実験的手法が，どのように一般的な確率論的枠組みに組み込まれるのかを検討してきた．さらに，コードに関する多様な視点を関連付け，コードの文脈依存性を評価する際に，ベイズの法則が中心的な役割を果たすことを明らかにしてきた．

スパイク列の解釈に関する問題は，単純な解決策をもつかのように思える．単一のスパイク列の観測から，未知の刺激波形を直接推定することが可能であるかのように見える．ホムンクルスに期待される「実況中継」は，感覚環境内の時間的変動をもつ信号の定量的再構成に置き換えられる．この推定方法はきわめて単純で，本質的には適切に選択された線形フィルタで構成される．このフィルタの具体的な詳細はおそらくそれほど重要ではないが，フィルタの構造は，神経コードがどのように行動と一致し，さらにノイズや様々な刺激の特性の変動に対してどれだけ頑健であるかを示唆する．この生物学的な視点が論理的な結論に至るまで推し進められることがわかったところで，導入で触れた，より定量的な課題に再び焦点を当ててみることにしよう．

第 3 章

情報伝達を定量化する

この章では，感覚ニューロンが外界について伝える情報を定量化することを試みる．この研究の枠組みは，Shannon の情報理論に基づく．神経生物学における情報理論的解析は長い歴史をもつが，情報理論の基本概念は生物学にそぐわないという懸念もある．したがって，情報理論を用いて神経系の機能についての問題を数学的に正確に理解することが最初の課題である．この議論では，自然環境における感覚刺激のアンサンブルを理解する問題に焦点を当てる．情報理論はまた，回折の物理学が光学系の可能性を規定するのと同様に，神経コードが何を可能にするのかの限界も規定する．次に，感覚ニューロンの情報伝達を直接計測する実験に目をむけ，その際の概念的・技術的な課題を考察する．最後に，第 2 章で紹介した再構成手法を利用し，複雑な感覚環境での神経情報伝達の効率の下限を示す方法について説明する．これにより，一次感覚ニューロンの情報伝達に関する新たな実験的知見が得られ，少なくとも 1 つのケースで，より自然な刺激はより効率的にコーディングされ，これらのニューロンが情報理論における最適性能に漸近するという興味深い結果が得られる．

3.1 なぜ情報理論なのか？

感覚ニューロンのスパイク列を観測することで，刺激の様々な特性について知ることが原理的に可能である．私たちはしばしば，感覚刺激に関する「情報を得る」とか，スパイク列が「情報を伝達する」というように表現する．このような直観的な概念をより明確に理解するためには，自然信号の多義的な特性を考慮する必要がある．例として，カエルの鳴き声を挙げると，基本周波数や異なる倍音の振幅と位相，包絡線の形状などで特徴付けることができる．単一の聴覚ニューロンは，これらのパラメータのうち 1 つあるいは複数に関する情報を伝達するかもしれない．各パラメータを個別に考えると，心理物理学の実験と同様の弁別実験が考えられる．ただし，実際の世界では信号は各次元で連続的に変化しており，ニューロンは非線形かつ適応的なので，ある次元の刺激のエンコーディングは他の次元の変化から切り離すことができない．では，自然環境下では系の性能をどう特徴付ければよいだろうか？ また，心理物理学の弁別閾値のような，ニューロン性能に関する定量的な尺度は存在するのだろうか？ これらの疑問に対する答えは，少なくとも部分的には情報理論によって提供される．情報理論は，情報の量に関する私たちの直観を定量化するだけでなく，絶対的な尺度で情報を表現し，ニューロンの情報伝達の効率を評価することができる．

3.1.1 エントロピーと得られる情報

図 3.1 の概要に従い，感覚ニューロンによる情報伝達について考察する．スパイクを観測する前に，私たちはすべての刺激が等しく起こりうるわけではないことを理解している．むしろ，実際の世界の信号には明確な構造と制約が存在する．このことを，信号が選ばれる刺激空間の特定の領域として考える．スパイク列を観測すると，2.2.3 項での応答条件付きアンサンブルの議論に基づき，刺激空間のさらに狭い領域に刺激波形の可能性が絞り込まれる．このスパイクによって提供される刺激の情報とは，この制約の度合いを対数スケールで評価したものである．可能な刺激の範囲が 1/2 に狭まると，それは 1 ビットの情報として解釈される．例として，基本周波数が 50 Hz の範囲で均一に分布する可能性のあるカエルの鳴き声を考える．あるニューロンのスパイク列を観測することで，その周波数が 5 Hz の範囲に限定されたとすると，$\log_2(50/5) \approx 3.3$ ビットの情報を得たことになる．

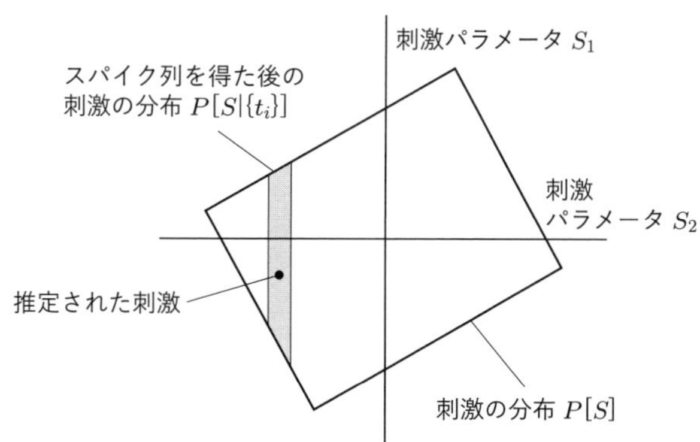

図 3.1 刺激空間の模式図．2 つのパラメータ S_1 と S_2 によって表される刺激を考える．スパイク列を観測する前に，私たちは事前に刺激の分布 $P[S]$ を知っていると仮定し，それを四角で示す．特定のスパイク列 $\{t_i\}$ を観測した後，刺激の分布が $P[S]$（四角）から $P[S|\{t_i\}]$（灰色の領域）へと縮退したと考える．$P[S|\{t_i\}]$ と推定値の基準（たとえば最尤推定）が与えられると，特定の推定値 S（点）を選択することができる．

これらの考えを明確にするために，Shannon の情報理論の定式化 (Shannon 1948, 1949) のポイントを復習しておく．ある「出力」Y を観測した際に，「入力」X についての情報を求めたいと考える（**図 3.2** 参照）．具体的には，X は時間関数としての感覚信号であり，Y はスパイクの到着時刻の集合である．私たちが特定しようとしているデバイスは，通信チャネルである．すなわち，外部環境が X というメッセージを送信し，それが Y という出力としてエンコードされ，受信していると解釈することができる．

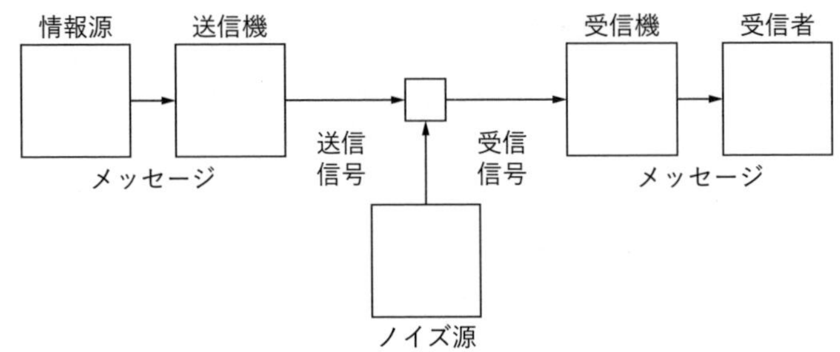

図 3.2　Shannon の通信システム．情報源は様々なメッセージの集合から特定のメッセージを選択する．送信機はこのメッセージを信号に変換し，通信路を通じて受信機へと送信する．受信機は送信された信号を元のメッセージに再変換する．この送信プロセス中に，信号には無視できないノイズが加わる．Shannon (1948) より抜粋．

ある自然条件下または実験条件下で，入力信号は確率分布 $P[X]$ から選択されるものとする．情報伝達を考える前に，どれだけの情報が**得られる**かを特徴付ける必要がある．もし分布 $P[X]$ が非常に鋭いピークをもち，入力変数が 1 つの値しかとれない場合，メッセージは常に同じであり，（口語的な意味での）情報は伝達されない．得られる情報を定量化するためには，分布 $P[X]$ が許容する変動幅を計測する必要がある．同様に，出力 Y が常に同じであれば，情報伝達はできないので，出力変数のばらつきについても同様に計測が必要である．ばらつき，もしくは「得られる情報」の適切な指標が**エントロピー**であり，熱力学や統計力学で定義される量と同じものである．

ばらつきの合理的な計測は，独立変数の加法性という重要な制約に従う必要がある．入力 X が 2 つの統計的に独立な変数 X_1 と X_2 で記述されるものとする．統計的独立性とは，X_2 の特定の値を観測する確率が，X_1 の値に一切依存しないことを意味する．形式的には，X_1 と X_2 の両方の値を特定の値として観測する確率は，X_1 と X_2 の値を個別に観測する確率の積にすぎない．すなわち，$P[X_1, X_2] = P[X_1]P[X_2]$ である．直観的には，X_1 や X_2 に特定の値を与えることで，世界に関する情報をある程度得ることができるといえる．この「情報の量」がエントロピー S であり，S は確率分布に依存するため，X_1 の観測によって得られる情報量を $S\{P[X_1]\}$，X_2 の観測によって得られる情報量を $S\{P[X_2]\}$ と記述する．しかし，X_1 と X_2 が完全に独立な場合，X_1 と X_2 の両方の値がわかれば，それぞれの変数から得られる情報を加算した総情報量が得られることが期待される．

情報の加法性は，N 個の独立変数からなる任意の分布に対して以下のように表される．

$$P[X_1, X_2, \ldots, X_N] = P_1[X_1]P_2[X_2]\cdots P_N[X_N] \tag{3.1}$$

ここで，各変数の分布 $P_i[X_i]$ に対するエントロピーが定義できたとすると，それらを足し合わせることで全体の分布のエントロピーが得られるということを意味している．具体的には，

$$S\{P[X_1, X_2, \ldots, X_N]\} = S\{P_1[X_1]\} + S\{P_2[X_2]\} + \cdots + S\{P_N[X_N]\} \tag{3.2}$$

となる．言い換えれば，もし式 (3.1) のように分布の積を，式 (3.2) のようにエントロピーの和に変換しようとする場合，エントロピーは分布の対数のように振る舞わなければならない．Shannon (1948) はこの議論を厳密に行い，ばらつきに関する加法性を含むいくつかの単純な条件を満たす唯一の尺度がエントロピーであり，Boltzmann が統計力学のために定義したものとまったく同じであることを示した．これは美しく，かつ驚くべきアイデアの融合である[*2]．

直観的には，エントロピーは系がとりうる状態数の対数として考えることができる．仮定として，X が離散変数で，そのとりうる値が $x_1, x_2, \ldots, x_K$ の K 個のみであり，

---

*1　ここでは，エントロピーが確率分布の性質であることを強調するために，あえてこの記法を使用している．つまり，ある信号のエントロピーを定義しているわけではなく，その信号の分布（あるいはアンサンブル）のエントロピーを考慮しているのである．熱力学では「気体のエントロピー」という表現を使用するが，これは「気体中の分子の速度に関する確率分布のエントロピー」と言い換えることがあまりにも面倒だからだろう．以降，私たちも同様に「X のエントロピー」を単に $S[X]$ と記述する．毎回 $S\{P[X]\}$ と書かないことを読者が許してくれると信じている．

*2　ここで，読者に対していくつかの記号の使用に関する注意点を述べる．工学や情報理論の分野における文献では，エントロピーを示すのに H という記号が一般的である．しかし，熱力学の文脈での H はエンタルピーまたはエネルギーの期待値として使用される．エネルギーを系の座標の関数として考える場合，H は確実にハミルトニアンである．エネルギーとエントロピーの間には明確な違いがあり，H をエントロピーの記号として使用することは，Boltzmann や Hamilton, Helmholtz の亡霊が怒り出すだろう．エンタルピーは U，V は体積，Z は分配関数である．P と Q は，それぞれ粒子の運動量と位置を示し，R はガス定数，T はもちろん温度である．W は系の設定の数（状態数）を，X, Y はさらに多くの変数を示すために使われる．アルファベットの前半を考えると，A, F, G はすべて異なる種類の自由エネルギーである（最後のものは Gibbs によって命名された）．B はビリアル係数または磁場，C は比熱，D は誘電体における電位差，E は電場を示す．I は情報を表す記号として用いる．J と L は角運動量，K は温度の単位であるケルビンである．M は磁化，N はアボガドロ数，O は 0 と混同しやすいので使用しない．これらの制約から，エントロピーを示すためには S という記号を使わざるを得ないのである．

それぞれの値が等確率で発生する場合，エントロピーは $S \propto \log K$ という関係となる．もし K 個の値が等しい確率で発生しない場合，すなわち特定の値が他の値よりも頻繁に発生する場合，エントロピーは

$$S = -k \sum_{i=1}^{K} p_i \log p_i \tag{3.3}$$

と定義される．ここで，p_i は i 番目の値が観測される確率で，k は定数である．このエントロピーの定義は，X が連続的な値を取る場合にも適用することができ，その場合の式は

$$S = -k \int dx P(x) \log P(x) \tag{3.4}$$

となる．もし変数 X 自体が関数である場合，たとえば X が音の時間的波形や特定の位置における光の強度のような場合，エントロピーは 3.1.4 項で詳しく述べられるように一般化できる．これらの記述をまとめて，エントロピーを

$$S = -k \int [dX] P[X] \log P[X] \tag{3.5}$$

と書くことにしよう．ここで，$\int [dX]$ は離散変数の和，もしくは連続変数の積分，もしくは X が時空間の関数である場合の関数積分を表すものとする．

熱力学では，絶対温度の積がエネルギーになるような単位の定数 k（ボルツマン定数）を選ぶのが通例だが，これは本質的なことではない．情報理論では，考えたい尺度はすべて無次元であるため，k は純粋な定数である．また，対数の底を選択することで，この定数を取り除くことができる*3．通常，底として 2 を選び，エントロピーまたは情報量の定義として

$$S = -\int [dX] P[X] \log_2 P[X] \tag{3.6}$$

を使用する．この結果として得られる情報の単位を**ビット**とよぶ．1 ビットは，2 つの同等の選択肢の中から 1 つを選ぶのに必要な情報量である．離散的な変数に対しては，これは次のようになる（式 (3.3) を参照）．

$$S = -\sum_{i=1}^{K} p_i \log_2 p_i \text{ ビット} \tag{3.7}$$

K 個の異なる信号がすべて等確率で存在する場合，$p_i = 1/K$ となり，エントロピーは

---

*3 異なる底をもつ対数どうしは，定数倍の関係にある．特に底が 2 の対数と自然対数の関係はよく使われ，任意の数 x に対して，$\log_2 x = \ln x / \ln 2$ である．

$$S = -\sum_{i=1}^{K} \frac{1}{K} \log_2 \frac{1}{K} = \log_2 K \tag{3.8}$$

となる．これは，K を 2 進数で表記するために必要な桁数を示しているにすぎない．このデジタル表現を**図 3.3** に示す．想像のとおり，とりうる信号の個数 (K) が増えるとエントロピーも大きくなり，その尺度は対数である．

ガウス分布は，連続変数の場合の簡単な例を提供する．変数 x の平均値を M，分散

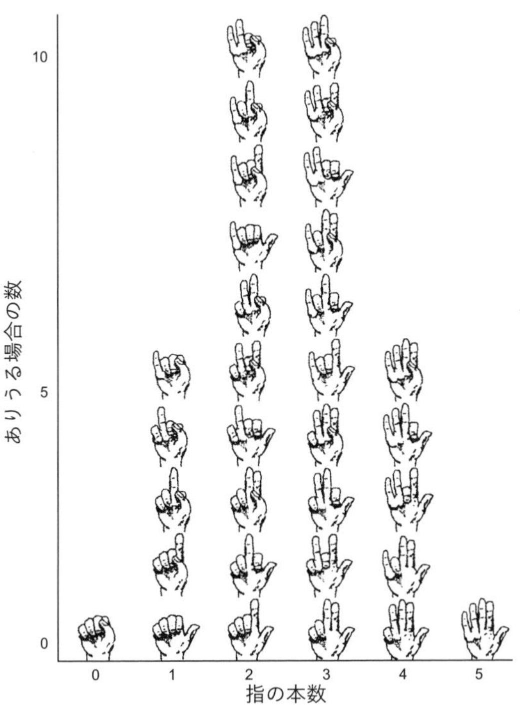

図 3.3　2 進法による数のエンコーディング．飲み物を注文する人はごく一般的に，挙げた指の本数で数を伝える．この方法では，片手だけで，最大で $\log_2(6) \approx 2.58$ ビットの情報を伝えることができる（ゼロを含む．ただしこの場合はどのウェイターにも何も伝わらない）．もし指を時間の区間に見立て，各指の上下をその時間区間中のスパイクの有無に対応させると，この「バーコード」方式は「レートコード」と等価になる．すなわち，5 つの区間中のスパイクの総数のみが情報をもち，時間的な配列は情報をもたない．しかし，図で示されるように，もし「タイミング」を考慮して各指の位置で情報を伝えると，片手だけで $2^5 = 32$ 通りのメッセージ，すなわち 5 ビットの情報を伝えることができる．この指コード方式は高い情報伝達能力をもつが，バーコード方式は鏡越しに見ても不変なため，より頑健である．この頑健性は，1 つの数字が複数の指で表現されることによるコードの冗長性に起因する．特定のスパイクのパターン（ここでは特定の指の配置として表現される）に特別な意味をもたせる神経コードを考えることもできる．

を σ^2 とした場合，確率分布は次の式で表される．

$$P(x) = \frac{1}{\sqrt{2\pi\sigma^2}} \exp\left[-\frac{(x-M)^2}{2\sigma^2}\right] \tag{3.9}$$

式 (3.4) を用いると，この分布のエントロピーが得られる（詳細は A.9 節に示す）．

$$S = \frac{1}{2}\log_2(2\pi e\sigma^2) \text{ ビット} \tag{3.10}$$

ガウス分布のエントロピーを表すこの式は，3 つの重要な特性を明らかにする．第一に，エントロピーは分散に依存するが，平均には依存しない．これは，エントロピーが**ばらつき**の尺度であることを示している．より根本的には，平均値は $x = 0$ とする点の選び方に依存するが，この恣意的な選択が情報量に影響を及ぼすことはない．この事実は，情報理論的な量には，信号のパラメータ化の違いに対するある種の普遍性が必要であることを示す最初のヒントとなる．

式 (3.10) の 2 番目の重要な点は，分布の幅を 2 倍にする，つまり標準偏差を 2 倍 $(\sigma \to 2\sigma)$ にすると，エントロピーがちょうど 1 ビット増えるということである．これはエントロピーの対数的な尺度によるものであり，冒頭のカエルのコールの例と同様に，エントロピーの違いは変数 x のとりうる範囲の大小を示している．

ガウス分布のエントロピーに関する最後の点は，分散 σ^2 の対数をとることが少々奇妙に見えるかもしれないということである．変数 x は物理量であり，たとえばミリボルトのような単位をもつ．したがって，分散の単位は (ミリボルト)^2 となる．数の対数は理解できるが，ミリボルトの対数とは一体何を意味するのだろうか．さらに困ったことに，ミリボルトではなくボルトで計測すると，σ の値は 10^3 のオーダーで変わる．すると，電位分布のエントロピーは $\log_2(10^3)$，すなわち 10 ビットほど変わることになる．実際の物理量が単位の選択によって変わるはずがないので，何かが間違っていることになる．

連続変数のエントロピーを計測する際の問題点は，とりうる状態の数が無限に存在することである．仮に電位が ΔV (ミリボルト) の分解能でのみ計測されると仮定すると，連続的な電位変数は大きさ ΔV の離散的なビンに代入することができる．この場合，式 (3.3) を用いて離散変数のエントロピーを計算することが可能であり，ΔV が十分小さい（具体的には σ よりも小さい）場合，以下の結果が得られる．

$$S = \frac{1}{2}\log_2\left[2\pi e\frac{\sigma^2}{(\Delta V)^2}\right] \text{ ビット} \tag{3.11}$$

この結果は式 (3.10) と類似しているが，電位の分散は計測の分解能で正規化されている点が異なる．対数内の量は無次元であり，エントロピーは単位の選択に左右されない．ただし，もし計測が任意の精度で行われ，$\Delta V \to 0$ となると，エントロピーは無限大となる．連続変数のエントロピーは明確に定義するのが難しいが，計測が常に有限の精度をもつと考えると，エントロピーの定義は可能であると結論できるだろう．

ここで，ある分布のエントロピーを求める代わりに，異なる分散 σ_1^2, σ_2^2 をもつ 2 つのガウス分布のエントロピーの差を求めてみよう．計測の際の分解能 ΔV は，これらのガウス分布間で等しいものとする．式 (3.11) あるいは (3.10) を用いて各分布のエントロピーを計算すると，エントロピーの差 ΔS は $\log_2(\sigma_1/\sigma_2)$ ビットとなる．この結果からも，標準偏差が 2 倍になると，エントロピーはちょうど 1 ビット増加することが確認できる．さらに注目すべき点は，計測の分解能に明示的な制限がない場合でも，エントロピーの差は定義可能なことである．この事実はきわめて重要で，情報伝達はエントロピーの差によって計測されることが後ほど示されるからである．この文脈で私たちは「定義可能」と「単位系に依存しない」ことをほぼ同一視してきたが，実はこれはもっと厳密に述べることができる．エントロピーの差は，再パラメータ化が可逆的である限り，どんな再パラメータ化にも依存しないのである．信号のラベルが変更されても，それが一意である限り，エントロピーの差は不変である．

連続変数のエントロピーを定義する際の問題は，元々の物理学の文脈においても生じる．古典力学において，粒子は連続的な位置と速度の範囲をもつことができる．計測の分解能には自然な尺度が存在せず，このため，エントロピーの絶対値はエントロピーの差が計測できる場合と対照的に，明確には定義できない．しかし，実際に私たちが観測するのはエントロピーの差やそれにともなう熱の流れであり，この点では問題は生じない．量子力学においては，プランク定数が位置と運動量の範囲に自然な尺度を提供する．この絶対的なエントロピーは，系の秩序やランダム性の程度を示す指標としての役割を果たす．プランク定数は系の典型的な運動に対して小さいため，エントロピーの差という観測可能な量はすべて古典理論で得られる値に近づく．この議論の中心となる点は，エントロピーを定義するうえでの難しさは，Shannon の概念の適用に限定された問題ではなく，また，熱の流れや情報伝達といった**観測可能**な量の正確な計算を妨げるものでもない，ということである．

得られる情報の尺度としてのエントロピーの議論に戻ると，信号のアンサンブルにおけるエントロピーは，各信号自体の複雑さではなく，異なる可能な信号の総数に依存する．極端な事例として，友人に電話をかけ，マクベスもしくはハムレットを感情たっぷりに朗読することを考えてみる．この際，多くの情報が伝えられることは確かである．しかしながら，2 つの劇のどちらを読むかを友人があらかじめ知っている場合，どちらの劇を選択するかという情報だけで十分である．これは，朗読の文字どおりのあるいは口語的な意味での「情報」とはほど遠い，たった 1 ビットで事足りるものである．別の観点として，多数の異なる信号が保存された大容量のハードディスクを想像する．可能な信号が K 種類存在するとしたら，それぞれの信号は $\log_2 K$ ビットのユニークなアドレスをもつことになる．信号を特定するためには，ハードディスク上の該当セクタの全データを指定するのではなく，そのユニークなアドレスを指定するだけで十分である．アンサンブルのエントロピーとはこのアドレスの長さであり，ハードディスクの容量そのものではない．

これらの事例は，情報理論が真に意味をもつのは，信号の「受信者」がすべての可能性を知っている場合に限られることを示唆している．簡単な例として，送信者が K 個の可能な信号の中から 1 つを選択して送信するとし，受信者はこれらの信号のリストを所持していると考える．この際，モールス信号を使用している場合，主要な記号がトンとツーであることを受信者が**知っている**と仮定しなければ，モールス信号の情報分析は意味をなさない．さらに，連続する記号は独立ではないことが明らかである．特定のトンとツーの組合せだけが文字を構築し，特定の文字の組合せが単語を構築する．その結果，「得られる情報」という概念は，信号の受信者がこれらのビット列の統計的構造を認識していると仮定した際にのみ，適切に定義できるのである．

これらの考えを精緻化するため，エントロピーは**既知の**分布から選択される信号を観測する際に得られる情報の量を計測するものであると考えることにする．Shannon は情報理論を主に，情報が長期間にわたり連続的に伝達される状況に適用するために開発した（そして私たちがそれを利用している）．このような場合，信号の分布に関して知る必要があるすべての情報は，事前に合意されている．そして，その長期間にわたる定常的な情報伝達**率**に影響を及ぼすことはないであろう．この状況下では，可能な信号の分布が既知であるという前提は合理的である．受信者が信号の確率分布について学習する「過渡期」は，特に生物学的観点では興味深いものであるが，これは定常状態における情報伝達の分析とは，概念的に異なる問題である．

Shannon の情報理論における情報の尺度は，「文脈」や「意味」をまったく考慮していないとしばしば指摘される．たとえば，外国語で書かれた文章は，よく知っている言語で書かれた文章と同じ情報量をもつことになるが，これは直観に反するだろう．また，生物が環境の様々な側面に示す関心やその欠如は，Shannon の定式化には含まれていない．たとえば，捕食者の位置や軌道は，落ちる葉のそれよりも生物学的に重要だろうが，Shannon の理論はこれらの異なる信号に同じ情報の尺度を与えてしまう．これらの例から，問題（の少なくとも一端）は，信号を得る確率分布をどう特定するか，と言う点にあることがわかる．

外国語で書かれた文章を読むとき，私たちはまず連続する記号の相関関係を知らない状態からスタートする．入力信号は文字と空白の列としてしか解釈できず，この文字列に何らかの情報量を割り当てるためには，何らかの期待される確率分布を設定する必要がある．しかし，未知の記号で構成される言語においてはどうだろう．この場合，新しい言語の記号を表現するための新しいテーブルに確率的な記述を割り当てることは困難である．Shannon の情報理論の厳密な解釈に従えば，未知の言語で書かれた文章には情報量は割り当てられない．無理にでも情報量を割り当てるとすれば，情報理論家は読者に既知の言語の前提を問いただす必要があるだろう．得られる情報量は個人によって異なるだろうが，これは私たちの直観とも一致する．

情報理論の未知の言語への適用には，より微妙な問題が存在する．文章を読み進めるうちに，その新しい言語の構造をある程度知ってしまうことになる．その結果，記号列の確率分布の推定が修正され，続く文の名目上の情報量が変化してしまう．さらに，言語の構造や文体に関する情報が，文章の情報に反映される可能性もある．文章を長く分析するにつれて，言語構造が徐々に明らかになるとともに，1 文字あたりのエントロピーは急激に小さくなる．無限に長い文章の極限では，得られる情報は最初の割合と比較して小さくなる (Ebeling and Pöschel 1994)*4．このことは，情報理論的な概念の言語への適用が難しいことを示唆している．また，この問題は，猿とタイプライターに関する古典的な議論 (Kittel and Kroemer 1980) と密接に関連していることも指摘せざるを得ない．

情報量を，たとえば視覚的な画像に割り当てる場合，その画像がどのような分布から生成されたかを考慮する必要がある．画像がホワイトノイズのような単純な確率分布から得られると仮定すると，様々な「重要度」をもつ多くの異なる画像に同じ情報を割り当てることになる．しかし，自然界の画像は高度に構造化された確率分布に従っており，適切な情報尺度はこの分布をもとに計算されるべきである．たとえば，捕食者の出現は稀であることが期待されるため，一度出現すれば，その動きは周囲の他の物体の動きと比べて非常に顕著となる．Shannon の情報理論によれば，稀な事象は一般的な事象に比べて**事象あたりの**情報をより多くもたらす．極端な場合，最も稀な事象は事象あたりの情報を無限に伝えることが可能である．したがって，捕食者の出現や動きは，観察者がその環境の統計を正確に理解していれば，典型的な状況よりもはるかに情報量が多いとみなすことができる．加えて，希少性それ自体が「生物学的な興味」を喚起し，私たちの注意を引くのに十分であるという議論もありうる．希少な事象が脅威であるか

*4 この本のここまで到達すれば，読者はこの主張を試すのに十分なデータをもっていることだろう．

どうか（もしくは食用になるかならないか）の判断は，それに続く詳細な分析の段階で必要になるだろう．

情報理論のもう 1 つの重要な応用は，全体の利用可能な情報を，信号の異なる特性によって伝達される情報に分解することである．カエルの視覚世界を例にとると，飛んでいる虫を追跡する行動は，カエルの生物学的特性として知られている (Lettvin et al. 1959)．しかし，静的な背景がもたらす単位時間の情報はゼロであるため（どんなに複雑な見た目であっても！），ほんの数匹の虫を追跡するだけで，カエルは視覚情報の大部分を得ることができるだろう．これは，情報とは絶対的な量ではなく，既知の事実に対して**相対的に**どれだけ新しい知識を得ることができるかを示す指標であることを，一層明確にする．ある神経細胞や受容細胞が情報を伝達するためには，その情報がどのような環境や文脈でのものであるかという前提知識が必要である．

情報理論を生物学的な文脈に適用する際の難しさの一端は，自然信号の確率分布が非常に微妙であり，その詳細な構造についてはまだ十分に理解されていないことに起因している．このトピックに関する一部は第 5 章で説明する．概していえば，世界は非常に秩序だった場所であり，世界から得られる感覚信号は内部に強い相関をもつ．この結果，信号のエントロピーは低くなり，私たちの感覚が利用できる情報が制限される．しかし，稀な出来事はなおも目立ち，不釣り合いなほど多くのビットを伝達する．森に住む熊は興味深い，その熊が私たちを食べるということを知らなかったとしても，ということを Shannon は教えてくれる．

3.1.2　スパイク列のエントロピー

エントロピーは，神経コードを考えるうえで重要な役割を担っている．まず，得られる情報の量は入力される感覚信号のエントロピーによって制約される．このため，実験をデザインする際はエントロピーが極端に低い環境を作らないように注意する必要がある．一方で，スパイク列自体のエントロピーは，スパイクが感覚入力に関して伝えることができる情報の上限を示す．

スパイク列のエントロピーは，Shannon の初期の研究からわずか 4 年後に，MacKay and McClloch (1952) によって，神経系における情報理論のおそらく最初の応用として考察された．**図 3.4** に示すように，彼らはスパイク列を時間分解能 $\Delta\tau$ で観測し，各時間分割（ビン）においてスパイクが存在するかどうかを議論した．スパイクが存在する場合は「1」，存在しない場合は「0」として表現すると，長さ T のある時間間隔では，ありうる各スパイク列は $T/\Delta\tau$ 桁の 2 進数に対応する．ただし，これらの数列が等し

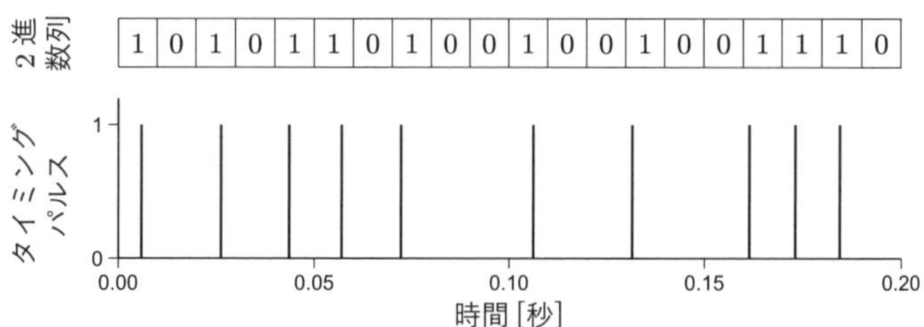

図 3.4 スパイク列の 2 進表記．時間軸を離散的なビンに分割し，スパイク列を一連のインパルスとすると，そのスパイク列は 2 値の列として表現される．ここで，1 はビン内にスパイクが存在する場合，0 は存在しない場合を表す．

い確率で発生するわけではない．実際，たとえば T が非常に大きく $\Delta\tau$ が十分に小さい場合，$111111\cdots11111$ のような系列は絶対に発生しない．それは，実際のニューロンがそのような高い発火率を長時間維持することができないからである．

スパイク列が平均発火率 $\overline{r}$ で発生すると仮定すると，1 をとる確率は単に $p = \overline{r}\Delta\tau$ である．もしビンを非常に小さくとり，p を小さくすると，長いスパイク列は 1 が非常に少ない 2 進数列にマッピングされる．そのスパイク列のエントロピーを推定するためには，そのような偏った数列がいくつありうるかを知る必要がある．簡単のために，異なるビンのスパイクどうしは無相関であり，ありうる数列は 0 が多いという偏り以外には制約を受けないこととする．

このような数列のエントロピーは，Shannon の定義を適用することで計算できるが，Brillouin (1962) は，ありうる信号の個数をよく考える事で，ある意味でエントロピーの形式的な定義を再現することに成功している．まず，非常に長い数列を考える．その長さを T とすると，ビンの数は $N = T/\Delta\tau$ である．その中に $N_1 = pN$ 個の 1（スパイク）と $N_0 = (1-p)N$ 個の 0 が存在するものとする．N_1 個の 1 と N_0 個の 0 からなる異なる数列の総数は，次のように計算できる．

$$N_{\text{strings}} = \frac{N!}{N_1!N_0!} \tag{3.12}$$

ここで，$N! = N \times (N-1) \times (N-2) \times \cdots \times 3 \times 2 \times 1$ である．エントロピーはこの数の対数をとった値なので，

$$\begin{aligned} S &= \log_2 \left[\frac{N!}{N_1!N_0!} \right] \\ &= \frac{1}{\ln 2} \left[\ln N! - \ln N_1! - \ln N_0! \right] \end{aligned} \tag{3.13}$$

となる．長い数列を考えているので，N, N_1, N_0 はいずれも大きな値である．そこで，

次式の $N!$ に関するスターリングの近似が使える.

$$\ln x! = x(\ln x - 1) + \cdots \tag{3.14}$$

ここで，第 2 項以下は $x \to \infty$ のもとで無視できる．この近似式を式 (3.13) に代入すると，次のようになる.

$$\begin{aligned} S &= \frac{1}{\ln 2}\left[\ln N! - \ln N_1! - \ln N_0!\right] \\ &= \frac{1}{\ln 2}\left[N(\ln N - 1) - N_1(\ln N_1 - 1) - N_0(\ln N_0 - 1) + \cdots\right] && (3.15) \\ &= \frac{1}{\ln 2}\left[N \ln N - N_1 \ln N_1 - N_0 \ln N_0 - (N - N_1 - N_0)\right] && (3.16) \end{aligned}$$

$N = N_0 + N_1$ であることを利用すると，以下が得られる.

$$\begin{aligned} S &= \frac{1}{\ln 2}\left[N \ln N - N_1 \ln N_1 - N_0 \ln N_0 - (N - N_1 - N_0)\right] \\ &= \frac{1}{\ln 2}\left[(N_1 + N_0) \ln N - N_1 \ln N_1 - N_0 \ln N_0\right] && (3.17) \\ &= \frac{1}{\ln 2}\left[(N_1(\ln N - N_1) + N_0(\ln N - \ln N_0)\right] && (3.18) \\ &= -\frac{1}{\ln 2}N\left[\left(\frac{N_1}{N}\right)\ln\left(\frac{N_1}{N}\right) + \left(\frac{N_0}{N}\right)\ln\left(\frac{N_0}{N}\right)\right] && (3.19) \\ &= -\frac{N}{\ln 2}\left[p \ln p + (1-p)\ln(1-p)\right] && (3.20) \end{aligned}$$

ここで，最後の変形では $p = N_1/N$ と $(1-p) = N_0/N$ を用いた．最後に，スパイク列は長さ T の時間間隔のものなのでビンの数は $N = T/\Delta\tau$，また定義より $p = \overline{r}\Delta\tau$ なので，結果は次のようになる.

$$S = -\frac{T}{\Delta\tau \ln 2}\left[(\overline{r}\Delta\tau)\ln(\overline{r}\Delta\tau) + (1 - \overline{r}\Delta\tau)\ln(1 - \overline{r}\Delta\tau)\right] \tag{3.21}$$

ここで重要なのは，式 (3.21) により，スパイク列のエントロピーはその長さに比例し，$S \propto T$ となるということである．これは，物理学において，エントロピーが示量性をもつという概念と一致する．たとえば，密度一定の気体や液体の体積を増やすと，エントロピーも比例して増加する．スパイクを 1 次元の気体中の分子として考えると，密度を一定にすることは平均発火率を一定にすることに相当する．したがって，スパイク列が長くなれば，それだけエントロピーも増加する．したがって，「エントロピーレート」S/T（単位はビット/秒）について考える事は理にかなっている．エントロピーレートは，後述するように，スパイク列が感覚環境の信号に関する情報を伝達できる最大効率を表す.

スパイク列を 1 と 0 の 2 進表記にすると，あるビンにスパイクが入る確率は非常に小さく，$p = \overline{r}\Delta\tau \ll 1$ である．A.10 節で説明するように，式 (3.21) は以下のように近似できる．

$$\frac{S}{T} \approx \overline{r}\log_2\left(\frac{e}{\overline{r}\Delta\tau}\right) \tag{3.22}$$

スパイク列のエントロピーを，時間分解能 $\Delta\tau$ の関数として**図 3.5**(a) に表示した．最も重要な点は，スパイク列のエントロピーは 1 ビット/スパイクよりも大きくなりう

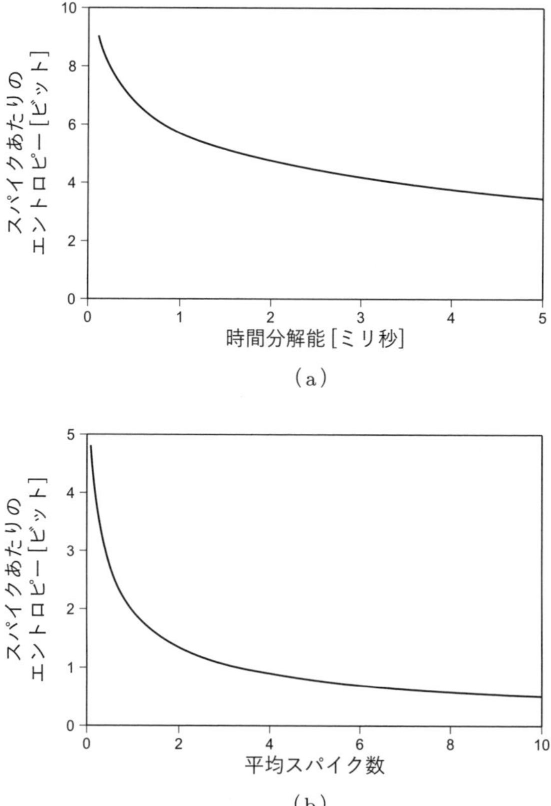

図 3.5　スパイク列のエントロピー．(a) 時間分解能の関数としてのスパイクあたりのエントロピー．発火率を 50 スパイク/秒と仮定し，式 (3.21) に従ってエントロピー率 S/T を計算して，それを平均平均発火率 $\overline{r}$ で割って求めた．(b) 平均スパイク数の関数としてのスパイクあたりのエントロピー．平均スパイク数のエントロピーは式 (3.24) の上限で計算でき，それを平均スパイク数 $\langle n \rangle$ で割って求めた．ここで，(b) では，時間分解能は 1 つのビンに入る平均スパイク数として表されることに注意する．すなわち，発火率を 50 スパイク/秒とすると，平均スパイク数が 1 となることは，20 ミリ秒の時間分解能に相当する．

るということである．これはスパイク間隔がおよそ $1/\bar{r}$ の範囲に分布しており，それらが分解能 $\sim \Delta\tau$ に従って計測されるため，各間隔は $\sim (\bar{r}\Delta\tau)^{-1}$ 個の可能性から選択されることになるからである．したがって，各間隔は（そして各スパイクも）$\sim \log_2(1/\bar{r}\Delta\tau)$ ビットのエントロピーをもつ．$\bar{r} \sim 50\,\mathrm{s}^{-1}$ と $\Delta\tau \sim 1\,\mathrm{ms}$ とすると，これは 5.76 ビット/スパイク，あるいは 288 ビット/秒に相当する．

スパイク列のエントロピーの計算は，様々なエンコーディング手法の性能を評価する手段としても有効である．例として，式 (3.22) の結果である，スパイク列を時間分解能 $\Delta\tau$ で計測する際のエントロピーを，ある大きな時間窓 T 中のスパイク数を数える（つまり発火率を求める）手法と比較してみよう．この場合，情報はスパイク数 n のみによって得られるため，スパイク数の分布のエントロピーを知る必要がある．つまり，

$$S(\text{スパイク数}) = -\sum_n p(n) \log_2 p(n) \tag{3.23}$$

であり，$p(n)$ は，幅 T の窓内で n 個のスパイクを観測する確率である．ここで，$p(n)$ はどのように選べばよいだろうか．まず確率分布は正規化されなければならないので，$\sum_n p(n) = 1$ である．また，時間窓 T における平均スパイク数は $\langle n \rangle = \bar{r}T$ であり，ここで $\bar{r}$ はこれまでと同様，平均発火率である．しかし，これらの制約のもとで，スパイク数のエントロピーを**最大化**するようなスパイク数の分布はどのようなものだろうか？ これは，情報理論の応用における一般的な戦略である．つまり，与えられた知識のもとで，それを満たしながらエントロピーを最大化する分布を見つける試みである．すなわちその分布は，すでに私たちが知っている事柄から排除されないものの中で最もランダムな記述となる．それはつまり，与えられた事実によって確立される以上の構造を記述することはない[*5]．この定式化は，限られたデータからでも情報伝達に関する主

---

*5 エントロピーはばらつきあるいは得られる情報の尺度である．2 つの系を比較する際，より大きなエントロピーをもつ系は，より変動するあるいは「ランダム」であるといえる．また，より大きなエントロピーをもつ系は，より「秩序がない」ともいえる．ある系の特性（たとえば確率変数 x の平均と分散）を，すべてではなくとも一部観測した場合，そのデータと一致し，かつそれ以外の不必要な構造を導入しないような確率分布を考えるのは自然である．直観的に，これはデータと一致する「最もランダムな」分布であるべきであり，それは最大のエントロピーをもつ分布である．統計力学はこの考えに基づいており，熱平衡状態では，ある物理系の状態は（既知の）平均エネルギーと一致する最大エントロピーをもつ確率分布から選ばれるとされる．Jaynes (1983) はこの点を強調している．エントロピー最大化問題の解はボルツマン分布である (Brillouin 1962; Landau and Lifshitz 1969)．図 3.7 に示されるように，現実世界のノイズ源が多くの場合ガウス分布であることは，ガウス分布が固定された分散において最大のエントロピーをもつ分布であることから，エントロピーを最大化する振る舞いの現れであるといえる（A.13 節を参照）．本書では，エントロピー最大化のアイデアを，（たとえば）スパイク列の観測者が得られる情報量の限界を定義するために用いている．しかし，「最大エントロピー法」という言葉は，確率分布だけでなく，画像の画素の輝度のような他の正の量に対してエントロピーを定義する，別の考え方を指すことが多い．これらの「最大エントロピー」の概

張を可能にするものである．

このエントロピー最大化問題の解は，指数分布，つまり $p(n) \propto \exp(-\lambda n)$ である（A.11 節を参照）．ここで，係数 λ は平均発火率であり，$\lambda = \ln[1 + (\bar{r}T)^{-1}]$ である．この分布を使ってスパイク列のエントロピーを計算すると，実際のニューロンにおけるスパイク数のエントロピーは常に計算結果よりも小さくなることがわかる．その結果は次のようになる．

$$S(\text{スパイク数}) \leq \log_2(1 + \langle n \rangle) + \langle n \rangle \log_2 \left(1 + \frac{1}{\langle n \rangle}\right) \text{ ビット} \tag{3.24}$$

式 (3.24) において，大きさ T の窓におけるスパイク数のエントロピーを，平均スパイク数 $\langle n \rangle$ の形で記述した．単位時間あたりのエントロピーを得るにはそれを T で割ればよいし，スパイクあたりのエントロピーを得るには $\langle n \rangle$ で割ればよい．図 3.5(b) に示すように，スパイクあたりのエントロピーは時間窓が大きくなるとともに，つまり平均スパイク数が大きくなるとともに減少する．このように，スパイク列による情報伝達の性能は，「レートコード」の時間分解能が粗くなるにつれて低下する．実際，窓の中に非常に多数のスパイクが含まれる場合，スパイクあたり，あるいは単位時間あたりの得られる情報量はゼロになる．1 ビット/スパイクの情報量を維持するためには，$\langle n \rangle \leq 3.4$ が必要である．

時間窓の大きさが平均スパイク間隔と等しいとする条件でスパイク数を計算すると，面白い結果が得られる．この場合，$\langle n \rangle = 1$ であり，エントロピーはスパイクあたりちょうど 2 ビットとなる．スパイク間隔と同程度の時間スケールで発火率を計測すると，ある意味「レートコード」でありながら，1 スパイクあたり 1 ビット以上の情報を伝

念は，Gull and Daniel (1978) が電波望遠鏡の観測データと一致する最大エントロピー画像を発見し，その結果得られた天体の地図が，他の天文学の技術を使って確認できるような驚くべき詳細さを明らかにしたことから，大きな注目を集めるようになった．関連書籍としては Bevensee (1993), Buck and Macaulay (1991), Skilling (1989) などがある．実際，Shannon も Boltzmann も，画像のエントロピーに関しては何も言及しておらず，特に（3.1.1 項で強調したように）情報理論では単一の画像ではなく，その画像が選ばれるアンサンブルに対してエントロピーを割り当てる．Gull and Daniell (1978) は次のように指摘する．「m_j をテスト画像の位置 j の輝度としよう・・・エントロピーの正確な定義についてはいくつかの議論がある．私たちは Freiden の議論がこの問題に対して正しいと判断している．彼は，最もありうる画像は $-\sum_j m_j \log m_j$ を最大化するものであると結論付けている．この式は画像の構成的なエントロピーを表すものである．これは光子ビームの熱力学的エントロピーとは異なるものであり，情報理論的なエントロピーとも異なる・・・」これらの基本的な問題に関しては，Buck and Macaulay (1991) のエッセイで触れられているような進展がある．しかしながら，Gull, Ganiell, Skilling らが提唱した「最大エントロピー法」が物理学や情報理論におけるエントロピーとどのように関連しているのかはまったく明確ではない．このことが，「最大エントロピー法」という言葉が一部の読者に違和感を与える原因となっている．私たちの場合は，「最大エントロピー」という言葉を文字どおりの意味で用いている．Shannon や Boltzmann が定義したように，与えられた制約条件のもとでの最大エントロピーをもつ確率分布を求める目的で，最大エントロピーを計算しているのである．

達することが可能である．もし非常に小さい窓でスパイク数を計算する場合，$\langle n \rangle \ll 1$ となり，発火率とタイミングの区別が曖昧になる．つまり，小さなビン内のスパイクの有無をカウントすることで，発火率の変動を計測することとなる．このため，式 (3.24) によるスパイク数の分布のエントロピーは，式 (3.22) による完全なスパイク列のエントロピーに漸近する*6．

もし自然界の信号が十分にゆっくりと変化するのであれば，スパイク列を時間窓に分割し，それぞれの窓に多くのスパイクを含めることは理にかなっている．各時間窓でのスパイクは，その時間窓で平均化された信号の（近似的に）静的なパラメータを伝える役割を担うと考えられる．そして，レートコードとタイミングコードの区別は明確である．しかし，時間窓内のスパイクの個々の発火時刻を知ることで，静的な刺激パラメータについてより多くの情報を得ることは可能だろうか？ それとも，すべての情報はスパイク数に含まれているのだろうか？ もし刺激がスパイク間隔と同程度の時間スケールで変化するのであれば，自然な時間窓は高々数発のスパイクしか含まない．そのため，レートコードは問題なくタイミングコードに変換される．これは，エントロピーの計算で見てきたとおりである．このように，情報理論的観点から見れば，最初の質問はレート対タイミングについて**ではなく**，時間窓あたりのスパイク数についてである．これは第 2 章で強調した点と一致する．

スパイク列のエントロピーの計算では，私たちは単純に与えられた時間分解能で区別できる異なるスパイク列の数を数えればよい．理想的なコードのもとでは，それぞれの区別可能なスパイク列は，外界の特定の信号あるいは信号のクラスを表現している．よって，もし K 個の区別可能なスパイク列があり，それらのエントロピーが $\log_2 K$ である場合，世界には K 個の区別可能な信号が存在することになる．起こりうるスパイク列の中から 1 つを実際に観測したとき，そのスパイク列を調べることは，K 個の感覚刺激の 1 つを観測することと等価である．このような条件下では，世界について得られる情報はスパイク列のエントロピーに等しい．しかし，この理想的なコードから離れると，世界における信号の区別は少なくなり，したがって得られる情報も少なくなる．このように，スパイク列のエントロピーは，ニューロンが外界の信号について伝達できる情報の物理的限界を設定する．

---

*6 与えられた平均スパイク数に関する**最大**エントロピーについて考える場合，時間分解能 $\Delta\tau$ を小さくしていくと，その最大値が MacKay–McCulloch エントロピーに漸近することに注意する必要がある．しかしこの事実は，MacKay–McCulloch の結果それ自体が，小さな $\Delta\tau$ の極限でスパイク列を 2 進列とみなした場合のスパイク列の最大エントロピーであることを意味する．この結果は，MacKay と McCulloch が連続するスパイク間の相関を無視し，平均発火率のみを考慮したことによる．また，相関はエントロピーの減少を引き起こすだけである．

エントロピーの計算に関して，2 つの重要なポイントがある．まず 1 つ目は，スパイクが伝達する情報が高々 1 ビットに限定されるという，一般に広まっている概念を覆す結果が得られたことである．スパイクの発生は「起こるか起こらないか」の 2 つの選択しかないにもかかわらず，その発生がスパースであるために，スパイクあたりの情報量は意外にも大きくなりうる．一方，1 つのビンにおける情報は 1 ビットを超えることはできないが，この制約はビンの幅が典型的なスパイク間隔よりも非常に小さい場合にはほとんど意味をもたない．2 つ目のポイントは，エントロピーが実際の神経コードの性能を評価する基準を提供するという点である．私たちの疑問は，実際の動物が情報伝達に際して，スパイク列のエントロピーをどれくらい効果的に利用しているのかということである．

私たちはここで，神経コードの性能を絶対的な尺度で評価することの重要性を強調しておきたい．たとえば，研究室でのイメージングシステムの構築や視覚系の特性の解析において，輝度の分解能は光子のランダムな到着によって，角度の分解能は回折によってそれぞれ制約される．これらの基本的な物理的制約は，第 4 章で詳しく述べるように，私たちの考えを明確にするための指針となる．研究室において，光のショットノイズは，微細な画像の明るさの違いを検出するのに必要な光源の明るさを決定する助けになる．また，生物学的な観点からは，単一の光子に応答する光受容器とその信号が，後続の視覚経路でどのように処理されるかについての明瞭な実験的問題が浮かび上がる．このような考え方がなければ，たとえば 1% のコントラスト差を検出可能な画像システムに対して，その性能を評価することはできない．同様に，洞窟棲昆虫である *Speophyes lucidulus* は，1/1000 の温度差を感知できる能力をもっているが*7，そ

*7 この驚異的な感度は，Loftus と Corbière-Tichané による一連の論文 (Loftus and Corbière-Tichané 1981, 1987; Corbière-Tichané and Loftus 1983) で報告されている．ミリ度単位の温度検出能力をもつことだけでなく，この一連の研究は，生物学的な系がどのように機能するのかを理解するためには，自然の刺激のアンサンブルに焦点を当てることが不可欠だという点を明確に示している．Loftus and Corbière-Tichané (1981) の最初の実験では，触角に周囲の温度と数度（セルシウス）異なる空気を吹き付けることで，1 秒程度の時定数をもつ ~ 10 (スパイク/秒)/度のオーダーの感度を明らかにした．続く実験で，Corbière-Tichané and Loftus (1983) は，この昆虫が生息する洞窟の温度を測定し，0.01°C の精度で 30 分以上安定していることを確認した．この知見から，実験の温度設定を安定化させた後は，小さくゆっくりとした温度変化の刺激が，変化分に相当する応答を引き起こすことが示唆された．結果として，受容器ニューロンは遅い温度変化に対して，$\sim 10^3$ スパイク/度の感度で応答することが確認された．さらなる刺激装置の改良を通じて，洞窟の温度変化よりもさらにゆっくりとした温度変化を制御できるようになり，これにより，感度が 3×10^3 スパイク/度に達した (Loftus and Corbière-Tichané 1987)．自発的な発火レベルが約 10 スパイク/秒である場合，適切な積分時間のもとでは，ミリ度以上の感度に相当する数発の余分なスパイクを確実に検出することが可能である．この結果は，この感度が熱力学的な温度揺らぎによって設定される限界に非常に近いことを示している (Bialek 1987)．

の性能が本当に優れているのかどうかは，熱力学的な温度の揺らぎという物理的な限界を参照して判断しなければならない (Bialek 1987). このような絶対的な尺度が欠如している場合，与えられた刺激に対する発火率の変化が，大きな変化なのかそうでないのか，本当はよくわからないのである．スパイク列のエントロピーは，情報伝達の性能を評価する尺度として機能する．これは，量子揺らぎや熱揺らぎが小さな信号検出の基準を提供するのと同じ概念である．

3.1.3 相互情報量とガウシアンチャネル

さて，ここで最初の問題に戻り，ある出力 Y が入力信号 X についてもっている情報量を特徴付けることを考える．すでに見てきたように，この問題を明確に定式化するためには，X は既知の確率分布 $P[X]$ から選ばれるものと仮定する必要がある．X のばらつきは $P[X]$ のエントロピー，つまり可能な信号の数の対数で表される．しかし，一度 Y を観測すると，図 3.1 のように入力の可能性が制限される．このばらつきの低下は，ある出力値 Y が観測されたときの様々な入力信号 X に対する相対尤度を表す，条件付き確率 $P[X|Y]$ として記述できる．そして，Y の観測値と矛盾しない信号 X は，その集合の一部のみであることから，**条件付きエントロピー**

$$S[X|Y] = -\int [dX] P[X|Y] \log_2 P[X|Y] \tag{3.25}$$

の値は総エントロピー $S[X]$ よりも小さくなる．直観的には，$S[X|Y]$ は，Y と矛盾しない X の数を数えてその対数をとったものであり，可能な X すべてを数えた場合（総エントロピー）と比べてその値は小さくなる．このエントロピーの減少は，Y を観測したことで得られる情報として定義される．もしすべての Y の値を平均すると，得られる情報の平均値が計算できる◆1.

$$\begin{aligned} I &= \int [dY] P[Y] (S[X] - S[X|Y]) \\ &= \int [dY] P[Y] \int [dX] P[X|Y] \log_2 \left(\frac{P[X|Y]}{P[X]} \right) \end{aligned} \tag{3.26}$$

◆1　訳注：

$$\begin{aligned} \underbrace{\int [dY] P[Y]}_{=1} \cdot S[X] = S[X] &= \int [dX] P[X] \log_2 P[X] \\ &= \int [dX] \left[\int [dY] P[X|Y] P[Y] \right] \log_2 P[X] \\ &= \int [dY] P[Y] \int [dX] P[X|Y] \log_2 P[X]. \end{aligned}$$

ここで，これは Y を観測することで得られる情報量の平均であることを強調する．ある特定の Y，たとえば Y_0 を観測した際に得られる情報は，エントロピーの差 $S[X] - S[X|Y_0]$ であり，これは平均よりもはるかに大きくも小さくもなりうる．もし X と Y が連続変数であれば，ある特定の Y の観測がいくらでも大きな情報をもたらすことがある．しかし，そのようなデータは実際にはほとんどありえないので，情報量の平均は依然として有限である．しかし，非常に稀に，異常に情報量の多い事象が発生しうることは覚えておくべきである．

第 2 章での条件付き分布の議論から，出力 Y を観測したときの入力 X の確率 $P[X|Y]$ は，次のように書ける．

$$P[X|Y] = \frac{P[X,Y]}{P[Y]} \tag{3.27}$$

よって，次のように，より対称的な形で情報量を記述することができる．

$$\begin{aligned} I &= \int [dY] P[Y] \int [dX] P[X|Y] \log_2 \left(\frac{P[X|Y]}{P[X]} \right) \\ &= \int [dY] \int [dX] P[X,Y] \log_2 \left(\frac{P[X,Y]}{P[X]P[Y]} \right) \end{aligned} \tag{3.28}$$

この量，Y の観測によって得られる信号 X の平均的な情報量は，X と Y の**相互情報量**とよばれる．対称性から，2 つの変数が交換可能であることに注意する必要がある．この対称性が意味するのは，スパイク列の観測は外界で起こっていることを伝えるものであり，同時に，外界の観測はスパイク列の予測を与えるものである，ということに相当する．いずれの場合も，伝達される平均的な情報量は等しく，このことはベイズの法則を思い起こさせる．

相互情報量の別の見方として，X と Y は独立にそれぞれの周辺分布 $P[X]$ と $P[Y]$ から得られると考える．この場合，系全体のエントロピー $S[X,Y]$ は，個々の軸に対応するエントロピー $S[X]$ と $S[Y]$ の和にすぎない．しかし，現実の世界では X と Y の間には相関が存在する．Y を観測すれば X の情報も得られるため，系全体のエントロピーは 2 つの軸のエントロピーの和よりも**小さく**なる．この差がまさに相互情報量である．したがって，以下が得られる．

$$I_{\mathrm{mutual}} = S[X] + S[Y] - S[X,Y] \tag{3.29}$$

相互情報量の重要な例として，ガウシアンチャネルが考えられる．この例を紹介するために，用語を少し変更する．「入力」X の代わりに，世界のある信号 s を考える．そして，「出力」Y の代わりに，読み取り値 y を提供する「s-検出器」を考える．平均すると，y はあるゲイン g で s に比例するが，ノイズが加わるものとする．

$$y = gs + \eta \tag{3.30}$$

ここで，ノイズ η はガウス分布に従うと仮定する．この仮定は多くの場合によい近似である．また，信号 s もガウス分布から取り出されると仮定する．これらの仮定は，次の確率分布 $P(s)$ と $P(\eta)$ によって定式化される．

$$P(s) = \frac{1}{\sqrt{2\pi\langle s^2\rangle}} \exp\left[-\frac{s^2}{2\langle s^2\rangle}\right] \tag{3.31}$$

$$P(\eta) = \frac{1}{\sqrt{2\pi\langle \eta^2\rangle}} \exp\left[-\frac{\eta^2}{2\langle \eta^2\rangle}\right] \tag{3.32}$$

出力 y は入力とノイズで完全に決定されるので，ノイズが式 (3.30) を満たすのに必要な値をもつ確率を求めると，条件付き分布 $P(y|s)$ が得られる．

$$\begin{aligned} P(y|s) &= P(\eta = y - gs) \\ &= \frac{1}{\sqrt{2\pi\langle \eta^2\rangle}} \exp\left[-\frac{(y-gs)^2}{2\langle \eta^2\rangle}\right] \end{aligned} \tag{3.33}$$

そして，読み取り値 y の確率分布は，次のように求められる．

$$P(y) = \int ds P(y|s)P(s) = \frac{1}{\sqrt{2\pi\langle y^2\rangle}} \exp\left[-\frac{y^2}{2\langle y^2\rangle}\right] \tag{3.34}$$

ここで，出力の分散は $\langle y^2\rangle = g^2\langle s^2\rangle + \langle \eta^2\rangle$ である．最後に，同時分布は条件付き分布と事前分布の積として，$P(y,s) = P(y|s)P(s)$ で表される．以上のすべてを式 (3.28) に代入すれば，相互情報量を計算することができる．この一連の計算手順は A.12 節に示されているが，結果は以下のとおりである．

$$I = \frac{1}{2}\log_2\left[1 + \frac{\langle s^2\rangle}{\langle \eta^2\rangle/g^2}\right] \text{ ビット} \tag{3.35}$$

この結果を直観的に理解するために，式 (3.30) での系の基本的な表現を再検討する．検出器を信号を変換して（ゲイン g を適用して）ノイズを付加するデバイスとしてではなく，信号そのものにノイズが加わり，変換はノイズなしで行われるものとして考え直す．

$$y = g(s + n_{\text{eff}}) \tag{3.36}$$

この表現は，この単純な例では，実効ノイズ $n_{\text{eff}} = \eta/g$ として定義される．これを「入力への参照ノイズ」とよぶことにする (Horowitz and Hill 1980)．一般に，信号と読み取り値は直接比較できないことが多い．例として，信号が機械的なもの（マイクロメートル単位の変位）であるのに対して，読み取り値は電気的（V）である場合が挙げられる．特に神経系では，入力は連続的なアナログ信号で，出力は離散的なスパイクとなる．そのため，系のノイズを特定するためには，単に電位のノイズや特定の時間窓内での発火率の変動を計測するだけでは不十分であり，ノイズを入力信号の単位に揃える作業が必要である．小さな信号の検出性や識別性は，この実効ノイズによって決まる．そして，この実効ノイズと信号との比率で相互情報量が定義される．実効ノイズの分散が $\langle n_{\mathrm{eff}}^2 \rangle = \langle \eta^2 \rangle / g^2$ であることに注意すると，式 (3.35) での相互情報量は以下のように書ける．

$$I = \frac{1}{2}\log_2\left[1 + \frac{\langle s^2 \rangle}{\langle n_{\mathrm{eff}}^2 \rangle}\right] = \frac{1}{2}\log_2\left[1 + SNR\right] \tag{3.37}$$

ここで，信号の分散と実効ノイズの分散の比を，信号ノイズ比 (SNR) として定義した．この信号ノイズ比は無次元であり，入力と出力の計測の単位に依存しない．

なぜガウシアンチャネルは重要な例なのか？ まず，多数の独立した確率変数の和として現れる観測量に注目すると，ガウス分布は自然に出現する．これは中心極限定理として知られている．網膜に到達する光子のランダムな到着にともなうノイズは，高輝度の場合にガウス分布を示すことが確認されている．これは，多数の独立したイベントが光受容器で加算された結果である．同様に，単一のイオンチャネルの観察時には，離散的な状態変化により，膜を横断する電流が変動する．しかし，細胞全体を考えると，多数のチャネルが存在するため，ノイズはガウス分布に従うランダムな電流としてモデル化できる．こうした例で注意すべき点は，各事象が有限の分散をもち，互いに独立であるという点である．もし，この仮定のいずれかが正しくなければ，中心極限定理の予測も正確でない可能性が高まる．その場合は非ガウス分布を検討する必要が出てくる．

情報理論では，ガウス分布は特別な位置を占めている．伝送路に電流を加え，情報を電気的に伝達することを考える．この伝送路を単純な抵抗として考えると，加えた電流の 2 乗に比例して電力が失われることになる．効率的な情報伝達の目的は，平均的な電力コストを一定に保ちながら，できるだけ多くの情報を送信することである．これは，平均 2 乗電流，つまり分散が一定の分布から電流信号を選ぶことを意味している．できるだけ多くの情報を送信するためには，信号のエントロピーを最大化する必要がある．そして，分散が固定されている状態でエントロピーを最大化する分布が何であるかを特定する必要がある．A.13 節で示されるように，その答えはガウス分布である．この結論は，一般性をもっており，多数の変数が存在する状況でも，共分散が固定されている場合，最大エントロピー分布はこの共分散行列をもつガウス分布となる．

このように，ガウス分布は，分散が一定のもとでエントロピーを最大化する問題の解として，情報理論において特別な地位を占めている．このガウス分布の重要性を具体的に理解するために，式 (3.30) に示される信号に比例して応答するノイズのある検出器の例を考察する．ノイズ η は，イオンチャネルのノイズのように多くのランダムな事象の結果として発生すると仮定し，それがガウス分布に従うとする．対照的に，信号 s の分布は未知とする．入力 s と出力 y の相互情報量は，式 (3.29) によって，エントロピーの差として定義される．

$$I = S(s) + S(y) - S(s, y) \tag{3.38}$$

出力 y は入力 s とノイズ η が既知であれば一意に決まり，これらの 2 つの変数は独立である．このことから，s と y の同時エントロピーは，s のエントロピーと η のエントロピーの和と同じである．

$$S(s, y) = S(s) + S(\eta) \tag{3.39}$$

この関係を式 (3.38) に代入すると，相互情報量は**出力**のエントロピーからノイズのエントロピーを引いたものとして表される．

$$I = S(y) - S(\eta) \tag{3.40}$$

この結果は直観に合致している．ノイズがなければ，各入力信号はそれぞれ一意な出力信号を生じるため，得られる情報は出力のエントロピーそのものとなる．しかし，ノイズが存在する場合，出力がノイズの影響を受けて変動する．そのため，情報伝達の量は，出力のエントロピーからノイズのエントロピーを差し引くことで正確に評価される．

さらに，ガウス分布の最大エントロピーの性質を利用して，相互情報量の上界を求めることができる．$S(y)$ は，同じ分散をもつガウス分布のエントロピーと比べて**小さく**なければならないことが知られている．しかし，y の分散は信号の分散とノイズの分散の 2 つから構成されている．y は信号とノイズの和であり，ノイズはガウス分布に従うと仮定している．したがって，y がガウス分布に従うと仮定するのは，信号がガウス分布に従うと仮定するのと等価である．このため，$S(y)$ は信号 s がガウス分布に従い，その分散が実際の $\langle s^2 \rangle$ に固定されている場合に得られるエントロピーよりも小さくなるはずである．しかし，$S(y)$ がこのガウス分布の近似よりも小さい場合，式 (3.40) は相互情報量もこの近似より小さいことを示唆している．要するに，ノイズがガウス分布に従う場合，相互情報量は式 (3.37) で得られる値よりも常に**小さく**なるといえる．すなわち，

$$I \leq \frac{1}{2} \log_2 \left[1 + \frac{\langle s^2 \rangle}{\langle n_{\mathrm{eff}}^2 \rangle} \right] = \frac{1}{2} \log_2 [1 + SNR] \tag{3.41}$$

となる．この相互情報量の最大値は，信号がガウス分布から選ばれたときに得られることがわかっている．この最大相互情報量のことを情報容量とよぶこともあるが，これはやや乱暴な用語の使い方である (Shannon 1948).

最後に，式 (3.40) に示された考え方はきわめて一般的である．系が伝達する情報は，その出力のエントロピーから，出力中の「ノイズ」のエントロピーを引いたものである．エントロピーの値は，選択肢の数の対数である．そして，選択肢の数は最低でも 1 であるため，常に正である．これは，伝達される情報が出力エントロピーよりも小さいか，あるいはそれと等しいことを意味する．この考え方をスパイク列に適用すると，細胞が外界の信号として伝達する情報は，スパイク列のエントロピーを超えてはいけないことがわかる．そのため，前節で強調したとおり，MacKay と McCulloch の結果，すなわち式 (3.22) は，平均発火率と時間分解能が定まったときの，ニューロンが伝達できる情報量の物理的な上限を示しているのである．

3.1.4 時間依存信号

これらのアイデアを生物学的文脈で使用する場合，時間的に変化する信号を考慮し，その考え方を一般化する必要がある．十分に一般的な視点からは，時間依存性を取り入れても新しい事象は生じないのだが，実際の問題を扱う際には，新しい数学的ツールの導入が必要である．これまで考察してきた信号 X は，その特性を表すいくつかのパラメータで記述可能であると考えてきた．しかし，時間依存性をもつ信号を扱う場面では，信号の **1 つの**例自体が時間の関数として変化し，その関数を完全に記述するためには原理的に無限のパラメータが必要となる．視覚に関しても同様の問題が生じ，特定の瞬間における刺激は 2 つの空間変数の関数となる．

直観的には，この無限個のパラメータは本質的には問題にならないように思われる．適切な手法を用いれば，どんな信号もフィルタを使用して離散化することができる．たとえば，時間間隔 T の信号を時間分解能 $\Delta\tau$ で離散化すれば，どれだけ元の関数が複雑であっても，必要なパラメータの数は $T/\Delta\tau$ に制限される．このような考え方は，実際の実験室で計測されるあらゆる信号に対しても適用可能である．ただし，この「適切な手法を用いれば」という点には注意が必要である．離散化の過程で信号が一部欠落してしまう可能性があり，それが累積して情報のエントロピーや相互情報量に大きな影響を及ぼすことが考えられる．そのため，ここでは連続的（すなわち離散化されていない）関数を記述するための無限のパラメータをどのように取り扱うか，という別の方法論に焦点を当てることにする．

ランダムな時間の関数について考えるツールを構築するために，私たちはこの後，これまで議論してきたテーマからしばらく脱線する．しかし，この後の定量的な議論の基盤となるパワースペクトルや相関関数などのトピックについて，読者がある程度理解できるようになると期待している．これらの手法の記述では，数学的な厳密さは追求しない．厳密な記述を求める読者は，おそらくすでにこれらの手法に精通しているだろう．このトピックの基本文献として，Papoulis (1965) や Lighthill (1958) によるコンパクトなテキストが存在する．実際のデータの解析に際して数学的手法をコンピュータプログラムに落とし込む際には，Press et al. (1992) を参照するとよい．

時間の関数を $f(t)$ とし，長さ T の区間 $0 < t < T$ での値を考える．任意の関数はフーリエ級数として表現できる．すなわち，**図 3.6** のように，異なる周波数をもつサイン関数とコサイン関数の和として表せる．

$$f(t) = f_0 + \sum_{n=1}^{\infty} a_n \cos(\omega_n t) + \sum_{n=1}^{\infty} b_n \sin(\omega_n t) \tag{3.42}$$

この級数の実現には，周波数 ω_n が区間 T に「収まる」ように選ぶ必要がある．具体的には，$\omega_n T = 2\pi n$ とする（n は整数）．この条件により，すべてのサイン関数とコサイン関数の時間平均はゼロとなるため，関数 $f(t)$ の時間平均は定数項 f_0 で表される．この定数項は必要に応じて差し引くことができるので，多くの場合無視する．電気的な計測を行う際の 0 ボルトの基準設定のようなものである．また，関数を完全に表現するためには，理論的には無限個のフーリエ係数 $a_1, a_2, \ldots, b_1, b_2, \ldots$ が必要となる．これらの係数は，以下のフーリエ積分から求められる．

$$a_n = \frac{2}{T}\int_0^T dt f(t)\cos(\omega_n t) \tag{3.43}$$

$$b_n = \frac{2}{T}\int_0^T dt f(t)\sin(\omega_n t) \tag{3.44}$$

$$f_0 = \frac{1}{T}\int_0^T dt f(t) \tag{3.45}$$

サインとコサインの項をまとめて複素フーリエ関数 $\exp(-i\omega t) = \cos(\omega t) - i\sin(\omega t)$ に変換すると，計算が簡潔になることが多い．この場合，フーリエ級数は次のように表現される．

$$f(t) = \sum_{n=-\infty}^{\infty} f_n \exp(-i\omega_n t) \tag{3.46}$$

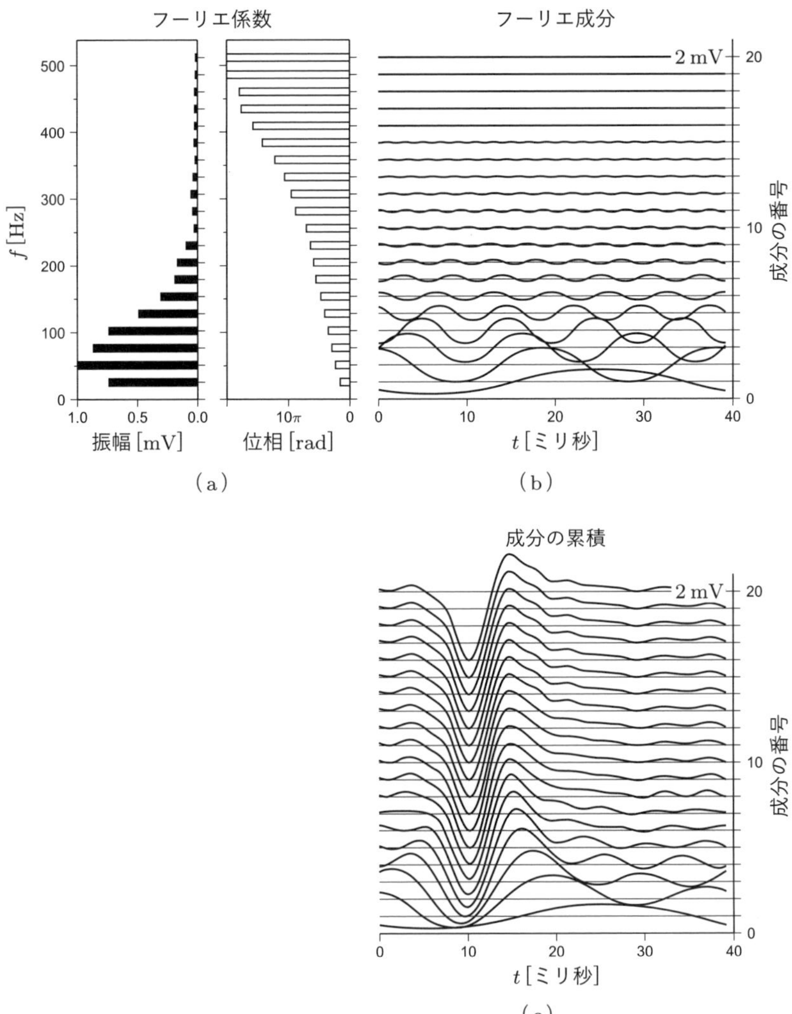

図 3.6 フーリエ級数の構成．40 ミリ秒の時間窓内で定義される関数を考え，周波数成分を $\omega_n = 2\pi n(25\,\mathrm{Hz})$ と定義する．(a) 先頭の 20 成分に関する振幅と位相．(b) 式 (3.51) のフーリエ級数和における各成分の寄与．(c) フーリエ級数の先頭の N 個の成分のみを用いて近似した関数 $f(t)$ の波形を示す．ここで，式 (3.51) において $1 \leq n \leq N$ となる．項を増やすことで関数の詳細が明瞭になるものの，10 成分を超えるとそれ以上の変化は少なくなる．実際，(a) と (b) を参照すると，先頭の 9 成分（つまり 250 Hz 以下の周波数に相当する成分）だけが関数に主要な寄与をしていることがわかる．フーリエ級数の合成により再構成された関数は，de Ruyter van Steveninck and Laughlin (1996a) による実験で観測された，クロバエの大単極細胞の光フラッシュ刺激に対する連続的な電位応答を示している．

$$f_n = \frac{1}{T}\int_0^T dt f(t)\exp(+i\omega_n t) \tag{3.47}$$

ここで，各フーリエ係数 f_n は複素数であることに注意する．n 番目の成分の振幅と位相についても考慮すると，実数 A_n と ϕ_n を用いて，次のように書ける．

$$f_n = A_n \exp(+i\phi_n) \tag{3.48}$$

もし元の関数 $f(t)$ が実関数である場合，指数 n の係数は指数 $-n$ の係数の複素共役，すなわち $f_n = [f_{-n}]^*$ となる．この際，正の周波数成分と負の周波数成分の振幅は等しく，位相は逆になる．したがって，

$$A_n = A_{-n} \tag{3.49}$$

$$\phi_n = -\phi_{-n} \tag{3.50}$$

となる．これらの対称性に基づいて，実関数は振幅と正の位相だけを用いて，次のようにも書ける．

$$f(t) = f_0 + \sum_{n=1}^{\infty} A_n \cos(\omega_n t - \phi_n) \tag{3.51}$$

もし関数 $f(t)$ をランダムに選ぶ場合，たとえばグラフ用紙に目をつぶって落書きをする，または森林の環境ノイズを無作為に録音すると，フーリエ係数 f_n もランダムに選ばれることになる．このため，「ランダム関数の分布」を正確に定義しようとする場合，フーリエ係数の分布に基づいて分布 $P[f(t)]$ を定義する方法が考えられる．そして，ガウス分布に従うフーリエ係数をもつ関数を考えることにより，ガウス分布に従うランダム変数を，ガウス分布に従うランダム関数へと自然に拡張することができる．

フーリエ係数のガウス分布という考え方は，一見，非常に複雑に思えるかもしれない．しかし，この分布は，$t = 0$ の瞬間を自由に選んでよいという重要な構造的制約をもっている．ランダムな時間の関数を考察する際，特定の時刻を他の時刻よりも特別視することは通常ないと考えられる．すなわち，時間の変換に対する不変性，すなわち「定常性」を仮定することが一般的である．そのため，もしフーリエ係数 f_n の 1 つが非ゼロの平均値をもつとすると，他の成分がどれだけランダムであろうと，常にその周波数 ω_n の明瞭な振動が存在することとなる．これは，たとえば，異なる位相をもつ正弦波を区別するためのクロック信号を提供することに等しい．このため，ランダム関数のフーリエ係数の平均はゼロでなければならない．

より精緻な問題として，もし 2 つのフーリエ係数，たとえば f_{37} と f_{55} が存在して，その平均はゼロだが相関はゼロでないとしたら，これら 2 つの正弦波は互いに干渉する

こととなる．その結果，周波数 $\omega = |\omega_{37} - \omega_{55}|$ をもつ成分が生じる．この成分は，あらゆる時刻の瞬間が平均的に等価であるという時間的不変性を損なうものである．同様の考察から，サインとコサインの係数は互いに独立でなければならない．さらに，位相の定義は $t = 0$ の選択に関連しているため，任意の周波数での位相 ϕ_n は 0 から 2π の間で一様に分布しなければならないことがわかる．

このように考察すると，ガウス分布に従うランダム関数は，初めの印象よりも単純であることがわかる．この関数は，フーリエ係数 $\{a_n, b_n\}$ が**独立な**ガウス分布から選ばれる関数からなる．ランダム関数の分布の完全な記述は，その係数の分散を列挙することで得られる．式 (3.46) の複素フーリエ変換では，係数 f_n が f_{-n} の複素共役である点に注意が必要である．この場合，分散は以下のように表される．

$$\begin{aligned}\langle f_n f_{-m} \rangle &= \langle f_n [f_m]^* \rangle = 0 \qquad n \neq m \\ \langle f_n f_{-n} \rangle &= \langle f_n [f_n]^* \rangle \\ &= \langle |f_n|^2 \rangle \\ &= \sigma^2(\omega_n) \end{aligned} \tag{3.52}$$

ここで，$\sigma^2(\omega_n)$ は周波数 ω_n のフーリエ成分の分散，すなわち「パワー」である．複素数 f_n を実部と虚部に分けて

$$f_n = \mathrm{Re}(f_n) + i\,\mathrm{Im}(f_n) \tag{3.53}$$

と書くと，各 n に対して $\mathrm{Re}(f_n)$ と $\mathrm{Im}(f_n)$ はガウス分布に従う独立な確率変数であり，両者は等しい分散をもつ．

$$\langle (\mathrm{Re}(f_n))^2 \rangle = \langle (\mathrm{Im}(f_n))^2 \rangle = \frac{\sigma^2(\omega_n)}{2} \tag{3.54}$$

係数 $\mathrm{Re}(f_n)$ と $\mathrm{Im}(f_n)$ の確率分布に関する考え方を，**図 3.7** に示す．

ここで，フーリエ係数の分散の式を利用し，関数 $f(t)$ の分散そのものをより直接的に計算してみよう．$f(t)$ の分散は，式 (3.46) のフーリエ級数展開を使用すると，以下のように表される．

$$\langle [f(t)]^2 \rangle = \left\langle \left[\sum_{n=-\infty}^{\infty} f_n \exp(-i\omega_n t) \right]^2 \right\rangle \tag{3.55}$$

$$= \left\langle \sum_{n=-\infty}^{\infty} f_n \exp(-i\omega_n t) \sum_{m=-\infty}^{\infty} f_m \exp(-i\omega_m t) \right\rangle \tag{3.56}$$

$$= \sum_{n=-\infty}^{\infty} \sum_{m=-\infty}^{\infty} \langle f_n f_m \rangle \exp(-i\omega_n t) \exp(-i\omega_m t) \tag{3.57}$$

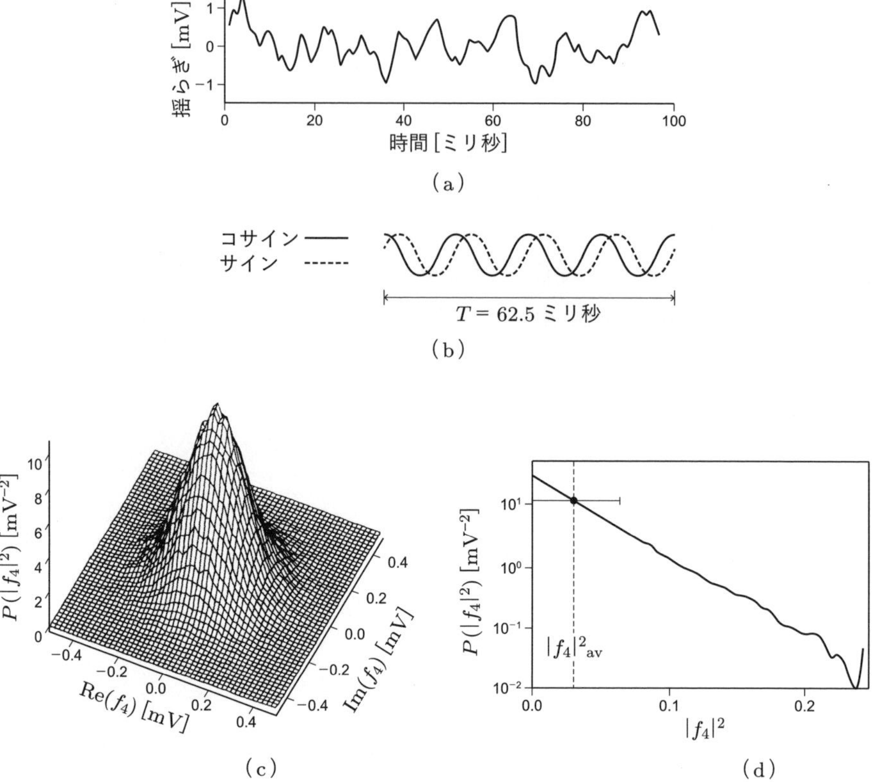

図 3.7 フーリエ成分の確率分布の例．パネル (a) は，クロバエの光受容器の応答揺らぎを 1/1024 秒のビンで計測した 152 秒間のデータである．パネル (b) は，1 周期あたり 16 ビンでコサイン波とサイン波の 4 周期分を示しており，これは 64 Hz に相当する．各計測点で，揺らぎの波形とコサイン成分（実部）およびサイン成分（虚部）の内積を取り，時間窓 $T = 64/1024$ 秒で割って正規化する．64 Hz でのこれら 2 つのフーリエ成分の同時分布を，正規化された 2 次元ヒストグラムとしてパネル (c) に示す．この分布は 2 次元の回転対称なガウス分布として近似され，$P(f_4) \propto \exp\left(-(\mathrm{Re}(f_4)^2 + \mathrm{Im}(f_4)^2)\right) = \exp\left(-|f_4|^2\right)$ となる．このパワー $|f_4|^2$ は，パネル (d) で示されるように，負の指数分布をもつ．パネル (d) の点は平均を示し，横線は標準偏差を左右に 1 ずつ示している．したがって，ノイズ波形のパワースペクトルを計測する場合，計測されたパワーの標準偏差と実際のパワーは一致する．特定の周波数でのパワーをより確実に推定するには，たとえば，多数の独立した波形サンプルからのパワースペクトルの平均を計算する方法が考えられる．図 3.8 も参照のこと．

式 (3.52) から，f_n は f_{-n} と**のみ**相関をもつため，m に関する和は $m = -n$ の項だけを残して他はすべて消滅する．その結果，

$$\langle [f(t)]^2 \rangle = \sum_{n=-\infty}^{\infty} \langle f_n f_{-n} \rangle \exp(-i\omega_n t) \exp(-i\omega_{-n} t) \tag{3.58}$$

となる．さらに，ω_n は基本周波数 $2\pi/T$ の n 倍で，かつ $\omega_n = -\omega_{-n}$ となるため，指数関数の項がキャンセルし，t の依存性が消える．これは正当で，ランダム関数の分散は，$t = 0$ の選択が任意であることから（定常性を考慮すると），任意の t に対して同じ値とならなければならない．最終的に，式 (3.52) を用いると，分散は次のように示される．

$$\langle [f(t)]^2 \rangle = \sum_{n=-\infty}^{\infty} \sigma^2(\omega_n) \tag{3.59}$$

この結果は非常に簡潔である．ランダム関数は多くのフーリエ成分で構成され，関数の全体の分散はそれぞれの成分の分散の和として表される．

ここで，関数 $f(t)$ の特徴付けが固定された時間窓 $0 < t < T$ に結び付いていることを思い出そう．これは，基本周波数が $\omega_1 = 2\pi/T$ であることを示している．しかし，時間窓が拡大すると，基本周波数は低下する．たとえば，1 分間の時間窓を考慮すると，

$$\omega_1 = \frac{2\pi}{T} = \frac{2\pi}{60\,秒} = 2\pi(0.016666\cdots\mathrm{Hz}) \tag{3.60}$$

となる．多くの系で，主要な「現象」がたとえば 10 Hz，すなわち ω_{600} 付近で発生するとすると，ω_{601} のパワー，つまり 10.01666⋯ Hz のパワーは，10 Hz のパワーとほとんど変わらない．これは，$\sigma^2(\omega_n)$ が ω_n に対して滑らかな関数であることを示している．よって，時間窓 T が大きくなると，この関数を離散的な周波数で計測する意義が低くなる．そこで，時間窓の大きさの依存性を排除し，連続関数としての性質を検討する．

まず，$f(t)$ の分散の式 (3.59) に注目する．この式は，離散的な周波数 ω_n における σ^2 の和を計算しているが，実際には滑らかな関数 $\sigma^2(\omega)$ の積分を近似していると考えられる．その概要を**図 3.8** に示す．そうすると，次の関係が得られる．

$$\langle [f(t)]^2 \rangle = \sum_{n=-\infty}^{\infty} \sigma^2(\omega_n) \tag{3.61}$$

$$= \sum_{n=-\infty}^{\infty} (\omega_{n+1} - \omega_n) \frac{\sigma^2(\omega_n)}{\omega_{n+1} - \omega_n} \tag{3.62}$$

ここで，周波数の差は時間窓の大きさに依存しており，

$$\omega_{n+1} - \omega_n = \Delta\omega = \frac{2\pi(n+1)}{T} - \frac{2\pi n}{T} = \frac{2\pi}{T} \tag{3.63}$$

である．したがって，分散は次のようになる．

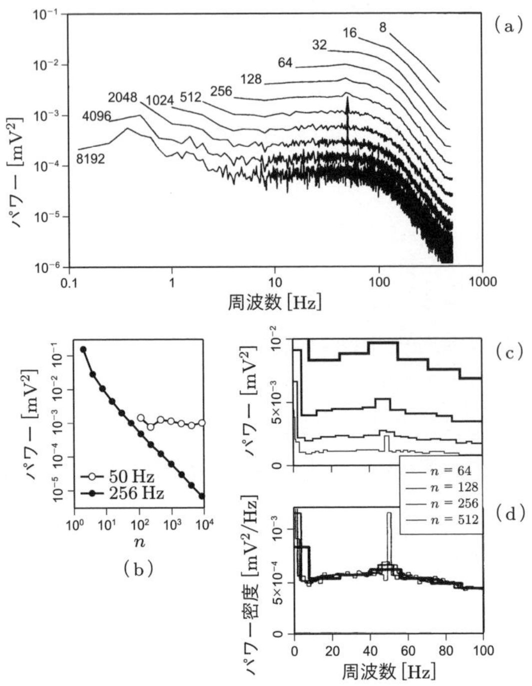

図 3.8　パワースペクトル密度の構成．パネル (a) は，図 (3.7) と同じデータから計算された，正の周波数をもつフーリエ成分の $\langle|f_n|^2\rangle$ の 2 乗平均値を示す．これは時間窓の異なる長さ T に対して行われ，ここではビンの数 n で指定される（$T = n/1024$ 秒）．ノイズトレースの全長は 155638 ビンであったので，8 ビンの窓の場合，フーリエ係数の例は $155638/8 = 19456$ 個になる．この多数の例から計算された平均はそれに合わせて誤差が小さくなるが，各窓内では独立したフーリエ成分は 8 個しかない．独立したフーリエ成分の個数は n に関して線形に増加し，同時に各成分の独立した例の数は，$n = 8192$ の場合 19 個まで減少する．例数が減少するということは，平均値を計算する際の統計的な誤差が大きくなることを意味し，したがってスペクトルのノイズが増大する．1 つの例外を除いて，各係数の 2 乗平均値は $1/n$ に比例する．これはガウス分布の確率関数の議論からわかることであり，256 Hz の成分の例をパネル (b) に示した（黒点）．例外は 50 Hz の場合である．窓の大きさとは独立に f_n は非ゼロの平均値をもつように見える．この実験はイギリスで行われたものであるが，そこでは電力の周波数が 50 Hz である．パネル (a) では，50 Hz の成分が n が大きいところではっきりと確認でき，その 2 乗平均値は，パネル (b) で示したとおりほぼ定数である．これは純粋な正弦波，すなわち $\langle|f_n|^2\rangle$ が正弦波の振幅の 2 乗となる信号と，ランダムノイズ，すなわち $\langle|f_n|^2\rangle$ がフーリエ係数の分散となる信号を区別するものである（ランダムな波形では $\langle f_n\rangle$ はゼロであるため）．パネル (c) は，パネル (a) のデータの一部を線形スケールで示したものである．窓を大きくすると周波数成分の分散は小さくなり，密度は大きくなることが確認できる．パネル (c) の分散の値に周波数成分の密度を掛けると，パネル (d) に示すパワースペクトル密度が得られる．n が大きいところでパワースペクトルの値が一定になるという意味で，物理的に意味のある結果である．例外はやはり 50 Hz 付近のピークである．n が大きくなると面積を保ったままより細く高くなる．これは純粋な正弦波がフーリエ空間でデルタ関数で表されることから，妥当な結果である（Lighthill 1958 を参照）．

$$\langle [f(t)]^2 \rangle = \sum_{n=-\infty}^{\infty} \Delta\omega \frac{1}{2\pi} [T\sigma^2(\omega_n)] \tag{3.64}$$

正確な積分への置き換えのためには，T が十分大きくなければならない．$T \to \infty$ のとき，

$$\langle [f(t)]^2 \rangle \to \int_{-\infty}^{\infty} \frac{d\omega}{2\pi} [T\sigma^2(\omega_n)] \tag{3.65}$$

となり，この式中の項を連続関数

$$S(\omega) = \lim_{T\to\infty} T\sigma^2(\omega) \tag{3.66}$$

として定義すると，

$$\langle [f(t)]^2 \rangle = \int_{-\infty}^{\infty} \frac{d\omega}{2\pi} [S(\omega_n)] \tag{3.67}$$

となる．$S(\omega)$ は**パワースペクトル**，あるいはパワースペクトル密度とよばれる関数である．この関数は f の分散を時間で乗じた要素，すなわち「Hz あたりの分散」の単位をもつ．したがって，電圧揺らぎのパワースペクトルの単位は (ボルト)^2/Hz，ニューロンの発火率揺らぎのパワースペクトルの単位は (スパイク/秒)^2/Hz，あるいは (スパイク)^2/秒 となる．分散とパワースペクトルの関係を示す式 (3.67) は，パーセバルの定理の特殊な場合として知られている (Lighthill 1958)*8.

このパワースペクトルは以下のように解釈できる．周波数 ω の近傍の信号に対して τ 秒間の平均をとると，帯域幅 $\Delta\omega \sim 1/\tau$ の成分だけを取り出すことができる．すると，その成分の分散は $S(\omega)\Delta\omega \sim S(\omega)\tau$ となる．ここで，次元が一致していることに注意が必要である．たとえば，電圧の揺らぎを計測する場合，$S(\omega)\Delta\omega$ は $[(\text{ボルト})^2/\text{Hz}]/[\text{秒}] = (\text{ボルト})^2$ の単位をもつ．より長い τ で平均をとると，平均化フィルタを通した分散は τ に比例して小さくなる．これは，揺らぎの標準偏差が $\sqrt{\tau}$ に比例して小さくなることを意味する．このことは，N 個の独立した計測を行うと，揺らぎを $\sqrt{N}$ だけ小さくできるという，よく知られている考え方の連続時間版である．図 3.8(b) に例を示す．多くの異なる周波数で計測し，その結果を加算すると，式 (3.67) の全体の分散を求めることができる．その結果は，フィルタリングや平均化を行わない場合と同じ値になる．これは狭い帯域ではなく，すべての周波数で意味があるためである．

---

*8 現代的な実験では，パワースペクトルはほとんどの場合，デジタル化されたデータの数値解析によって計測される (Press et al. 1992)．この過程において，どの単位でスペクトルを計測すべきかを見失うことがしばしば起こる．その結果，残念ながら，パワースペクトルの積分が全体の分散に等しいことを確認するステップもしばしば省略されることになる．

計測する信号の単位が速度（たとえばセンチメートル/秒）の場合，パワースペクトルは拡散定数の単位，すなわち (センチメートル/秒)^2 × 秒 = (センチメートル)^2/秒をもつ．特に，粒子の拡散定数は，速度の揺らぎのパワースペクトルの低周波限界から計算することができる．同様に，スパイク列のパワースペクトルはスパイク^2/秒の単位をもち，これはスパイク数に関する拡散定数である．したがって，大きさ T の時間窓でスパイク数を数えると，T が大きいときにはスパイク数の分散は T に比例して大きくなり，比例定数はパワースペクトルの低周波限界となる．詳細は A.2 節で述べる．

通常のガウス分布に従う確率変数について考えると，分散の一般化は共分散行列である．したがって，変数 x の添字を n とし，かつ平均値がゼロの場合，$C_{mn} = \langle x_n x_m \rangle$ は共分散行列となる．この行列は座標変換，すなわち x_n の適当な線形の組合せによって対角化できる．対角化後は，異なる変数は**独立**となり，それらの分散は共分散行列の固有値で与えられる．これらの独立変数は，主成分ともよばれる．このこととパワースペクトルとの関係を考えて行く．

時間の連続関数を議論する際に，時刻 t を通常の確率変数に用いられる添字 n のアナログ値として考えることもできる．信号を離散化すれば，このアナロジーは成り立つ．このときの共分散行列のアナロジーは**相関関数**であり，

$$C(t, t') = \langle f(t) f(t') \rangle \tag{3.68}$$

である．ここで C は f の分散と同じ単位をもつことに注意する．定常性から，この関数は絶対的な時間には依存せず（時刻ゼロを任意に設定できることを思い出そう），時間差にのみ依存する．すなわち，$C(t, t') = C(t - t')$ であり，時間の 1 変数の関数となる．この関数をフーリエ係数の形で計算すると，A.14 節での計算に従い，次のようになる．

$$C(\tau) = \int_{-\infty}^{\infty} \frac{d\omega}{2\pi} S(\omega) \exp(-i\omega\tau) \tag{3.69}$$

このように，相関関数はパワースペクトルのフーリエ変換であり，これは Wiener–Khinchine 定理ともよばれる (Papoulis 1965)．さらに，異なる時刻における $f(t)$ の値は独立**ではない**にもかかわらず，異なる周波数成分は独立である．この事実は，周波数成分が共分散行列が対角となる軸を提供しており，パワースペクトルが各独立変数の分散を計測していることを示す．

パワースペクトルと同様，相関関数も簡潔な現象論的な解釈をもつ．関数 $f(t)$ をある時点 t_0 まで観測した場合，相関関数は t_0 以降の $f(t)$ の値をどの程度予測できるかを示す．具体的に，平均ゼロのガウス分布に従う確率関数の場合，f の t_0 までの値を

観測することで，それ以降の時刻 t での f の値を $f_{\mathrm{guess}}(t) = C(t - t_0)f(t_0)/C_0$ として推定することが最良になる．t が t_0 から未来へと離れるにつれ，t_0 での知識の有効性は徐々に低下し，$f_{\mathrm{guess}}(t)$ の周辺での $f(t)$ の実際の値の揺らぎは増大する．この様子を**図 3.9** に示す．また，$C(\tau)$ の（近似的な）幅を**相関時間**とよび，関数 f の知識を外挿することが可能な時間スケールを表す．

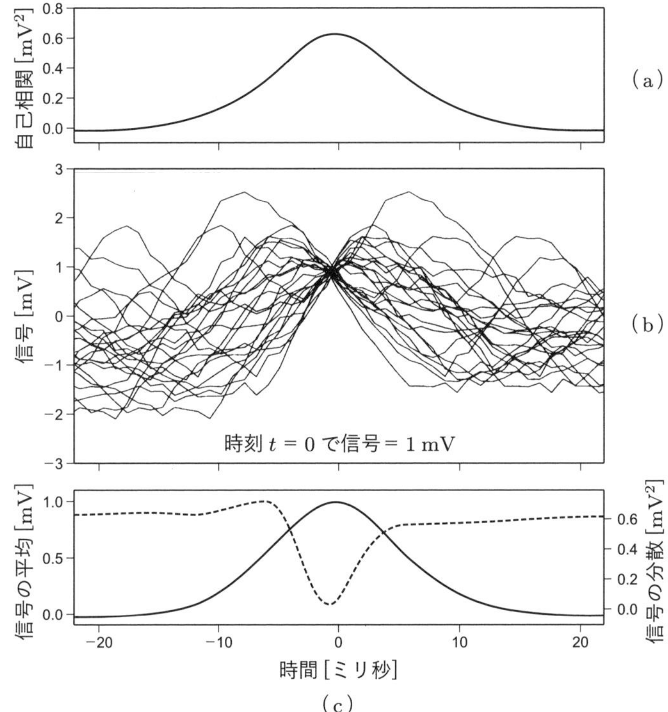

図 3.9 相関関数と相関時間．相関関数 $C(t-t') = \langle s(t)s(t') \rangle$（上のパネル）は，ある信号 s において，時刻 t での値が時刻 t' での値とどれほど相関しているかを示したものである．定常性の仮定から，この相関関数は時間差 $t - t'$ のみに依存し，t の絶対的な時刻には依存しない．相関関数はしばしば相関時間として要約される．これは $t - t'$ が大きくなるにつれて，どれほど速く相関関数の構造が失われるのかを示すものである．信号の $t = -1$ ミリ秒から $t = 1$ ミリ秒の間で 1 ミリボルトを横切る部分を切り出し，中央のパネルに表示した．平均的に，$t = 0$ 周辺の信号が平均値を上回っていることが分かる．また，$t = 0$ の近傍では，信号が互いにより類似していることが観察される．これをまとめたのが下のパネルで，平均波形は $t = 0$ でピークをもち，波形の集合の分散が最小となる．時間に関する条件付き平均波形の形状は，ガウシアンノイズがもつであろう形状と一致しており，相関関数の形状とも一致する．このことから，相関時間が信号の波形の予測可能な範囲を示していると考えられる．また，データは先の 2 つの図で使用されたものと同じ光受容器から取得されているが，細胞の電位ノイズが非常に長い相関時間をもつ低輝度下での結果である．

まとめると，パワースペクトルは周波数の関数として定義され，時間依存信号における分散の概念を一般化したものである．ガウス分布の場合，定常性の仮定から異なる周波数成分が統計的に独立であることが導かれる．これは，ガウス分布に従うランダム波形が，独立したガウシアン確率変数の大きな集合にすぎないという事実を示しており，解析を容易にする．同様に，フーリエ級数は，時間依存信号の共分散行列，すなわち相関関数を対角化する座標系を提供する．特に，ガウス分布は，エントロピーが最大となる分布として，パワースペクトルと一致する．

ノイズがある状況での信号の情報伝達を計算する際，異なるフーリエ成分は独立であるため，各成分によって運ばれる情報は単純に累積して全体の情報となることに注意する．再度，固定された時間窓 $0 < t < T$ の信号とノイズを考え，各周波数 ω_n における信号ノイズ比 $SNR(\omega_n)$ を定義する．各フーリエ成分が伝達する情報は，式 (3.37) に従い，$I_n = (1/2)\log_2[1 + SNR(\omega_n)]$ となる．したがって，全体の情報量は

$$I = \sum_{n=-\infty}^{\infty} I_n = \frac{1}{2}\sum_{n=-\infty}^{\infty} \log_2[1 + SNR(\omega_n)] \tag{3.70}$$

となる．時間窓を大きくすると，式 (3.62) から (3.65) までの方法を用いて，各周波数での和を積分で置き換えることができる．すなわち，

$$I \to \frac{1}{2}T\int_{-\infty}^{\infty} \frac{d\omega}{2\pi} \log_2[1 + SNR(\omega)] \text{ ビット} \tag{3.71}$$

となる．この結果，伝達される情報量は信号を観測する時間に比例することになり，妥当である．情報伝達率 (information transmission rate) を自然に定義することも可能であり，

$$R_{\text{info}} = \lim_{T\to\infty} \frac{I}{T} = \frac{1}{2}\int_{-\infty}^{\infty} \frac{d\omega}{2\pi} \log_2[1 + SNR(\omega)] \text{ ビット/秒} \tag{3.72}$$

となる．単一変数の場合，信号の分散と実効ノイズの分散の比をとることで，式 (3.37) のように信号ノイズ比を求めることができる．時間依存信号の場合，パワースペクトルがフーリエ成分の分散を表しているので，この比を分散ではなくパワースペクトルを使って得ることもできる．

$$SNR(\omega) = \frac{S(\omega)}{N_{\text{eff}}(\omega)} \tag{3.73}$$

分散を固定したうえで情報伝達を最大化するためには，ノイズがガウス分布をもつと仮定した場合，信号もガウス分布から選択するのが適していることを見てきた．この考察は，時間依存信号にも当てはまる．つまり，ノイズがガウシアンならば，信号をガウ

ス分布から選ぶことで情報伝達を最大化することができる．さて，どのようにパワースペクトルを選べばよいのだろうか．ここで制約条件として，信号の分散だけを考慮する．この分散は，式 (3.65) に示されるように，パワースペクトルの積分になる．この積分を保持したまま，式 (3.72) の R_{info} を最大化することを目指す◆2．詳細を**図 3.10** に示すとおり（詳しい解の導出は A.15 節を参照されたい），この最適化問題の解答は驚くべきものである (Shannon 1949)．最適な信号スペクトルは，ある帯域幅にわたってノイズスペクトルを完璧に補完する形になり，その結果，信号とノイズの合成が帯域幅全体で一定になる．また，この帯域幅は分散が一致するように選定される．したがって，最適なコーディング手法は，与えられた制約下でホワイトノイズに最も近い出力を生成するものになる．

図 3.10 は，より一般的な結果の例である．情報伝達をある制約のもとで最大化したい場合，最適な戦略は通信路の出力をできるだけランダムで「ノイズのような」状態にすることである．そのため，ノイズがガウス分布に従う場合，信号もガウス分布である

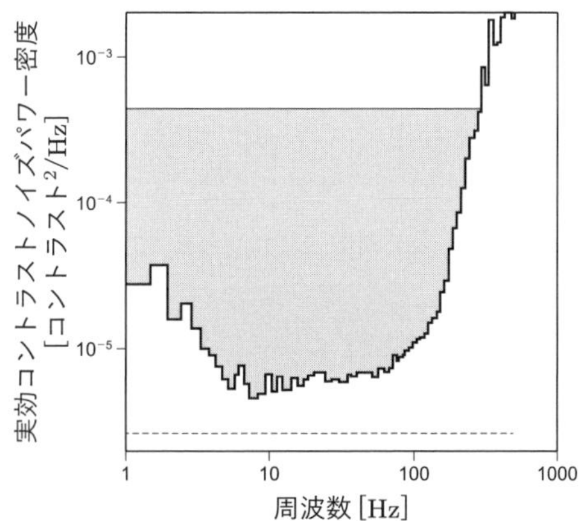

図 3.10　ノイズ白色化．信号全体の分散が一定の値に固定されている場合，最大限の情報を伝達するためには，コードすべき信号のパワースペクトルを系のノイズのパワースペクトルに一致させる必要がある．この場合の最適解は，全体のパワー，すなわち信号とノイズのパワーの合計が各周波数で等しい状態になる．実線は，クロバエの光受容器における実効コントラストノイズのパワースペクトル密度を示し，網掛け部分は各周波数で信号コントラストのパワーが一定になる最適な分布を示している．このコントラストのパワーは，実効コントラストノイズのパワースペクトルによって形成される容器に入っている水のように分布する．このため，この手法は「水の充填アナロジー」ともよばれる．詳細は de Ruyter van Steveninck and Laughlin (1996a) を参照のこと．

◆2　訳注：情報伝達率 R_{info}（式 (3.72)）の最大値を**情報容量** (information capacity) R_{max} とよぶ．(de Ruyter van Steveninck and Laughlin 1996a).

ときに最大の情報伝達が生じることを見てきた．同様に，時間依存性をもつ信号においても，最大の情報伝達は信号とノイズの合成が「完全にランダムな」ホワイトノイズにきわめて近い場合に生じる．この知見はきわめて重要である．なぜなら，脳のある地点から別の地点への情報伝達を最適化して行うニューロンからの記録では，そのスパイク列が完全なノイズのように見える可能性があるからである！ つまり，非常にランダムなスパイク列を観察したとき，それは非常にノイジーなニューロンの出力であるのか，あるいは最適なコーディングの結果であるのかを判断することは難しい．これを判別するための方法として，情報伝達率を**計測**し，それが何らかの意味で最適化されているかどうかを確かめることが考えられる．この手法については，次の節で詳しく説明する．

例として，ハエの眼に存在する単一の光受容器を考慮する．適度な背景輝度で，細胞はコントラスト $C(t)$ の変化に対して線形的に反応する．細胞の電位は次のように時間とともに変わる．

$$V(t) = \int_0^\infty d\tau T(\tau) C(t-\tau) + \delta V(t) \tag{3.74}$$

ここで，$T(\tau)$ は $\tau = 0$ でコントラストのパルスが与えられた際の細胞の応答であり，$\delta V(t)$ は電位のノイズである．これは 2.1.3 項で議論した線形応答モデルの例である．Wiener のホワイトノイズ法を利用すれば，応答関数 $T(\tau)$ またはそのフーリエ変換 $\widetilde{T}(\omega)$ を計測することができる．2.1.3 項での議論に加える重要なことは，応答の決定論的な成分だけでなく，ランダムな成分 $\delta V(t)$ も特徴付けたいということである．この解析の概要を**図 3.11** に示す．

まず，時間依存のコントラスト刺激 $C(t)$ を与えることとする．この信号を何度も繰り返し与えれば，ノイズを平均化して，電位応答の平均を計測することができる．

$$\langle V(t) \rangle = \int_0^\infty d\tau T(\tau) C(t-\tau) \tag{3.75}$$

2.1.3 項での電位インピーダンスの議論と同様に，式 (3.75) の両辺をフーリエ変換すると，電位応答の平均のフーリエ成分は刺激のフーリエ成分に比例し，その比例定数は応答関数のフーリエ成分 $\widetilde{T}(\omega)$ となる．

$$\langle \widetilde{V}(\omega) \rangle = \widetilde{T}(\omega) \widetilde{C}(\omega) \tag{3.76}$$

この式は，計測可能な平均電位のフーリエ成分と制御可能な刺激のフーリエ成分の対応関係を示している．したがって，$\langle \widetilde{V}(\omega) \rangle$ と $\widetilde{C}(\omega)$ の両方が既知である場合，その比から応答関数 $\widetilde{T}(\omega)$ を求めることができる．当然，$\widetilde{C}(\omega)$ のすべてのフーリエ成分がゼロではないような刺激を選ぶ必要がある．

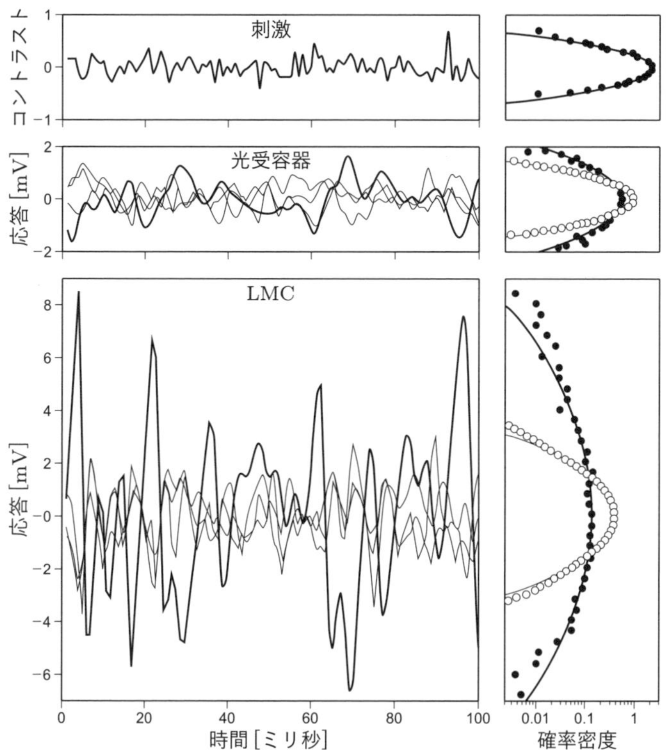

図 3.11 光受容器と LMC（large monopolar cells; 大単極細胞）における刺激と電位応答．左列：コントラスト刺激信号 $c(t)$ の一部（上段），クロバエの光受容器（中段），そして LMC（下段）からそれぞれ記録された平均電位応答（太線）と平均周辺での揺らぎの 3 例（細線）．LMC は並列した 6 個の光受容器と直接シナプス結合している．実験中ハエは，関数 $[1 + c(t)]$ で変調された光の強度を見る．ここで，$c(t)$ はコントラスト波形である．この刺激が多数回繰り返された結果，$c(t)$ に対する応答 $v_i(t)$ を平均化し，アンサンブル平均波形 $\langle v(t) \rangle$ が得られる．揺らぎは個々のトレースから平均を引いたもの，すなわち $\delta v_i(t) = v_i(t) - \langle v_{(t)} \rangle$ である．右列には，それぞれの信号に対応する確率分布を表している（黒丸：平均波形，白丸：平均周辺での揺らぎ）．

次に，電位応答の平均を得たら，図 3.11 のように，個々の刺激に対する応答からその平均を差し引くと，ノイズ波形 $\delta V(t)$ の多数の例が残る．そして，それぞれの例をフーリエ変換し，アンサンブル全体のフーリエ係数の分散を計算することができる．図 3.8 と式 (3.66) のようにフーリエ係数の分散を時間窓で正規化すると，**図 3.12** に示す電位ノイズのパワースペクトル $N_V(\omega)$ が得られる．この解析は，ハエの視覚系における光受容器と大単極細胞の両方について行われた (de Ruyter van Steveninck and Laughlin 1996a)．大単極細胞は光受容器からシナプス入力を受ける 2 次ニューロンで

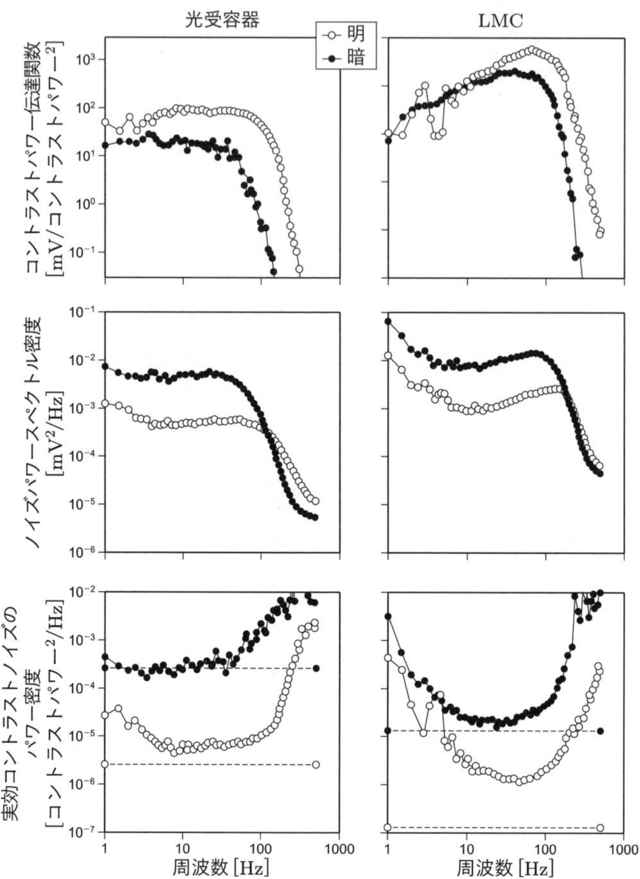

図 3.12　クロバエの光受容器（左）と LMC（右）における，コントラストパワー伝達関数 $\widetilde{T}(\omega)$（上），ノイズパワースペクトル密度 $N_V(\omega)$（中），実効コントラストノイズパワースペクトル密度 $N_C^{\mathrm{eff}}(\omega)$（下）．データは 100 倍異なる 2 つの光輝度で示されている．伝達関数は，平均波形のフーリエ変換を刺激コントラスト波形のフーリエ変換で割ったものとして定義される．ノイズパワースペクトル密度は，すべての揺らぎのトレースに対する平均パワースペクトル密度である．実効コントラストノイズのパワースペクトル密度は，計測されたノイズパワースペクトル密度をコントラスト伝達関数の 2 乗で割ったものである．これは，単に計測されたノイズパワースペクトル密度を等価な刺激コントラストに変換するものである．ショットノイズ解析から，理想的な光子検出器は，周波数とは独立に，光子捕獲率分の 1 のコントラストノイズパワースペクトル密度をもつことが知られている．下 2 つのパネルの点線は，その物理学的な限界を示している．光受容器に対しての数値は 1 秒あたり 3.8×10^5 と 3.8×10^3 回の量子衝突衝突を示し，LMC に対しての数値は 1 秒あたり 7.5×10^6 と 7.5×10^4 回である．これらの数値は，各細胞における単一光子の吸収を，通常の条件よりも低い光量のもとで数えて得られたものである．適切な範囲の周波数では，光受容器は両方の輝度に対して理想的な検出器に近い．一方，LMC は輝度が高いときに理想的な挙動から外れるが，これはおそらく化学シナプスの情報容量が限られているためである．

ある．両細胞の結果を図 3.11, 3.12 に示す．

式 (3.36) での議論によれば，光受容器のノイズは入力刺激の実効ノイズに対する応答して特徴付けることができ，図 3.12 の下段に示すものと等価なコントラストノイズが生成される．この実効コントラストノイズ $N_C^{\mathrm{eff}}(\omega)$ は，前述した応答関数と電位ノイズのパワースペクトルから決定される．

$$N_C^{\mathrm{eff}}(\omega) = \frac{N_V(\omega)}{|\widetilde{T}(\omega)|^2} \tag{3.77}$$

受容器細胞で観測される各光子が，定常的な電圧パルス，すなわち「量子衝突」を引き起こすと仮定する．光子が通常の光源から届く場合，$N_C^{\mathrm{eff}}(\omega) = 1/R$ となり，R は光子カウント率である．実効ノイズレベルは，ショットノイズ限界ともよばれる物理的な限界を下回ることはできない．しかし伝達機構自体のランダム性によって過剰なノイズが現れるカットオフ周波数までは，広い光強度の範囲でこの限界に近づいていく．大単極細胞では，シナプス伝達のランダム性に起因する過剰なノイズが現れると推測される．実効ノイズレベルと光子のショットノイズ限界を正確に比較するためには，各細胞の光子カウント率を個別に調整する必要がある．これは，細胞を暗順応状態に保ちつつ，暗い定常光のもとでの量子衝突の数を数えることにより行われる．

光受容器と大単極細胞の実効コントラストノイズスペクトルが与えられた場合，これらの細胞の電位応答は，視覚世界の情報をどれくらい伝達できるのであろうか．この問いは興味深い．なぜなら，大単極細胞への情報はシナプスを介して伝わるはずで，このことからシナプスそのものの情報容量を推定することができるからである．問題点は，ハエが飛び回る中で遭遇する，実際の刺激のアンサンブルが明確でないことである．研究ではランダムに選ばれた自然画像の空間構造の特徴付けが行われているが (Field 1987; Ruderman 1993; Ruderman and Bialek 1994)，それだけでは，単一の受容器が見る時間的なダイナミクスについて知ることはできない．

ハエの光受容器と同じ大きさの開口部から見ると，通常の自然環境におけるコントラストの分散は約 0.1 であるということが知られている (Laughlin 1981; Ruderman and Bialek 1994)．したがって，この問題はこの問題はこれまでと同様に定式化することができる．すなわち，与えられた実効ノイズスペクトルとコントラストの分散という制約のもとで，情報伝達を最大化するための信号のスペクトルはどのように選ばれるべきか，という問題に帰着される．

図 3.10 は，情報伝達率を最大化するための手順を示している．**図 3.13** には，各細胞種の情報容量を光子カウント率としてプロットした結果が示されている．大単極細胞

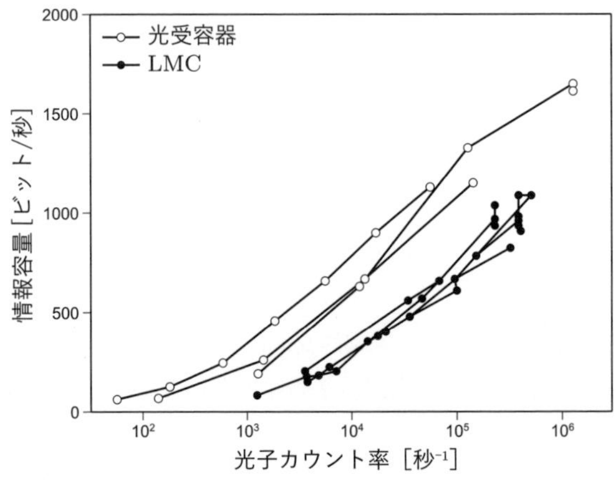

図 3.13　平均光輝度の関数としての光受容器と大単極細胞の情報容量．この情報容量は図 3.12 の実効ノイズスペクトルから計算できる．その際，刺激のコントラストの分散を 0.1 とし，図 3.10 で示されている水充填のアナロジーを用いて，刺激コントラストスペクトルを最適化する．この方法で，式 (3.72) を利用して情報容量を計算することができる．大単極細胞の電位で表される輝度情報は，光受容器から大単極細胞へのシナプスを通じて伝達される．したがって，これらの計測は，シナプスが伝達できる情報量の下限を決定するものである．6 個の視細胞が収斂することで，大単極細胞の情報容量は増加することが期待される．de Ruyter van Steveninck and Laughlin (1996a) も参照されたい．

の場合，情報容量は非常に大きく，1.65×10^3 ビット/秒である．ここで注目すべき点は，情報がシナプスを通じて伝達されることである．LMC の電位ノイズは，光受容器から伝達される成分とシナプスで加わる成分に分離できる．このシナプスノイズが，シナプス自体の情報伝達率の限界を決める要因である．最終的に，光受容器–大単極細胞間のシナプスでの情報伝達率は 2×10^3 ビット/秒となる (de Ruyter van Steveninck and Laughlin 1996a)．

光受容器も大単極細胞も連続的な応答を示す．しかし，シナプス伝達の過程には離散的な要素が存在する．化学シナプスは，伝達物質を小胞とよばれる構造に包んで放出することで機能する (Katz 1966)．スパイク計測の議論を参考にすると，後シナプス細胞は小胞のカウンタとみなすことができる．これらの小胞は，特定の時間分解能 $\Delta\tau$ で放出（もしくはカウント）されると考えることができる．小胞の放出の平均速度がわかれば，小胞数の分布に関する最大エントロピーを計算することが可能となる．そして，その結果として得られる分布は，式 (3.24) で示されるスパイク数の分布と同じ形になる．

光受容器から大単極細胞へのシナプスは，解剖学的に詳細に研究されている (Meinertzhagen 1993)．1 つの大単極細胞には，6 つの光受容器が収斂（しゅうれん）する．ハエの眼の光学系を考慮すると，これら 6 つの細胞は空間的に同じ方向を「見て」おり，それらの信号は集約されている．各受容器は大単極細胞と約 200 個のシナプス結合を形成する．このため，大単極細胞へのシナプス入力は，1.2×10^3 個のシナプスボタン，またはアクティブゾーンの重ね合わせを反映している．この数は，一次視覚野のニューロンに対するシナプス入力の数と同じオーダーである．

実験によると，（種は異なるものの）単一のアクティブゾーンからの小胞放出速度は，150 個/秒を超えないと報告されている (von Gersdorff and Matthews 1994)．この結果を参考にすると，1.2×10^3 個のアクティブゾーンをもつ大単極細胞の小胞カウント率は，1.8×10^5 個/秒以下と推定される．この細胞の実効コントラストノイズレベルは，同じオーダーの光子カウント率で飽和するので，情報伝達は，光子の到着の離散性や小胞放出の離散性のどちらかによって制約されることが示唆される．大単極細胞が小胞の到着をカウントする際の時間窓を推定すると，これらのニューロンの周波数応答から，その時間分解能は 3–5 ミリ秒のオーダーであることが示されている (de Ruyter van Steveninck and Laughlin 1996a, 1996b)．このため，大単極細胞が小胞カウンタとして機能する際のサンプリング時間窓には，平均で（高々）540–900 個の小胞が含まれることとなる．したがって，式 (3.24) によれば，小胞数の分布のエントロピーは，各時間窓で最大 10–11 ビット/秒を超えない．3 ミリ秒の時間分解能の場合，これはおおよそ 3.7×10^3 ビット/秒となる．有効な時間窓が大きくなると，情報容量は減少していくことがわかる．結論として，大単極細胞の情報容量は，小胞数の統計に基づく限界値の約 2 倍以下であると推定される．

ハエの視覚系における一次シナプスの例は，実効ノイズレベルの定義や光子のショットノイズによる物理的な限界，情報容量を決定するための最大エントロピーの概念といった，多くのトピックを網羅している．私たちが実施した計算において，小胞の放出に関していかなる統計モデルも仮定しなかったことを強調しておきたい．もし光受容器の電位変動を小胞の数に変換する簡潔なメカニズムが存在しなければ，私たちの導き出した限界は実際よりも非常に甘いものになるかもしれない．しかしながら，観測されたシナプスの性能は物理的限界に迫るものであり，情報伝達の理論的限界は実際のニューロンの活動にも当てはまると推測される．この結論は，発火するニューロンの研究を通じても実証されるだろう．

3.2 スパイク列による情報伝達

1948–49 年の Shannon の画期的な論文以降，情報理論が神経コーディングの議論や，脳の高度な計算機能の解析のための自然な枠組みを提供することを期待する声が多く上がってきた．多くの研究者がこの分野に努力を注いできたが，単一のスパイク列が伝達する情報の量を正確に計測することは難しいという現実がある．この課題の一部はデータの不足という単純な問題に起因するものであるが，情報量を計測することの真の意義についての根本的な疑念も存在している．本章では，これらの疑問点を探るとともに，Adrian–Hartline の古典的な実験設計を基盤とした情報理論的な解析の結果をいくつかとりあげる．最後に，連続的な感覚刺激下での情報伝達率を定量的に評価するための，刺激再構成法についての議論を行う．

3.2.1 私たちは本当に情報伝達を「計測」できるのか？

Shannon によって定義され，今日の講義で教えられている情報理論は，実験科学ではない．情報理論の主な目的は，物理的な系における情報伝達の限界を，特定の**モデル**のもとで計算することにある．一方で，神経コーディングの問題は，特定の物理的な系（すなわち，感覚ニューロン）がどれだけの情報を実際に伝達することができるのかを**計測**することである．このような計測手法については，Shannon の理論では具体的に指南されていない．

この問題は，情報理論と熱力学の関連性からもわかるように，根本的な問題である．Shannon が提唱したのは，得られる情報を熱力学的エントロピーとして表現するアイデアである．すなわち，気体のエントロピーは，各気体分子の位置や速度を知ることによって得られる情報量と同等とみなされる (Brillouin 1962)．したがって，神経のスパイク列によって伝達される情報の計測は，気体や液体が入った箱におけるエントロピーの計測に相当するといえる．問題は，厳密にいえばエントロピーは系の「観測値」ではないということである．言い換えれば，エントロピーを直接計測するための機器は存在しない．エントロピーの変化は計測可能であるが，それはエントロピーの変化と熱の移動とが関連しているからにほかならない．私たちの知る限り，熱の移動に相当する計測可能な情報理論的な量は存在しない．

熱力学的なアナロジーを考えると，文字どおりの意味で情報伝達を「計測」することはできない．しかし，該当するエントロピーの**推定値**を求めることは可能である．たとえば，情報伝達率の真の値が，直接計測可能なある量よりも大きいことを示すような，制御された推定を行いたい．

制御された信頼性のある推定を実施するには，その系の動きや特性を一定の程度まで理解する必要がある．例として熱力学を考えると，系を理想気体として近似し，すべての分子の動きが独立していると仮定することが出発点となる．しかしこれは多くの流体において大雑把な近似である．たとえば，臨界点付近では膨大な数の分子が相関して動く．そのため，流体内の相関の構造を理解することは，エントロピーの推定において非常に重要である．同じように，神経の情報伝達の推定を行うには，神経コードの特性や構造についての知識が必要である．

情報伝達を具体的に計測することはできないという事実は，ニューロンの活動を情報伝達率という 1 つの数値で表現するための，既定の情報理論的手法は存在しないということを意味する．一方で，実験からそのような数値を取り出そうと試みる場合，私たちは神経コードに対する理解を深める必要が出てくる．

3.2.2 離散的な刺激による情報伝達

情報理論を神経コーディングに応用する試みでは，我々が知る限り，MacKay と McCulloch (1952) の理論論文が最初である*9．彼らはスパイキングニューロンによる情報伝達の限界を推定し，神経コードの構造に関する様々な仮説をもとに，何が**可能であるか**を検討した．もちろん，可能であることと実際に起こることは必ずしも一致しない．実際，MacKay と McCulloch 自身も，彼らが推定した情報伝達の限界が実際のニューロンにどれほど適用できるかについては懐疑的であった．

ここでは，実際のニューロンを用いた実験から，情報伝達を定量化しようとした試みをいくつか紹介する．これらの実験には共通の特徴がある．すなわち，感覚信号は離散的な集合から選択されるため，これらの実験を従来の心理物理学的アプローチの弁別実験として捉えることができる．このような離散的な刺激は，Adrian や Hartline によって確立された方法，すなわち静的なパラメータとして提示あるいは除去される（1 つの例外を除いて）．これらの実験で中心的な問題点として挙げられるのは，情報伝達が神経応答の解析に使用する時間窓のサイズに依存する点である．

実験の結果を紹介する前に，一般的な注意事項を述べておく．情報は，確率的な概念である．これは，情報伝達を定量的に評価するためには，確率分布の取り扱いが不可欠であることを示している．しかし，現実の実験では取得できるデータは有限であり，有限のサンプルから確率分布の真の形を知ることは**できない**．もし，ある分布の形状が事前に既知であれば，たとえばガウス分布の場合，平均や分散といった少数のパラメータ

---

*9 Shannon 自身も，心理学的実験の結果をもとに英語のエントロピーの限界を設定しようと試みていたことは，歴史的な観点から興味深い点である (Shannon 1951)．彼はその際，ネイティブスピーカーの言語的知識を利用していた．

を用いて，その分布の形を推定し，取得したデータに適用することができるだろう．しかしながら，このような単純なアプローチでさえ，2.2.3 項で示された応答の条件付きアンサンブルの例のように，入力信号が高次元空間をもっている場合，関連するパラメータが多数存在する可能性がある．

情報伝達を計測するためのアプローチの 1 つは，信号の空間構造を簡略化することである．Eckhorm and Pöpel (1974, 1975) は，ネコの視覚系にて，スパイクの到達時間と刺激波形を両方とも離散化し，2 進数列として表現する方法を採用した．スパイク列の場合，このアプローチは理にかなっている．その理由は，時間のビンのサイズに注意を払う必要はあるものの，スパイクは時間のビンに配分されるためである．一方，刺激波形に関しては，この方法は 2 つの離散値間を切り替える電信信号に限定されるため，時間窓を非常に狭く設定しない限り，適用範囲が限られる．しかしながら，このように簡略化された刺激空間では，完全に確率論的な特徴付けが可能になる．実際，Eckhorn と Pöpel は，外側膝状体のニューロンが最大で 50 ビット/秒の情報を伝達できることを示し，これは 1 ビット/スパイクよりもわずかに大きい値であることを明らかにした．

同じ考え方で，Richmond, Optican およびその共同研究者たちは，サルの視覚系での時間依存の神経応答を，主成分分析を用いて簡潔に表現した．最初の実験は，下側頭葉の細胞を対象として行われ (Richmond et al. 1987; Richmond and Optican 1987; Optican and Richmond 1987)，その後の実験では同じ方法を異なる視覚領域に適用した (McClurkin et al. 1991a, 1991b, 1991c; Richmond and Optican 1990; Eskandar, Richmond, and Optican 1992)．一連の研究では，まずスパイク列をフィルタリングし，時間に関する滑らかな関数を生成する．その後，この滑らかな関数を，より複雑な波形（主成分）の線形結合として近似する．スパイク列の各サンプルは，その結果として得られる係数のセットとして表現される．この方法は，時間関数をフーリエ係数の集合に変換するフーリエ変換とほぼ一緒である．スパイク列の解析において，最初の主成分は，スパイク数にほぼ対応しており，次の主成分は，静的な視覚刺激が開始された後の異なる時刻におけるスパイクのクラスタリングの傾向を示している．

主成分分析を利用することで，スパイク数や発火率だけで神経応答を記述するよりも詳細な情報を抽出することが可能となる．この方法は系統的であり，また漸近的でもあるといえる．なぜなら，各成分をその「重要度」，つまり全体の分散への貢献度に基づいて順番に取り入れることができるからである．Richmond と Optican の実験における中心的な考えは，第 1 主成分を超える後続の主成分も，視覚刺激の空間的構造に関する価値ある情報をもっているという点にある．

総スパイク数以上の情報を最も明確に示す実験例は，図 3.14 で示されるものだろう．

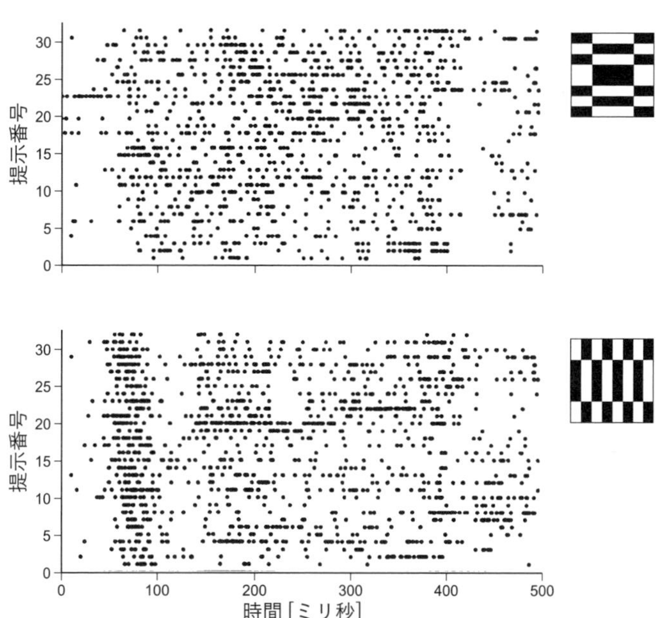

図 3.14 2 つの異なる空間パターンに対する，サル線状皮質の複雑スパイクの応答．図 2.1 と同様に，刺激提示期間を横線で，スパイクの発射を点で示している．刺激が提示されてから 400 ミリ秒の間に発生する平均スパイク数は，2 つの異なる空間パターンに対してほぼ同じである．しかし，スパイクの時間パターンを見ると，下のパネルでは刺激開始直後に明瞭な一過性のピークが現れるのに対し，上のパネルにはそのようなピークがほとんど確認されない．この 2 つの刺激に対する応答の過渡的な振る舞いの違いは，各試行ごとにもはっきりとしている．図は，Richmond, Optican, Spitzer (1990) の元データから再構成された．著者らに感謝する．

この図では，平均的なスパイク数は同じであるものの，2 つの異なる空間パターンが刺激として与えられている．生データを観察すると，このニューロンからのスパイク数のみでは，2 つの刺激を区別するのは難しく思える．しかし，スパイクの時間パターンは刺激ごとに大きく異なることが確認できる．つまり，スパイク数だけでなく，スパイクのタイミングも考慮することで，2 つの空間パターンを弁別することが可能となる．これは明確な結果である．主成分分析の観点からいうと，2 つの異なる刺激は，神経応答の第 1 主成分では平均的に同じであるが，第 2 成分やそれ以降の主成分において異なることが示される．情報理論を用いて考えると，神経応答が刺激に対してどれだけの情報を提供するかを評価する際に，高次の主成分を考慮に入れることで，より高い弁別能力と情報量を得られることがわかる．図 3.14 は，刺激提示後のスパイクのタイミングは刺激に固有であるという基本的なポイントを示している．多くの他の系でも同様の結果が期待される．

たとえば，聴覚神経においては，純音の開始時に過渡的な応答を示すことが知られている．2 つの音が一時的な応答後に同じ持続的な発火率を与えるとしても，その応答は音の周波数によって異なる．この事実を詳しく見ると，従来の聴覚神経の分析方法は，図 2.7 のような振幅と周波数の関係を示す等高線を描くようなものである．しかし，この振幅と周波数の関係を示す等高線に沿って音を変化させても，その変化が細胞の出力で検出されないわけではない．ある細胞が特定の刺激の特性に関して一定の発火率を示すという事実は，その細胞がその特性に関する刺激の変化に感応しない，すなわちその特性に対して感知できないわけではないことを意味する．

視覚系の話に戻ると，古典的な受容野 (Barlow 1953b; Kuffler 1953) は中心部と周辺部で異なる挙動を示すことが古くから知られている．周辺部での抑制は中心部の興奮よりも遅れるという性質がある．もし中心部と周辺部を別々に興奮させる 2 つの刺激を設計すれば，定常的な発火率は同じまま，刺激開始時のスパイクのタイミングを変えることができる．Golomb ら (1994) は，この考え方を外側膝状体の細胞にどのように適用できるか示した．彼らは，神経の発火がポアソン過程（2.1.4 項）に従うモデルを考慮し，視覚刺激を通じて発火率が変調されると仮定した．変調は線形であると考え，逆相関法（2.1.3 項）を用いて受容野を計測した．Golomb らは，このモデルが多くの実験結果と一致することを示した．特に，Tovee ら (1993) の実験で行われた，情報伝達の刺激開始後の時間依存性に関する解析を可能にした．

同じく IT 野の研究で，Tovee らは Richmond, Optican らと同様の主成分分析を行い，様々な時間窓を適用してみた．驚くことに，20 ミリ秒という非常に短い時間窓でのスパイク列の観測からも，得られる情報の大部分を抽出できることを発見した (Tovee et al. 1993)．一方，Golomb et al. (1994) は外側膝状体のモデルを用いて，静的な視覚刺激に関する情報は，刺激開始から最初の 100 ミリ秒間で大部分が伝達されることを示した．特に，この 100 ミリ秒のうち，最初の 30 ミリ秒はほとんど情報が伝達されない純粋な潜時のようである．これらの時間窓において，細胞は平均してわずか数回のスパイクしか発射しない．したがって，この時間窓での神経出力を発火率に変換するやり方や主成分分析を行う方法は，情報の解釈を誤らせる可能性がある．Golomb らと Tovee らの両者の研究は，2.2.1 項で述べられているように，多くの感覚ニューロンの自然な時間窓が 1 スパイクのオーダーであるという考えを裏付けている．

少数のスパイクによる実質的な情報の伝達に関するさらなる証拠は，サルの皮膚感覚の機械受容器に関する Werner and Mountcastle (1965) の古典的な論文にも見られる．この論文は，発火率の関数としてのスパイク間隔の統計に関する標準的な文献の 1 つである．また，ニューロンの信頼性と知覚の信頼性の関係を明示した最初の例でもある．これについては次章で詳しく説明する．彼らの研究の一部は，情報理論的な特性をもっている．

Werner と Mountcastle は，刺激の強度 A，この場合は皮膚の静的なたわみを K 種類の中からランダムに選び，刺激開始後のある固定された時間窓内でのスパイクをカウントした．刺激を十分な回数繰り返して，刺激の強度に対するスパイク数の条件付き分布 $P(n|A)$ を適切に推定した．さらに，スパイク数が提供する刺激強度の情報が，式 (3.28) と同様のアナロジーで与えられることを示した．

$$I = \frac{1}{K}\sum_n \sum_A P(n \mid A)\log_2\left[\frac{P(n \mid A)}{P(n)}\right] \tag{3.78}$$

ここで，n 個のスパイクを観測する確率は

$$P(n) = \frac{1}{K}\sum_A P(n \mid A) \tag{3.79}$$

である◆3．可能な刺激数 K を変えることで，I の値は飽和するが，これは刺激アンサンブルの選択による限界ではなく，ニューロンの性能そのものが限界に達していることを示唆する．この限界での I の値はおよそ 3 ビットであり，つまり，スパイク数によって約 8 個 ($\sim 8 = 2^3$) の異なる刺激強度を識別できることになる．いくつかの異なる種類のニューロンでも同様の結果が得られている．

Werner と Mountcastle は，この 3 ビットの情報限界を，ヒトの認知プロセスを研究した Miller (1956) の有名な論文「The magical number seven, plus or minus two」に関連付けようとした．あらためて考えると，この試みは少々過度であるかもしれず，この論文の情報理論的解析があまり引用されない理由の 1 つとなっている可能性がある．しかしながら，私たちの議論において，この論文が最も興味深いのは，異なる窓の大きさを使用した際のスパイク数による情報伝達を研究している点である．特に，20–50 ミリ秒という短い窓でスパイクを数えることにより，2 ビット以上の情報が得られることを示している．一方，これらのニューロンの典型的な発火率を考慮すると，この短い窓内で平均的に 5–15 発のスパイクが含まれると予想される．式 (3.24) から，スパイク数の分布のエントロピーは 4 から 5 ビット未満である必要があり，そして刺激

◆3 訳注：

$$P(n) = \sum_A P(n|A)\cdot P(A) = \frac{1}{K}\sum_A P(n|A) \quad (\because P(A) = 1/K).$$

に関する情報は得られるエントロピーの約半分と推測される．実際にある細胞（細胞 25-1）の生データを解析すると，刺激に関する情報が 2.5 ビットのとき，スパイク数のエントロピーは 4.2 ビットであると計算できた．

私たちは，スパイク列のエントロピーがニューロンの情報伝達の上限を定義するという点を強調してきた．スパイク数のみを用いたコーディングは，スパイク数分布のエントロピーによってさらに制約される．Werner と Mountcastle は，スパイク数分布による情報伝達がエントロピーの高々約 60% に制限されることを示し，スパイク数の変動の大部分が実際には刺激強度のエンコードに貢献していることを明らかにした．したがって，20 ミリ秒の窓でのスパイクタイミングを考慮しないと，高い情報伝達率は達成できない．さらに，情報伝達は 100 ミリ秒オーダーの積分窓で飽和する．この時間スケールはニューロンの過渡応答の時間と一致する．これは，細胞が素早く変化する信号の情報伝達に最適化されていることを示唆している．

冒頭の議論に戻ると，Werner と Mountcastle の結果は，Adrian によって確立された伝統に基づいている．刺激は静的な変位として与えられ，応答はスパイク数によって定量化される．しかしこの議論を通じて，細胞が刺激提示後の過渡応答が終わる前に大部分の情報を伝達できること，そしてこの情報がスパイク数による上限に近いことを確認してきた．真の情報量をスパイク列から決定するためには，時間的変動をもつより現実的な刺激を採用し，神経応答をスパイクごとに詳細に調査する必要がある．

最後に，ニューロンの情報伝達に関する有意義な結論を得るために必要なデータの量について注意を喚起して，この項を終える (Kjaer, Hertz, and Richmond 1994; Treves and Panzeri 1995)．神経応答をスパイク数や発火率で記述する場合，Werner and Mountcastle (1965) の研究のように，各刺激条件ごとのスパイク数の分布を得るために必要なデータセットの収集は比較的簡単である．一方，各スパイクの到着時刻が情報を伝達していると考える場合，記述の次元は急激に増加し，確率分布を得るための「ビン」の数が爆発する．サイズ T の時間窓を考慮し，時間分解能 $\Delta\tau$ でスパイクの到着を計測すると，エントロピーは式 (3.22) で $S = \bar{r}T\log_2(e/\bar{r}\Delta\tau)$ ビットとなる．ここで，$\bar{r}$ は窓内の平均発火率である．エントロピーが可能なスパイク列の**対数**であることを考慮すると，$2^S \sim (e/\bar{r}\Delta\tau)^{\bar{r}T}$ 個の弁別可能なスパイク列が存在することになる．このため，原理的には，すべての応答を数回ずつ計測する必要がある．しかし，$\bar{r} \sim 30$ 秒$^{-1}$，$T \sim 300$ ミリ秒，時間分解能を $\Delta\tau \sim 5$ ミリ秒と仮定すると，$2^S \sim 10^{11}$ となる．この値は，1995 年の米国政府予算のドル換算と同程度である．どのような実験でも，これらの可能性のほんの一部しか試すことはないだろうし，どの実験動物も（実験者も！），生涯でこの数の 10 分の 1 の回数すら，300 ミリ秒の窓での計測を行うとは考えられない．明らかに，この数の爆発を制御するためのヒントがない限り，スパイク数のカウントからタイミングコードの「完全な」解析への進展は不可能である．

3.2.3 刺激の再構成と情報伝達率

ここでは，神経コードの解読によって，感覚ニューロンが伝達する情報量の厳密な下限を明らかにする方法を探求する (Bialek et al. 1993)．私たちの刺激の推定は，実際にスパイク列に存在しなかった情報を含むことはできない．しかし，推定値は連続的な波形であり，あるアナログ信号（推定）が別の信号（刺激）にどれだけの情報を提供するかを評価する多くの方法がある．その結果として，式 (3.95) は，スパイク列の情報伝達率が，再構成の品質を示すある単純な評価値よりも高いことを示す．この考えは，**図 3.15** で示される，実際のニューロンの情報伝達率の評価に向けた実験的アプローチを導く．以下では，このアプローチを実験的なツールとして詳細にとりあげる．

この項は，本書の中でも最も数学的な部分であり，実験の解析における誤りを避けるためのものである．具体的には，感覚ニューロンによる情報伝達率を推定しようとする実験を題材とする．これらの実験は情報伝達率が非常に高いことを示しており，スパイク列のエントロピーで規定される物理的な限界に近い．しかし，これまでに繰り返し述べてきたように，情報伝達率は実際には計測できず，推定するしかない．推定値はランダムな誤差を含むが，それは通常の方法で制御できる．しかし，推定手順全体に偏りがあれば，無限のデータセットがあっても正確な答えには収束しない．私たちは，これらの系統的な誤差を制御し，特にニューロンの性能を過大評価しないように注意しなければならない．したがって，私たちの目標は，保守的な宣言「このニューロンはスパイクあたり**少なくとも**これだけのビットを伝達している」をするにとどめる．この宣言は必ず成立する．技術的には，これは情報伝達率の下限を提供することを意味しており，この項の数学はすべてこの下限を確立するためのものである．

式 (3.28) の一般的な議論から，スパイク列が提供する刺激に関する情報は，次のように与えられる．

$$I\left[\{t_i\} \to s(\tau)\right] = \int Dt_i \int Ds P\left[s(\tau), \{t_i\}\right] \log_2 \left(\frac{P\left[s(\tau), \{t_i\}\right]}{P[s(\tau)] P\left[\{t_i\}\right]} \right) \tag{3.80}$$

ここでは略記法を導入している．$\int Dt_i$ はすべての到達時刻 $t_1, t_2, \ldots, t_N$ に関する積分を意味し，時間窓 $0 < t < T$ におけるすべてのスパイクの個数を N とする．同様に，$\int Ds$ は $0 < t < T$ におけるすべての関数 $s(t)$ に関する積分を示す．$P[s(\tau)]$ は，

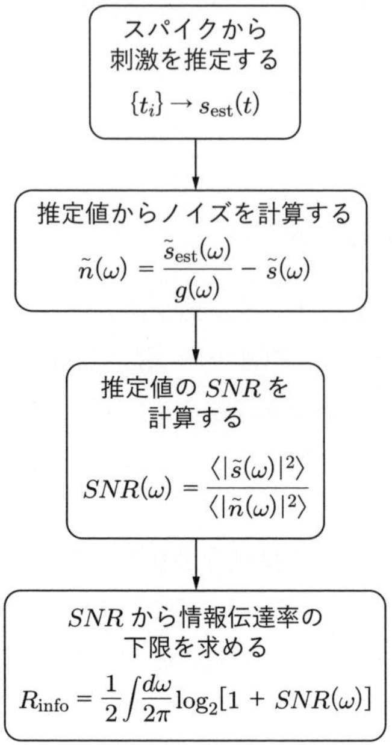

図 3.15 情報伝達率の計測方法．本手法によって，スパイク列の観測から得られる入力信号の情報伝達率の下限を設定することができる．初めに，入力信号を推定する．次に，その推定値のランダムな誤差 $\tilde{n}(\omega)$ を計測する．このランダム誤差は推定の信号ノイズ比 (SNR) を決定する要因となり，この SNR から情報伝達率の下限を導出することができる．この下限は，推定値の誤差がほぼガウス分布であり，推定の戦略がコードの構造を的確に捉えている場合，実際の情報伝達率に非常に近い値となる．

与えられた実験環境または自然環境下で信号が選ばれる事前分布を表す．この計算の目的は，この情報を表現する式を，実験的に観測可能な項で書き換えることである．

刺激とスパイク列の同時分布 $P[s(\tau), \{t_i\}]$ は，与えられたスパイク列に対する刺激の条件付き分布（2.2.3 項の応答条件付きアンサンブル）と，スパイク列の分布 $P[\{t_i\}]$ に分解できる．

$$P\left[s(\tau), \{t_i\}\right] = P\left[s(\tau)|\{t_i\}\right] P\left[\{t_i\}\right] \tag{3.81}$$

この分解により，スパイク列の分布は式 (3.80) の対数の内側でキャンセルされる．さらに，この対数を 2 つの項に展開すると，

$$\begin{aligned} I\left[\{t_i\} \to s(\tau)\right] = &- \int DsP[s(\tau)] \log_2 P[s(\tau)] \\ &- \int Dt_i P\left[\{t_i\}\right] \left[- \int DsP\left[s(\tau)|\{t_i\}\right] \log_2 P\left[s(\tau)|\{t_i\}\right] \right] \end{aligned} \tag{3.82}$$

が得られる◆4．第 1 項は刺激の分布のエントロピーを表す．第 2 項は条件付き分布 $P\left[s(\tau) \mid \{t_i\}\right]$ のエントロピーを，スパイク列の分布 $P[\{t_i\}]$ 上で積分したものである．刺激のエントロピー（第 1 項）は実験の設定により定まるので，以降では第 2 項に着目して議論を進める．

応答条件付きアンサンブルの議論（2.2.3 項）では，スパイク列 $\{t_i\}$ を単純に選択した場合の条件付き分布 $P[s(\tau)|\{t_i\}]$ の構造を説明した．このような単純な選択でも，これらの分布を多次元ガウス分布として近似しないと，すぐにデータが尽きてしまうことを見てきた．しかし，式 (3.82) で表される情報の伝達を適切に評価するためには，任意の長いスパイク列に対する応答条件付きアンサンブルを特徴付けることが必要となる．これは一見絶望的であるが，この困難を乗り越えるための鍵は「最大エントロピー」の考え方にある．

任意の確率分布のエントロピーは，同じ平均と分散をもつガウス分布よりも常に低い．この性質を利用するために，**与えられた**あるスパイク列に対する刺激波形の平均と分散を評価する．そして，この条件付き分布をガウス分布で近似し，I の**下限**を得る．与えられたスパイク列に対する平均刺激波形は，以下の式で表される．

$$\overline{s}\left(t;\{t_i\}\right) = \int DsP\left[s(t)|\{t_i\}\right]s(t) \tag{3.83}$$

一方，条件付き分布の分散を求める際には，与えられたスパイク列に対する刺激 $s(t)$ の変動が時間的に一定でないことに注意する．スパイクは特定の時刻においてのみ発射されるため，スパイクが発射されない長いインターバルの間に $s(t)$ は大きく変動する可能性がある．したがって，完全な共分散行列が必要となり，以下のように書く．

◆4 訳注：式 (3.80) から，

$$\begin{aligned}
\text{右辺} &= \int Dt_i \int DsP[s(\tau)|\{t_i\}]P[\{t_i\}]\log_2\left(\frac{P[s(\tau)|\{t_i\}]}{P[s(\tau)]}\right) \\
&= -\int Dt_i \int DsP[s(\tau)|\{t_i\}]P[\{t_i\}]\log_2 P[s(\tau)] \\
&\quad + \int Dt_i \int DsP[s(\tau)|\{t_i\}]P[\{t_i\}]\log_2 P[s(\tau)|\{t_i\}] \\
&= -\int Ds\left[\int Dt_iP[s(\tau)|\{t_i\}]P[\{t_i\}]\right]\cdot\log_2 P(s(\tau)) \\
&\quad - Dt_iP[\{t_i\}]\left[-\int DsP[s(\tau)|\{t_i\}]\log_2 P[s(\tau)|\{t_i\}]\right]\int Dt_iP[s(\tau)|\{t_i\}]\cdot P[\{t_i\}] \\
&= P[s(\tau)]
\end{aligned}$$

より，式 (3.82) が得られる．

$$\widehat{N}(t,t';\{t_i\}) = \int DsP[s(t)|\{t_i\}][s(t)-\overline{s}(t;\{t_i\})][s(t')-\overline{s}(t';\{t_i\})] \quad (3.84)$$

デジタル信号として離散的な時間刻みで取得される場合，この行列は巨大ではあるが通常の行列であり，一般的な線形代数の方法で操作することができる．実際，この行列は，応答条件付きアンサンブルの議論で触れた非定常相関行列と同類である．さらにいえば，式 (3.84) は，揺らぎ $\delta s(t) = s(t) - \overline{s}(t;\{t_i\})$ に関する相関関数を表すが，スパイク時刻を指定し時間のシフトに関する不変性を失った形式になっている．

刺激のアンサンブルがガウス分布に従う単純な場合には（必ずしもホワイトノイズである必要はない），事前分布 $P[s(t)]$ は，すでに 3.1.4 項で説明したように，パワースペクトルや相関関数によって特徴付けられる．しばらくの間，その相関関数あるいは共分散行列について考えていく（$\widehat{S}(t,t')$ と表記する）．この行列は時間差 $t-t'$ のみに依存するため，フーリエ変換を利用して対角化することができる．その結果得られる固有値はパワースペクトルに比例する．これらの性質は後ほど重要となるが，当面は $\widehat{S}(t,t')$ と $\widehat{N}(t,t';\{t_i\})$ を通常の行列として取り扱う．

ガウス分布に従う信号において，私たちの問題は，多次元ガウス分布 $\widehat{S}(t,t')$ と $\widehat{N}(t,t';\{t_i\})$ のエントロピーの差を計算することに還元される．1 次元の場合のエントロピーは，式 (3.10) およびその周辺の議論ですでに取り扱っている．多次元の場合，共分散行列を対角化する座標変換を行い，各独立な自由度に対するエントロピーを計算し，それを合計して元の座標系に戻すことになる．このとき，結果が座標系の選択に依存しないことを確認する必要がある．得られる結果は以下のとおりである．

$$I \geq \frac{1}{2}\int Dt_i P[\{t_i\}]\,\mathrm{Tr}\left(\log_2\left[\int dt'\widehat{S}(t,t')\,\widehat{N}^{-1}(t',t'';\{t_i\})\right]\right) \quad (3.85)$$

ここで，$\mathrm{Tr}(\cdots)$ は行列 $(\cdots)$ のトレースを示す．この式中の対数は，行列を引数とする関数としての対数である．この行列の対数は，再度座標変換を行って行列を対角化し，各対角要素（固有値）をその対数に置き換えて，元の座標に戻して計算する．さらに，式

$$\int dt'\widehat{S}(t,t')\,\widehat{N}^{-1}(t',t'';\{t_i\}) \quad (3.86)$$

は，行列 $\widehat{S}$ と $\widehat{N}^{-1}$ の積を表す．後者は $\widehat{N}$ の逆行列，すなわち

$$\int dt'\widehat{N}^{-1}(t,t';\{t_i\})\,\widehat{N}(t',t'';\{t_i\}) = \delta(t-t'') \quad (3.87)$$

である．情報量のこの式 (3.85) は，重要な洞察を提供する．特定のスパイク列が提供する信号の共分散行列と，信号そのものの共分散行列との関係により，その特定のスパ

イク列が信号に与える情報の下限が計算できる．そして，すべてのスパイク列に対してその発生確率を用いて平均をとることで，平均的な情報伝達率の下限を求めることができる．

式 (3.85) の考え方は直観的だが，その数学的処理は依然として複雑である．各スパイク列に対する $\widehat{N}$ を計算し，その対数をとったうえで，すべてのスパイク列に関して平均をとる必要がある．この計算を簡略化するヒントとして，任意の分布 x について x の対数の平均は平均の対数よりも常に小さい，つまり $\langle \log x\rangle \le \log\langle x\rangle$ という関係を考慮する．この関係は**図 3.16** で描写されており，$\log x$ は x に関して凹であることを示している．この凹性を利用することで，対数の内側で平均をとる際にこの不等式が成り立つ．しかし，この平均をとる処理において，共分散行列 $\widehat{N}$ の全スパイク列に関する平均を計算する必要がある．

$$\left\langle \widehat{N}\left(t,t';\{t_i\}\right)\right\rangle = \int Dt_i P\left[\{t_i\}\right] \widehat{N}\left(t,t';\{t_i\}\right) \qquad (3.88)$$

この平均共分散行列は，その条件付き平均を中心とする信号の変動を表すが，その変動

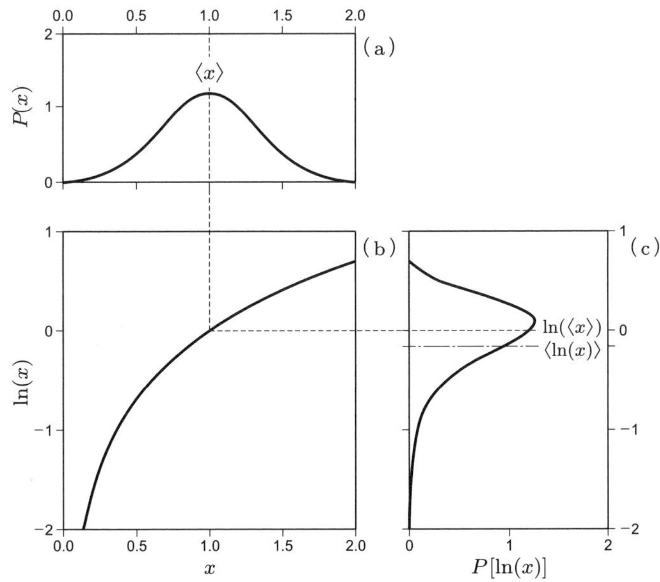

図 3.16 $\ln(x)$ の凹性と不等式 $\langle\ln(x)\rangle < \ln\langle x\rangle$．$\ln(x)$ の凹性は，$\ln(x)$ の x に関する平均が x の平均の対数よりも小さいことを意味する．パネル (a) では，x は平均 1 の対称な分布に従っている．パネル (b) で示される x の自然対数は，パネル (c) で示すように歪んだ分布をもっている．この変換は $x > 1$ の領域を縮小し，$x < 1$ の領域を拡大する．結果として，$P[\ln(x)]$ の最頻値は上がり，$P[\ln(x)]$ の平均は下がる．すなわち，$\langle\ln(x)\rangle < \ln\left(\langle x\rangle\right)$ である．

自体もすべての可能なスパイク列にわたって平均化されている．この平均的な変動は，もはや特定のスパイクの到着時刻を追跡していないため，定常的である．したがって，平均共分散行列は時間差 $t-t'$ のみの関数として以下のように表される．

$$\left\langle \widehat{N}\left(t,t';\{t_i\}\right)\right\rangle = \overline{N}\left(t-t'\right) \tag{3.89}$$

ここで，ノイズの相関行列が信号の相関行列と同じ構造をもつと考える．つまり，ノイズは時間差のみに依存する．したがって，$\widehat{S}$ の固有値は信号のパワースペクトルであり，$\overline{N}$ の固有値はノイズのパワースペクトルである．記法を固定するために，ノイズスペクトルを陽に定義する．

$$\overline{N}(\omega) = \int d\tau \exp(+i\omega\tau)\overline{N}(\tau) \tag{3.90}$$

この定義により，複雑な行列操作は不要となり，固有値の操作だけで情報伝達を考えることができる．時間窓 T が大きくなると，トレース操作は全周波数の合計をとる操作になるが，式 (3.65) の議論に基づき，この合計は積分として扱うことができる．以上の考察をまとめると，伝達される情報量は次の単純な式で抑えられる．

$$R_{\text{info}} = \lim_{T\to\infty}\frac{I\left[\{t_i\}\to s(\tau)\right]}{T} \geq \frac{1}{2}\int_{-\infty}^{\infty}\frac{d\omega}{2\pi}\log_2\left[\frac{S(\omega)}{\overline{N}(\omega)}\right] \tag{3.91}$$

ここで，$\overline{N}(\omega)$ はスパイク列に関して平均化された，条件付き平均波形の周辺のばらつきのパワースペクトルであり，$S(\omega)$ はこれまでどおり信号のパワースペクトルである．

計算はまだ終わっていない．パワースペクトル $\overline{N}(\omega)$ は，条件付き平均の周辺での刺激の変動を記述するが，条件付き平均の計算方法については触れていない．応答条件付きアンサンブルの解析では，各スパイク列の多数の例を実験的に計測して求めたが，長時間のスパイク列に対しては不可能である．では，どのように進めればよいのだろうか．条件付き平均は，スパイクの到着時刻 $\{t_i\}$ を各時刻 t での s の値に写像するものとして理解できる．これを $\overline{s}(t;\{t_i\})$ と表記してきた．この関数の形を推測するのが策略の 1 つである．この推測が適切であれば，その結果を真の刺激から差し引くことで，$\delta s(t)$ を得ることができ，さらにその偏差のパワースペクトルを計算することができるだろう．しかし，もし推測が不正確であった場合はどうだろうか．その場合，計算されたパワースペクトルは真の値 $\overline{N}(\omega)$ よりも常に**大きく**なる！

条件付き平均の推定は，つまりは与えられたスパイク列に対する刺激の推定である．得られる結果の $\delta s(t)$ は推定に関する誤差であり，その誤差のパワースペクトルは，周波数成分ごとの通常の平均 2 乗誤差の推定（あるいは χ^2 の推定）である．ここで重要なポイントとして，平均 2 乗誤差を最小にする最適な推定量は条件付き平均である．このアイデアは，すでに 2.3.1 項で使用しており，詳細は A.7 節に述べられている．その結果，任意の推定量による平均 2 乗誤差は，条件付き平均を中心にした信号の変動よりも常に大きくなる．これらの考察は，真の条件付き平均がわからない場合でも有用である．具体的には，スパイク列 $\{t_i\}$ から刺激を推定 $s(t)$ する**適当な**推定量 $s_{\mathrm{est}}(t;\{t_i\})$ を考えた場合，その誤差のパワースペクトル $N_{\mathrm{est}}(\omega)$ は，常に $\overline{N}(\omega)$ より大きいか等しくなる．したがって，

$$R_{\mathrm{info}} \geq \frac{1}{2}\int_{-\infty}^{\infty}\frac{d\omega}{2\pi}\log_2\left[\frac{S(\omega)}{N_{\mathrm{est}}(\omega)}\right] \tag{3.92}$$

となり，ノイズスペクトルは以下のように定義される．

$$N_{\mathrm{est}}(\omega) = \int d\tau \exp(+i\omega\tau)\left\langle\left[s(t) - s_{\mathrm{est}}\left(t;\{t_i\}\right)\right]\left[s\left(t'\right) - s_{\mathrm{est}}\left(t';\{t_i\}\right)\right]\right\rangle \tag{3.93}$$

ここで，平均 $\langle\cdots\rangle$ は信号とその信号に対するスパイク列のアンサンブルに関する平均である◆5．もし悪い推定量を選択すると，その下限は真の情報伝達率*10よりはるかに低くなる．真の情報伝達率に対するこの下限の比は，推定された波形によって計測された $s(t)$ について得られる情報の一部分を提供する．

ようやく実験の戦略にたどりついた．具体的には，スパイク列 $\{t_i\}$ を入力とし，アンサンブル $P[s(\tau)]$ から選ばれる未知の連続刺激の推定量 $s_{\mathrm{est}}(t;\{t_i\})$ を出力する箱を構成する．この箱をパラメータ化し，真の信号とその推定値の平均 2 乗誤差 (χ^2) を最小化するパラメータを選ぶ．最終的に，この誤差のパワースペクトルは式 (3.92) で与えられる情報伝達率の下限を与えることになる．

前述の内容は純粋な数学的事実に基づくものであることを忘れてはならない．神経系が刺激波形を再構成することに特別な「興味」をもっているわけではないし，再構成における χ^2 誤差が何らかの生物学的意味をもつわけでもない．この文脈において，刺激の再構成はただの手段であり，スパイク列の変動をそれと等価な刺激の変動へと変換する方法として用いられる．また，χ^2 という誤差指標は，ガウス分布の最大エントロピーの特性から得られるもので，それ以上の意味をもたない．

この議論の中で，私たちはいくつかの異なるノイズを定義してきたが，そのすべてを N とよぶ（以下でもう 1 つ定義する）．ある特定のスパイク列で示される信号 $s(t)$ の

◆5 訳注：式 (3.89) の議論と同様に，時間差 $\tau = t - t'$ のみの関数として，τ で積分してフーリエ変換する．

*10 もし十分に悪い推定量を選択すると，式 (3.92) の右辺は負になることもある．その場合，真の情報伝達率はその負の値より大きいということを表す．これは役には立たないが，（任意の推定量で成立するという点に関して）正しいことは正しい．

真の変動を $\widehat{N}$ とする．同様に，$\overline{N}$ を，すべての可能なスパイク列に関する $\widehat{N}$ の平均とする．さらに，N_{est} を，推定された信号の誤差とする．しかし，最終的な式，特に式 (3.92) は，以前の式 (3.37) と比較して，少し非直観的に見えるかもしれない．これは，式 (3.92) の「誤差のスペクトル」が系統的な誤差とランダムな誤差の両方を含む可能性があるためである．したがって，何らかの理由でスパイク列から信号の再構成がまったくうまくいかない場合，私たちがとるべき最善の策は，信号がゼロであったと推測することである．これは，アンサンブル $P[s(t)]$ の平均値と一致する．しかし，この場合，誤差は信号自体と同程度に大きくなり，$N_{\mathrm{est}}(\omega) = S(\omega)$ かつ $R_{\mathrm{info}} \to 0$ となって，理にかなっている．この極端な例では，誤差はランダムではなく，信号と完全に相関していることになる．

情報伝達率の推定は，ランダムな誤差と系統的な誤差を区別することを必要としないが，その区別は概念的には有益である．このため，式 (3.36) と (3.37) での議論に倣って，入力に対する実効ノイズという意味で再構成の質を特徴付けたい．系統的な誤差とランダムな誤差を分離するために，各周波数で以下のように定義する．

$$\widetilde{s}_{\mathrm{est}}(\omega) = g(\omega)\left[\widetilde{s}(\omega) + \widetilde{n}_{\mathrm{eff}}(\omega)\right] \tag{3.94}$$

ここで，$g(\omega)$ は周波数依存のゲインであり，系統的な誤差を修正するためのものである．一方，$\widetilde{n}_{\mathrm{eff}}(\omega)$ は実効入力ノイズである．g と $\widetilde{n}_{\mathrm{eff}}$ を計算するために，実験を長さ τ_0 の長さのセグメントに分割する．その後，各セグメントの刺激とその再構成をそれぞれフーリエ変換し，結果をフーリエ係数の集合 $\{\widetilde{s}^n(\omega), \widetilde{s}^n_{\mathrm{est}}(\omega)\}$ として得る．ここで，n はセグメントの番号を示す．

各周波数 ω において，刺激のフーリエ係数 $\widetilde{s}^n(\omega)$ を再構成したフーリエ係数 $\widetilde{s}^n_{\mathrm{est}}(\omega)$ とともにプロットする．各セグメントは，このプロット上の 1 点に対応する．ゲイン $g(\omega)$ はこれらの点の最もよい線形近似の傾きを表し，実効ノイズ $\widetilde{n}_{\mathrm{eff}}(\omega)$ は刺激軸に沿った散布を表す．**図 3.17** に，図 2.20 の再構成に関する 2 つの散布図を示す．

ランダムな誤差と系統的な誤差を分離する理由の 1 つは，最小 2 乗法による最適な推定値が真の信号を**常に**過小評価することである．系統的誤差が非常に大きい場合，この過小評価は深刻であり，推定値はゼロに近づく．このような状況で，誤差のスペクトル $N_{\mathrm{est}}(\omega)$ は，前述のとおり信号のスペクトルに近づく．一方，実効ノイズは系統的な誤差を除外しているため，大きな実効ノイズレベルをもつ周波数帯は，再構成の品質が低いことを示す．さらに，系統的な誤差を取り除くことで，刺激と無関係なノイズの真の計測値を得ることができる．

実効ノイズレベルは，そのパワースペクトル $N_{\mathrm{eff}}(\omega)$ によって定量化される．これは，

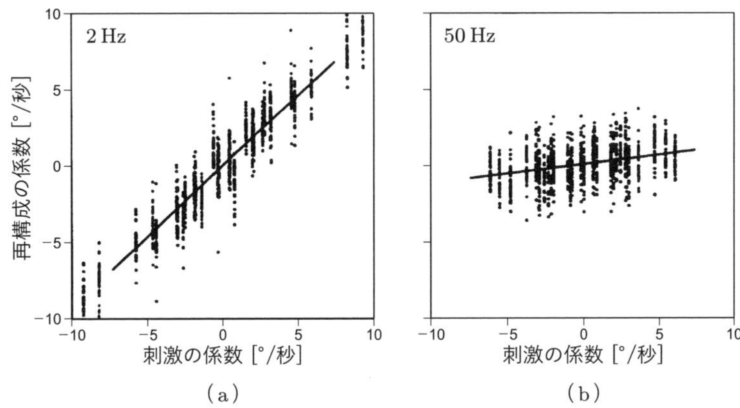

図 3.17 (a) 2 Hz および (b) 50 Hz での H1 実験による推定誤差の散布図．刺激と推定値は，固定された時間の長さ（この例では約 2 秒）のセグメントに分割される．各セグメントでフーリエ変換を行い，点 $[\tilde{s}^i(\omega), \tilde{s}^i_{\mathrm{est}}(\omega)]$ の集合を得る．ここで，上付き添字 i はセグメント番号を示す．次に，各周波数 ω において，$\tilde{s}^i(\omega)$ に対する $\tilde{s}^i_{\mathrm{est}}(\omega)$ の散布図を作成する．各セグメントは散布図上の 1 点を表す．最適フィッティングの線分の傾きがゲイン $g(\omega)$ を示し，x 軸に沿った散布は実効ノイズ $\tilde{n}_{\mathrm{eff}}(\omega)$ である．

時間窓 τ_0 で正規化されたフーリエ成分 $n_{\mathrm{eff}}(\omega)$ の分散であり，$N_{\mathrm{eff}}(\omega) = \langle |\tilde{n}_{\mathrm{eff}}(\omega)|^2 \rangle \tau_0$ である（3.1.4 項の議論と図 3.8 を参照）．実効ノイズスペクトルを周波数の関数としてプロットすると，聴覚系のニューロンが選択的に応答する特定の周波数帯を，低い実効ノイズをもつ周波数帯としても見直すことができる可能性がある．最後に，情報伝達率の式 (3.92) を実効ノイズレベルで書き直すと，式 (3.72) と比較して以下のようになる．

$$R_{\mathrm{info}} \geq \frac{1}{2} \int_{-\infty}^{\infty} \frac{d\omega}{2\pi} \log_2 \left[1 + \frac{S(\omega)}{N_{\mathrm{eff}}(\omega)} \right] \tag{3.95}$$

この式から，再構成における信号ノイズ比の自然な指標として，信号のパワースペクトルと実効ノイズスペクトルの比，すなわち，$SNR(\omega) = S(\omega)/N_{\mathrm{eff}}(\omega)$ が得られる．そして，標準的な Shannon の情報理論の定式化である式 (3.72) を用いると，情報伝達率を計算することができる．この節の目的は，この方法によって情報伝達率を下から評価することを保証することであった．情報伝達率の計算手法についての要約は図 3.15 に示されている．

3.3 連続刺激のエントロピーと情報

前節で紹介したアプローチは現在，多くの感覚ニューロンの情報伝達率の計測に利用されている．ハエの視覚系での運動感受性ニューロン H1 に関する初の研究 (Bialek et al. 1991) の後，感覚刺激を離散的なスパイク列に変換する一次感覚野のニューロンを対象とした一連の実験が行われた．これらの初期の実験は，カエルの内耳の音波と振動の感覚器官 (Rieke 1991; Rieke et al. 1992) や，コオロギの尾毛の機械受容器 (Warland 1991; Warland et al. 1992) のニューロンを調べたものである．これらの実験から，スパイク列のエントロピーによって規定される物理的な限界に非常に近い，高い情報伝達率が示された (Rieke, Warland, and Bialek 1993)．その後の実験では，同じ手法を用いて，コオロギの高次ニューロンの情報の流れを詳しく調べ (Theunissen 1993)，またカエルの聴覚におけるより自然な刺激のコーディング方法が研究された (Rieke, Bodnar, and Bialek 1992, 1995)．刺激再構成法は，トラサンショウウオの網膜の神経節細胞の情報伝達を定量化するため (Warland and Meister 1993, 1995) や，電気魚の求心性入力による「確率的コーディング」の研究 (Wessel, Koch, and Gabbiani 1996) にも利用された．

様々な感覚系がそれぞれ新しい疑問を投げかける一方で，情報伝達の計測は研究対象の系全体に共通の要素があることを示している．結果を示す際に，最も「単純な」系から始め，徐々に複雑な系へと進むことは合理的である．このような分類は危険をともなうものだが，コオロギの実験は，コーディングの問題に関してもっとも明瞭な研究手法であるといえるだろう．感覚毛を直接操作することで，制御された刺激を直接与えることができる．これは，感覚経路における物理刺激と最初のスパイキングニューロンのスパイク列との間にシナプスが介在しないためである．したがって，網膜のニューロンのネットワークや，脊椎動物の内耳の複雑な前処理を経ずに，時間依存性のある信号をスパイク列でエンコードする様子を直接観察することができるのである．本節では，まずコオロギの尾葉の感覚系を詳しく調査し，その後，背骨に（遠く）接続されているニューロンに話題を移す．

3.3.1 コオロギの尾葉系の機械受容器

コオロギやゴキブリなどの昆虫は，後端から 2 本の突起上の構造物が突き出ている (Huber, Moore, and Loher 1989)．これらは尾葉（びよう）とよばれる．各尾葉は様々な長さや形状の何千本もの毛で覆われており，それぞれが単一の感覚細胞から伸びている．また各細胞は腹部の神経節に軸索を投射する．毛は 3 種類に分類される．空気の流れでは大きく変形しない，触覚に感受性をもつ剛毛，空気の変位に強く応答する長く細い糸状毛，巨大な棒上の「重力感受性」をもつ毛である．さらに，尾葉表面の変形を感知する釣鐘型の感覚毛もあり，これらは糸状毛の根本付近に 2 本 1 組で配置されている．

大昔，昆虫が聴覚をもっているかどうかについて真剣な議論が行われていた (Pumphrey 1940)．人間の聴覚は，音源が非常に遠くにある場合，音圧の変動を鼓膜で感じ取る．特に，中音のドの上のラの音を聞いたとき，音の波長は 3/4 メートルとなり，耳から音源までの距離は音の波長よりもはるかに長くなる．しかし，多くの昆虫では，状況は大きく異なる．危険なスズメバチが 150 Hz で羽を振る音を聞くコオロギは，スズメバチが 2 メートルまで近づくと，1 波長内に入ることになる．この近接場では，音圧の変動を「聞く」だけでなく，空気の動きも「感じる」ことができる．この現象は，大型のウーファーを備えたステレオで低音を大きくすると体感できる．尾葉の感覚毛は，空気の変位を計測する役割を果たすが，クモの同様の構造の計測からも示されたとおり (Barth et al. 1993)，そのダイナミクスは非常に複雑である (Humphrey et al. 1993)．

近接音響センサの重要な点は，動物に空間的にフィルタリングされた世界の像を提供することである．しかし，この像は単一のセンサから得られる方向情報に基づいて形成される．各糸状毛は特定の平面内で動くように制限され，その毛の変位が特定の方向への空気の動きを伝える．尾葉は様々な方向の毛で覆われており，これらの毛からの求心性線維は，方向マップを作成する介在ニューロンの集団に投射される (Miller, Jacobs, and Theunissen 1991; Jacobs and Nevin 1991)．

自然の環境下で，捕食者の羽ばたきなどから生じる複雑な空気の動きのパターンが毛の変位に変換され，この変位がスパイク列にエンコードされる．コオロギはこのスパイク列を使って，周囲の環境のおおよその像を形成し，その像に基づいた行動をとるものと推測される．ここで，常に考慮される基本的な疑問が生じる．単一の感覚ニューロンのスパイク列には，実際にどれくらいの情報が含まれているのか？ この問いに答えるためには，空気の動きと毛の動きの間の複雑な機械的関係を避けて感覚毛を直接操作して，その軸索からの信号を記録するアプローチが最も適していると考えられる．そうすると，私たちの問いはもっと具体的になる．観察されたスパイク列から，毛の動きに関する情報をどれだけ抽出できるのだろうか？

基本的な実験手法は，**図 3.18**(a) に示すように，感覚毛にランダムな変位 $s(t)$ を与えると同時に，スパイクの到着時刻を細胞内電極を使用して記録するものである (Warland 1991; Warland et al. 1992)．長時間にわたる記録の後，式 (2.25) に基づいてデコーディングフィルタ $K_1(t)$ を最適化し，この最適化に使用しなかった別のデータセットを用いてデコーディングの性能をテストする．このテストは，フィルタ K_1 が特定の刺激波形のデータセットのみでなく，広い範囲の刺激アンサンブルに対しても有

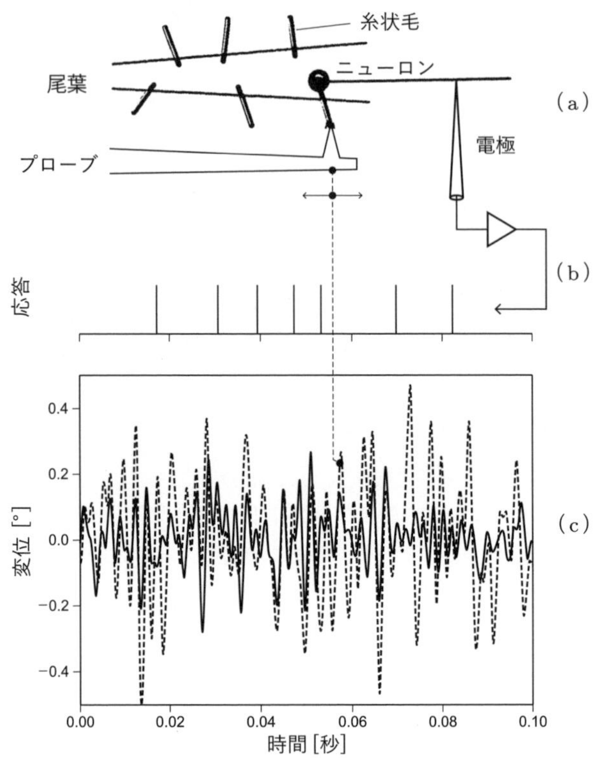

図 3.18　(a) コオロギの機械受容器に関する実験の模式図．1 つの尾葉から突き出ている糸状毛の上にプローブを配置する．プローブを水平に移動しつつ，その毛が投射するニューロンに刺入した細胞内電極からスパイクを計測する (b)．刺激（毛の角度の変位，破線）とそれに対する推定（実線）の一部を (c) に示す．Warland et al. (1992) および Warland (1991) からの引用．

効に動作することを確認するためのものである．実際の実験では，刺激アンサンブルは 25 から 525 Hz までの均一なスペクトルをもつガウシアンノイズとして与えられた．図 3.18(b) と (c) は，刺激，スパイク列，そして再構成された波形の例を示している．再構成された波形は，明らかにスパイク間のデータを補間しており，特定の部分では非常に短い時間スケールでの刺激の詳細を再現している．このことは，系の帯域幅が広いことを示唆している．一方で，再構成誤差は元の刺激のそれと同程度の大きさであり，全体の信号ノイズ比はほぼ 1 である．

再構成の定量的解析は，上述したとおり，刺激の推定を，刺激と決定論的に関連する信号（ただし，系統的な偏りが存在する可能性がある）と，刺激と無相関な実効ノイズに分離することで行われる．実効ノイズの振幅の分布は，図 3.19(a) のようにガウス

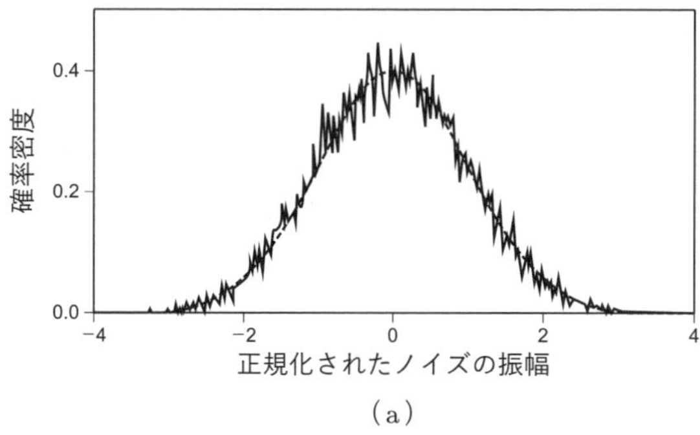

(a)

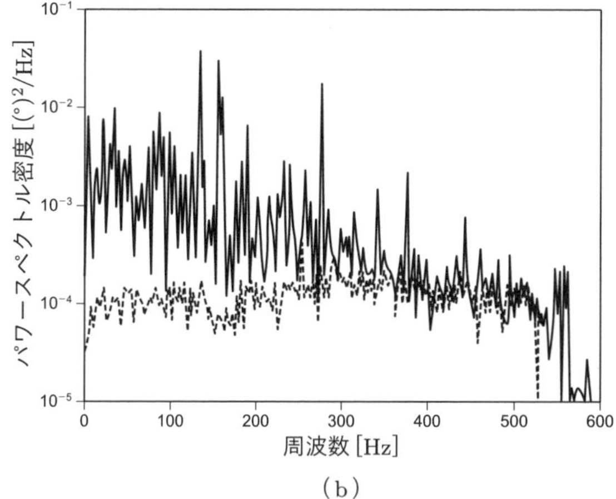

(b)

図 3.19 (a) コオロギの機械受容器の実験によって得られた実効ノイズの振幅分布．実効ノイズの振幅 $\tilde{n}_{\mathrm{eff}}(\omega)$ は，実験中の 120 個のセグメントそれぞれで計測された．各振幅をその周波数でのノイズの標準偏差 $\sqrt{\langle|\tilde{n}_{\mathrm{eff}}(\omega)|^2\rangle/2}$ で正規化し，正規化されたノイズの振幅からヒストグラムを作成した．このようにして得られたノイズヒストグラムは，標準偏差 1 のガウス分布によくフィットする（滑らかな曲線）．(b) 同じ実験で得られた信号（実線）と実効ノイズ（破線）のパワースペクトル．信号ノイズ比は特に高くはないが，約 300 Hz までの帯域幅で信号ノイズ比 1 は保たれている．

分布でよく近似できる．ガウス分布の最大エントロピーの特性を利用して，情報伝達率と実効ノイズのパワースペクトルの関係を評価し，真の情報伝達率を過大評価しないことを確認する．実際のノイズの分布がガウス分布に近づけば，その制限も厳しくなる．図 3.19(b) には，実効ノイズのスペクトルを信号のスペクトルとともに示しており，~ 300 Hz の帯域幅にわたって信号ノイズ比 $SNR \sim 1$ は保たれているのである．最後に，積分を行うことで，この実験における情報伝達率は 294 ± 6 ビット/秒として計算され，これは 3.2 ± 0.07 ビット/スパイクに相当する (Warland et al. 1992).

単一のニューロンが毎秒約 300 ビットもの情報を伝達できるという結果は驚異的である．しかし，MacKay と McCulloch は，1950 年代に，少なくとも理論上，スパイクあたり数ビットの情報伝達が可能であると指摘していた．しかしながら，この結果を解釈する際には注意が必要である．毎秒 300 ビットの情報が伝達されるということは，1 秒間の時間窓内で，ニューロンが $2^{300} \sim 10^{90}$ 通りの可能な信号の中から 1 つを，一意に識別可能なスパイク列として提供することを意味する．それはそのとおりなのだが，より有益な視点は，ニューロンが 2 つの可能な信号（感覚毛の正または負の変位）のうちの 1 つだけを（大まかに）伝えることができ，この情報が数ミリ秒ごとに更新されるということである．これは情報伝達率に関しては等価な説明であるが，後者の視点は，高い情報伝達率が広い帯域幅にわたる適度な信号ノイズ比によって達成されるという事実を強調している．自然界では，同じ情報伝達率をもつが狭い帯域で高い信号ノイズ比をもつ系を選ぶことも考えられる．しかしそのような系は，過渡的な信号の送信に際して大きな遅延を引き起こすことが予想される．Werner and Mountcastle (1965) の求心性体性感覚入力の分析（3.2.2 項参照）においても見られるように，尾葉の求心性線維は，急速に変化する信号に関する情報を大量に伝達するために特化しているようである．

情報伝達率を決定するための戦略を構築する際，**どのような**推定方法を用いても，ビットレートの下限を設定できるという原理的な側面を強調したい．図 3.19 に示した結果は，最適線形フィルタという非常に単純な推定方法に基づいているが，非線形項を追加して推定性能を向上させようとした場合でも，実効ノイズレベルが低下する兆候は見られない．より具体的には，式 (2.25) に 2 次の項を追加したとしても，R_{info} に対する制約が統計的に有意に増加することはない．線形フィルタによる高いビットレートと非線形フィルタによる改善の不足という組合せは，比較的単純な線形再構成戦略が情報の多くを捉えていることを強く示唆している．この点について，さらなる詳細を検討していこう．

MacKay と McCulloch が計算したのは，任意のコーディング戦略による情報伝達ではなく，スパイク列自体の統計的構造が許容する最大の情報伝達であることを注意しよう．私たちがこれまで強調してきたように，視覚系で回折が空間分解能の限界を定めるのと同じく，スパイク列のエントロピーが情報伝達の物理的な限界を定める．エントロピーは（大雑把にいって）弁別可能なスパイク列の数を計るものであり，情報伝達率は弁別可能な刺激波形の数を計る．明らかに，どのようなコーディング戦略を採用しても，スパイク列の数を超える波形を弁別することは不可能である．そこで，次のようなコーディング効率の指標を定義できる．

$$\varepsilon = \frac{R_{\text{info}}}{S/T} \tag{3.96}$$

ここで S/T は，スパイク列の単位時間あたりのエントロピーである．理想的には，スパイク列のすべての種類が入力信号の一意の変動に対応している場合，効率は $\varepsilon = 1$ となる．このアプローチは，情報伝達率 R_{info} の下限を提供するという点に注意すべきである．もし，同じ実験でスパイク列のエントロピーの**上限**が求められるならば，コーディング効率は，実験的に決定可能なある値よりも大きいと結論付けることができる．

スパイク列のエントロピーに実験的な上限を設定する鍵は，やはり最大エントロピーという概念にある．エントロピー自体を直接計測することは難しいが，たとえばニューロンの平均発火率などは実験的に計測できる．この平均発火率を満たすという制約のもとで，単位時間あたりのエントロピーが最大となるようなスパイク到着時刻の確率分布を探ることが考えられる．この最大エントロピー問題の解は，各時間ビンにおける独立したスパイクの確率モデルとして現れる．これは 3.1.2 項で触れた MacKay と McCulloch による研究で議論されたモデルである．したがって，MacKay と McCulloch の結果は，与えられた平均発火率をもつスパイク列のエントロピーの上限を表していると解釈することができる．

より精密な上限は，スパイク間隔が独立していると仮定し，ただ第 1 モーメント $1/r$ に従うだけでなく◆6，計測された分布に合致すると仮定することで導かれる (Rieke, Warland, and Bialek 1993)．実際のところ，2 倍の間隔を超える分布のデータを収集する必要はない．ここで肝心なのは，真のエントロピーがこれらの低次の近似から算出される値よりも低いということである．式 (3.96) の文脈でいうと，これはコーディングの効率を常に**過小評価**することを示している．

MacKay と McCulloch によるスパイク列のエントロピーに関する上限は，最も基本的な結果といえる．それは，この上限が平均発火率のみを考慮しており，他のスパイクの統計情報は一切利用していないためである．したがって，同じスパイク数をもちつつも，より多くの情報を伝達できるコーディング方法は**存在しない**．感覚ニューロンの性能をこの基準で評価することは，神経コーディングが情報理論的にどれだけ効率的であるかを最も厳格に試験するアプローチである．

スパイク列のエントロピーが，神経系が想定する時間分解能 $\Delta\tau$ に依存するのは明らかである．特定の感覚系において，$\Delta\tau$ の定量的な推定は存在しないのだから，数値的なアプローチをとるのが妥当である．与えられた実験条件では電極の特性，スパイク波

◆6 訳注：r は平均発火率を表す．

形，記録機器のノイズレベルなどに応じて $\Delta\tau$ が暗黙のうちに設定される．この有限の精度は，スパイク到着時刻の離散化において，ビン内に含まれるすべての到着時刻を等しくみなせるビンを定義する際に明らかになる．コオロギの実験では，ビン幅は 0.1 ミリ秒であった (Warland 1991)．したがって，再構成が刺激に関する情報を 3 ビット/スパイク伝達しているという場面では，これは $\Delta\tau = 0.1$ ミリ秒の場合を指している．$\Delta\tau$ を大きくしていくと，情報伝達率とエントロピーレートの両方が変化することが**図 3.20** から読み取れる．情報伝達率を計算するためには，スパイク到着時刻をより低い分解能で再計算し，同じ再構成の解析を行うことが必要である．つまり，最適カーネルを求め，誤差を系統的な成分とランダムな成分に分離し，ノイズのパワースペクトルを求めて情報伝達率を計算する．この情報伝達率が大きく低下することはなく，0.3 ミリ秒のビンでも元の情報伝達率の 90% が維持される．時間分解能を下げることによる情報の損失は徐々に進行するもので，突然の崩壊は起こらない．$\Delta\tau$ を変更することでエントロピーレートも変更され，式 (3.22) からその効果は劇的であると予想される．特に，小さい $\Delta\tau$ においては，ビン幅を 2 倍にするたびに，スパイクあたり 1 ビットのエントロピーが失われることになる．情報伝達率とエントロピーレートを比較すると，非常に小さい $\Delta\tau$ では，エントロピーレートは高いが情報伝達率は制約されている．つまり，この詳細なスケールでタイミングを追跡しても何も情報も得られない．しかし，大きな $\Delta\tau$ では，2 つの曲線は互いに近づく．図から，その比，すなわちコーディング効率 ε が，$\Delta\tau$ の広い範囲にわたって $\varepsilon \sim 0.5$ で推移していることが確認できる．

コーディング効率の結果は，300 ビット/秒の情報伝達率は，スパイク列自体の統計的性質による物理限界の約 2 倍に収まることを示している．どのようなコーディング方式を用いても，入力信号波形の情報をスパイク列に 2 倍以上もたせることは不可能である．

情報伝達率とコーディング効率に関する結果は，3 つの意味をもっている．第一に，ここで行った手法は情報伝達率の下限のみを確立しており，この下限の性質は神経コードの理解に直接的に関連していると論じている．その結果として，この下限は物理的な限界に近づいており，非常に良好であることが示された．したがって，線形のデコーディング方式は，小さな非線形項が寄与しないという摂動的な意味で「効果的」であるだけでなく，これ以上の優れたデコーディング方式が存在しないという大きな意味でも効果的である．これは非常に重要な結論である．なぜなら，私たちは神経コードを十分に理解しており，適切な時間分解能で計測されたスパイク列から，可能性のある全情報の少なくとも半分を抽出できることが示されているからである．カエルの聴覚系における実験では，物理的な限界にさらに近い情報伝達率が観察され，神経コードの理解に関

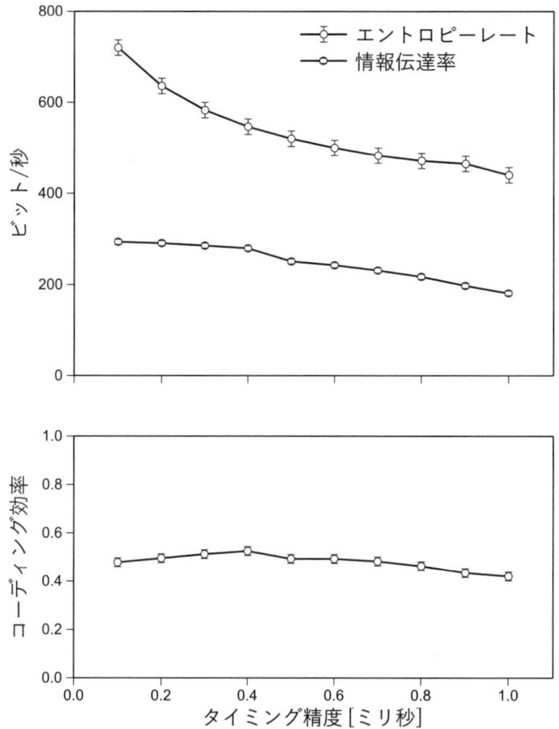

図 3.20 コーディング効率の構成．上段はコオロギの機械受容器のエントロピーレート（上の曲線）と情報伝達率（下の曲線）を，タイミング精度（ビン幅）の関数として示している．各タイミング精度 $\Delta\tau$ における情報伝達率は，観測された各スパイクを，元のスパイク時刻を中心とした幅 $\Delta\tau$ のビンにランダムに配置して計算された．この変動をもつスパイク列に対する再構成手順を繰り返して，再構成の質を実効ノイズレベルで評価し，式 (3.95) を用いて情報伝達率を求めた．エントロピーレートは，情報伝達率の理論上の上限を与える．このエントロピーレートは，平均発火率が 96 スパイク/秒のもとで，式 (3.22) を用いて算出された．この平均発火率は，情報伝達率の算出に使われたデータと同じ区間で計測されたものである．エラーバーは，データを 4 つのセグメントに分け，それぞれのセグメントでの平均値の標準偏差から求められている．情報伝達率のエラーバーは，データ点によっては見づらくなっている．下段は，式 (3.96) によって定義されるコオロギの機械受容器のコーディング効率で，上段の情報伝達率とエントロピーレートから計算された．コーディング効率は，感覚入力をエンコードする際に使われるスパイク列の情報的自由度のうちのどれだけが実際に利用されているかの割合の最小値を示す．

する主張がさらに補強される．

第二に，レートコードとタイミングコードの対比に関して，この区別を正確に定式化するのは困難であり，特に入力信号のダイナミクスを考慮しないとこの区別の議論は成り立たないと論じている．しかしながら，レートコーディングは，スパイクの正確な到着時刻に情報が含まれないという明確な定性的な予測をもたらしている．具体的には，たとえ私たちがミリ秒以下の精度でスパイクのタイミングを記録できたとしても，それは感覚信号の正確性を高めるものではない．一方，タイミングコードを利用するニューロンでは，スパイクの到着をより正確に計測することで，感覚世界に関するより詳細な情報を得られる．この「精度」と「知識」の間の関係を数値化するのは難しいが，この問題はまさに情報理論が扱うべきものである．スパイク列のエントロピーは，スパイクのタイミングをより正確に記録するための努力を定量化する指標であり，情報伝達率はこの努力と引き換えに得られる利益を示す指標として機能する．両方の指標は，特定の刺激アンサンブルの文脈でのみ定量化される．したがって，私たちはレートコードとタイミングコードの区別は，コーディング効率の時間分解能の変化を見ることで定量的に評価できると提案している．もし，レートコーディングの直観的な理解が適切であれば，コーディング効率は，小さい $\Delta\tau$ の値で計測した場合，非常に低くなるはずである．反対に，タイミングコードの直観的な理解に従えば，その効率は $\Delta\tau$ が典型的なスパイク間隔の数分の一であっても高く保たれるはずである．図 3.20 のデータは，少なくともこの特定の刺激アンサンブルにおいて，コオロギの尾葉の求心性線維のコーディング効率が，典型的なスパイク間隔のわずか数パーセントの時間分解能でも約 50% を維持していることを示している．このほぼ一定の効率は，スパイクの到着時刻のタイミングを 0.4 ミリ秒の時間分解能まで高めることで，情報伝達が比例的に向上することを示唆している．この意味で，ミリ秒未満のスパイクのタイミングは，感覚入力に関する貴重な情報を提供することが確認される．

3 つ目はより推測に近いが，一次感覚ニューロンの機能に関することである．まず最初に，ニューロンの情報伝達能力の物理的限界は，実際の生物の機能とは無関係であると考えることができる．むしろ，ニューロンの役割は，環境の「興味深い」部分を可能な限り迅速に識別し，その大きな情報容量を利用して，重要な特徴だけを高い信頼性で伝達することかもしれない．少なくとも，この実験条件下では，ニューロンの情報伝達の上限は**適切で**，一次感覚ニューロンのコーディング戦略に従うと，ほどほどの信号ノイズ比でも大量の情報を効率よく伝達できることが確認される．これらの結論をさらに深く探求すれば，神経コードの「デザイン」を決定する普遍的な原則を明らかにできるかもしれない．しかし，その前に，まったく別の系を調査して，（もしあれば）これらの結論のうちどれが一般化可能であるかを見ていく．

3.3.2 両生類の眼と耳

前節の考え方と手法は，2 つの非常に異なる脊椎動物の感覚系，カエルの小嚢（内耳の器官）(Rieke et al. 1992; Rieke, Warland, and Bialek 1993) とサンショウウオの網膜 (Warland and Meister 1993, 1995) にも適用されている．これらの系における求心性スパイク列から得られた情報量も，スパイク列のエントロピーの一部である．これらの結果の意味については後で考えることとし，まずはデータを検討しよう．

カエルとサンショウウオは，現生の 3 つの両生類の目のうちの 2 つの例である．カエルは無尾目に，サンショウウオは有尾目に属する*11．ある目の成功を，それを構成する科の多様性で測るなら，無尾目は 3400 種◆7 をもつ圧倒的に成功した両生類である (Frost 1985)．一方，有尾目の種数はその 1/10 程度である．両目とも，特殊な環境条件に絶妙に適応している．この特殊性の一部はこれらの生物の感覚系に反映されている．

カエルは，捕食者の位置を特定するための情報源として地面の振動を利用する．この振動を感知するのは，小嚢という特殊な感覚器である．小嚢は蝸牛のものと同じ有毛細胞を利用し，小嚢に投射を行う一次求心性ニューロンを第 8 神経の聴覚求心性線維へと連絡させる．これらの求心性線維のコーディングは，カエル全体を振動させつつ，単一の線維からの記録をとることで調査できる．この系は非常に高感度であり，電極が外れるほどの振動は不要である．この実験の手法は，以前の議論と同様である．すなわち，ガウシアンホワイトノイズを模倣したランダムな刺激を与え，その際のスパイク時刻を記録する．そして，刺激波形とスパイク列から推定カーネル $\{K_n\}$ を計算する．ここでとりあげる実験では，非線形項を推定手順に含めることで情報伝達率を 7% 向上させるが，その寄与は小さいとみなして議論を線形に限定する．

小嚢の求心性線維の実験における刺激と実効ノイズのパワースペクトルを図 **3.21** に示す．推定された信号ノイズ比は，40 から 70 Hz の範囲の周波数帯で 3 から 4 であり，小嚢が低周波の振動に敏感であることを反映している．この周波数帯の外では，推定の質は急速に低下する．このように，コオロギの機械受容器と同様に，これらの振動センサは十分な広さの帯域にわたって適度な SNR でコーディングしている．周波数に関して積分すると，情報伝達率は 155 ± 3 ビット/秒，あるいはほぼ 3 ビット/スパイクである．注意として，小嚢でエンコードされる周波数帯は尾葉のそれとは大きく異な

*11 残りのあまりなじみのない両生類は，脚がないことから無足目と名付けられている．
◆7 訳注：2024 年現在は約 7700 種が知られている．

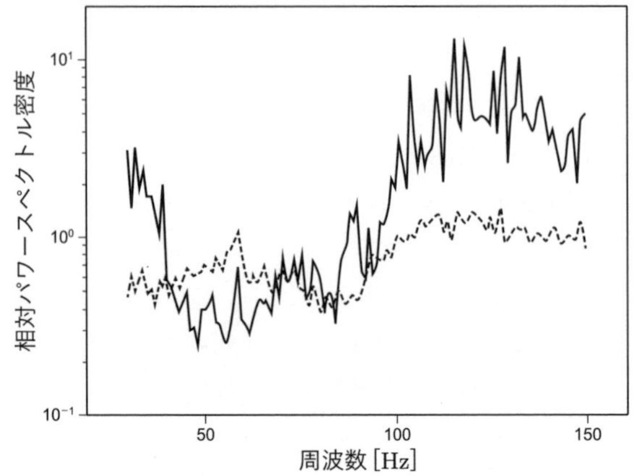

図 3.21　小嚢の実験における刺激（破線）と実効ノイズ（実線）のパワースペクトル．実験で用いられた信号は，30 から 1000 Hz の間でほぼ一定のパワースペクトルをもつガウシアンノイズである．実効ノイズスペクトルの 40 から 80 Hz の間の落ち込みは，細胞がこの周波数帯に感受性をもつことを反映している．推定された信号ノイズ比は最大で約 3 であり，40 から 70 Hz の間は 1 より大きな値で維持される．

り，総情報伝達率も発火率も異なるが，何ビット/スパイクであるかの値は非常に近い．コーディング効率を図 3.22 に示す．コオロギと同様に，広い時間分解能の範囲で，効率は 0.5–0.6 に達する．

サンショウウオの眼は脊椎動物の視覚系のモデルとして広く用いられている．これは，視細胞が大きく丈夫で，哺乳類のそれと比べて実験的に取り扱いやすいことが一因である．カエルほどの視力はないが，サンショウウオも興味をそそる視覚依存的な行動

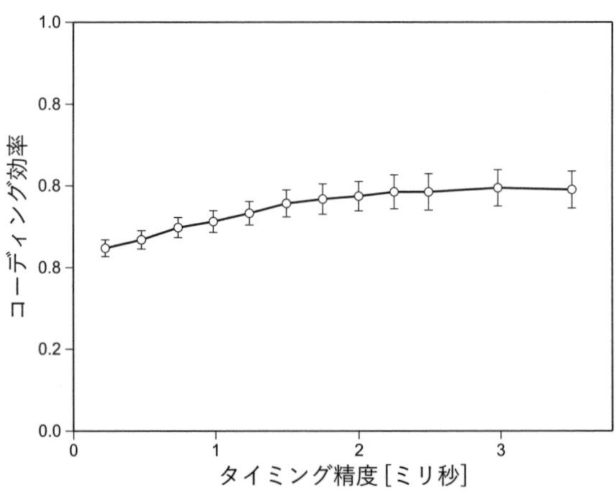

図 3.22　図 3.21 の実験において，図 3.20 に従って計算されたカエル小嚢のコーディング効率．

を示す．特に，サンショウウオは 0.1 度幅の縞模様が動く刺激（グレーティング刺激）に応答する．これは，網膜上で完全に焦点を合わせた場合約 2 マイクロメートルに相当し，光受容器の直径である 5–10 マイクロメートルよりも小さい値である．このことは，少し考えただけでは納得するのが難しいかもしれないが，これらの実験からわかるのは，サンショウウオは他の動物と同様に，個々の光受容器や神経節細胞のスケールで変化する視覚刺激に応答できることである．

サンショウウオの網膜は，（刺激）再構成の実験の題材であり，細胞外電極のアレイの上に，単離した網膜を神経節細胞を下にして配置した試料が用いられる (Meister, Pine, and Baylor 1994)．この電極アレイを用いると，約 40 個の神経節細胞から活動電位を記録することが可能である．複数のニューロンから同時に記録することで，空間的に変化する信号の情報が異なる細胞のスパイク列の間でどう共有されるのかという多くの疑問に向き合うことができるようになる．これらの疑問は 5.1 節に譲ることにして，ここではより単純な問題として，時間的に変化する空間的に一様な刺激，すなわち視野全体の明暗刺激のエンコーディングの問題を考える．つまり，刺激 $s(t)$ は単純な光の強度である．この特定の実験では (Warland and Meister 1993)，光の強度は 15 ミリ秒毎にガウス分布に従ってランダムに選択された．明暗する光は光受容器で変換され，後続の網膜のニューロン群で処理され，最終的に網膜神経節細胞の活動電位のパターンとして得られた．

この神経節細胞のアンサンブルからのスパイク列を，デコーディングアルゴリズムの一般化版でデコードした．

$$s_{\mathrm{est}}(t) = \sum_n \sum_i K_1^n \left(t - t_i^n\right) \tag{3.97}$$

ここで，n は細胞の番号，t_i^n は n 番目の細胞の i 番目のスパイク発射時刻である．注意すべき点として，各細胞はそれぞれ「自分専用」のフィルタ K_1^n をもつが，最良の再構成を与えるフィルタの選択は，異なる細胞間の相関に依存する．フィルタを変化させて刺激と推定値の平均 2 乗誤差を最小化するが，細胞ごとにフィルタがあるため，多数のフィルタを決定しなければならない．**図 3.23** の上のパネルは，最適化された再構成と真の刺激を時間の関数として比較したものである．この再構成は 4 個の細胞のスパイク列で行われた．この 2 秒間の時間窓内で約 18 スパイクが発生した．真の刺激が素早く変化する区間では，再構成はうまくいかず平均強度を推定するだけであるが，光の明暗が持続する場所では，再構成ははるかにうまくいく．

3.2.3 項で説明したように，再構成の質は各周波数における実効ノイズレベル，つまり信号ノイズ比 (SNR) で定量化される．この方法では，ランダムな誤差あるいはノイ

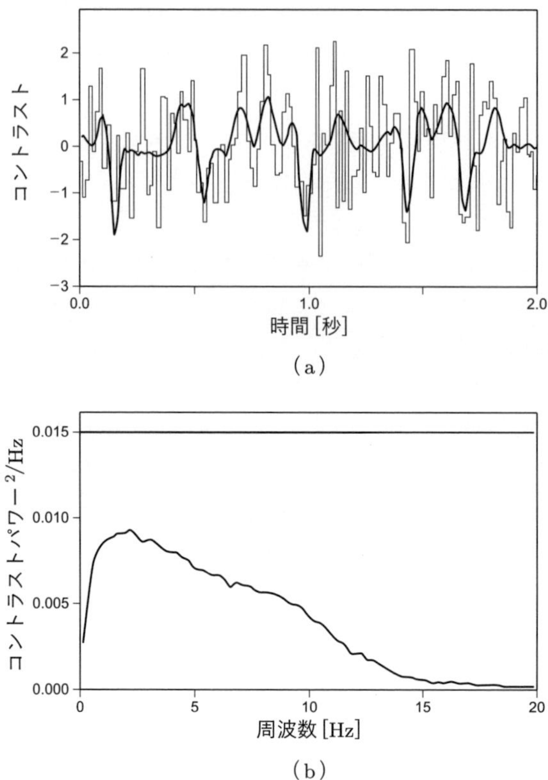

図 3.23 サンショウウオの網膜神経節細胞の複数細胞による再構成．網膜に薄暗い視野全体の刺激を与えながら，複数の網膜神経節細胞の応答を同時に計測した．(a) 刺激強度（細線）は 15 ミリ秒ごとにガウス分布からランダムに選択された．刺激のコントラストを標準偏差の単位で示している．刺激の時系列は 4 個の神経節細胞のスパイク列から推定された．各スパイク列は，本文で説明した線形の推定フィルタを通してフィルタリングされた．4 つのフィルタの出力を合計して，刺激の推定値を得た（太線）．(b) 信号（細線）と推定値（太線）のパワースペクトル．低周波では，推定値は刺激の構造のほとんどを捉えており，推定値のパワーは刺激のパワーに近づく．周波数が高くなると，神経節細胞よりも上流の網膜の細胞でフィルタリングが行われ，推定値のパワーは低下する．D. Warland と M. Meister の実験による．

ズを系統的な誤差から分離するが，線形再構成では，系統的な誤差の大きさは，SNR と非常に密接に関連していることがわかる．実効ノイズレベルを計測する代わりに，系統誤差を定量化することができるのである．線形再構成では，推定された信号のパワースペクトル $S_{\mathrm{est}}(\omega)$ は，真の信号のパワースペクトル $S_{\mathrm{real}}(\omega)$ よりも小さくなり，その関係は信号ノイズ比に依存する．

$$\frac{S_{\mathrm{est}}(\omega)}{S_{\mathrm{real}}(\omega)} = \frac{SNR(\omega)}{1 + SNR(\omega)} \tag{3.98}$$

信号ノイズ比が高くなると，推定はほぼ完璧になり，再構成のパワーは真の信号のパワーに近づくことに注意しよう．信号ノイズ比が 1 のとき，再構成は刺激のパワーの半分しか含まず，ノイズレベルが大きくなるほど再構成が捉えるパワーは小さくなっていく．

図 3.23(b) は，サンショウウオの実験における信号とその再構成のパワースペクトルを比較したものである．上の曲線は，刺激のパワーを周波数の関数として示したもので，0 から 60 Hz の間で一定である．下の曲線は再構成のパワースペクトルであり，この曲線は 2 Hz 付近でピークを示し，非常に狭い周波数範囲でパワーをもつ．高い周波数では，パワーは低下し，15 Hz でほぼゼロになる．このように高周波数で低下するのは，光受容器の周波数応答と関係している．

式 (3.98) から，図 3.23(b) のスペクトルを信号ノイズ比に変換し，カエルやコオロギの実験と同様に情報伝達率を推定することができる．その結果，サンショウウオの網膜にあるこの小さな細胞集団は，視野全体の明暗刺激の時間経過に関して，約 9.6 ビット/秒の情報を伝達していることがわかる．これは，もしスパイク到着時刻が時間分解能 $\Delta\tau = 15$ ミリ秒で計測された場合，コーディング効率 $\varepsilon \approx 0.2$ に相当する．

このように，まったく異なる 3 つの系において，20–60% のコーディング効率が示され，私たちはいまや高効率のコーディングが末梢感覚処理の一般的な特性であると確信している．これらの結果から明らかなように，スパイク列が感覚世界について伝える情報の約半分は線形再構成によって捉えられる．では，残りの半分はどうなっているだろう？ 次項では，より自然な刺激を用いた実験の解析から，1 つの答えを導き出す．

3.3.3 カエルとカエルの広告コール

私たちを取り巻く世界は，幸いにも高度に構造化された場所である．私たちの感覚器官に到達する信号は，完全にランダムなものではなく，時間的・空間的に相関をもっている．この相関は，世界の構造を反映している．神経系はこの構造をどのように利用しているのだろうか？ 1 つの可能性として，Barlow が 1959 年に最初に提唱した理論が挙げられる．神経信号処理の最初の段階で，信号の統計的性質を利用し，感覚世界のより効率的な表現を作り出しているというものである (Barlow 1961)．ここでは，再構成法を用いてこの考えを直接検証する試みを紹介し，様々なアンサンブルから選ばれた刺激に応答する単一の聴覚求心性線維の情報伝達とコーディング効率を比較する (Rieke, Bodnar, and Bialek 1995)．

5.2 節では，様々な感覚モダリティにおける自然な信号の特徴付けという，より一般的な問題を取り扱う．ここではウシガエルの聴覚系に焦点を当てる．ウシガエルの聴覚系は，比較的定型的な音である鳴き声を処理することに多くの時間を費やしている．**図 3.24** にその一例を示す．カエルは，広告コールとよばれる種固有のコミュニケーション信号を利用して，社会的・繁殖的な行動を行う．広告コールのパワースペクトルは，約 20 個の倍音から成り立ち，基本周波数は 100 Hz 付近である (Capranica 1965, 1968)．このパワースペクトルは声刺激のアンサンブルに有限の**相関時間**を与える．相関時間とは，与えられた過去の知識からどれくらい先の波形を予測できるかを示す指標である（3.1.4 項参照）．簡単にいえば，相関時間は各スペクトル幅の逆数で，この信号の場合，それは ∼ 30 ミリ秒である．

動物は自然刺激の時間相関を利用して行動を決定しているが，その相関が信号処理のどの段階で重要となるのかは明らかではない．「最もランダムな」ガウシアンホワイトノイズから，実際にカエルの池で聞こえる「最も構造化された」音まで，様々な種類の刺激を考慮することができる．理想的には，刺激アンサンブルに組み込まれた自然な

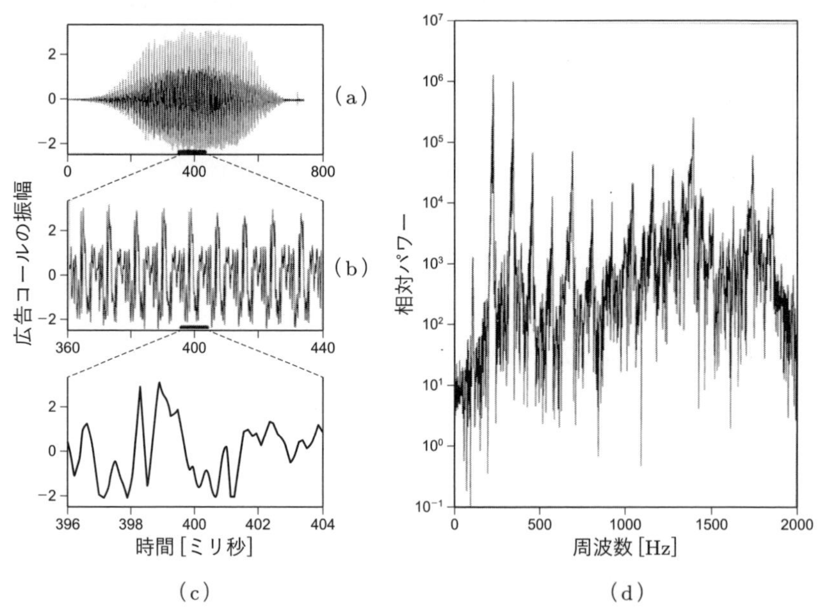

図 3.24 ウシガエルの広告コール．ニュージャージー州プリンストンのカーネギー湖で録音されたウシガエルの広告コールの一例．パネル (a), (b), (c) はそれぞれ，3 つの異なる時間スケールでの波形を示す．特に (b) における明瞭な声の周期的な構造は，異なる周波数成分間の位相の関係がランダムでないことを示唆している．パネル (d) はコールのパワースペクトルを示す．このコールは，基本周波数が 100 Hz 付近で，倍音の構造をもつ．このように，広告コールは高度に構造化された位相と振幅のスペクトルを有している．

構造のひとつひとつが，処理とコーディングにどのような影響を与えるのかを理解したい．

このアプローチにおける第 1 ステップとして，ガウシアンホワイトノイズを用い，フィルタを適用して，そのパワースペクトルを自然なコールのスペクトルと一致する帯域に変調する．第 2 ステップでは，ガウシアンノイズを同じパワースペクトルをもつ一様ランダムノイズに置き換える．そして，最後に，実際のコールにも同じ変調を施すことが可能である．強調しておきたいが，このプロセスを完遂するためには，自然なコールの統計的性質をより深く理解する必要がある．特に，再構成法を使用して情報伝達を解析する際には，刺激の分布のエントロピーを把握する必要がある．

この線に沿った検討の第 1 ステップは，ガウシアンホワイトノイズを用い，フィルタをかけて，そのパワースペクトルを自然なコールのスペクトルと一致した帯域に変調することである．第 2 ステップとして，ガウシアンノイズではなく，同じパワースペクトルを与える一様ランダムなノイズに置き換える．最後に，実際のコールに対しても同じ変調を与えることもできる．繰り返しになるが，この手順を完了するには，自然なコールの統計性をより深く理解する必要がある．特に，再構成法を用いて情報伝達を解析するには，刺激の分布のエントロピーを知る必要がある．ここでは，ホワイトノイズ刺激のエンコーディングと自然なパワースペクトルをもつ刺激のエンコーディングを比較する，この第 1 ステップに関する実験 (Rieke, Bodnar, and Bialek 1995) を紹介する．驚くべきことに，自然音へのこの一歩は，神経コードの効率に大きな影響を与えるものである．

図 3.25 は，カエルの聴覚器官であり，600 Hz 以下の周波数に調節されている乳頭 (amphibian papilla) に由来する単一聴覚神経線維の実験結果である．この器官のニューロンは，Lewis, Leverenz, and Bialek (1985) の総説に記載されているように，脊椎動物の聴覚神経で典型的に見られる様々な応答特性，たとえば低周波音に対する位相ロック，二音抑制，差音非線形性などを示すことが知られている．そのため，定量的な解析を行わなくとも，変調されたスペクトルをもつ刺激に対して，再構成はよりうまくいくことが明らかである．2 種類の刺激における顕著な違いの 1 つは，フィルタの時間幅である．広帯域ノイズの場合，単一スパイクは 5–10 ミリ秒間寄与するが，コールのスペクトルに合わせたノイズの場合は 100–200 ミリ秒間寄与する．広帯域ノイズの実験におけるフィルタ幅は，刺激自体の相関時間が短いことから，ニューロンのチューニング特性が決めている．コールのスペクトルに合わせたノイズの場合，刺激自体の相関時間がより長いため，単一のスパイクはより長時間推定に貢献することとなる．しかしその際でも，再構成フィルタの幅はわずか数発分のスパイク間隔にすぎない．

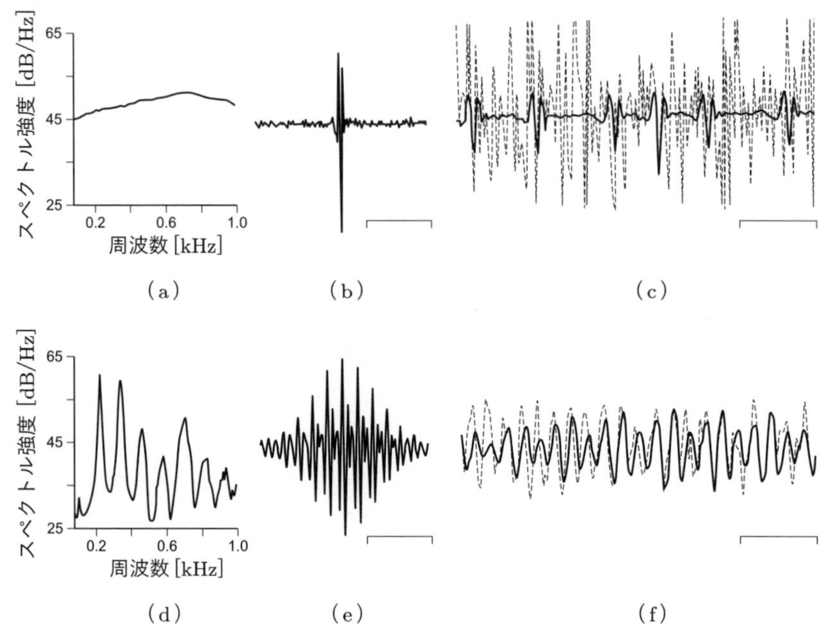

図 3.25　広帯域ガウシアンノイズと，自然なパワースペクトルをもつよう変調されたガウシアンノイズのコーディングを比較する実験のための刺激，フィルタ，推定値．(a) と (d) は実験刺激のパワースペクトルを示しており，(a) は広帯域のノイズ，(d) は変調されたノイズである．(b) と (e) は再構成フィルタを示す．(c) と (f) は刺激とスパイク列から得られた推定値の一部を示す．(b) と (e) のスケールバーは 20 ミリ秒，(c) と (f) は 10 ミリ秒である．Rieke, Bodnar, and Bialek (1995) をもとに再構成した．

これまでの解析と同様，再構成の結果を，真の刺激に関する系統的な成分とランダムな実効ノイズに分離できる．実効ノイズの振幅の分布は，広帯域刺激でも音声スペクトル刺激でもほぼガウス分布である．図 3.25 の実験における信号ノイズ比 (SNR) を図 3.26 に示す．広帯域刺激においては，実効ノイズレベルから計測される細胞の周波数チューニングは，標準的な手法で計測されるものと同等である．音声スペクトル刺激では，信号ノイズ比はほとんどの周波数で高い値を示す．刺激のパワーが広帯域ノイズより 10–15 dB 低い周波数でも，SNR は増大する．

再構成の解析の最後のステップとして，各周波数での信号ノイズ比を用い，情報伝達率の下限を式 (3.95) で計算する．その結果，広帯域刺激の場合，$R_{\rm info} = 46 \pm 1$ ビット/秒，すなわち 1.4 ビット/スパイクが得られる．一方，音声スペクトル刺激の場合，その値は $R_{\rm info} = 133 \pm 5$ ビット/秒に増加する．この値は，細胞が 1 スパイクあたり 7.8 ビットを伝達することを示している．同様の結果が多くの細胞で得られている

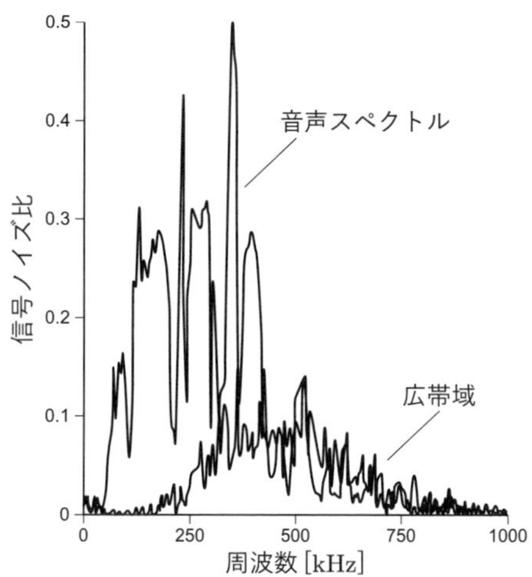

図 3.26 広帯域刺激と音声スペクトル刺激における信号ノイズ比．信号ノイズ比の積分は情報伝達率を示し，音声スペクトル刺激の場合は 133 ビット/秒，広帯域刺激の場合は 46 ビット/秒となる．Rieke, Bodnar, Bialk (1995) より再構成．

(Rieke, Bodnar, and Bialek 1995).

自然な刺激への一見小さなステップが情報伝達率を劇的に改善することは，情報伝達率がどこまで向上可能かという問題を提起する．ニューロンがスパイク列の単位時間あたりのエントロピーを上回る率で感覚情報を伝達することは，物理的に不可能である．このエントロピーは 3.1.2 項で説明されたものであり，MacKay and McCulloch (1952) が計算した値よりも小さい値である．コーディング効率，すなわち式 (3.96) で定義される情報伝達率とエントロピーレートの比を**図 3.27** に示す．この比は，コオロギの実験の図 3.20 に対応させて，時間分解能の関数として示されている．広帯域刺激では高い効率は確認され**ない**が，音声スペクトル刺激においては，効率が 90% に達し，この刺激のコーディングが情報伝達の限界に近いことが示されている．

これらの結果は，一次聴覚ニューロンのコーディング過程のダイナミクスが自然界の音の相関構造を利用し，信号を高い情報伝達率と効率でエンコードしていることを示している．もし聴覚系が加算ノイズに対して線形に振る舞うのであれば，このような改善は実現不可能である．その理由は，ある周波数のパワーが低下すると，その周波数の信号ノイズ比も低下し，結果として広帯域刺激が最も高い情報伝達率を提供することとなるからである．しかし実際には，聴覚情報処理の非線形性が自然な刺激に対する情報伝達率とコーディング効率を向上させているのである．

非線形性が複雑音のコーディングに重要な役割を果たしているという考えは，多くの

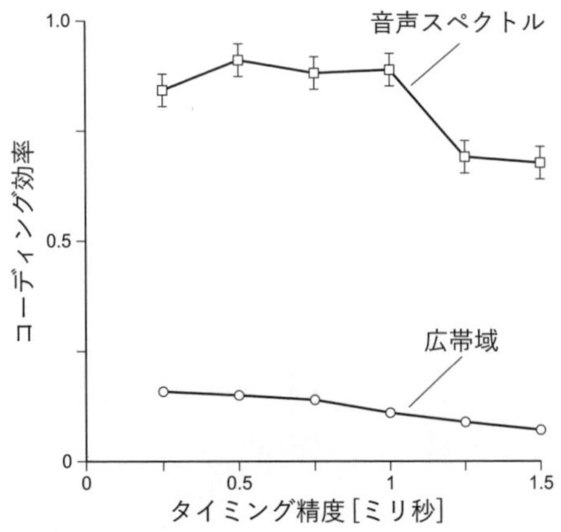

図 3.27　広帯域刺激と音声スペクトル刺激のコーディング効率．広帯域刺激のエラーバーはデータ点と重なって見えない．Rieke, Bodnar, and Bialek (1995) より取得．

実験に基づくものである．カエルの聴覚系では，Schwartz and Simmons (1990) が示したように，高周波にチューンする聴覚ニューロンが広告コールの基本周波数に位相ロックする現象が発見されている．それにもかかわらず，2 次・3 次の倍音のパワーは基本周波数のパワーよりも大きい．Schwartz と Simmons は，ニューロンが非線形相互作用を通じて，チューニングカーブ内の倍音成分から基本周波数を導出していると示唆している．この「周期性抽出」のメカニズムに関しては，Simmons and Ferragamo (1993) や Simmons, Reese, and Ferragamo (1993) による研究がある．カエルの聴覚系におけるこれらの非線形応答は，de Boer (1976) が指摘したヒトのピッチ知覚に関する「ミッシングファンダメンタル」現象と類似している．哺乳類の聴覚神経に関する一連の実験では，Young, Sachs らの共同研究 (Young and Sachs 1979; Sachs and Young 1980; Miller and Sachs 1983, 1984; Winslow, Barra, and Sach 1987) により，音声のような複雑な音のスペクトル構造情報を保持するための非線形性の重要性が強調されている．非線形な相互作用によって，より自然な音がより効率的にエンコードされるという観点は，古典的な動物行動学の研究の精神を反映している (Capranica 1965, 1968)．

コーディング効率は再現性の尺度であり，神経応答のどれだけが信号と一意に関連しており，どれだけがノイズであるかを示す指標である．自然な信号に対するコーディング効率の向上は，これらの信号に対する応答がより信頼性が高く，再現性に優れていることを示すものである．この事実は，Miller and Mark (1992) や Mainen and Sejnowski (1995) の研究結果と一致している．彼らは，非常に異なる系においても，より自然な時間依存性をもつ信号が，試行間でより再現性の高いスパイク列を生成することを明らかにしている．Strong et al. (1996) は，この再現性をどのように定量化し，情報伝達の独立した尺度として提供できるかを詳述している．これらの研究結果からの結論は，末梢の感覚ニューロンでさえ，その性能を最大限に発揮できるのは最も自然な信号に対してであるということである．

3.4 まとめ

Shannon の情報理論は，ある信号を観測することで「世界について知ることができる量」に数値を与えるものである．スパイク列の場合は，各スパイクを与えられた時間分解能で観測することで，**最大で**式 (3.22) で示される情報を取得できる．しかし，大きなビン内のスパイク数を単純に数え上げる方法を採用すると，得られる情報の量は式 (3.24) に従って制約される．この情報伝達の制約は，スパイクのレートとタイミングに基づくコーディングの違いを示唆している．そして，これまでの議論で，その違いは想像以上に微妙であることが示された．同様に，シナプス前細胞とシナプス後細胞がともに段階的な応答をもっていた場合，化学シナプスにおける小胞の介在する情報伝達にも，同様の制約が存在することが考えられる．

実際のニューロンやシナプスは，スパイク列や小胞のエントロピーで定義される情報伝達の限界に接近していることが，いくつかの系において実験的に示されている．「生物学的に妥当な」信号は，これらの細胞が情報を捨てるのではなく，脳へのスパイク列に最大限の情報を詰め込むことを可能にしている．この生物学的妥当さは，コーディング戦略を感覚生態学，特に自然に発生する信号の時間的特性に合わせて調整するものであり，より構造化された実世界の信号に関する情報を，同じスパイク数でより増加させる役割を果たしている．

第 4 章

計算の信頼性

私たちは全員，自分の知覚は確かであるという定性的な印象を共有している．この印象は幻想であるかもしれないが，経験によって裏付けられている．私たちは，ものにぶつかったり道を踏み外したりせずに，森の中をかなりのスピードで走ることができる．これは私たちの感覚が障害物の位置を確実に知らせてくれることの証である．このような知覚の信頼性と精度を定量化する研究は古くから行われており，これは心理物理学の題材である．この章では，いくつかの異なる実験的，理論的手法を探求し，信頼できる知覚の神経基盤を理解することを目的とする．いくつかの系では，3 つの基本的な量のうち，2 つが一致していることを示す．3 つの量とは，行動の信頼性，単一ニューロンの信頼性，そして関連するすべての感覚入力をデータ自体のノイズが課す物理的限界まで利用し尽くす，最適なプロセッサの信頼性である．

4.1 ニューロンの信頼性と知覚の信頼性

神経系の信頼性を理解することは，原則として定量的な問題である (Bullock 1970). 特に，機能とメカニズムに関する私たちの定性的な理解は，定量的な実験の影響を確実に受ける，生物システムの研究の中でも特異な分野である．しかし，スパイキングニューロンの信頼性を定量化するのは容易ではない．その理由は，特定のスパイク列が計算問題の「正解」にどれほど近いのかを評価する必要があるためである．この評価を適切に行うためには，神経コードの理解が欠かせない．そうでなければ，複雑なエンコーディングが，誤ったあるいはランダムな答えとして解釈されるリスクがある．一方，ニューロンの計算結果と特定の計算問題の「正解」との差を評価する指標を確立することも，同様に重要である．このような指標を開発するための一方法は，個々のニューロンの信頼性と神経系全体の信頼性とを対照的に比較することである．また，神経系の性能を，入力ノイズが計算に及ぼす信頼性の理論的な限界と照らし合わせて評価することも可能である．

4.1.1 歴史的背景

1940 年代から 1950 年代にかけて，複数の研究者が，神経系における計算の信頼性の理解が，非常に重要な理論的課題を提供することに気がついた．当時の電子計算機を用いて信頼性の高い計算を行う試みは，深刻な実際上の問題を抱えていた．そのため，自然の計算と人工の計算の問題が関連していると考えられるようになったのである．この背景から，von Neumann (1956) は「信頼できない部品による信頼できる計算」という理論的課題を定式化した．これは神経系においても直面する問題であると考えられる．この考え方は，神経系はノイズの多い細胞で構成された高度に相互接続されたネットワークであり，意味のある信号は冗長なニューロン群による多数の神経発火イベントの平均であるとして定性的に表現される．この考えに従った結果，ニューロンは本質的にノイジーであるとみなされ，文献においても冗長性と平均化の概念主要な位置を占めるようになった．しかし，興味深いことに，von Neumann 自身はこのような考えをもっていなかったとされている (von Neumann 1958).

定性的には，図 2.1 の例のように，同じ感覚刺激を繰り返し提示しても，同一のスパイク列は得られない．したがって，多くの感覚ニューロンは信頼できないように**見える**．しかし，このような観測をどのように定量化すべきか，また，どの尺度で信頼性を評価するかは明確ではない．神経応答に含まれる明らかなノイズのうち，どの部分が刺激自体のノイズによるものなのか？ どの部分がスパイク生成メカニズムに起因するのか？ そして，信号が脳を通過する多くの階層的な処理の過程で加わるノイズはどれくらいなのか？

脳をノイジーなプロセッサとみなす観点には，異論を唱える声も存在する．たとえば Barlow は，神経系による感覚信号の処理は情報理論的に効率的であると主張しており，信号の冗長性は隣接するニューロンによって最小化されること (Barlow 1961)，意思決定の信頼性は感覚入力の統計的性質を用いて制限されること (Barlow 1956, 1980) を強調している．同様の精神で，Bullock (1970, 1976) も，個々のニューロンが信頼性の高い信号を常に提供しているか，もしくはその見かけ上の信頼性の低さが全体的な機能の信頼性を最適化している例を多く紹介している．理論的な観点では，これらの様々な考え方は，私たちをまったく別の方向へと導いていく．すなわち，もし細胞が非常にノイジーだとすれば，von Neumann の問題は神経系にとって非常に重要だということである．一方で，もし神経系が信頼性と効率性を最大化し，個々の細胞やシナプスのノイズを効果的に抑制している場合，この最適化プロセスに関連する理論が存在し，それによって神経系の機能のいくつかの特徴を予測できるはずである．したがって，1.3 節で述べたように，私たちの定性的な見解は，定量的な実験結果に大きく依存する．これらの理論的な考えを単独で発展させるのではなく，実験によってその方向性を定めることができるかどうかを検討したい．

知覚の信頼性と個々のニューロンの信頼性の比較は難しい．特定の行動に関連する情報は，多数の細胞によって共有されている可能性があるからである．しかし，このような情報の分散が，個々の細胞の信号が信頼できないこと，あるいは，異なるニューロン間で情報が冗長であることを示すわけではない．これは，私たちが問題を考える際のアプローチに注意を払う必要があることを示唆している．たとえば，大きく動く物体の軌跡に関する情報は，多数の光受容器や網膜神経節細胞に分散している．そのため，軌跡の微細な変化を検出する問題を考慮すると，たとえ脳が最適でノイズのないプロセッサであったとしても，個々の神経節細胞の信頼性は，脳全体としての信頼性に比べて常に低くなる．

夜行性のガの聴覚系の研究は，これらの問題を避けるよい例として挙げられる．この研究は，Roeder らによって精力的に行われたものである．ここでは，その研究をとりあげるが，それは大規模な定量的解析を示すためではない．むしろ，系の単純さにより，Roeder らが計算の信頼性に関する問題を明確かつ直接にとりあげることができたためである．この研究を紹介することで，再度実験を行い，Roeder の問題への定量的な解を求める研究者への刺激となることを期待する．詳しい情報は，Roeder and Payne (1966) や Roeder の著書 (Roeder 1963) で確認できる．

夜行性のガは，コウモリを華麗によける飛行戦略をもっており，これは聴覚入力によって引き起こされるアクロバットである．実際には，ガはコウモリが近づいてくる音を聞いて飛び去ろうとする．速度でコウモリを凌駕することはできないため，ガにとっての唯一の希望は，コウモリの反響定位が自身の位置を明確に特定する前に，それを察知することである．そして，ガはコウモリを素早く避け，コウモリが別の目標に注意を向けるのを期待する．しかし，もしコウモリが接近を続ける場合，ガは加速して急降下することができ，そのスピードにはコウモリは追随できない．この急降下は，接近しすぎたコウモリによって引き起こされる行動であり，初期の「飛び去る」行動は方向性をもった応答である．ガが成功裏にこの戦略を実施するための鍵は，コウモリの反響定位が放つ特定の周波数帯をしっかりと捉える能力にある．この事実は，捕食者と被食者の感覚系の共進化という興味深い自然界の物語につながっている．

このガに関する研究は，昆虫が「聞こえるか」という問題について熱く議論されていた時代 (Pumphrey 1940) に始まったものである．この研究の多くは，初期の超音波変換器を使用し，コウモリが反響定位を行うことを明らかにした実験 (Roeder and

Treat 1957) と平行して行われた．ガは音を単に聞くだけでなく，その音を非常にシンプルな方法で解析している．Roeder は，ガの耳にはたった 2 つの一次感覚ニューロンしか存在しないことを発見した．この 2 つの細胞のうち，1 つは比較的小さな超音波パルスに応答するもので，遠くのコウモリを検知する役割があると考えられる．もう 1 つは，パルスが大きくなると発火するもので，近づくコウモリを検知する役割があると推測される．初期の研究段階で，Roeder は自らの超音波生成装置が，コウモリの反響定位とは異なる周波数帯で不要な信号を出力する可能性を懸念した．なぜなら，野外でのコウモリの接近と無関係なその実験室の音を，ガが「聞いて」いる可能性があるからである．そのため，実際のコウモリを使用してニューロンの反応を試みたところ，実験は成功し，細胞は実際のコウモリの音声に応答した．

ガが単に飛び立つだけでなく，コウモリから逃げる方向に飛行する音響条件下では，2 つある聴覚ニューロンのうち，感度の高いほうのみが活性化することが示されている．実際，夜行性のガの中には，片耳に 1 つしかニューロンをもたない種も存在し，このこと自体が驚異的である (Surlykke 1984)．この極端に単純化された系のおかげで，解剖を慎重に行い，2 つの神経から細胞外記録を行うことで，ガの脳への聴覚入力をすべて記録することができる．Roeder はこの実験を，実験室の狭い空間ではなく，コウモリが彼の回りを飛び交う野外で実施した (Roeder and Treat 1961)．

図 4.1 は，Roeder の「野外生理学」の実験結果を示しているものであり，スパイキングニューロンの信頼性とコーディングという双子の問題を鮮明に捉えている．強調したいのは，ガが接近するコウモリを検出し避ける際に，この 2 つのスパイク列がガに

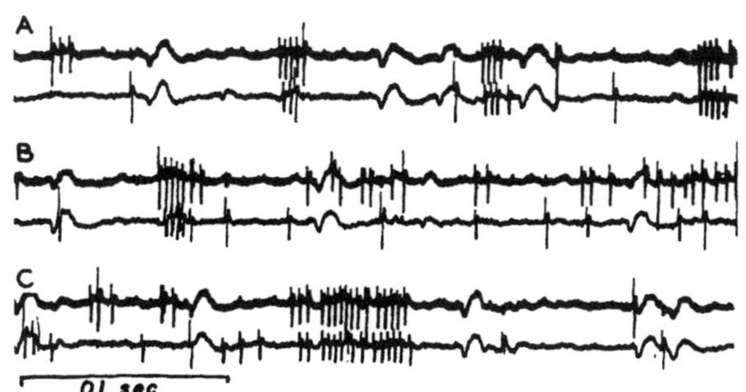

図 4.1　Roeder による野外での記録．屋外のアカコウモリの鳴き声に対するガ *Feltia sp.* の両耳の鼓膜神経の応答を示す．両チャネルの遅い波形はガの心拍によるものである．大きなスパイクが規則的に見られるが，両方のトレースで同期はとれていない．(a) コウモリの接近．最初は左右の鼓膜の応答（潜時とスパイク数）の差が明確であるが，終わりにかけてその差はほとんどなくなる．(b) 主に片耳で記録された「バズ音」(反響定位で用いられる音波)．(c) その数秒後に両耳で記録されたバズ音．Roeder (1963) より再掲．

とってすべてであるという点である．これらのスパイク列は，ガがコウモリを脅威と認識し，回避行動を取る際の判断に必要な情報を伝えなければならない．また，ガがコウモリとの接触を避けるための方向を示すスパイクでなければならない．スパイク列と行動を比較することで，議論の核心となるいくつかの問題が浮かび上がる．神経の信号はどれほど信頼できるのだろうか．方向を示すコードは，どのようなものであるのか．そして，2つの求心性ニューロンの信頼性を基準とした場合，ガの方向性の応答はどれほど信頼できるのだろうか．

ガの例の明らかな単純さにもかかわらず，ニューロンの信頼性に関する文献の大部分は，哺乳類の系に関するものである．以降の節では，この偏りを少し是正する試みを行うが，ここでは1960年代から1970年代前半にかけて行われた先駆的な実験と理論研究を紹介する．

4.1.2　光子を数える

Barlow and Levick (1969) は，網膜神経節細胞に対して，短いフラッシュ刺激を背景に重ねて提示したり（強度弁別），完全に暗順応した状態で提示したり（検出）して，その応答の信頼性を計測した．この研究の主要な動機の1つは，単一ニューロンの性質を人間の観測者が少数の光子を数える既知の能力と比較したり，網膜における光子のランダムな到着に課される絶対的な物理的限界と比較することだった．この文脈で，まずは視覚系における光子の計測に関わる美しいストーリーを紹介する．

19世紀に，複数の研究者が，ヒトが暗い背景上の弱いフラッシュ光を見る際の（角膜における）最小エネルギーを計測した．このエネルギーが100個以下の光子に対応することを最初に発見したのは，物理学者のLorentzであった (Bouman 1961)．もし光子の50–90%が眼球内での散乱によって失われるとしたら（ありえないことではない），網膜で検出される光子の数は最大でも10–50個である．この仮定を直接検証することは可能だろうか？ 視覚の真の閾値がわずか1光子である可能性はあるのだろうか？

通常の光源から放出される弱いフラッシュ光を考えてみよう．フラッシュの「強度」I を設定することは，実際には光源から放出される**平均**エネルギーを設定することと等しい．この平均エネルギーが，今度は，光受容器で検出される光子の平均数 $\langle n \rangle$ を決定する．つまり，$\langle n \rangle = \alpha I$ である．ここで定数 α は，多数の複雑な過程を考慮に入れるものである．たとえば，光源から放出された単一光子が実際に網膜に到達する確率，受容器のロドプシンによって吸収される確率，受容器が吸収した光子に応答する確率などを含む．実験上は，この定数の正確な値の欠如を避けるための工夫が求められる．

通常の光源において，1 回のフラッシュで放出される光子の数 n は，ポアソン分布 $P(n) = e^{-\langle n \rangle} \langle n \rangle^n / n!$ に従う確率変数である．これは，2.1.4 項でスパイク統計のモデルとして紹介したポアソン分布と同じものであり，ある条件下では光子の放出のモデルとして正確に適用される．観測者が K 個以上の光子を感知した際に「見た」と判断する場合，その確率は K 以上の n の範囲で $P(n)$ の和を計算すればよい．

$$P_{\text{see}}(I) = \exp(-\alpha I) \sum_{n=K}^{\infty} \frac{(\alpha I)^n}{n!} \tag{4.1}$$

ここで 2 つの重要な考察がある．第一に，暗いフラッシュに対する人間の反応は確率的だと予想される．言い換えると，フラッシュが視認できる**確率**が存在する．この確率は網膜での光子の確率的な到着を反映したものであり，生物学的な内的変動に起因するものではない．第二に，関数 $P_{\text{see}}(I)$ は光子数の閾値 K を特徴付ける．事実，この確率を光強度の対数に対してプロットすると，その形状は α の値には依存せず，K の値には依存**する**．

現代の生物物理学における古典的な実験の 1 つに，Hecht, Shlaer, and Pirenne (1942) によるものがある．彼らは $P_{\text{see}}(I)$ を計測し，図 4.2 に示すように，$K = 5$ から 7 で式 (4.1) に非常によく適合することを明らかにした．この結果から，ヒトが「見る」のに必要な光子の数はわずか 5 個であることが示された．さらに，この実験条件下で，光子は多くの光受容器に分散していることも判明した．これは，個々の光受容器への単一光子の到達が，検出過程に寄与する信号を生成することを示唆している．

van der Velden (1944) も一連の独立した実験で $P_{\text{see}}(I)$ を計測し，式 (4.1) が $K = 2$ で最もよく適合することを発見した．Barlow (1956) は，視覚系には（おそらく非常に小さな）ノイズが存在するはずだと指摘し，暗闇でも一定の確率で非ゼロの光子数が受容器から出力される可能性があると述べた．そのうえで，2 つの実験結果の明白な矛盾を解決する方法として，暗所ノイズの存在を提案した．この考えに基づけば，観測者は高い閾値 K を選択することで，暗闇中での「見た」という誤った判断を避けることができるが，それは実際のフラッシュを見逃すリスクがともなう．逆に，観測者が誤検出を気にしなければ，低い K を選択することが可能である．事実，2 つの P_{see} の測定は，大きく異なる誤検出率の条件下で行われていた．そして近年の研究では，観測者ごとに異なる誤検出率を設定すると，Barlow の暗所ノイズ説から予測されるとおりに K の値が変わることが示されている (Teich et al. 1982a)．さらに広くいえば，感覚や知覚の「閾値」の多くは，ノイズ下で求められる信頼性を達成するための調整可

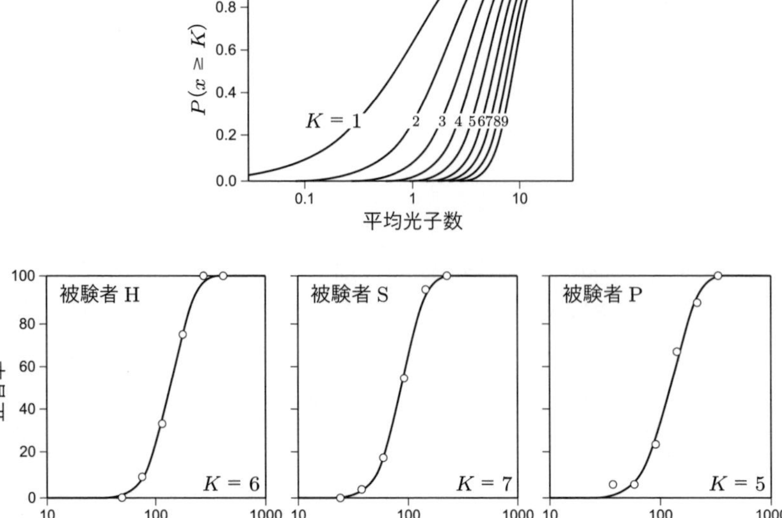

図 4.2　視認率曲線．上のパネルは，ポアソン過程に従って光源から放出された K 個以上の光子が検出器で検出される（理論的な）確率であり，平均光子数の関数として示したもの．Hecht, Shlaer, and Pirenne (1942) は，計測した視認率を角膜でのフラッシュ強度の関数としてフィッティングし，候補となる曲線の中から最も適合するものを選んだ．その結果を下のパネルに示す．まったく感知できないフラッシュ光から，確実に感知できるフラッシュ光までの幅広い遷移は，各フラッシュで吸収される光子の数の統計的な変動に起因する．この方法で決定された閾値 K は 5–7 個の光子の吸収を表す．フラッシュは網膜上の広範囲にランダムに分布する光受容器を刺激するため，二重にヒットする確率は非常に低い．このことから，個々の光受容器は単一の光子の吸収を検出すると結論付けられる．Hecht, Shlaer, and Pirenne (1942) から引用した．

能な値として設定されていると理解されている (Green and Swets 1966)[*1]．もし光子の到着の統計的性質を変えることができるのであれば，感度と誤検出率のトレードオフを変更できるはずであり，現代の光学技術を用いてこの予測の正しさが確認されている (Teich et al. 1982b)．

---

*1　Green and Swets (1966) によれば，この理解の多くは，現代的な統計的決定理論と信号検出理論を心理物理実験に適用することから生まれた．これらの理論は，主に純粋に数学的な問題に対する解として，あるいは人工システムの設計ツールとして導入される．実際には，これらの数学的理論の多くは，第二次世界大戦中のレーダーの開発に関連して研究されたものである．今日の航空交通管制の初期レーダーシステムの目的は，人間の観測者が検出可能な信号を生成することであった．その意味では，心理物理学の文脈での考え方に起源をもつといえる．アメリカのレーダー開発の成果は，MIT Radiation Laboratory Series として McGraw-Hill 社から出版された一連の書籍にまとめられている．特に，Lawson and Uhlenbeck (1950) の巻には，検出理論の開発と，電子機器および人間の観測者の両方で行われた実験が記載されている．

このような心理物理実験と理論的なアイデアの背景をもとに，1960 年代後半に Barlow と Levick は，ネコの網膜神経節細胞による検出と弁別の信頼性の計測を行った．この神経節細胞は，Kuffler (1953) が哺乳類の視覚系における受容野を最初に記録し，Barlow, FitzHugh, and Kuffler (1957) がその受容野が平均光量に適応することを発見したのと同じものである．当時，Fuortes and Yeandle (1964) は，アメリカカブトガニ *Limulus polyphemus* の受容野応答で「量子衝突」を観測していた．しかし，脊椎動物の視覚系で，個々の細胞における単一光子への応答を直接計測した研究は存在していなかった．

Barlow と Levick は，短フラッシュ光を提示し，その際の網膜神経節細胞の応答を，提示直後の一定の時間窓内でのスパイク数によって特徴付けた．暗いフラッシュに対してはスパイク数は光の強度と比例して増加し，光子の数とスパイク数の比は一定であった．また，フラッシュがない場合のスパイク数の分布は，**図 4.3**(a) に示されているようにほぼガウス分布となり，その平均と分散で特徴付けることができる．明らかに，これらの両方のパラメータは時間窓の幅 τ に依存して変わるが，定常状態でのスパイク数の分散 σ^2 は平均 $\langle n \rangle$ と比例する◆1.

光の強度の弁別問題は，あるスパイク数 n を観測した場合，それが背景活動によるものなのか，実際にフラッシュが提示されたものなのかを判断することである．背景におけるスパイク数の分布がガウス分布であり，フラッシュによって生じる追加のスパイクが単にその上に加わると仮定すれば，図 4.3(b) のような状況になる．この場合，適当な基準 n_c を設定できることができ，スパイク数 n がこの基準 n_c を超えた場合，フラッシュが発生したと判断する．もし基準 n_c が非常に低いと，フラッシュを見逃すことは少なくなるが，背景活動をフラッシュの結果と誤認する「偽陽性」が増える．逆に，n_c が非常に大きければ，偽陽性は少なくなるが，多くのフラッシュを見逃してしまうことになる．このように，基準の変更によって，異なる種類の誤りをバランスすることができる．このトレードオフは，Hecht, Shlaer, Pirenne の実験と van der Velden の実験との矛盾を解決するために，Barlow が考察したことの根幹となっている．

フラッシュ光の絶対的な強度がわからない場合は，背景活動の統計に基づいて基準を設定する必要がある．具体的には，スパイク数が $n \geq \langle n \rangle + k\sigma$ のとき，フラッシュが提示されたと判断する．ここで，k は偽陽性の確率を設定する定数である．これは，フラッシュがスパイクを $\Delta n = k\sigma$ 個発生させるとき，それが検出されることを意味する．私たちはスパイク数が吸収される光子数に比例していることをすでに知っている．

◆1 訳注：ファノ因子．2.1.4 項も参照のこと．

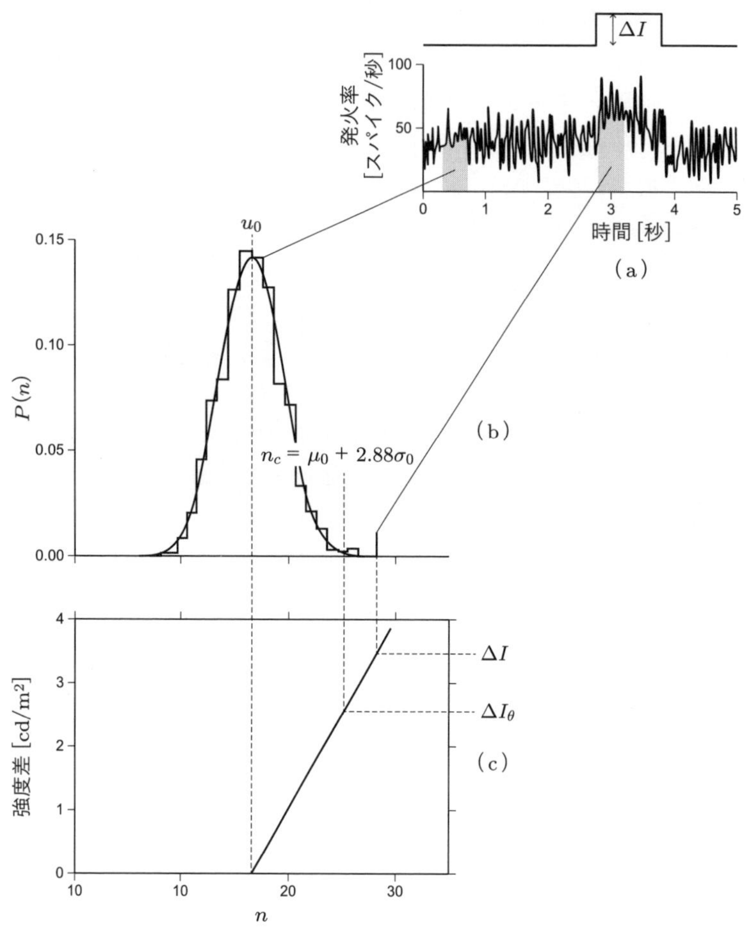

図 4.3 Barlow and Levick (1969) によるスパイク数に関する弁別問題. (a) Barlow と Levick は, 図 2.1 の方法に従って, 背景からの光強度差が ΔI である 1 秒間の光刺激に対する発火率を計測した. その後, 光刺激前の 0.5 秒間と刺激中の 0.5 秒間の平均発火率を比較した. 刺激前の計測により, (b) に示すスパイク数の確率分布が得られた. 信頼性の高い検出を行うための基準として, 刺激中のスパイク数が平均から 2.88 の標準偏差を超える場合を選んだ. 強度差 ΔI を大きくすると, スパイク数も増加し, 最終的にこの基準 n_c に達する. (c) では, 基準となるスパイク数を基準となる強度の差 ΔI_θ に変換して示している.

また, 分散 σ^2 は平均スパイク数 $\langle n \rangle$ に比例し, その平均スパイク数は背景強度によって定まると知っている. これらの情報をもとに, スパイク数の変化 Δn の閾値を光強度の変化 ΔI の閾値に変換することができる. そして, その閾値が背景強度 I にどのように依存するかを検討できる. その結果 (1 つの細胞に関するもの) を図 4.4 に示す.

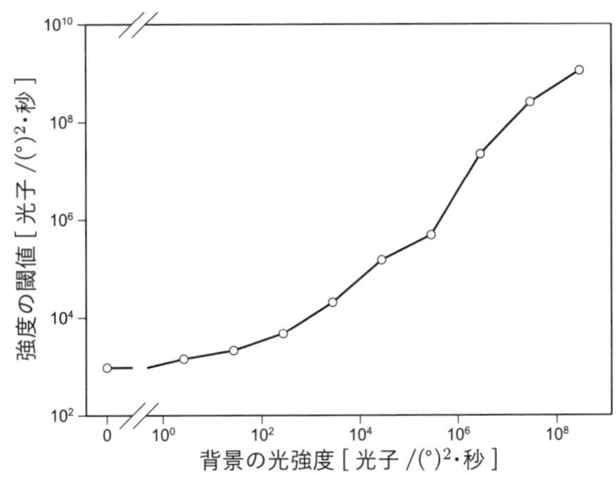

図 4.4 背景強度の関数としての強度の閾値 (Barlow and Levick 1969). 図 4.3 で説明したとおり，この増加する閾値は強度 I の背景と $I + \Delta I$ のフラッシュが弁別できる強度差 ΔI を表す.

大まかにいうと，単一細胞における確実な弁別閾値 ΔI は，明るい背景では背景の光強度 I に比例し，$\Delta I \propto I$ となる．この閾値の挙動は，心理物理学での「Weber の法則」として知られている．中間の強度では $\Delta I \propto I^{1/2}$ となり，これは de Vries (1943) と Rose (1948) が指摘したように，網膜での光子のランダムな到着により弁別が制約されることを反映している．最も低い強度での閾値の変化は定数となり，これはおそらく暗所ノイズにより制約されている (Barlow 1956)．実際，これらの結果はヒトでの結果と質的に一致している．スパイクと光子の比が強度によって変動することは，視覚伝達の基本単位が動物全体の感度を制御していることを示している．特に，Hecht, Shlaer, and Pirenne (1942) の実験と同じ条件，すなわち網膜が暗順応した状態での試験は注目に値する．この実験は Barlow, Levick, and Yoon (1971) によって実施された.

暗順応した神経節細胞の感受性を示す顕著な例を**図 4.5** に示す．ここでは，平均して 5 個の光子が角膜に当たるフラッシュ刺激の典型的な応答を見ている．発火率は瞬時に 3 倍以上増大し, 200 ミリ秒間に 2.5 発の追加スパイクが生じる．もし 2 個 ($2 = 5/2.5$) の光子が追加のスパイクを発生させるのに十分であると仮定すると，網膜に到達した各光子が実際に複数のスパイクを引き起こす可能性について詳しく検討する必要がある．繰り返すが，網膜に到達する光の割合を正確に評価するのは難しいが，様々な統計的議論は可能である.

ここで，検出された単一光子が正確に m 発のスパイクを生成すると仮定する．光子はポアソン分布に従ってランダムに到着するため，光子数の平均の変化は分散の同じ変化をもたらす (2.1.4 項のポアソン分布の説明を参照)．一方，スパイク数に関しては,

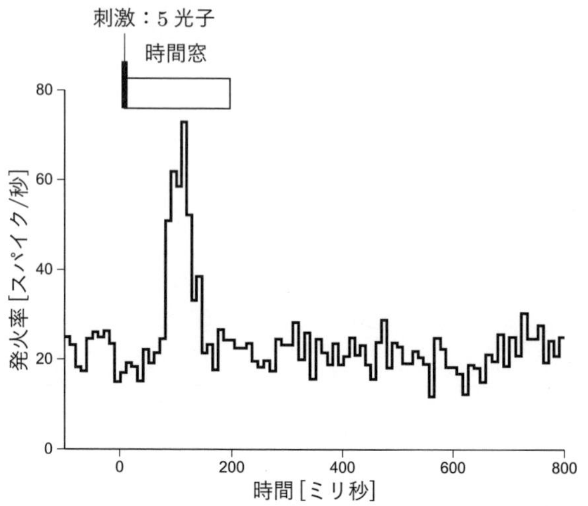

図 4.5 平均 5 光子のフラッシュを角膜に与えた際の，暗順応した神経節細胞の刺激後時間ヒストグラム．この刺激は，図示された時間窓内で約 2.5 個の追加スパイクを引き起こす．少数の光子の吸収をもたらす刺激に応答するこれらの細胞の特性は，暗順応した網膜が単一の光子を検出できることを示唆する．Barlow, Levick and Yoon (1971) より引用．

平均が m 倍変化した場合，分散は m^2 倍変化する．したがって，光強度の変化に対してスパイク数の分散の変化は線形となる．平均の増加と分散の増加の比率を比較することで，光子あたりのスパイク数 m を推定できる．解析の結果，$1.65 \leq m \leq 3.80$ となり，単一光子が複数のスパイク発射を引き起こすことがわかる．

たとえば，1 つの光子が 3 つの追加スパイクを引き起こすと仮定すると，3 つのスパイクを基準として，「視認率」の曲線を作成することができる．これは Hecht, Slaer, Pirenne の計測と同じであるが，式 (4.1) で $K = 1$ としてフィットさせる必要がある．もし 6 スパイクを基準とするならば，$K = 2$ となり，以下同様である．**図 4.6** に示されているように，結果は一致する．このように，単一ニューロンからのスパイクをもとにした判断の統計は，人間の観察者の判断と同様に，網膜への光子の到着の統計的性質を反映していることがわかる．データに正確なフィットを得るためには，視覚系には一定の暗所ノイズが存在し，このノイズはある実効的な割合で，ランダムな光子の到着と区別することができないと仮定する必要がある (Barlow 1956).

ネコの網膜神経節細胞から記録する際，私たちは（外部の観察者として）基準を操作でき，その結果，閾値となる光子数を単一光子にまで任意に設定できた．ヒトの被験者においても，この閾値を単一光子まで下げることは可能だろうか？ 別の言い方をすると，私たちの脳は網膜神経節細胞のスパイク列を解釈する際の基準を変更できるのだろ

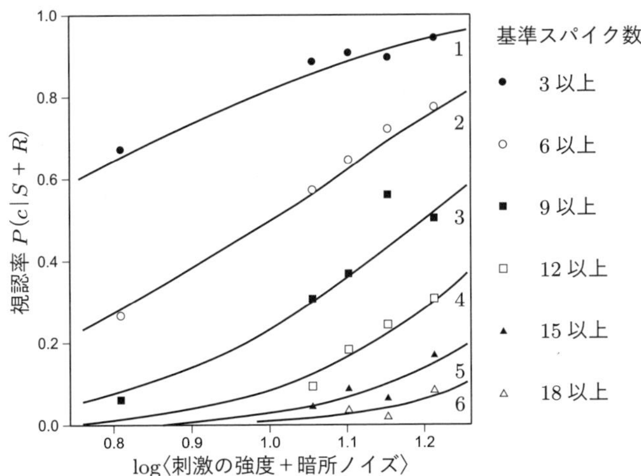

図 4.6 網膜神経節細胞の視認率曲線．Barlow, Levick, Yoon は，暗いフラッシュが網膜神経節細胞で少なくとも一定数のスパイクを発生させる確率を，フラッシュの強度の関数として計測した．ここで示したのは，この種の実験結果を，異なるスパイク数の基準で示したものである．計測では，網膜で生じるノイズを考慮して，提示された刺激の強度にランダムな光子のイベント数（「暗所ノイズ」）を加算し，プロットした．刺激によって生じた光子の吸収数とランダムな光子のイベント数は，ともにポアソン統計に従うと仮定されている．結果の曲線は，Hecht, Shlaer, Pirenne の視認率曲線と類似しており，吸収された各光子が 3 つのスパイクを生成すると仮定した場合によく一致する．Barlow, Levick, and Yoon (1971) による．

うか？

Sakitt (1972) は，$P_{\rm see}$ の計測を一般化し，観測者に知覚したフラッシュ刺激の強度を 0 から 6 の整数で評価させた．彼女は，評価値の平均が強度に対して線形に変化することを発見した．しかし，より注目すべき発見は，K より大きな評価を与える確率が，各 K に対して式 (4.1) と同じ形の方程式に従うことであり，7 つの曲線すべてが同じ α によってフィッティングされることであった．最良のフィッティングを得るためには，フラッシュによってもたらされる光子に加えて，Barlow が示唆した暗所ノイズに相当するわずかな自然発生的な光子イベントを考慮に入れる必要があったため，この実験は光子イベントの割合の推定値を与えている．この暗所ノイズに至るまでは，観測者は期待どおりに，光子数そのものを評価値として反映する振る舞いを示す．

これまでの議論を通じて，ヒトの観察者やネコの神経節細胞の能力を理解するためには，個々の光受容器が単一の光子に対して信頼性のある応答を示す必要があることが明らかとなった．脊椎動物の光受容器における細胞内の電位の記録が可能となった際，いくつかの研究グループが単一の光子に対する電位の応答を探求したが，成功を収めることはできなかった．それどころか，受容器の細胞は電気的に結合してネットワークを形成していることが判明し，1 つの細胞で生じる電流が電位として多数の細胞に伝わることが明らかとなった．このため，単一の光子に対する応答を検出するためには，受容器の細胞の電流を直接計測する必要があった．この挑戦は Baylor, Lamb, and Yau (1979a) によって達成され，それを基盤としてヒキガエル (Baylor, Lamb, and Yau 1979b) やマカクザル (Baylor, Nunn, and Schnapf 1984) の受容器で単一の光子による電流を高い再現性で観測することが可能となった．単一の光子による実験的な応答の例を図 4.7 に示す．

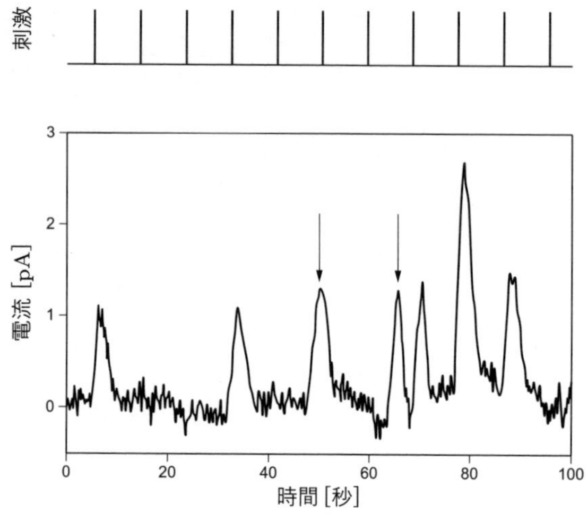

図 4.7 ヒキガエルの桿体細胞における単一光子への応答．平均で 1 光子よりも少ない吸収を引き起こす暗いフラッシュを繰り返し提示し，外節に生じる電流を吸引電極を使用して計測した．フラッシュ刺激は応答なしあるいは 1 pA の応答を引き起こし，一度は 2 倍の応答を引き起こした．これらの応答は，0, 1, 2 個の光子の吸収を示している．また，矢印で示された 2 つのイベントは，ロドプシンの自発的または熱的な活性を示す．このようなイベントはランダムに発生し，光子計測の信頼性の限界を示す暗所ノイズをもたらす．D. A. Baylor と F. Rieke の実験より．

単一の桿体細胞からの記録において，時折，自発的な光子イベントが観測される．これらのイベントは，視覚色素であるロドプシンの自然な異性化に起因するものと考えられる (Baylor, Matthews, and Yau 1980)．Sakitt による暗所ノイズの推定を，桿体細胞あたりの割合に換算すると，サルの桿体細胞で計測された自発的なイベントの発生率と一致することが確認された (Baylor, Matthews, and Yau 1984)．この一致は，暗視における信頼性の限界が，光受容器の配列の固有のノイズによって規定されていること，そしてそれは後続の神経処理におけるノイズや非効率性の影響を受けないことを示唆する．さらに，視覚系に関する驚くべき事実として，暗所ノイズレベルの観測結果と一致させるためには，ロドプシン分子の自発的な異性化率は，室温（ヒキガエルの場合）では3000年に1回，哺乳動物の体温であれば300年に1回以下でなければならないことが指摘されている．

変温動物では，視覚信号処理の様々な段階における暗所ノイズのレベルをより直接的に比較することができる．カエルでは，Aho et al. (1988) が行動実験中と網膜神経節細胞の記録中の暗所ノイズを計測した．また，実験中にカエルの体温を変えることができるため（ヒトではこれは難しい），行動中の暗所ノイズが体温の変化にともなってどのように変わるかを示すことができた．この変化は，光受容器の自発的なイベント率における活性化エネルギーの計測から予測される結果と一致していた．哺乳類の体温に外挿すると，行動中と桿体細胞におけるノイズレベルの関係は，ヒトやサルのデータと完全に合致する．

行動学データと生理学データの一致は，これほどの広範囲な体温の範囲にわたって，生物が物体を視認する信頼性，すなわち光受容器自体のノイズに対する頑健性を原理的な限界にまで高めているという結論を強力に支持している (Barlow 1988; Donner 1989)．視覚系が光子を検出する能力は，桿体細胞の光電変換における主要な制約条件として長い間考えられてきた．これらの信号がほぼ最適に**処理**されるためには，神経による計算の信頼性は非常に高くなければならない．フラッシュ刺激から行動反応へと至る神経処理の多くの段階で，桿体細胞の出力にはノイズを付加してはならず，桿体細胞の出力が最大の効率で処理され，吸収された光子の数から得られるすべての情報を引き出せなければならない (Bialek and Owen 1990; Rieke, Owen, and Bialek 1991)．

4.1.3 聴覚での弁別

1960年代初頭，MITの研究グループは，ネコの聴覚系の様々な種類の神経応答に対して定量的な特徴付けを行った．このグループの最初の成果が明らかになると (Kiang et al. 1965)，Siebert (1965) と Weiss (1966) は聴覚神経応答のモデルを作成し，内耳の機構と音知覚の現象論に結び付けようとした．これは野心的な計画であり，このような計画が完遂された感覚系はおそらく存在しないであろう．一方で，これらの初期の論文は，今日も私たちが直面している問題，たとえばテンポラルコーディングとレートコーディングの関係，多数のニューロン間での情報の共有，ニューロンの信頼性と心理物理における弁別能力の関係などについて，厳密な数学的定式化を提示していた．これらの問題は（おそらく深く相互に結び付いているといえるほどに）関連しているが，ここでは最後の問題に焦点を当てて考察する．

なお，聴覚の弁別能力の信頼性と聴覚神経の応答の統計的性質を直接結び付けようとしても，うまくいかない．たとえば，周波数の弁別時には，実際に観測される値よりも少なくとも 1 桁は高い精度で弁別できるはずである．この矛盾を解決するためには，脳が取り組んでいる推定問題の本質を慎重に考察する必要がある．そのための効果的なアプローチや考え方を，本書の残りの部分で詳しく探求していく．

2.1.2 項と 2.1.4 項で述べたように，純音刺激に対する一次聴覚ニューロンの応答は，刺激の波形によって変調される発火率をもつポアソン過程で近似することができる．このモデルにはいくつか修正が必要であるが，まずはこのポアソン近似の結果を理解するところから始めることとする．私たちの関心は，Barlow と Levick の実験の考え方に基づき，神経発火の統計と知覚的な判断の信頼性をどのように関連付けるかにある．具体的に，以下で検討するのは，モデルニューロンを使って行われる Barlow–Levick 実験の拡張版となる．ポアソン近似の利点は，2.1.4 項で指摘したように，計算機のシミュレーションに頼ることなく，手計算のみでかなりの成果が得られることである．

Siebert が特に関心をもったのは，周波数弁別の問題である．$f = 10^3\,\mathrm{Hz}$ 付近で，人は約 $\Delta f \sim 1$–$3\,\mathrm{Hz}$ の違いをもつ純音を確実に区別することができる．私たちは一次聴覚ニューロンが純音に応答し，周波数に応じて応答が変わることを知っている．しかし，同時にこれらのニューロンが決定論的過程に従わないことも知っている．ポアソンモデルは，この確率的な挙動の近似的な記述である．ニューロンが常に同じ応答を示すわけではないという事実は，精緻な弁別を行う能力を制限する可能性がある．この制限は，ヒトの弁別能力にどう対応するだろうか？

2 つの異なる刺激，$+$ と $-$ の弁別課題を考えてみる．時間窓 $0 < t < T$ での単一ニューロンのスパイク列を観測し，それぞれの刺激に対する時間依存発火率を $r_+(t)$ と $r_-(t)$ とする．この弁別課題は，スパイク列 $t_1, t_2, \ldots, t_N$ が与えられた際に，このニューロンが $+$ あるいは $-$ のどちらで刺激されたかを判別するものである．これは一般的な弁別問題あるいは決定問題の例であり，ヒトを対象とした伝統的な心理物理実験 (Green and Swets 1966) をはじめ，神経系の信頼性を探求するためによく用いられてきた．信頼性の限界を定めるために，正しく弁別できた割合を最大化するようにデータ $\{t_i\}$ を処理する必要がある．この文脈での最適な戦略は**最尤推定**である．与えられたデータ $\{t_i\}$ に基づいて，$+$ と $-$ のどちらの刺激がこのスパイク列を生成する確率を最大化するのかを考える．最尤推定が正解の割合を最大化する戦略であるという事実は，信号処理や意思決定に関する一般的な数学理論の中で最も有益なものの 1 つである．その証明の概要は A.16 節に示されており，弁別課題の単純な例は図 4.8 で示され

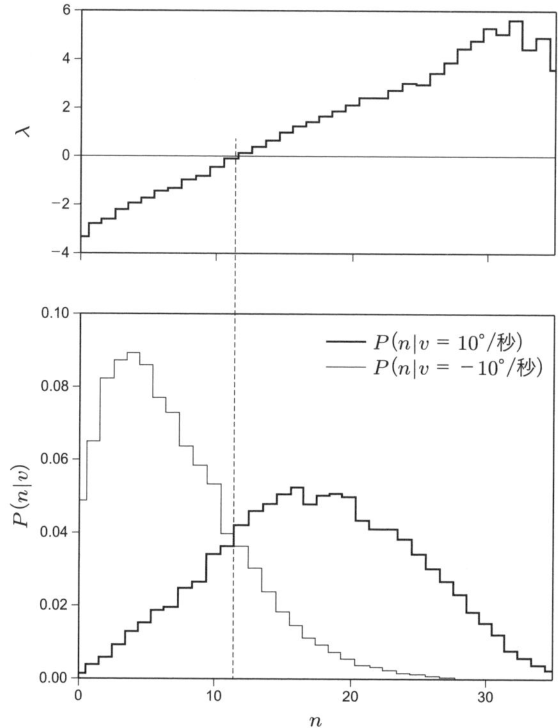

図 4.8 対数尤度関数の構成．下のパネルは，ハエの H1 ニューロンの実験において $10°/秒$（太線）あるいは $-10°/秒$（細線）の刺激 v を与えたときの，スパイク数 n の観測確率 $P(n|v)$ を示している．これらの条件付き分布は図 2.2(e) の 3 次元プロットの断面である．上のパネルは決定変数 $\lambda(n)$ であり，次の式で定義される．

$$\lambda(n) = \log[P\left(n|v = 10°\ 秒^{-1}\right)/P\left(n|v = -10°\ 秒^{-1}\right)]$$

$\lambda > 0$ のとき，最もありうる刺激は $v = 10°/秒$ であり，$\lambda < 0$ のときは $v = -10°/秒$ である．

ている．

ここでのポイントは，最尤推定を使ってスパイクの到着時刻を処理する場合，スパイク列から得られる正答率の最大値を計算できることが保障される，ということである．この意味で，この計算は弁別能力の真の限界を示している．この最尤推定の計算をポアソンニューロンに適用してみよう．

思い出してほしいのは（2.1.4 項と A.4 節から），ポアソン近似において，刺激 + に対してニューロンが時刻 $t_1, t_2, \ldots, t_N$ でスパイクを発射する確率は式 (2.18) で与えられることである．すなわち，

$$P\left[t_1, t_2, \ldots, t_N \mid +\right] = \frac{1}{N!} \exp\left[-\int_0^T dt r_+(t)\right] r_+\left(t_1\right) r_+\left(t_2\right) \cdots r_+\left(t_N\right) \quad (4.2)$$

である．各項 $r_+(t_i)$ はその時刻でのスパイクの発生確率である．また，指数関数はその他の時刻ではスパイクは発生しないことを強制し，$N!$ で割るのは N 個のスパイクの順序に関する重複をなくすためである．ある特定のスパイク列 $t_1, t_2, \ldots, t_N$ を観測した際，私たちはその刺激が $+$ か $-$ のどちらなのかを決定しなければならない．これを行うために，最尤比，つまりこのスパイク列の生成がどちらの刺激によるものなのかの確率の比を計算する．この量は対数をとると扱いやすく，この「対数尤度比」

$$\lambda\left(t_1, t_2, \cdots, t_N\right) = \ln\left(\frac{P\left[t_1, t_2, \cdots, t_N \mid +\right]}{P\left[t_1, t_2, \cdots, t_N \mid -\right]}\right) \quad (4.3)$$

は，便利な決定変数を提供する．もし $\lambda > 0$ であればそのスパイク列は刺激 $+$ によるものであり，$\lambda < 0$ であれば刺激 $-$ であると判断する．ここでも，この手順は正解確率を最大化するという意味で最適である．

ポアソンモデルの場合，式 (4.2)（とその刺激 $-$ に対応する式）を式 (4.3) に代入すると，λ の式が得られる．具体的には以下のようになる．

$$\begin{aligned}\lambda\left(t_1, t_2, \cdots, t_N\right) = &\ln\left[\frac{r_+\left(t_1\right)}{r_-\left(t_1\right)}\right] + \ln\left[\frac{r_+\left(t_2\right)}{r_-\left(t_2\right)}\right] + \cdots + \ln\left[\frac{r_+\left(t_N\right)}{r_-\left(t_N\right)}\right] \\ &- \int_0^T dt\left[r_+(t) - r_-(t)\right] \quad (4.4)\end{aligned}$$

このように，最適な弁別は，それぞれのスパイクからの寄与を足し，そこから定数を引いて得られる．この定数は，弁別の閾値を $\lambda = 0$ に設定するためのものである．この最適弁別手順に従って，スパイクを観測し，λ を計算して，λ の正負に基づいて決定したとする．このとき，どれくらいの頻度で正解を得ることができるだろうか？

この弁別方法が有効である理由は，図 4.8 に示されているように，刺激 $+$ が平均して λ の正の値となるスパイク列を生成し，刺激 $-$ はその反対になることによる．まず，刺激 $+$ に対する λ の平均値を計算してみる．定義より，

$$\begin{aligned}\left\langle\lambda\left(t_1, t_2, \cdots, t_N\right)\right\rangle_+ = &\sum_{N=0}^{\infty} \int_0^T dt_1 \int_0^T dt_2 \cdots \int_0^T dt_N \lambda\left(t_1, t_2, \ldots, t_N\right) \\ &\times P\left[t_1, t_2, \ldots, t_N \mid +\right] \quad (4.5)\end{aligned}$$

となる．次に，この式に式 (4.4) を代入して，式を整理する．重要な点は，λ は個々のスパイク発射に関する項の和であり，一方で $P[t_1, t_2, \ldots, t_N|+]$ はそれらの積になることである．すなわち，すべてのスパイク発射時刻に関する積分は，1 つの発射時刻に

関する積分の和と積に変換できる．そして，$P[t_1, t_2, \ldots, t_N|+]$ の先頭の指数項をキャンセルするように無限級数の和に注意しながら，各項の数を数え上げる．同じ手順で，和 $\sum_{i=1}^{N} f(t_i)$ の平均値も求めることができる．ここで f は任意の関数であり，いまの例では $f(t) = \ln[r_+(t)/r_-(t)]$ である．数学的な詳細は A.17 節に譲るが，結果は

$$\left\langle \sum_{i=1}^{N} f\left(t_i\right) \right\rangle_+ = \int_0^T dt r_+(t) f(t) \tag{4.6}$$

となる．

この結果を用いて，与えられた刺激が「+」だったときの λ の平均値を計算してみると，

$$\begin{aligned} \left\langle \lambda\left(t_1, t_2, \cdots, t_N\right)\right\rangle_+ &= \left\langle \sum_{i=1}^{N} \ln\left[\frac{r_+\left(t_i\right)}{r_-\left(t_i\right)}\right] \right\rangle_+ - \int_0^T dt \left[r_+(t) - r_-(t)\right] &(4.7)\\ &= \int_0^T dt r_+(t) \ln\left[\frac{r_+\left(t_i\right)}{r_-\left(t_i\right)}\right] - \int_0^T dt \left[r_+(t) - r_-(t)\right] &(4.8) \end{aligned}$$

となる．同様に，刺激が「−」だったときは

$$\left\langle \lambda\left(t_1, t_2, \cdots, t_N\right)\right\rangle_- = \int_0^T dt r_-(t) \ln\left[\frac{r_+\left(t_i\right)}{r_-\left(t_i\right)}\right] - \int_0^T dt \left[r_+(t) - r_-(t)\right] \tag{4.9}$$

となる．期待どおり，2 つの信号に対する決定変数の値は，平均値が異なることがわかる．この差の大きさが，弁別を行う際の「信号」である．λ は平均値の周辺で変動するが，これは私たちが戦わなければならない「ノイズ」である．

弁別信号の大きさは

$$\begin{aligned} \Delta M &= \left\langle \lambda\left(t_1, t_2 \ldots, t_N\right)\right\rangle_+ - \left\langle \lambda\left(t_1, t_2, \ldots, t_N\right)\right\rangle_- \\ &= \int_0^T dt \left[r_+(t) - r_-(t)\right] \ln\left[\frac{r_+(t)}{r_-(t)}\right] \end{aligned} \tag{4.10}$$

となる．特に，異なる刺激がほぼ弁別できない場合，すなわち発火率の差 $\Delta r(t) = r_+(t) - r_-(t)$ が小さい状況に注目する．もし $\Delta r(t)$ がゼロであれば，明らかに ΔM もゼロであり，弁別信号は存在しない．$\Delta r(t)$ が小さいが非ゼロの場合は，ΔM の値はテイラー展開を使って $\Delta r(t)$ の高次の項を無視すれば計算できる．詳細は A.17 節に譲るが，結果は

$$\Delta M \approx \int_0^T dt \frac{[\Delta r(t)]^2}{r(t)} \tag{4.11}$$

となる．ここで，$r(t) = (1/2)[r_+(t) + r_-(t)]$ は 2 つの発火率の平均である．

この結果を見ると，弁別の信頼性は信号の平均と分散を比較することで決まると理解できる．したがって，より高次のモーメントは重要ではなくなる．式 (4.6) を導出する際に使われた同じ考え方を使えば，任意の和 $\sum_{i=1}^{N} f(t_i)$ の分散も計算することができる．その結果，式は非常にシンプルな形になり，

$$\left\langle\left[\delta\sum_{i=1}^{N} f\left(t_i\right)\right]^2\right\rangle_+ = \left\langle\left[\sum_{i=1}^{N} f\left(t_i\right)\right]^2\right\rangle_+ - \left[\left\langle\sum_{i=1}^{N} f\left(t_i\right)\right\rangle_+\right]^2$$
$$= \int_0^T dt r_+(t)[f(t)]^2 \tag{4.12}$$

である．ここでは $f(t) = \ln[r_+(t)/r_-(t)]$ なので，λ の分散は

$$\left\langle\left[\delta\lambda\left(t_1, t_2, \cdots, t_N\right)\right]^2\right\rangle_+ = \int_0^T dt r_+(t)\left(\ln\left[\frac{r_+(t)}{r_-(t)}\right]\right)^2$$
$$\approx \int_0^T dt \frac{[\Delta r(t)]^2}{r(t)} \tag{4.13}$$

と計算できる．ここで最後の行で，Δr が小さいという近似を再度用いた．この極限では，λ の分散は刺激 $+$ に対しても $-$ に対しても同一である．よって，平均 ΔM と分散

$$\sigma^2 = \int_0^T dt \frac{[\Delta r(t)]^2}{r(t)} \tag{4.14}$$

をもつ信号の差として弁別課題を考え直すことができる．この場合の信号ノイズ比は

$$SNR = \frac{(\Delta M)^2}{\sigma^2}$$
$$= \left(\int_0^T dt \frac{[\Delta r(t)]^2}{r(t)}\right)^2 \left(\int_0^T dt \frac{[\Delta r(t)]^2}{r(t)}\right)^{-1}$$
$$= \int_0^T dt \frac{[\Delta r(t)]^2}{r(t)} \tag{4.15}$$

となる．これは，2 つの刺激が非常に近いという極限のもとで，発火率の統計がポアソン過程に従うニューロンの出力を用いて，**任意の** 2 つの刺激を弁別するための信号ノイズ比を計算するものである．

式 (4.15) の結果を理解するために，特殊な例を考えてみる．発火率が時間に依存しないと仮定する．この場合，スパイクがいつ発生するのかは重要ではなく，単にスパイクの数を数え上げるだけで十分である．2 つの刺激がそれぞれ平均的にスパイク数 $N_+ = r_+T$ および $N_- = r_-T$ をもたらすとすると，スパイク数の差 ΔN は ΔrT となる．ポアソン過程の性質を考慮すると，スパイク数の分散はその平均値と等しい．こ

の事実をもとに，信号ノイズ比 (SNR) は

$$SNR = \frac{(\Delta N)^2}{N} = \frac{(\Delta rT)^2}{rT} = T\frac{(\Delta r)^2}{r} \tag{4.16}$$

となる．この結果は式 (4.15) の積分結果と一致しており，また，そうなるのが自然である．さらに注目すべきは，ポアソン過程において，異なる時間のビン内でのスパイクは独立して発生するという性質から，幅 Δt の非常に短い時間窓に対して，この単純な数え上げの結果を適用することができる．各窓の SNR を加算すると，全体の SNR は式 (4.15) の積分と厳密に一致する．

まとめると，式 (4.15) はポアソンニューロンの出力に基づく弁別の信号ノイズ比を示す．これは，ポアソン過程が $\sqrt{N}$ の変動をもつという基本的な概念を，時間依存の発火率へと一般化したものである．それでは Siebert の問題，すなわち周波数弁別の限界に関する問題に戻ろう．

聴覚ニューロンの発火率は，2.1.2 項で説明したように，刺激の周波数と振幅に位相ロックした時間依存性をもつ．これは，次の式が示すとおりである．

$$r(t) = R(\omega)g(\omega t) \tag{4.17}$$

ここで，R は周波数 ω の音に対する平均発火率，g は図 2.4 に示した「位相ヒストグラム」の形状であり，正弦波刺激に対してある位相でスパイクが発生する確率である．R と g は音の強さにも依存するが，ここでは考慮しない．周波数 ω をわずかに変えると，R と g のそれぞれの変化は $r(t)$ の変化をもたらす．Siebert の研究は，周波数弁別の信号ノイズ比を求める際に，これらの項が独立して寄与することを示した．

多くの聴覚ニューロンによる寄与を考慮すると，この 2 項への分離は，周波数に関する情報源が 2 種類あることを定量化することに対応する (Siebert 1970; de Boer 1976)．具体的には，位置に関する情報として，蝸牛内の異なる位置にある細胞が異なる周波数に選択的であること，そしてタイミングに関する情報として，スパイク間隔が音の周期の整数倍に限られる傾向をもつことが挙げられる．これらの直観的な「情報源」が，数学的には R と g にそれぞれ対応する．

Siebert は，タイミングからより多くの情報が得られることを示唆した．このことは，単一の細胞の周波数応答を，その細胞の R が最大となる最適周波数近傍で評価することにより確認できる．大きな音の場合，R が最大になりうる帯域は非常に広くなる．議論を簡単化するために，周波数を変えても R は変化しないと仮定する．すると，時間

依存の発火率の変化は以下のようになる.

$$\begin{aligned}\Delta r(t) &\approx \frac{\partial r(t)}{\partial \omega}\Delta\omega \\ &= R\frac{\partial g(\omega t)}{\partial \omega}\Delta\omega \\ &= Rt\, g'(\omega t)\Delta\omega \end{aligned} \tag{4.18}$$

ここで, g' は g の微分である. これを式 (4.15) に代入することで, 弁別の信号ノイズ比が得られる.

$$\begin{aligned} SNR &= \int_0^T dt \frac{[\Delta r(t)]^2}{r(t)} \\ &= \int_0^T dt \frac{(Rt\Delta\omega)^2}{R}\cdot\frac{[g'(\omega t)]^2}{g(\omega t)} \end{aligned} \tag{4.19}$$

関数 g は定義から $\omega t = \phi$ の周期関数であり, ϕ は正弦波に対する相対的な発火の位相である. もし区間 $0 < t < T$ 内に多くの周期を含むのであれば, 純音を何周期も聞くことを意味する. そこで, g に関する項を 1 周期 $0 < \phi < 2\pi$ 分の平均で置き換え, t^2 に関する積分を計算する. 結果は以下のようになる.

$$SNR = \frac{2\pi}{3}R(\Delta\omega)^2T^3\int_0^{2\pi}\frac{d\phi}{2\pi}\frac{[g'(\phi)]^2}{g(\phi)} \tag{4.20}$$

この式が意味するのは, 単一聴覚ニューロンの観測者は, スパイク列を最適に取り扱うことで, 周波数弁別をこの SNR で実現できるということである. 典型的な発火率である $R \sim 50$ 秒$^{-1}$ のもとで, 積分時間を $T \sim 100$ ミリ秒 とすると, Δf [Hz] ($\Delta\omega = 2\pi\Delta f$) の周波数差を弁別する際の信号ノイズ比は次で与えられる.

$$SNR \sim 4\left(\frac{R}{50\,\mathrm{s}^{-1}}\right)\left(\frac{\Delta f}{1\,\mathrm{Hz}}\right)^2\left(\frac{T}{100\,\mathrm{ms}}\right)^3\int_0^{2\pi}\frac{d\phi}{2\pi}\frac{[g'(\phi)]^2}{g(\phi)} \tag{4.21}$$

関数 g は, 数千の聴覚ニューロンから**計測**できるものであり, さらに正規化して次のように定義する.

$$\int_0^{2\pi}\frac{d\phi}{2\pi}g(\phi) = 1 \tag{4.22}$$

すると, 何らかの問題が生じない限り, 式 (4.21) の積分は極端に大きくも小さくもならず, たいていは定数オーダーとなる. そもそも, ニューロンをポアソン過程とみなすモデル化は厳密には正しくないので, それ以上追求する意味はない. よって, この節のすべての作業を, 次の簡単な結論にまとめることができる.

$$SNR \sim \left(\frac{R}{50\,\mathrm{s}^{-1}}\right)\left(\frac{T}{100\,\mathrm{ms}}\right)^3\left(\frac{\Delta f}{1\,\mathrm{Hz}}\right)^2 \tag{4.23}$$

この意味は，周波数差が $\Delta f \sim 1\,\mathrm{Hz}$ 程度であれば，1 個のニューロンを 100 ミリ秒間「聞く」だけで $SNR = 1$ となり，信頼できる弁別ができるということである．

この式 (4.23) は簡潔で優れた結果に見えるが，残念ながら大きく間違っている．実際，Siebert の研究の結論は，スパイク列による最適な弁別に関するこの単純な図式は，ヒトの周波数弁別の現象論とは完全に矛盾していた (Siebert 1970).

第一の問題は，スケールに関してである．十分に大きな音に対しては，多数のニューロンは強い位相ロックを示すので，蝸牛全体を観察する場合の信号ノイズ比は式 (4.23) の値よりもはるかに大きくなると期待される．そのため，信頼できる周波数弁別の閾値は 1 Hz 未満となるが，実際はそうではない．Siebert は少なくとも 2 桁の乖離があると見積もっている．第二の問題は，時間への依存性である．ヒトの周波数弁別の閾値は，おおよそ $T^{-1/2}$ のペースで向上するが，式 (4.23) で予測される $T^{-3/2}$ のペースとは一致しない．この乖離もまた，合理的な実験誤差の範疇を超えるものである．

本書冒頭のホムンクルスに関する議論で，私たちはホムンクルスの採用する戦略が感覚世界の性質に依存することを強調した．もし実際に世界が 2 つの可能な純音のうちの 1 つで構成されていると仮定するならば，聴覚神経のすべての細胞はその音の一方または他方に位相がロックされる．したがって，これらのすべての細胞は音の周波数に関する何らかの情報を提供しており，周波数の識別能力は式 (4.23) よりもはるかによいはずである．これは，たとえば 10 kHz 付近の周波数に選択的な細胞が，1 kHz の近辺での識別に関連する情報を提供していることを意味する．しかしながら，自然の刺激においては，このようなことはめったに，あるいはまったく起こらない．非常に離れた周波数帯の出来事は，それらがほぼ倍音の関係にない限り相関しない．

同様に，純音の世界は無限大の相関時間をもつ世界でもある．そのため，ある瞬間の周波数と 100 ミリ秒後の周波数は同一である．このようなことも自然の刺激では起こらず，周波数は変調され，位相の一貫性が失われる．信号が刺激の提示全体の間にわたって一貫しているという仮定が，弁別性能の $T^{-3/2}$ の向上を可能にしているのである．

Goldstein と Srulovicz は，周波数弁別課題と，より自然な動的刺激におけるピッチ推定の問題との間に生じる矛盾を解決するための，スパイク間隔の最適処理モデルを提案している (Goldstein and Srulovicz 1977; Srulovicz and Goldstein 1983)．まず，スパイク間隔に焦点を当てることで，スパイク列の長期的な位相の一貫性によって伝達される情報は無視され，結果として，積分時間に関して $T^{-3/2}$ ではなく $T^{-1/2}$ の改善が即座に得られるようになる．この戦略は，典型的なスパイク間隔と同程度の時間スケールで変調される信号の推定に最適である．

Siebert (1970) と同様に，Srulovicz and Goldstein (1983) は周波数弁別の課題に焦点を当てている．しかし，彼らのアプローチは，2 つの周波数のうちの 1 つが提示されることを事前に知らない状態で，刺激周波数の推定値を生成するモデルを採用している．これは，周波数 f 付近での弁別情報が，実際に周波数 f 付近に選択的なニューロンによって支配されることを意味する．そのため，この推定に寄与する実際の細胞の数はより少なくなり，周波数帯に関するこの制約を取り入れることが，周波数弁別の閾値を正確に予測するための重要な要素となる．

それ以前の研究で，Goldstein らは，純音に対する周波数弁別の問題が，より自然な課題である複合音のピッチ弁別課題とどのように関連しているかを示した (Goldstein 1973; Goldstein et al. 1978)．この研究の中心的な考え方は，周波数弁別実験を通して個々の周波数成分がどれだけ正確に表現されているかを計測し，そのデータをもとに調和複合音の同定のための最適な戦略を探ることである．この最適な戦略を採用することにより，ピッチ弁別の精度を，あらかじめ計測済みの周波数弁別の精度から予測できる．原理的に，この予測はパラメータフリーであり，十分に機能する．この最適処理理論は，曖昧な知覚条件を含む調和複合音でない音のピッチの知覚も正確に予測することができる．

多くの未解決の問題が存在するが，この研究でとりあげる問題範囲は非常に広い．この研究は，聴覚神経の応答の統計から始めて，周波数弁別の精度を経て，最終的にはピッチ知覚にまで到達する．この一連の過程は，各段階で最適処理の原則に基づいて進行する．この研究アプローチを有効とするためには，古典的な弁別課題よりも推定問題に近い，自然と捉えられる課題を慎重に定義することが不可欠である．また，自然に発生しうる信号のダイナミクスについて深く理解することも重要である．

4.1.4 サルの視覚における動きの弁別

Barlow–Levick の実験の精神は，生物全体としての能力がわかっている弁別課題において，ニューロンの信頼性を探ることである．光子の計測では，生物の能力は入力信号の質に課される物理的限界と等しいため，単一ニューロンの能力は，出力の挙動であろうと入力の受容器細胞の挙動であろうと同じである．Barlow と Levick の実験では，動物が知覚的な決定を行う際に用いる情報が，すべて視神経を通過しており，動物が実験中に計測された特定の細胞を「聞いている」のは間違いない．無脊椎動物でも同様の状況が観察され，単一ニューロンの活動が行動に影響を与えることが明らかになっている．では，何十億ものニューロンで共有される哺乳類の皮質の視覚情報はどうなのだろうか．

皮質ニューロンの信頼性の問題に最も直接的に取り組んだのは，Newsome らによる，サル視覚野の MT 野の細胞に関する研究である（総説は Newsome et al. 1990 を参照）．多くの実験から，MT 野は視覚的運動の推定に関して重要な役割を担うことが明らかになっている．この領域の細胞は，運動のパターンに対して方向選択的な応答を示す．運動に対するこの応答は，細胞の受容野内で何かが動いている限り，空間パターンの変化に対して比較的頑健である．MT 野を損傷すると，運動方向の弁別課題の性能は劇的に低下するが，コントラストの弁別課題の性能には影響を与えない (Newsome and Paré 1988)．MT 野の特定の小領域を直接電気刺激すると，運動方向の弁別課題中の動物の判断に偏りを生じさせることができる (Salzman, Britten, and Newsome 1990; Salzman et al. 1992)．このような基盤を踏まえて，Britten et al. (1992) は，同じ運動弁別課題におけるサルの成績と個々の MT 野のニューロンの能力を比較する実験を行った．

Britten らの実験の特筆すべき点は，サルに弁別課題をさせながら，**同時に**単一ニューロンの活動を記録したことである．このアプローチには 3 つの意味がある．第一に，同一の動物を用いて，同じ状況下におけるニューロンの活動と行動の両方のデータを計測し比較することができる．第二に，記録中のニューロンの選択性をもとに行動課題のパラメータを変更できるため，その特定のニューロンの活動が行動にどれだけ関与しているのかを最適化することが可能となる．最後に，神経活動と動物の行動判断が試行ごとにどれだけ相関しているのかを明らかにすることができる．すなわち，ある細胞がより多くのスパイクを発射したとき，サルが「イエス」と答える確率が高まるのかを調査することができる．

MT 野での実験で用いられる課題は，ランダムドットパターン中の運動方向の弁別である．多数のドットが画面上のランダムな位置に出現し，視覚系の時間分解能よりも短い期間，一定の位置に留まる．このとき一部のドットだけが，一定速度での運動を模倣するために，時空間的にずれた新しい位置へと更新される．残りのドットはランダムな位置へ移動する．もしすべてのドットを時空間的に同一方向へ移動させると，完全に一貫した運動が観察され，その反対方向の運動とは明確に区別できる．同調して移動するドットの割合を減少させると，視覚的な印象はよりランダムになり，弁別の信頼性も低下する．この様子を**図 4.9**(a) に示す．心理物理学実験の結果は，正しく弁別できた割合を，同調した運動に含まれるドットの割合の関数として示したものである（図 (c)）．ニューロンのデータと意味のある比較を行うために，ドットは対象とするニューロンの受容野内に提示され，その細胞が最も選択的である方向をドットの移動の軸に設定した．ほとんどの実験では，刺激は 2 秒間継続して提示され，サルは推測される運動方向への眼球運動で応答した．

Britten らによる研究では，2 秒間の刺激提示中に発生したスパイクの数をカウントし，ニューロンの応答を定量的に評価した．このアプローチは，Barlow and Levick (1969) が網膜神経節細胞に関して実施した実験の手法を直接採用している．多くのニューロンで，スパイク数をもとにした弁別の正答率は，サルの行動に基づく正答率とほぼ一致していた．ただし，一部の細胞ではサルの成績が上回っている場合や，逆に細胞のほうが良好な成績を示す場合もあった．大部分のケースで，同調して動くドットの割合に対する依存関係は類似していた．最も高い正答率は，どちらのケースでもドットの 2–3% が同調して動いている状態で，82% であった．平均的に，ニューロンの成績とサルの行動の成績は同じだったが，各課題が記録中のニューロンに合わせて調整されているため，閾値のばらつきや細胞間の相関の有無を検討することが可能であった．しかしながら，明確な相関は確認されなかった．また，同調して動くドットの割合がゼロである場合，サルは当てずっぽうで答えるしかなく，その場合はトライアルごとのスパイク数と（弱く）相関していた (Newsome et al. 1995; Britten et al. 1996)．これらの結果は，多数の新しい疑問を提起する．

最も直接的な疑問は，なぜサルが単一のニューロンの観測に基づく予測よりも優れた成績を示さないのかという点である．特に，MT 野には刺激に反応する多くのニューロンが存在しているので，これらの細胞の反応を平均化すれば，サルの成績は向上すると考えられる．では，なぜそうならないのだろうか？ Zohary, Shadlen, and Newsome (1994) は，この問題に対して，異なる細胞間でのスパイク数が相関しているため，単純にこれらの反応を平均化しても分散が大きく減少しないという答えを示している．具体的には，MT 野のニューロンのペアでの記録により，両者が同じ刺激に応答する場合，そのスパイク数の変動が相関していることが明らかにされた．これは，1 つの細胞の活動がその最近傍の細胞とのみ相関しているわけではなく，行動判断に関連する可能性があるすべての細胞が，有意なペアごとの相関を，弱いながらももつということである．

この観察の意味を理解するため，あるニューロンのスパイク数が刺激の変化に対して平均で Δm 変化し，分布の分散が σ^2 であると仮定する．N 個の同種のニューロンを

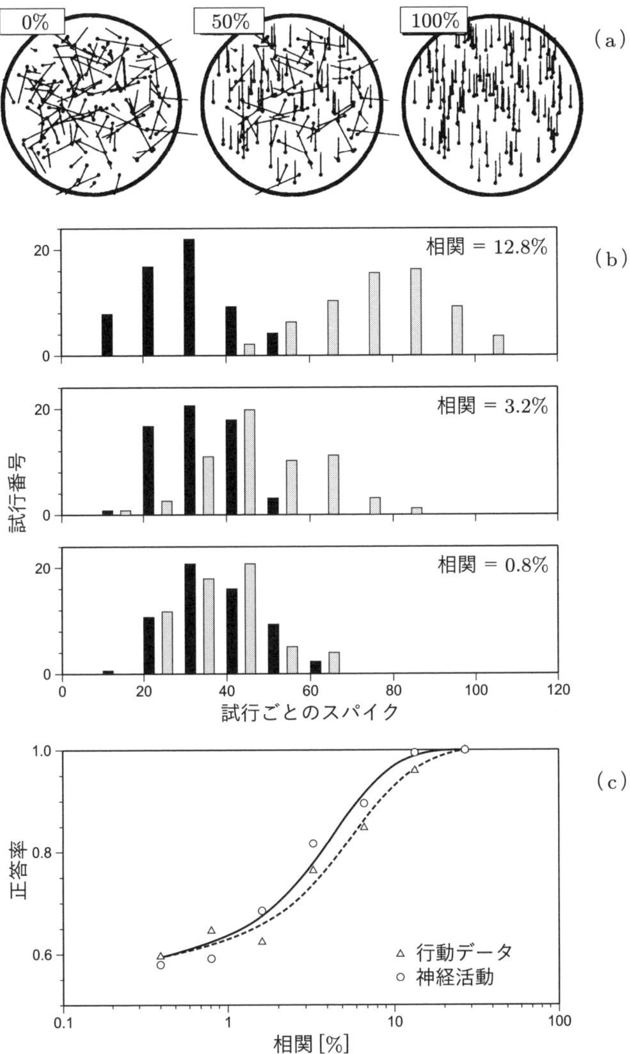

図 4.9 ランダム運動刺激に対する弁別能力．実験で使用される刺激は，ランダムな位置に現れるドットの平面である．各ドットは，ランダムな位置または一定速度の運動を模倣した位置に移動する．「方向付き」の位置に移動したドットの割合を，運動刺激の相関とよぶ．(a) の 3 つのパネルはそれぞれ 0%, 50%, 100% の相関の様子を示している．(b) のパネルは，異なる相関レベルにおける単一の MT ニューロンのスパイク数の分布を示している．斜線付きの棒は，ニューロンの最適方向への運動に対する応答を表しており，黒い棒はヌル方向（最もスパイクを発射しない方向）への運動に対する応答である．(c) のパネルは (b) の結果をまとめたもので，5% 以上のドットが同調した運動に参加している場合，この単一の細胞の応答を利用して，非常に高い信頼性で最適方向とヌル方向の運動を弁別できる．Newsome et al. (1990) より引用．

考え，すべてのスパイクを加算すると，総スパイク数の変化は $N\Delta m$ となる．各細胞が独立している場合，総スパイク数の分散は $N\sigma^2$ である．これにより，信号ノイズ比は

$$SNR = \frac{(\text{平均値の変化})^2}{\text{分散}} = \frac{N(\Delta m)^2}{\sigma^2} \tag{4.24}$$

となり，N 倍に改善される．閾値がこの信号ノイズ比に対応しているとした場合，N 個の細胞で平均化することにより，スパイク数の変化の検出精度を $\sqrt{2}$ 倍に改善することができるはずである．この考察に対して，相関はどのような影響を与えるのだろうか．

簡単のために，弁別に貢献するすべての細胞が等しいペアごとの相関をもつとし，その相関係数を ρ とする．各細胞が m_i 発のスパイクを発射した場合，その相関関係は以下のようになる．

$$\langle \delta m_i \delta m_j \rangle = \begin{cases} \sigma^2 & (i = j) \\ \rho\sigma^2 & (i \neq j) \end{cases} \tag{4.25}$$

総スパイク数の変化は $N\Delta m$ だが，その分散は

$$\begin{aligned} \left\langle \left(\sum_{i=1}^{N} \delta m_i \right)^2 \right\rangle &= \sum_{i=1}^{N} \sum_{j=1}^{N} \langle \delta m_i \delta m_j \rangle \\ &= \sum_{i=1}^{N} \left\langle (\delta m_i)^2 \right\rangle + \sum_{i=1}^{N} \sum_{j \neq i} \langle \delta m_i \delta m_j \rangle \\ &= N\sigma^2 + N(N-1)\rho\sigma^2 \end{aligned} \tag{4.26}$$

となる．すると，信号ノイズ比は以下のようになる．

$$SNR = \frac{(N\Delta m)^2}{N\sigma^2 + N(N-1)\rho\sigma^2} \to \frac{1}{\rho} \frac{(\Delta m)^2}{\sigma^2} \tag{4.27}$$

ここでは，細胞数が多い場合の極限 $N \to \infty$ での値を示している．相関が存在する場合，どれだけ多くの細胞を平均化に取り入れても，信号ノイズ比は $1/\rho$ 倍以上には改善されない．同じく，生物の閾値は，単一細胞の閾値の $1/\sqrt{\rho}$ 倍以上には改善されない．Zohary, Shadlen, and Newsome (1994) は平均 $\rho \sim 0.12$ と報告しているため，行動の閾値がニューロンの閾値の 3 倍以上に改善されることはないと考えられる．

さらに興味深い MT 野のデータの特徴は，ニューロンの応答を総スパイク数だけでまとめ，応答の時間構造を無視しても，神経が行動の成績を依然として近似できるという点である．これは，サルが皮質スパイクのタイミングを「聞く」ことができないということだろうか？ あるいは，時間構造は原理的に行動課題に関連する情報を含んでいないのだろうか？ このような結論は，前章で述べた「個々のスパイクが感覚刺激の時

間変化に関する詳細な情報を伝えている」という見解と相反するように思われる．確かに，哺乳類の皮質は私たちがこれまでとりあげてきた系とは異なるが，実験データはさらに探求すべき興味深い可能性を示唆するのである．

多くの MT 野の実験の弁別課題では，動くランダムドット刺激が 2 秒間連続して提示される．運動の大きさと方向はその時間中一定であるが，同調して動くドットの割合が少ない場合，大きく不規則に変動して見える．刺激を 100 ミリ秒だけ提示するように課題を変更すると，ヒトやサルの意思決定の閾値は上昇する．ただし，その上昇幅は 3 倍以下である．一方，ニューロンの方向弁別の閾値も，スパイク数を 100 ミリ秒間だけ数える場合には大きく上昇する．Britten et al. (1992) の報告によれば，個々の細胞の閾値は，最も成績がよいヒトや動物の閾値を上回ることはない．このような短い時間スケールにおけるニューロンと行動弁別の間には，明らかに何らかの異なる要因が存在しているようである．

私たちは，スパイク数とスパイクタイミングによるコーディングの問題は，刺激のダイナミクスの文脈で論じられるべきだと強調してきた．いくつかの事例では，典型的なスパイク間隔に相当する時間スケールで刺激が変動する場合，その変動はほぼ 1 発のスパイクで表現される．この観点から見ると，「タイミングコード」は不思議なものではない．個々のスパイクのタイミングは，感覚世界でのイベントのタイミングを示している．これは刺激波形の再構成によって特に明らかである．もし刺激を 2 秒間一定に保つと，その間にはタイミングを計るべきイベントが存在しない世界が定義される．したがって，個々のスパイクのタイミングは無関係であると考えられる．

Britten らの実験で使用されたランダムドットの表示では，直径 10° の受容野に 100 ミリ秒間の刺激を提示することは，約 130 個のドットを見ることに相当する．この中で同調した運動をするのは，ヒトの最高の被験者の閾値ではわずか 8% である．この場合，同調した運動の部分はわずか 5 ドットによって形成されることになる．この刺激条件では，100 ミリ秒間の平均スパイク数は 5 発を超えず，大抵は 1 から 3 発の範囲である．このことから，これらの実験の「定常」刺激の背後には，実は興味深いイベント，具体的には個々のドットのペアやクラスタの発生が存在し，そのタイミングが個々のスパイクのタイミングで示されている可能性がある．通常の条件でも，私たちの知覚はこのようなイベントに影響されている可能性がある．心理物理の予備実験 (Bair 1995) によれば，ヒトの被験者はランダムドット刺激中の運動方向の変動を報告できる．これらの変動のパターンは再現性があり，提示された特定のドットパターンの詳細さと関連していることが確認されている．

Bair and Koch (1996) は，Newsome らの実験において，まったく同じランダムドット刺激が複数回の試行で繰り返された点に着目し，再度解析を行った．図 4.10 に示すとおり，同じドット刺激は同じスパイク列の生成を再現する結果が得られた．この結果は，特定の感覚イベントのタイミングが，個々のスパイクのタイミングによって忠実に表現されるという仮説と一致している．

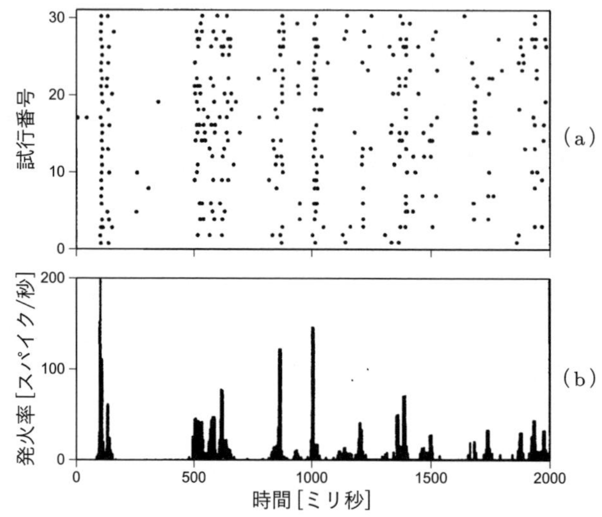

図 4.10　図 4.9 に示した MT 野のニューロンの実験で得られた，個々のスパイク時刻のラスタープロットと時間依存発火率．刺激は時刻 0 から 2 秒間提示される．この例では同調した運動は存在せず，画面上にドットがランダムに表示され，一定時間後に消失する．この刺激の繰り返しは，$t = 0$ を基準とし，各ドットの位置と表示時刻を正確に繰り返すことに対応する．Bair and Koch (1996) より．

MT 野の実験の最大の魅力の 1 つは，心理物理的な応答と，ニューロンの応答の試行毎の相関である．同様の実験でも，サルに非常に短い刺激に応答するようにさせると，行動と個々のスパイクの発射やタイミングとの相関を調べることができるだろう．これまで，サルの行動と皮質の数十億のうちのたった 1 個の細胞のスパイク数が相関しているとは，考えが及ばないことのように思われたかもしれない．Barlow (1972) は，この考え方を「知覚のニューロン主義」とよんでおり，この種の相関が存在することは，いまや明らかである．個々のスパイクの重要性については，後に再び議論する予定である．

4.2 超視力

神経計算の信頼性に関する最も顕著な例は，確実な弁別閾値やそれと等価な計算結果のノイズレベルのような定量データが，私たちの直観的な推定値を大きく上回る状況である．極端な例であるが，コウモリの反響定位は，反響の到着時刻の揺らぎを 10 ナノ秒の精度で解決できることが示されている (Simmons 1989)．デンキウオもまた，近くの仲間の信号の数百ナノ秒の変化に対応して，自分の電気信号を調節することが知られている (Carr, Heiligenberg, and Rose 1986; Carr 1993)．神経活動の自然なスケールはマイクロ秒でもナノ秒でもなくミリ秒であることから，これらの結果は驚くべきものである．

4.2.1 限界はどこにある？

ごく短い時間分解能の実験が行われるずっと以前から，視覚系における空間分解能の実験は行われてきた．その歴史は 19 世紀にまで遡る．私たちは，眼の光受容器の離散格子が世界をサンプリングしていることを知っている．空間分解能のスケールについて，ヒトの中心窩での網膜上の格子間隔は，視野角で $\sim 0.01°$ に相当する．受容器の格子とは独立に，角膜とレンズによる回折は世界の像をぼかす．これにより，約 $\sim 0.01°$ よりも細かな情報が失われる．これらの物理的あるいは幾何学的な考察から，中心窩の分解能は約 $0.01°$ の視野角，すなわち（大まかにいえば）1 マイル先の 1 フィートの変位に対応すると推定できる．この考察は，古きよき実験の雰囲気を伝えてくれる．

ヒトの被験者に対して，視野に 2 つのドットもしくは 2 倍の明るさの 1 つのドットのいずれかを提示し，どちらが見えるかを尋ねることにする．2 つのドットが約 $0.01°$ 離れているとき，信頼できる弁別を得ることができ，これは私たちの視覚分解能の推定とも一致している．しかし，目盛のパターンのずれを弁別できるかどうかを尋ねた場合，信頼できる弁別の閾値は $0.002°$ まで 5 倍も向上する．ヒトの観察者について報告されたずれの閾値の最小値は，**図 4.11** に示すような 2 直線の間の中央に線を引く課題で報告された値で，$\sim 0.0003°$（1 秒角）である (Klein and Levi 1985)．

目盛のパターンの場合，ずれの情報は多くの場所から収集できるため，特殊な一例であると考えられるかもしれない．実際，この微小なずれの弁別性は非常に頑健であり，線だけでなくドットでも同様の現象を観測できる．このような網膜上の受容器の間

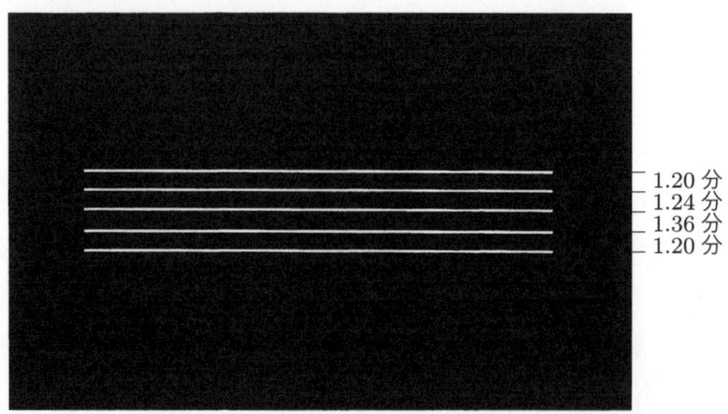

図 4.11 Klein and Levi (1985) の研究で用いられた超視力刺激．この課題は，中央の線が他の 4 本の線によって定義される中心から，上下のどちらにずれているかを判別するものである．この図を 10 メートルの距離から見た場合，線と線の間隔は右に示された視野角に相当し，中央の線のずれは 0.06 分角，つまり 3.6 秒角で中央から上にずれていることになる．これは，Klein と Levi が発見した最良の閾値である 0.9 秒角（あるいは 0.00025 度）の 4 倍である．中心窩の受容器細胞の視野角の間隔は ∼ 30 秒角であることから，この課題における超視力は，受容器のサンプリングで設定される公称限界値の 30 倍小さなずれを弁別できる．

隔よりも小さなずれを弁別する現象全体を「超視力」◆2(hyperacuity) とよんでいる．超視力を一般的な現象として確立した多くの実験は Westheimer らによって行われ，Westheimer (1981) では一連の実験の総説と長い歴史的背景を紹介している．歴史のある時点において，私たちの脳が公称「回折限界」より小さなずれを知覚できるという考えは，かなりの混乱を引き起こしたようである．最近になって，超視力を説明しようとする理論的な論文が，基本的な物理限界にほとんど言及することなく登場するようになった．これはある意味で，超視力が存在しないと思われた時代から，自明だと思われる時代へと変わったということである．もちろん，どちらの極論も正しいわけではない．

超視力は 2 つの点で驚くべきものである．第一に，検出可能なずれの量は，光受容器間の間隔よりも小さい．第二に，そのずれは，眼の光学系の「分解能」よりも小さい．これらは**見かけ上の**限界であり，本当の意味での弁別の限界は，これらの効果にノイズを加えたものであると理解することが重要である．基本的な考え方を得るために，**図 4.12** のように，1 列に並んだ光受容器の配列を用いて単一ドットの位置を計測する問題を考えよう．各受容器は，眼の光学系と受容器自身の位置に応じて決まる視野のある領域を平均化する．実際，光受容器は十分小さく光導波路として機能し，この効果は受

◆2 訳注：この訳語は電気通信大学の佐藤俊治先生よりご教授いただいた．

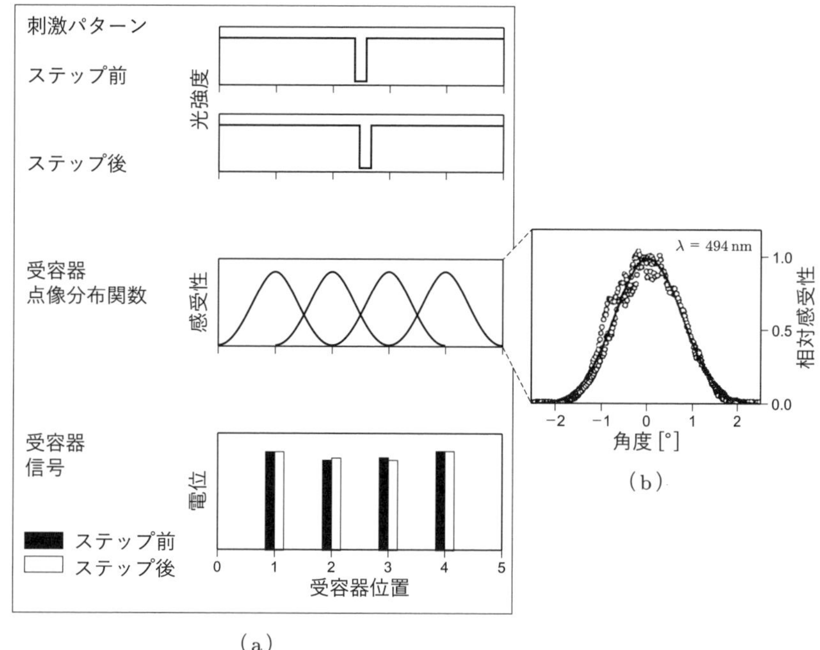

図 4.12 ハエの視覚系における空間サンプリング. (a) 点刺激のずれに対するハエの光受容器配列の応答. 上の 2 つのパネルは, ステップ前後の光強度パターンを表す. これらのパターンは光受容器の点像分布関数によってフィルタリングされ, ステップ前後の受容器の電位が決定される. 説明を簡単にするために, 電位は光強度に正比例すると仮定する. (b) ハエの光受容器の点像分布関数の計測データ. Smakman, van Hateren, and Stavenga (1984) を再構成したもの.

容器の積分領域に非自明な（そして波長に依存する）構造を与えることがある. これらの効果はすべて, 図 4.12 のように, 数値的な角度感受性プロファイル $M(\varphi)$ としてまとめることができる. もし配列中の n 番目の細胞が視野角位置 φ の点光源によって刺激されると, その受容器で生じる光電流は $M(\varphi - \varphi_n)$ に比例する. ここで φ_n はこの細胞が視野で「見て」いる方向である. この視野角感受性プロファイルがわかれば, 単一スポット刺激に対する細胞の応答を構成し, その刺激が少し動いたときに何が起こるのかを問うことができる. その結果わかるのは, 十分に小さなずれであっても, 何かが必ず変化するということである. 光受容器はオン/オフのスイッチではなく, 刺激が受容器間隔の数分の一でも動けば, 受容器の出力の強弱はその割合に応じて変化しうる.

具体的な実験の文脈にこれらの考え方を結び付けるために, ハエの眼の光受容器に関する視野角感受性の計測から得られた生データを示す（図 4.12 参照）. スポット光を光受容器間の間隔の数分の一だけわずかにずらすと，受容器細胞は段階的な電位変化を示す．小さなずれに対して生じる電位変化はやはり小さいため，これらの微小な変化を背景ノイズの上でどれほど効果的に検出できるか，という点が問題になる．もし，信号ノイズ比が十分に高いのであれば，原理的には受容器の間隔を下回る小さなずれを検出できる．

回折限界についても考えてみよう．回折は視野角感受性プロファイルの幅を定める要因であり，この幅が広いと，微小なずれに対する受容器の応答はきわめて小さくなる．しかしながら，感受性プロファイルの幅よりもはるかに小さいずれに対しても，一定の小さな応答は存在し，これが光学系の公称分解能となる．もし画像の信号ノイズ比が十分であるならば，この種の小さな変動を検出することが可能であり，観察対象の「境界」の画素の信号を適切に組み合わせることで，信号ノイズ比をさらに向上させることができる．これは単なる理論的な問題ではない．光学顕微鏡の 1 マイクロメートル程度の分解能よりもはるかに小さい変位をイメージングする技術は，細胞生物学をはじめとする多くの分野で活用されている．同様に，回折によって生じるぼけを「逆畳み込み」によって補正し，画像全体を鮮明にすることも可能である．ここでのポイントは，ノイズに対して十分な信号があるかどうかということである．

これらの事実から，視覚系について何が理解できるのだろうか．第一に，超視力とは神秘的な現象ではない．顕微鏡を用いる研究者たちは日常的に同様の業務を行っており，天文学者もまた，望遠鏡を用いて同様，あるいはそれ以上の業務を実施している．第二に，回折と光受容器の格子構造だけを考えると，ずれの弁別に限界は存在しない．しかし，これらの要素が**ノイズと結び付くと**，いかに脳が高度であっても打破不能な限界が生じる．ずれ弁別における物理的な限界は，光学系と受容細胞のノイズの現実的なモデルから定量的に計算することが可能である．

超視力を初めて知ったとき，私たちは視覚系の驚異的な性能に大いに驚かされた．回折限界は実際の限界ではないため，系が回折限界を超えたとしても，それ自体は驚くべきことではない．間違いは，素朴な回折限界と比較したことだった．しかし，回折限界とノイズの組合せによる真の限界が**存在する**ことも理解した．もし系がこの限界に到達すると，それはある意味で完璧なプロセッサとなり，利用可能な空間情報を最大限に活用しながらずれを計算する．このように，超視力は神経計算の精度を探る機会を提供する．視覚系は，回折や光受容器配列のノイズによる基本的な物理的限界のもとで，確実にずれを弁別できるのだろうか？ それとも，中枢神経系は計算の過程でかなりのノイズを加えているのだろうか？ Geisler (1984) は，この問いに取り組み，視力と超視力の関係について，単純だが一般的な議論を展開した．

通常の視力の課題では，同じ全光量をもつ 1 つの点光源と 2 つの点光源を弁別する課題が課される．眼の光学系を通して投影すると，1 つの点光源は網膜上に強度のパターン $I_0(x)$ を生成する．距離 l 離れた 2 つの光源の場合，網膜上のパターンは 2 つの $I_0(x)$ の重ね合わせとなり，それぞれの強度を半分にする．

$$I_2(x,\ell) = \frac{1}{2}\left[I_0\left(x-\frac{\ell}{2}\right)+I_0\left(x+\frac{\ell}{2}\right)\right] \tag{4.28}$$

小さなずれ ℓ に対して，1 点光源のパターンと 2 点光源のパターンの違いは，I_2 をテイラー展開して先頭の項だけを残すことで得られる．

$$\begin{aligned}
\Delta I(x) &= I_2(x) - I_0(x) &(4.29)\\
&= \frac{1}{2}\left[I_0\left(x-\frac{\ell}{2}\right)+I_0\left(x+\frac{\ell}{2}\right)\right] - I_0(x) &(4.30)\\
&\approx \frac{1}{2}\left[I_0(x) - \frac{\ell}{2}\frac{\partial I_0(x)}{\partial x} + \frac{1}{2}\left(\frac{\ell}{2}\right)^2\frac{\partial^2 I_0(x)}{\partial x^2} + \cdots\right]\\
&\quad + \frac{1}{2}\left[+I_0(x) + \frac{\ell}{2}\frac{\partial I_0(x)}{\partial x} + \frac{1}{2}\left(\frac{\ell}{2}\right)^2\frac{\partial^2 I_0(x)}{\partial x^2} + \cdots\right]\\
&\quad - I_0(x) &(4.31)\\
&\approx \frac{1}{8}\ell^2\frac{\partial^2 I_0(x)}{\partial x^2} &(4.32)
\end{aligned}$$

このように，強度の変化は ℓ^2 に比例する．つまり信号はずれの **2 次のオーダー**となる．2 つの光源があらかじめ ℓ_0 離れているとし，そこからさらに $\Delta\ell$ 離すと，網膜上でのパターンの変化は $\Delta I \propto \Delta\ell$ となり，信号はずれの **1 次のオーダー**となる◆3．したがって，もしずれが非常に小さい場合は，分離した光源をずらすことでより大きな信号を得ることができる．ノイズは，網膜への光子のランダムな到着や光受容器自体が発生源となるものであり常に一定なので，2 点があらかじめ分離している場合，弁別の閾値はそこからさらに小さくなる．これこそが超視力をもたらす条件である．視力から超視力への移行は，点（あるいは線）が眼の光学系の点像分布関数に対応する量だけずれることで起こるのであり，実験とも大まかに一致する．

ここで，光子のショットノイズと光受容器によるその他のノイズの効果が，実効的には画像に付加されるホワイトノイズであると仮定しよう．このとき，2 つの信号の弁別に必要な信号ノイズ比は，A.18 節で説明するように，画像全体での強度差の（2 乗の）積分となる．

◆3 訳注：$\Delta\ell$ が十分小さいとし，$O(\Delta\ell^2)$ を無視する．

$$SNR = \frac{1}{N_0} \int d^2x[\Delta I(x)]^2 \tag{4.33}$$

ここで，N_0 は実効ノイズレベルである．視力課題の場合は

$$SNR \propto \frac{\ell^4 I_0^2}{N_0} \tag{4.34}$$

となり，超視力課題の場合は

$$SNR \propto \frac{(\Delta\ell)^2 I_0^2}{N_0} \tag{4.35}$$

となる．ショットノイズが支配的な場合は，ノイズレベルは平均強度そのものに比例するので，$N_0 \propto I_0$ となる．このとき，SNR がある定数の場合，すなわち確実に弁別可能な閾値を固定した場合は以下が成り立つ．

$$\begin{aligned} \ell_{\text{視力}} &\propto (I_0)^{-1/4} \\ \Delta\ell_{\text{超視力}} &\propto (I_0)^{-1/2} \end{aligned} \tag{4.36}$$

このように，視覚系が受容器配列の情報を最適に利用した場合，視力と超視力の強度依存性は大きく異なると予測される．また，この定性的な記述は，個々の受容器の信号ノイズ比が光強度に対して単調増加関数である限り，ショットノイズが支配的でなくても成立する．

残念ながら，式 (4.36) の予測は，視力と超視力の強度依存性に関するデータを十分に説明できない．小さい I_0 のもとでは $(I_0)^{1/4}$ は $(I_0)^{1/2}$ より大きく，この予測は，低強度のもとでは視力が超視力よりも優れているという頑健な定性的効果を示唆する．この効果は Geisler and Davila (1985) によって検証され，確認されている．McKee (1991) は，Geistler の議論に従った物理的限界に着目する場合であろうと，視覚神経経路の特徴検出器や「チャネル」の特性によって追加のノイズ源が提供される場合であろうと，どの理論も超視力の強度依存性を説明することが困難であると強調している．錐体細胞の信号とノイズの特性についての詳細な理解が有益であることは間違いない (Schnapf et al. 1990)．それにもかかわらず，McKee は，被験者が単純な超視力課題を行う場合でさえ，視覚環境の物体の形状を表現するような，より複雑な別の問題を脳は解いている可能性もあると提案している．したがって，理論的には，このような明らかに認知的な課題における物理限界について理解することが必要である．

最後に，ここまで触れてこなかった色の弁別について，超視力からの類推をもとに説明し，この項を締めくくりたい．私たちは 3 種類の錐体細胞をもち，それぞれが広範な吸収プロファイルを有している．これら 3 つの受容器が集まることで，光受容器の空間

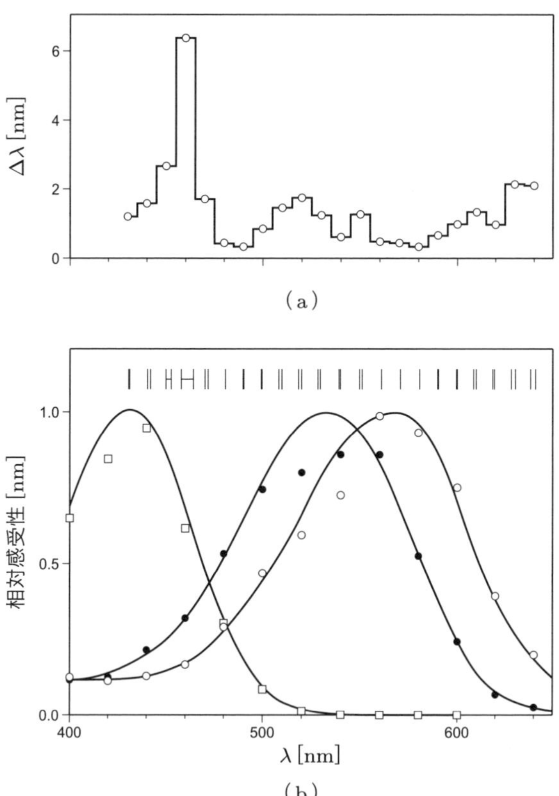

図 4.13 (a) 波長弁別と (b) 錐体光受容器の感度．(a) に示すように，ヒトは 2 つの光刺激の波長を約 1 nm まで正確に一致させることが可能である．それに対して，(b) のパネルが示すとおり，錐体は比較的粗いチューニングカーブで異なる波長をサンプリングしている．ここで示される計測は，マカクザルの網膜から得られた赤，緑，青の錐体のもので，標準 Dartnall 曲線をフィッティングして得た．比較のために，(b) の上部のエラーバーは，(a) の Δλ 値を (b) の横軸のスケールに合わせて再掲した．(a) のデータは Mollon, Estévez, and Cavonius (1990) から，(b) のデータは Nunn, Schnapf, and Baylor (1984) からそれぞれ引用.

配列が視野をサンプリングするのと同様，光波長のスペクトルもサンプリングされる．視野角のずれの場合，基本的なスケールは回折によって定まるが，色の「回折限界」は，**図 4.13** に示すとおり，吸収プロファイルの幅によって定義される．単色光源の波長を変化させた場合，吸収帯のピーク間隔や，それぞれの帯域幅自体よりも微小な変化を弁別することが可能となる．定量的な弁別実験は行っていないものの，私たちの日常言語が多くの異なる色の名称を提供していることは，私たちが受容器のサンプリング限界を超える弁別を行っていることを強く示唆している．

4.2.2 単一ニューロンでの実験

ヒトの行動と物理的な限界を比較するのは難しい．そのため，個々のニューロンの応答において超視力が観察される系を特定する研究が行われてきた．1980 年代半ばまでは，そうした系は未発見であった．1984 年に，ハエの視覚系を利用した実験から予備的な結果が報告された (de Ruyter van Steveninck, Bialek, and Zaagman 1984)．この報告によれば，単一の運動感受性ニューロンのスパイクをわずか数発観測するだけで，複眼の光受容器の間隔に対して約 1/10 の変位を確実に弁別できることが示された．この系に関する性能は，次の節で詳細に検討される．ほぼ同時期に，3 つの研究グループが，哺乳類の視覚系における単一ニューロンについて，超視力領域での特性を報告した (Parker and Hawken 1985; Shapley and Victor 1986; Swindale and Cynader 1986)．

Parker and Hawken (1985) は，サルの一次視覚野における研究で，刺激パターンが特定の位置に表示された際の細胞の発火率を計測し，位置のずれの弁別に関する研究を行った．彼らは，この発火率が位置に応じて急激に変動し，単純なスパイクの有無を基準にして，公称の受容野幅よりもはるかに小さい幅で位置のずれを弁別できることを明らかにした．最良の場合では，確実な弁別の閾値は 11 秒角のずれに相当し，これは同等の網膜偏心度でのヒトの閾値とほぼ等しい．

Parker と Hawken の結果は，単一ニューロンからの信号の信頼性，具体的には単一ニューロンによる単一スパイクが，生体全体の信頼性にどれほど近づくかについて，別の系の一例を示している．さらに，この実験結果に情報理論的な解釈を与えることもできる．2 つの選択肢から正しいほうを選ぶために必要な情報があるとき，私たちはちょうど 1 ビットの情報をもっている．確実な弁別の閾値で，便宜上エラー率を 25% と仮定すると，このノイズは情報伝達を 0.19 ビットまで減少させる◆4．しかし，この情報は平均して半分のスパイクによって伝えられるため，1 スパイクあたりの情報伝達率は

◆4 訳注：2 元対称通信路における相互情報量の計算に相当する．入力 $x \in \langle 0,1 \rangle$，出力 $y \in \langle 0,1 \rangle$ とし，エラー率 $p = 0.25$ で情報を伝達することを考える．この場合の相互情報量 $I(x,y)$ は，式 (3.28) より

$$I(x,y) = \sum_{x \in \langle 0,1 \rangle} \sum_{y \in \langle 0,1 \rangle} p(x,y) \log_2 \frac{p(x,y)}{p(x)p(y)}$$

である．$p(x=0) = p(x=1) = 1/2$, $p(y=0) = p(y=1) = 1/2$ であり，$p(x=0, y=0) = 1/2 \cdot 0.75$, $p(x=0, y=1) = 1/2 \cdot 0.25$, $y(x=1, y=0) = 1/2 \cdot 0.25$, $p(x=1, y=1) = 1/2 \cdot 0.75$ より，

$$I(x,y) = \frac{1}{2} \cdot 0.75 \log_2 \frac{1/2 \cdot 0.75}{1/2 \cdot 1/2} + \frac{1}{2} \cdot 0.25 \log_2 \frac{1/2 \cdot 0.25}{1/2 \cdot 1/2}$$

0.38 ビットとなる．

Lee et al. (1993) はサルの視覚における超視力の問題に注目し，Shapley and Victor (1986) がネコにて行った実験のように，サルの網膜神経節細胞からの記録を詳細に調査した．彼らの実験では，0.5–4 分角の範囲で移動した線分に対する神経節細胞の応答を研究し，コントラストが 20% 以上の線分では，適切な網膜偏心度における心理物理的閾値が 1 分角未満であることを発見した．また，大細胞性神経節細胞では，ステップ運動が一過性の応答を引き起こすことが刺激後時間ヒストグラムの分析からわかり，20% のコントラストでは発火率のピークの変化は 1 分角あたり 23 スパイク/秒であった．しかし，この発火率の変化は 40 ミリ秒未満の時定数で減衰するため，検出可能な限界では 1 神経節細胞が発射する余分なスパイクは 1 発未満である．それでも，定常発火率の分散が 40 ミリ秒の窓内で 1 発未満であることから，単発の余分なスパイクは十分に検出可能である．小細胞性神経節細胞はより豊富に存在するものの，この変位検出課題における感受性は 1 桁以上低いため，Lee らはこの課題のパフォーマンスが大細胞性の経路によって決定されると主張している．

ヒトの超視力とその物理的限界との比較は，認知的要因によって制限されるが，神経節細胞レベルではこの要因は無関係である．Lee らの実験で見られる神経節細胞の能力は，Schnapf et al. (1990) によって計測された錐体のノイズレベルと比較することができる．Barlow, Levick, and Yoon (1971) や Aho et al. (1988) による実験では，暗順応した状態では，神経節細胞の「ノイズ」はランダムな光子の到着と桿体細胞の暗所ノイズを反映しており，網膜回路に由来するノイズではないことが示されている．明るい条件下で錐体細胞が優勢な状況でも，類似した比較は可能だろう．

超視力領域における確実な応答が単一スパイクによってもたらされるという考えは，一見，驚異的な事実に映るかもしれない．だが，これと同じ結果は，以下で詳しく説明するハエの運動感受性ニューロン (de Ruyter van Steveninck, Bialek, and Zaagman 1984; de Ruyter van Steveninck and Bialek 1992, 1995)，サルの一次視覚野 (Parker and 1985) と網膜神経節細胞 (Lee al.1993)，さらにウサギの網膜の方向

$$
\begin{aligned}
&+\frac{1}{2}\cdot 0.25\log_2\frac{1/2\cdot 0.25}{1/2\cdot 1/2}+\frac{1}{2}\cdot 0.75\log_2\frac{1/2\cdot 0.75}{1/2\cdot 1/2}\\
&=0.75\log_2(2.0, 7.5)+0.25\log_2(2.0, 2.5)\\
&=10.75\log_2 2+0.25\log_2 2)+0.75\log_2 0.75+0.25\log_2 0.25\\
&=1+0.75\log_2 0.75+0.25\log_2 0.25\\
&\simeq 0.18872\cdots
\end{aligned}
$$

と計算できる．

選択的神経節細胞 (Grzywacz, Amthor and Merwine 1994) などの，多くの異なる実験から得られている．

Shapley と Victor (1986) が強調したとおり，網膜神経節細胞の組合せが，超視力領域の能力を生み出すための情報を提供**しなければならない**．Lee らは，サルの網膜の解剖学的構造と受容野のサイズをもとに，変位のステップに最も強く応答する神経節細胞は，高々 10 個であると推測した．これを踏まえると，単一細胞のスパイク活動に基づく弁別の閾値は，動物個体の閾値に近いと考えられる．問題は，それに関わるスパイク数が非常に少ないことである．心理物理的な閾値での余分なスパイクの総数は，おそらく 10 発以下であり，Lee らは，近隣のニューロンからのスパイク数の相関や，どの細胞を「聞く」べきかという観測者の不確実性が，知覚的判断に寄与する実効的なニューロン数をさらに減少させる可能性があると主張している．この文脈で，光子の計測との類推を考える読者もいるかもしれない．Lorentz の最初の計算は，視覚系が 10 から 100 個の光子に対して確実な応答を示すことを明らかにし，後の数世代にわたる実験が，この数を 1 光子まで下げた．Lee らの結果は，ヒトの被験者が，視神経の段階で，10 発ではなくわずか 1 発の余分なスパイクを検出するための刺激条件を探求したものである．

4.2.3　時間版超視力

私たちは，高度に視覚的な生物であるため，自らの視覚系や他の動物のそれを研究するのは，ある意味自然なことかもしれない．しかし，他の生物は，異なる感覚を通じて世界を体験している．多くの動物は主に匂いを頼りに移動するし，ミツバチは電磁スペクトルの異なる領域に感受的な視覚系をもっている．これらは私たちの感覚の延長線上，あるいはその外挿と見ることができる．しかし，私たち自身の感覚に対応するものがない，環境を感知する感覚が 2 つ存在する．反響定位と電気定位である．これらの感覚は，空間の像を構築する際に時間領域での情報処理に強く依存する．これらの系における精密な像の構築の進化は，神経系の時間精度に関する壮大な証拠を提供してくれる．特に，反響定位を利用するコウモリ *Eptesicus fuscus* は，10 から 50 ナノ秒以下の反響遅延の違いを区別することができる (Simmons 1989; Simmons et al. 1990)．ここでは，この反響定位問題に焦点を当てて考察する．

図 4.14 では，コウモリの行動実験の模式図が提示されている．コウモリは Y 字型の岐路で選択を迫られる．具体的には，コウモリは Y 字のどちらの道から音の信号が来ているかを判別しなければならない．それぞれの道にはマイクとスピーカーが設置されており，コウモリの超音波パルスの合成反響音を生成することができる．一方の道で

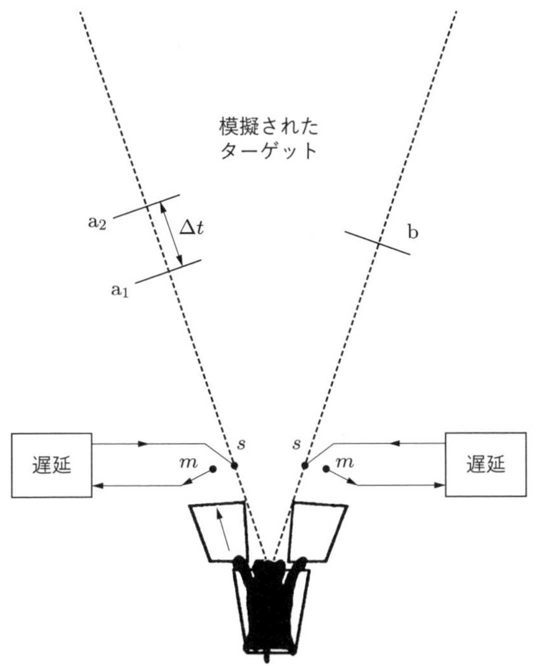

図 4.14 コウモリの行動研究の実験設定．コウモリは Y 字のプラットフォームに着地するように訓練される．Y 字の各腕にはマイクとスピーカーが設置されている．コウモリの鳴き声はマイクで拾われ，スピーカーから遅れて再生される．片方の腕では遅延は一定であり，もう片方の腕では遅延はコールごとに交互に変化する．コウモリの課題は，動くターゲットがある側に着地することである．Simmons (1989) より引用．

は，反響が常に一定の遅延で与えられる．もう一方の道では，パルスごとに遅延が $\pm\delta\tau$ と変動する．コウモリが発する超音波パルスは数ミリ秒の幅をもつので，それが到着時刻の基本的な時間スケールとして弁別に利用されていると考えるかもしれない．しかし，音は 1 ミリ秒でおおよそ 1 フィート（約 30 センチメートル）も進行する．したがって，この粗い世界の像はコウモリにとってあまり意味がないように思われる．

コウモリの反響定位の精度について理解を深めるため，素朴ではあるが洗練された実験が行われた（Trappe 1982; Simmons 1989 による解説）．小さな食用ミミズを空中に投げ上げると，コウモリは翼をスコップのようにしてターゲットの下に移動させ，捕えて食べる．この動作をストロボ撮影すると，コウモリが 1 回の反響定位のパルスに応答して，頭部を素早くターゲットに向ける様子が観察できる．この際，ミミズに小麦粉をまぶしておくと，翼に付着した小麦粉からターゲットがどの位置で捕えられたのかがわかる．この実験を何度も繰り返すことで，小麦粉の付着パターンが捕獲ポイントの位置のバラツキを示すため，コウモリがターゲットの位置をどれほどのばらつきで推定しているのかを（大まかに）測定することができる．小麦粉が付着した部分の直径は約 1 センチメートルで，これは音速を考慮すると，パルスの到着時間の計測に換算して約 35 マイクロ秒の精度に相当する．コウモリが，ミミズが翼に接触する精度を最大化することに興味を抱いているかは不明だが，これだけの精度が**達成可能である**という事実自体が，最低でもこの程度の計測精度が必要であることを示している．この 35 マイクロ秒という時間スケールは，パルスの幅ではなく，それに基づく音波波形の基本周期と一致している．この波形は 2 つか 3 つの倍音から構成され，基本周波数はパルスを通して下向きにスイープされる．

Simmons (1979) による実験では，コウモリは 30 マイクロ秒**以下**の反響遅延の揺らぎ（ジッター）を，1 マイクロ秒，あるいは 500 ナノ秒まで確実に弁別できることが実証された．さらに驚くべきことに，10 マイクロ秒のジッターを完璧に弁別できるコウモリは，ジッターが大きくなると混乱し（間違いが増え），混乱はジッター $\delta\tau$ が，パルスの音圧波形が自分自身の位相に戻るタイミングで最大になった．**図 4.15** にその結果を示す．別の言い方をすれば，間違いは音信号の自己相関関数のピークに対応するジッターで最大となる．これは，コウモリが 30 kHz までの周波数の詳細を含む，信号波形の完全なコピーを参照しながら計測しているようなものである．

コウモリが完全な参照信号をもっていると仮定し，背景ノイズ $\eta(t)$ のもとで**既知の**パルス波形 $s_0(t-\tau)$ を聞いているとする．このノイズは聴覚系自体に起因する可能性もあるが，問題をわかりやすくするために，行動実験中の合成エコーに背景ホワイトノイズを加えることとし，このノイズレベルを操作する (Simmons et al. 1990)．このノイズは，コウモリが参照遅延 τ とわずかに異なる $\tau+\delta\tau$ の差を検出できる信頼性に物理的な限界を設定し，この限界にコウモリがどこまで近づけるかを考えるものである．A.18 節で説明するように（Menne and Hackbarth 1986 も参照），この弁別課題の信号ノイズ比は，パルス形状の時間微分（の 2 乗）を積分し，付加されたノイズのスペクトル密度 N_0 で正規化されたものとなる．

$$SNR = (\delta\tau)^2 \frac{1}{N_0} \int dt \left[\frac{ds_0(t-\tau)}{dt} \right]^2 \tag{4.37}$$

コウモリの能力は，この最適な信号ノイズ比から予測されるものと，限界（$SNR = 1$ に相当する）の 40–50 ナノ秒のノイズレベルまで基本的に一致している (Simmons et al. 1990)．さらに小さなノイズレベルでは，**図 4.16** に示すように，10 ナノ秒の弁別閾値でプラトーに達する．

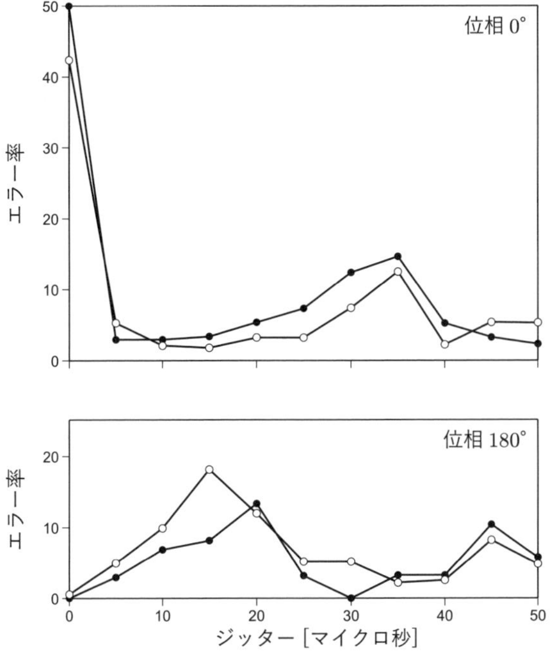

図 4.15　2 匹のコウモリ（黒丸と白丸）がジッターを検出した際の行動．上のパネルは，合成反響が位相の変化なし (0°) で返され，弁別が時間差もしくジッターのみに基づいて行われる状況を示す．下のパネルは，位相が 180° ずれて返る状況を示す．位相が 0° の条件では，コウモリはジッターがゼロのときと，反響定位の波形の周期に近い 35 マイクロ秒の時に混乱しやすい．位相が 180° の条件では，コウモリは位相反転のみを弁別することができ（ジッターがゼロのとき），15–20 マイクロ秒と 45 マイクロ秒付近で混乱が生じる．この領域は（おおよそ）反響定位の波形の周期で分離されている．Simmons (1989) より引用．

式 (4.37) のレベルでの性能は，超視覚とどのような意味で関係するのだろうか (Altes 1989)？ 視覚の場合，点光源を見ると，網膜上で像は瞳孔-レンズ系の回折によって定まる幅をもつ．超視覚とは，この回折限界を超えて見ることに相当し，それは十分大きい SNR においてのみ可能である．コウモリの時間領域の場合は，「音響像」の基本スケールはパルス波形 $s_0(t)$ の時間依存性によって決まる．この時間スケール ΔT は，反響パルスの時間微分で定義することができ，

$$\frac{1}{(\Delta T)^2} = \left\{ \int dt \left[\frac{ds_0(t)}{dt} \right]^2 \right\} \left\{ \int dt \, [s_0(t)]^2 \right\}^{-1} \tag{4.38}$$

となる．そして，ターゲットのジッターを確実に弁別するための閾値は

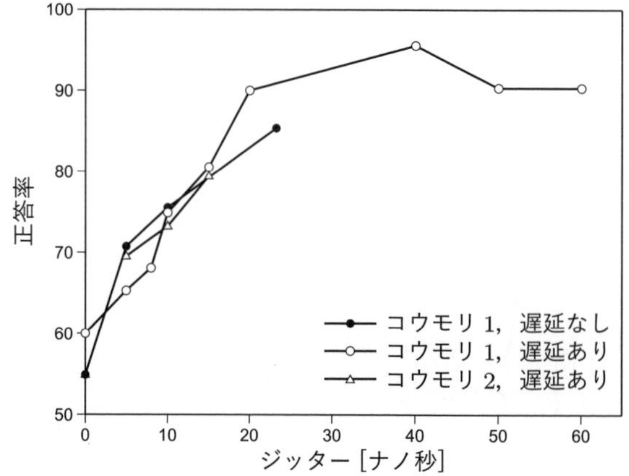

図 4.16 図 4.14 に示した課題における 2 匹のコウモリの成績．正答率をジッター $\delta\tau$ に対してプロットした．75% の正答率を基準にすると，コウモリは 10–12 ナノ秒のジッターを弁別することができる．Simmons (1989) から引用．

$$\delta\tau \sim \frac{\Delta T}{\sqrt{E/N_0}} \tag{4.39}$$

で与えられる．ここで，E はパルスの総「エネルギー」$E = \int dt[s_0(t)]^2$ である．空間的視覚の場合と同様に，弁別の限界 $\delta\tau$ は，もしパルスの信号ノイズ比 E/N_0 が十分大きければ，基本物理スケール ΔT よりも小さくなる．

4.3 ハエの視覚性運動処理

クロバエ *Calliphora vicina* を用いた一連の実験により，運動感受性ニューロンが剛体運動の軌跡を超視力レベルの精度でエンコードできることが実証された．実際，この精度は光受容器配列のノイズで決まる限界に近く，またこのノイズは光子のショットノイズによるものである．したがって，この系における運動の計算精度は，非常に直接的な意味で物理的な制約を受けている．

4.3.1 弁別の限界

ハエの視覚系における信頼性についての議論を，ヒトの心理物理における古典的な弁別パラダイムを模倣した実験の紹介から始める．初めにとりあげるのは，4.1.2 項で述べた Barlow–Levick の 1969 年の実験で，これは神経活動の信頼性を厳密な課題設定のもとで精密に記述したものである (de Ruyter van Steveninck, Bialek, and Zaagman 1984; de Ruyter van Steveninck 1986; de Ruyter van Steveninck and Bialek 1992, 1995). 次に，刺激再構成が同程度の精度を提供できることを示す実験について紹介する．これは，ハエが自然飛行中に取り組む実時間推定問題を元にしている (Bialek et al. 1991; Rieke et al. 1996). しかし，神経応答の研究に深入りする前に，光受容器の特性が信頼性にどのような限界をもたらすのか理解する必要がある．それを達成する 1 つのアプローチとして，私たちがハエの視点に立ち，受容器の電位のみを頼りに多様な刺激から適切なものを判断する試みを行う．

クロバエの複眼は，世界を非常に粗く映し出す．光受容器は，1.35° の間隔で六角形の格子を構成している．その間隔の数分の一だけパターンを動かしたとき，ハエが実際に何を「見る」のかが疑問となる．実験室での経験から，画像（あるいは任意の計測値）の実効ノイズレベルは，平均化される時間長によって決まることがわかっている．したがって，もしハエが原理的に十分長い時間にわたって平均化できるのであれば，任意の微小変位を検出することが可能であるはずである．しかしながら，秒速数メートルで飛行する昆虫にとって，それはきわめて長い時間である．たった 1 秒間でさえも，周囲の刺激に対応して直進や旋回を行い，飛行経路を調節するには長すぎる．2.2.1 項で議論したとおり，ハエは視覚刺激から 30 ミリ秒以内に飛行トルクを発生することができる．

30 ミリ秒といえば，ビデオの 1 フレームの時間である．そのきわめて短い間に私たちはほとんど何の変化も認識できないが，ハエは動きを計算し，そして行動を開始することができる．この際，光受容器の応答がピークに達するまでには約 10 ミリ秒を要し，さらに運動感受性ニューロンは感覚器から数シナプス離れているため，この時間枠はハエにとっても非常に短いものである．仮にもし非常に大きな動き刺激を高コントラストな環境で与えたとしても，運動感受性細胞には約 15 ミリ秒の潜時がある．したがって，ハエは光受容器の出力の 5–15 ミリ秒間の平均に基づいて動きを計算しなければならない．一方で，光受容器の電位ノイズは 8–10 ミリ秒の相関時間をもっているため，10 ミリ秒間の平均ではノイズを完全に「消去する」ことはできない．現実的には，ハエは受容器の電位における 2 つの連続したスナップショットで動きを判断していることになる．

ハエの H1 ニューロンの実験条件下では，光受容器の電位ノイズの標準偏差は 0.49 ミリボルトである．この細胞の感受性は単位コントラストあたり ~ 3 ミリボルトとされるが，実験に用いられる刺激は光受容器の開口部から観察すると 0.16 のコントラストをもっている．したがって，各細胞における信号ノイズ比は約 1 である．**図 4.17** は，

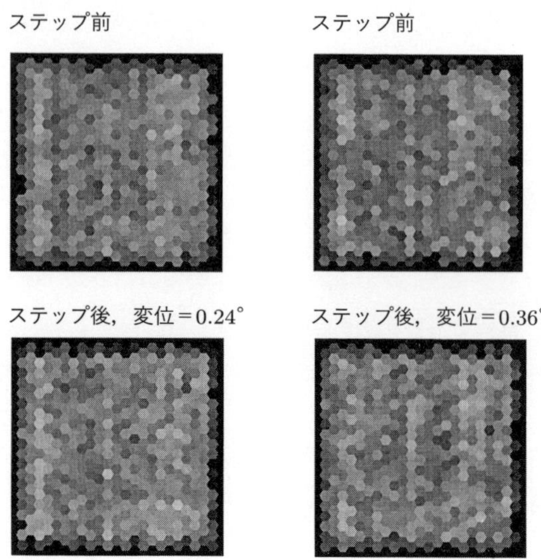

図 4.17 棒状パターンのランダムな変位ステップに対するハエ光受容器配列の応答の模式図．各受容器の電位は刺激に関連する平均電位とランダムな変動（ノイズ）の和であり，グレースケールで表示されている．各位置での細胞の平均電位は，棒状パターンを受容器の点像分布関数でフィルタリングして計算される（図 4.12(b) 参照）．受容器の電位ノイズの統計は実験的に特徴付けられており（図 3.12 参照），ここで関連する条件ではノイズは 0.72 ミリボルトの標準偏差をもっているので，各ピクセルにおけるランダムな電位の変動も 0.72 ミリボルトの標準偏差をもつガウス分布から独立に得られるものとする．左の 2 つの画像は視覚パターンの 0.24° の変位ステップ前後における受容器出力のスナップショットであり，右側は 0.36° の変位ステップに対するものである．スナップショットは 5 ミリ秒以上離れており，パネル間のノイズ電位には相関がないことを仮定する．H1 ニューロンを用いた弁別実験では，単一ニューロンはこれら 2 種類のステップを 66% の信頼性で弁別できる．

この信号ノイズ比のもとでの受容器の電位配列のスナップショットをシミュレーションにより再現したものである．これらの画像は，H1 ニューロンの実験 (de Ruyter van Steveninck 1986) と同じ条件で，ハエの受容器の感受性，ノイズ，およびぼけを実際に計測したパラメータを使用して生成されたものである．

図 4.17 は，**飛行行動に関係する時間スケールでは，感覚入力は非常にノイジーである**ことを示唆している．動きを推定する過程で，連続した 2 つのスナップショットは，刺激パターンの微小な変位により大きく異なる可能性があるため，ノイズの影響は否応なく顕著となる．H1 でのステップ変位実験では，超視力の領域において H1 の出力が 0.18 倍と 0.27 倍の受容器間隔の変位を弁別可能かどうかを検証した．これらの変位に対する電位配列を図の異なるパネルでは示している．どちらの変位がより大きいかを判断するのは一見明白でないが，ハエがこれらノイズに満ちた信号から十分な情報を抽出

し，信頼性の高い弁別を実現していることがわかるだろう．鍵となるのは，H1 が実験中に 2500 個の光受容器から動きの信号を統合できることにある．この情報の統合により，ハエがどれほどの能力を発揮できるだろうか？

図 4.17 は，動き推定における超視力の難しさについて強い定性的証拠を提示している．この印象を定量化し，動き弁別の実際の限界を計算するには，問題の正確な形式化が不可欠である (de Ruyter van Steveninck and Bialek 1992, 1995; Bialek 1992)．そこで得られる本質的な結果は，行動に関わる 30 ミリ秒の時間スケールで，0.06° の視野角の変位に対する動き弁別の信号ノイズ比は，1 であるべきだというものである．この限界が H1 ニューロンにどれだけ近いのかを検証するためには，変位ステップへの応答としてのスパイク列の単一例をもとに，弁別性能を推定する必要がある．

4.3.2 H1 ニューロンを用いた弁別実験

単一ニューロンのスパイク列による弁別の信頼性を解析するため，私たちは Barlow and Levick (1969) の手法を一般化したアプローチを採用した．細胞が発射するスパイクを単にカウントするのではなく，個別のスパイクがいつ到着するかを詳細に追跡することで，スパイク列をモデルに依存せず，かつ完全に記述しようとしたのである．ハエの反応は非常に迅速で，少数のスパイクの記録で充分な情報が得られる．また，ハエの実験は安定しており，10000 回以上の刺激繰り返しも可能である．これにより，特定の刺激に対するスパイク応答について，非常に詳細な統計情報を得ることができる (de Ruyter van Steveninck 1986; de Ruyter van Steveninck and Bialek 1992, 1995)．

単一ニューロンのスパイク列の弁別信頼性を解析するための最も基本的なアプローチは，時間を離散的なビンに分割し，各ビンにおけるスパイクの有無を 1 と 0 のシーケンスとして表現するものである．スパイク列のエントロピーについて説明したとおり (3.1.2 項)，これは各スパイク列に 2 進数，もしくは「単語」Q を割り当てる．もし非常に小さなビンと非常に長い 2 進数の単語を作ることができれば，これは神経応答の正確な記述をもたらすであろう．しかし実際には，桁が増えるにつれて可能な単語の種類は指数関数的に増加するため，短い単語に限定される．ハエの場合，ステップ変位に続く最初の 15 ミリ秒は単なる潜時であり，判断は 40 ミリ秒後に下される．約 10^4 回の試行から得られる十分なデータがあるため，15 から 41 ミリ秒までの時間窓を 2 ミリ秒のビン幅でカバーすることができる◆5．スパイク間隔は 2 ミリ秒の時間スケールで滑

◆5 訳注：$2^{13} = 8192 < 10000$, $(41 - 15)/2 = 13$.

らかであるため，ビン幅の選択は妥当であり，これ以上ビン幅を小さくしても同一の結果が得られることを確認できる．したがって，ビン幅を 2 ミリ秒に制限した条件下で，行動決定のための全時間にわたって，発火パターンを完全に記述することができる．

ステップ弁別課題（**図 4.18**）は，2 つの可能な動きのうち，どちらが発生したかを判断する課題である．ハエのパフォーマンスを定量化するため，この判断が 1 例のスパイク列のみを用いて行われるものとする．具体的には，2 進数 Q で表されるあるスパイク列を観測し，これが幅 α_1 のステップに由来するものなのか，α_2 に由来するものなのかを判断する．前述のとおり，また A.16 節に詳細が記載されているように，正答率を最大化する戦略は最尤推定である．2 つの刺激が等確率で提示される場合，判断ルールは次のとおりである．Q を観測し，$P(Q|\alpha_1) > P(Q|\alpha_2)$ であれば α_1 を，そうでなければ α_2 を選択する．平均的に，α_1 を正しく判断する確率は

$$P_c\left(\alpha_1\right) = \sum_{[Q]} P\left(Q \mid \alpha_1\right) \cdot H\left[P\left(Q \mid \alpha_1\right) - P\left(Q \mid \alpha_2\right)\right] \tag{4.40}$$

であり，ここで和はすべての可能な発火パターンの集合 $\{Q\}$ について計算される．ヘビサイドのステップ関数 $H[x]$ は

$$H[x < 0] = 0 \tag{4.41}$$

$$H[x > 0] = 1 \tag{4.42}$$

で定義される．式 (4.40) の添字 1 と 2 を入れ替えると，α_2 に対する正答率の式が得られる．実験全体での正解の割合は単純に $P_c\left(\alpha_1, \alpha_2\right) = \left[P_c\left(\alpha_1\right) + P_c\left(\alpha_2\right)\right]/2$ となり◆6，以下では単に P_c と表記する．

正しい弁別の割合を示すパラメータ P_c は，「弁別可能性パラメータ」d'*2の関数として理解するとわかりやすい．基本的な考え方は，標準偏差 σ のガウシアンノイズの背景の中から，振幅 A の定常信号を検出するという理想化された問題に変換することである (Green and Swets 1966)．正しい検出確率は $d' = A/\sigma$ の関数になるべきであり，**図 4.19** から，この確率はガウス分布の面積と直接関係していることがわかる．したがって，関数

$$\Phi(x) = \frac{1}{\sqrt{2\pi}} \int_{-\infty}^{x} dz \exp\left(-\frac{z^2}{2}\right) \tag{4.43}$$

を定義すると，弁別の正解確率は次のように表される．

$$P_c(d') = \Phi(d') \tag{4.44}$$

◆6 訳注：2 で割る理由は，それぞれの刺激が提示される確率が 1/2 だから．

*2 これまで信号ノイズ比とよんできたものは，弁別可能性パラメータの 2 乗である．すなわち $SNR = (d')^2$ である．

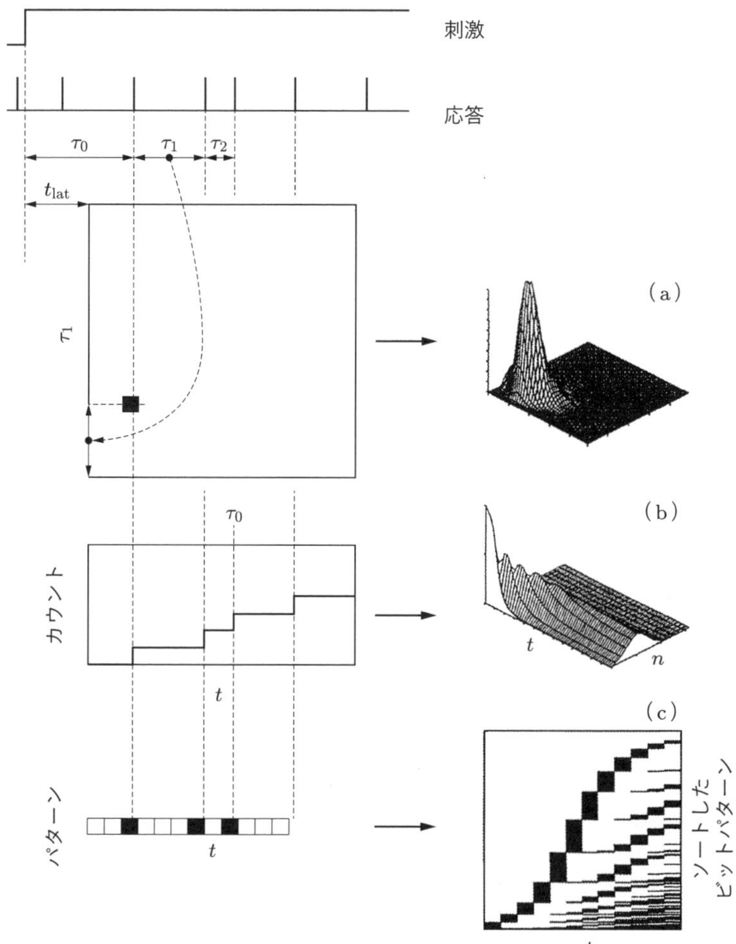

図 4.18　ステップ弁別課題の概要．ハエはランダムに選ばれた空間パターンを観察している．時刻 $t = 0$ において，空間パターンが 0.24° または 0.36° だけジャンプしその間の H1 ニューロンの応答を記録する．本文で述べたように，H1 のスパイク列からこれら 2 種類のステップをどの程度の確実さで弁別できるかを解析する．まず，応答の分布の作成が必要である．3 つの異なる分布の例を以下に示す．なお，すべての例において，潜時の $t_{\mathrm{lat}} = 15$ ミリ秒間のスパイクは解析から除外される．(a) は刺激開始後の最初のスパイク 2 発の発射時刻を計測し，そのインターバル τ_0, τ_1 に対する確率分布 $P(\tau_0, \tau_1)$，(b) は刺激後の時間 t に対する累積スパイク数 n の確率分布 $P(n|t)$，(c) はスパイク列をある時間の分解能（ここでは 2 ミリ秒）で 2 進数列として扱い，可能な 2 進数列が得られる累積確率（図 4.20）．H1 は光受容器の信号（図 4.17）を利用して，視野内の広範な動きを報告している．この応答特性から，光受容器信号の理想的な観察者による動きの弁別信頼性を計算できる．また，H1 の測定された成績と比較することが可能である．

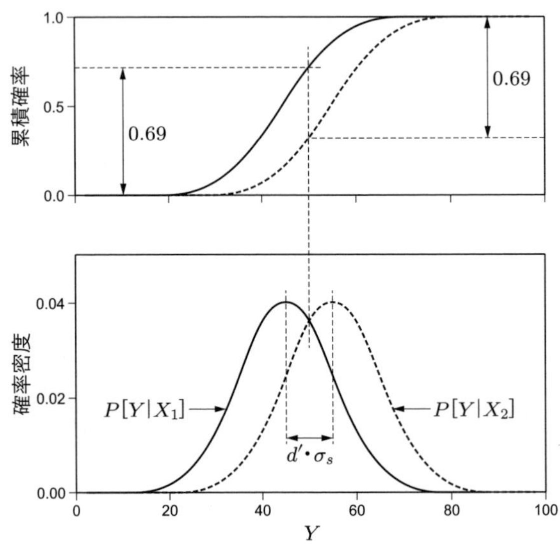

図 4.19　d' の定義．出力変数 Y の観測値から入力変数 X の値を推測する問題を考える．ここでは特に，X が X_1 または X_2 の 2 つ値をとりうる場合を考える．Y の確率分布が，X_1 と X_2 で異なる場合，原理的にはチャンスレベルよりもよい推定が可能である．例として，$P[Y|X_1]$ と $P[Y|X_2]$ がガウス分布に従い，平均値はそれぞれ 45 と 55，標準偏差はともに 10 とする．また，X_1 と X_2 の確率が等しいことをあらかじめ知っているとする．観測値 Y が 50 未満の場合，X_1 が与えられたと推定する．Y が 50 より大きい場合，X_2 が与えられたと推定する．この推定の結果，どの程度の正答率が得られるかは，累積分布を用いて知ることができる．具体的には，X_1 が入力とされた場合，Y が 50 未満である確率は 69% であり，この場合は正解となる．逆に，X_2 が入力とされた場合，Y が 50 より大きい確率は同じく 69% となる．したがって，Y の値に基づいて X_1 または X_2 を選ぶ場合，69% の確率で正解し，31% の確率で間違える．ガウス分布の仮定のもとで，2 つの分布のピーク間の距離が標準偏差に等しい場合，$d' = 1$ である．非ガウス分布の場合，d' は厳密には定義されないが，実験によって得られた確率分布と判断基準をもとに，正解率を計算し，ここから d' に相当する値を得ることも可能である．

当然 $P_c(d' = 0) = 1/2$ かつ $P_c(d' \to \infty) = 1$ が成立する．式 (4.44) を使えば正解確率を計算することができ，さらに観測した P_c を等価な信号ノイズ比に変換することもできる．以下では，H1 の弁別能力を変数 d' を用いて説明し，それが最適な弁別器の信号ノイズ比とどれだけ近いかを見ていく．

条件付き確率 $P(Q|\alpha)$ の理解の仕方を考えてみよう．実験的アプローチをとる場合，α を多数回提示し，それに応じて異なる Q の出現回数を計測することで $P(Q|\alpha)$ を得ることができる．得られる確率の集合は，**図 4.20** を参照すると，各時間ビンにおける確率の分岐を木として表現するのが効果的であることがわかる．この木の構成は，すべ

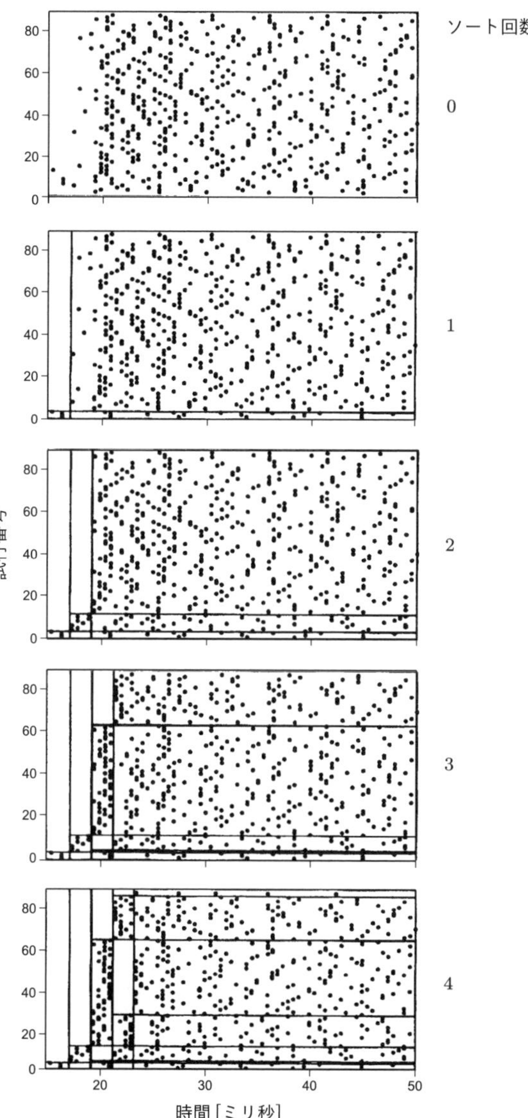

図 4.20 H1 の弁別実験に用いる発火パターンの確率分布（あるいは木）の構成法．まず，同じステップ刺激の繰り返しにより得られた H1 の応答をラスタープロットで表示する（パネル 0）．この生データから，最初のビンにスパイクがあるデータとないデータとで分割する（パネル 1）．次に，パネル 1 の各グループを 2 番目のビンのスパイクの有無でさらに分割する（パネル 2）．このように 2 分割の手順を繰り返し，4 つの連続した分割を得る．特定の発火パターンがどれほどの確率で得られるかは，その発火パターンに対応する分割内のイベント数を全刺激の繰り返し回数で正規化することで計算される．

ての発火パターンを 2 進数の表現 Q として順番に並べることに相当する．各ノードで確率は 2 つに分岐する．この分岐は，特定の時間ビン k でスパイクが発生したか，しなかったかを示すもので，これまでのスパイクの発生履歴は，根からのノードの遷移として表される．しかし，この方法ではステップ後の有限時間しかスパイク列を特徴付けることができないため，一定の時間が経過した時点で分析を停止する．この条件下での弁別能力を詳しく分析すると，時間とともに弁別能力がどう向上することを検証できる．

図 4.21 では，3 つの異なるステップサイズごとの発火パターンの分布を，木の形式で示している．この確率の木をもとに，式 (4.40) を用いて弁別が正確に行える確率を導出できる．さらに，ステップの後の異なる時間窓の長さで，この計算を繰り返し行うこともできる．時間窓の長さに対する d' の値について，様々なステップサイズの組合せでの弁別結果を**図 4.22** にまとめて示している．加えて，ビン幅が 0.5 ミリ秒と 1 ミリ秒の場合も計算した．その結果，最初の 6.5 ミリ秒と 13 ミリ秒の期間における値は，2 ミリ秒のビン幅での計算結果と基本的に一致していた．このことから，ビン幅の選択が妥当であると確認された．

スパイク列を用いて情報を離散的なイベントとしてエンコードすることと，そのための連続的な推定値を構成することは，一見矛盾しているように思えるかもしれない．しかし，2.2.3 項でとりあげた応答条件付きアンサンブルの議論からもわかるように，情報の伝達はスパイクが発生する時間窓だけでなく，スパイクが発生しない時間窓においても行われる．この考えをもとにすれば，ニューロンの応答は連続的な現象として捉えることができる．また，スパイクの有無という 2 つの事象の対称性は，発火パターンを木構造とみなすことで，自然に表現される．発火パターンの分布における各時間ビンが情報を追加していくため，弁別可能性 $d'(t)$ は時間に対して単調非減少の関数となる．

この解析での 40 ミリ秒の時間窓では，$\Delta\theta = 0.12°$ の弁別に関して，$d' \sim 1$ となる．弁別の理論上の限界は $\Delta\theta = 0.06°$ であるため，H1 の能力は物理的な限界のおおよそ半分程度である．実際に，$d'(t)$ の時間依存性を詳しく解析することで，さらに強い結論を得ることが可能である．図 4.25 に示されているように，H1 の応答の潜時を適切に補正すると，$d'(t)$ はステップ後の 30 ミリ秒で理論限界の約半分に到達する (de Ruyter van Steveninck and Bialek 1995)．

スパイク列のどのような特徴が，この高い確実性をもつ弁別を可能にしているのだろうか．この解析では，スパイク時刻を 2 ミリ秒のビンで集計し，スパイク列のすべての情報を取り込んだ．一方，この神経応答の詳細な記述からスパイク列の多くの側面を取り除き，残された情報だけでどの程度の弁別ができるのかも検討する価値がある．1 つの極端なアプローチとして，スパイクのタイミング情報を完全に無視し，ステップ刺激

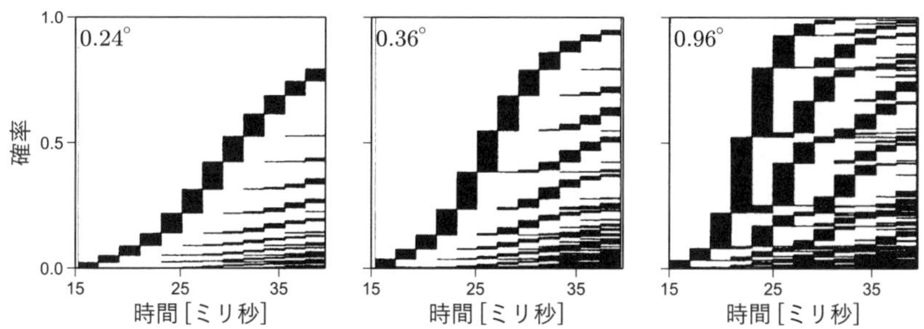

図 4.21　3 種類のステップサイズに対する発火パターンの分布．N 個のビン後の各スパイクパターンの確率は，対応する白黒のバーの高さで与えられる．

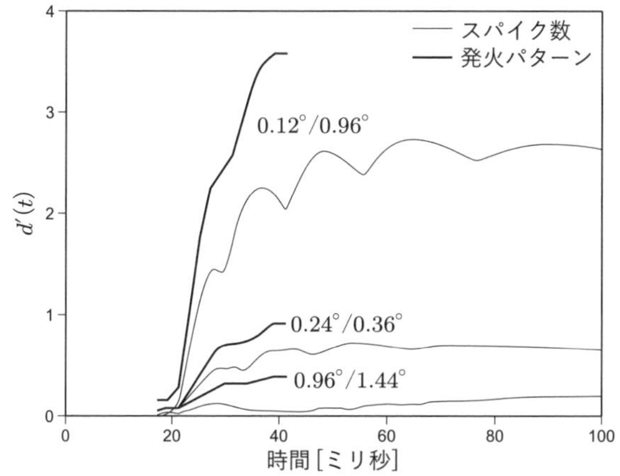

図 4.22　時間窓幅に基づく弁別性のプロット．太い線は発火パターンの分布（図 4.21）から計算されたもので，細い線は時間に依存するスパイク数の分布（図 4.18）から計算されたものである．それぞれの線は，刺激のステップサイズの組に対する $g'(t)$ の値を，スパイクを観測した時間窓の関数として示している．$d'(t)$ が増加し始めるまでの 15 ミリ秒の遅れは，信号伝達の遅延に起因するものである．この図から，スパイク数による弁別は，発火パターンによる弁別と最初のスパイクが生じるまでほぼ等しいことがわかる．しかしその後，スパイク数の分布に基づく弁別の性能は，発火パターンの分布に基づくものよりも大幅に低下する．

後の幅 T の時間窓内でのスパイクの総数だけを用いてみる．これは，時間窓の幅を変動させる Barlow–Levick の実験と類似したものとなり，その結果は図 4.22 で，スパイクパターンのより詳細な解析結果とともに示されている．

スパイク数に基づく弁別には，2 つの重要なポイントがある．第一に，この弁別法は，スパイク列の情報を完全に追跡するアプローチに比べて，期待どおり常に性能が低下するが，短期間ではその性能差はそれほど大きくない．第二に，時間窓が平均して 1 発以下のスパイクしか含まないとき，弁別は物理的限界に近いレベルで飽和することが示される．この結果は，Zohary, Hillman, and Hochstein (1990) によるサルの一次視覚野の単純細胞の方位弁別の研究と類似点をもつ．彼らの研究では，スパイク数に基づく弁別が，時間窓が 60 ミリ秒以上のときに急激に頭打ちになり，そのときの時間窓は平均 1 発のスパイクを含んでいた．

もし最適な弁別が 1 発のスパイクしか検出しない窓で行われるのであれば，単に「スパイク数による弁別」と述べるのは誤解を招く可能性がある．特定の大きさの窓を慎重に選び，その窓内で 0 発または 1 発のスパイクを「数える」行為は，実際には最初のスパイクの到着時刻を測定することと等価である．ステップ弁別の文脈でいえば，特定の時間窓内でスパイクが発生しない場合，より小さいステップサイズを選択するという判断と同じである．このアプローチは，**図 4.23** に示すように，最初のスパイクの到着時刻あるいは「第 0 インターバル」の確率分布をプロットすることで正確に実行できる．

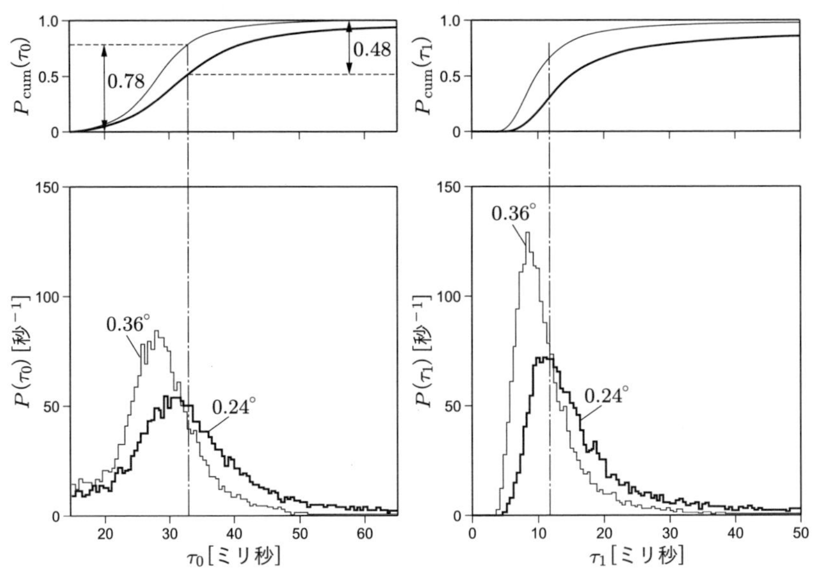

図 4.23　0.24° と 0.36° のステップに対するスパイク間隔の分布．τ_0 は刺激の提示から 15 ミリ秒後に最初のスパイクが発生するまでのインターバルを，τ_1 はそのスパイクから次のスパイクが発生するまでのインターバルを示す．確率密度を下のパネルに，累積確率を上のパネルに示す．0.24° と 0.36° のステップが等しい確率で発生する場合，最初のスパイクの時刻に基づいて弁別を行うと，最適な基準は次のようになる．もし τ_0 が 32 ミリ秒よりも大きい場合は 0.24° を，そうでない場合は 0.36° を選択する．この基準に従ったときの正解率は累積分布から一点鎖線を用いて読み取ることができる．もし 0.36° のステップが提示された場合，正解率は 78% となる．一方，0.24° のステップが提示された場合，正解率は $(1 - 0.48) = 0.52$，すなわち 52% である．これらの結果から，平均的な正解率は 65% であるといえる．

この1回のタイミング計測によって，弁別能力の大部分が確定することが明らかである．最初のスパイクと次のスパイクとの間の時間（第1スパイク間隔）に基づく弁別も同程度によい．**図4.24** に示すように，両方の間隔を組み合わせて使用し，2つの間隔が独立した情報を提供しているかのように扱うことで，弁別能力はさらに向上する．

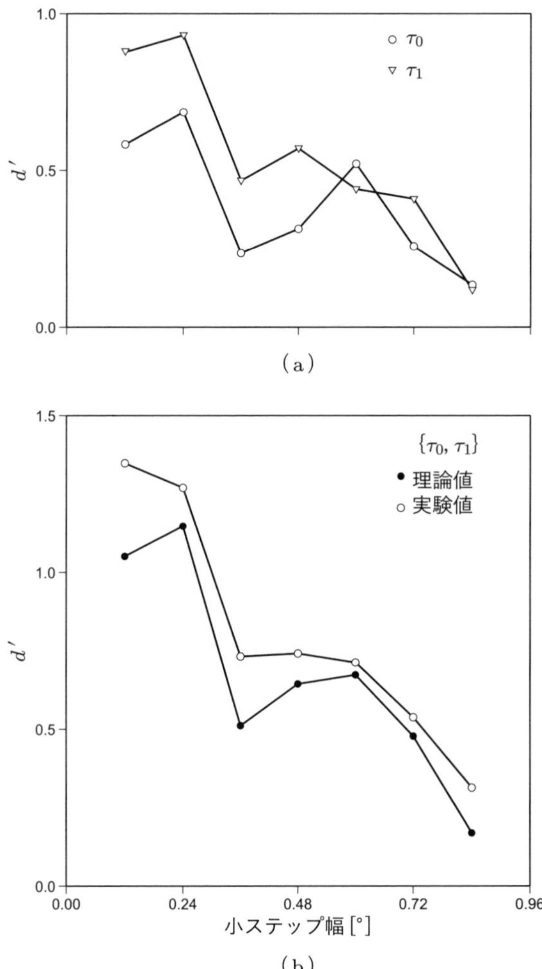

図4.24 単一インターバルと二重インターバルによる弁別性能．(a) d' の値は，図4.23と同様に，確率分布から計算される．これらの値は，小ステップ幅（横軸の値）と，それより 0.12° 広いステップ幅との間の弁別に基づいて得られたものである．(b) τ_0, τ_1 の組合せに基づく d' の値．この値は，τ_0 と τ_1 が弁別課題において独立した情報を提供すると仮定して計算した場合ともよく一致しており，少なくともこの条件下では，連続した区間における冗長性は最小であることがわかる．

1 発目のスパイクの重要性を理解するためには，ニューロンの弁別能力と物理的な限界を比較することが有効である．**図 4.25** に示されているとおり，1 発目のスパイクの到着時刻を基準にした弁別は，ニューロンの性能が物理限界と一致する範囲で，完全なスパイクパターンを用いた弁別とほぼ同等である．この事実は，ハエの視覚系が光受容器のノイズの限界に近い信頼性で動きを検知していることを示している．さらに付け加えると，この動きの信号は，1 個のニューロンが発射する単一のスパイクのタイミングから，正確に再構成することが可能である．

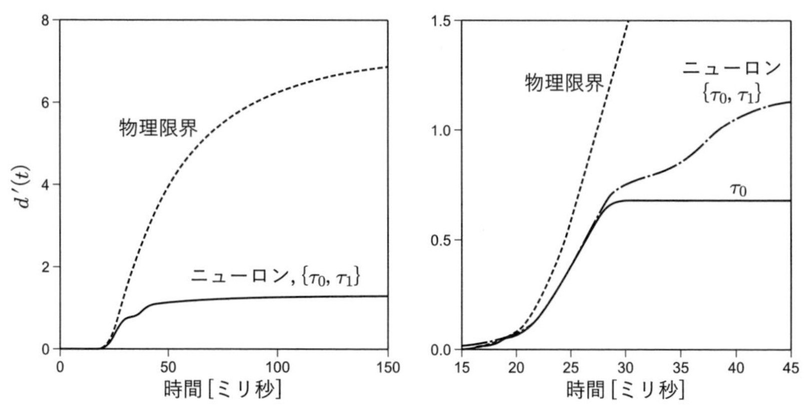

図 4.25 単一インターバル τ_0 とインターバルの組合せ $\{\tau_0, \tau_1\}$ を用いた場合の弁別性能を，実際の光受容器信号を入力としたときの最適弁別器（物理限界）の性能と比較した結果．長い時間が経つと，左のパネルに示すとおり，最適モデルは H1 の性能を上回る．しかし，30 ミリ秒までの短時間では，H1 の性能は最適モデルの半分程度の性能低下で収まった．この結果から，30 ミリ秒という時間が，ハエが進行方向を決定するための典型な時間スケールであると解釈できる．さらに，ハエは長い時間スケールにおいて，必ずしも正確な弁別を行っていないと考えられる．詳細は de Ruyter van Steveninck and Bialek (1995) を参照されたい．

4.3.3 連続的な推定

ステップ幅弁別実験で，ニューロンの信頼性の尺度を明らかにした．これはヒトの心理物理実験に似ているが，非常に限定された条件下での結果である．自然環境では，ハエは自らの視覚系を利用し，時間に関して連続的な未知の軌跡の角度 $\theta(t)$ の情報を収集しなければならない．この軌跡は，飛行の統計性質を反映する確率分布 $P[\theta(\tau)]$ からランダムに選択されたものとみなすことができる．この推定プロセスは，前述の単純な弁別課題と同じく，光受容器の信号ノイズ比によって原理的に制約を受ける．したがって，動きの信号に対する H1 の性能を評価する別の方法として，H1 の応答を観測し，連続的で時間的に変動する動きの信号をどの程度**推定**できるかという問題を考える．

連続的な推定の問題を解決するため，再び，コンピュータで生成したパターンをハエに提示する．しかし，今回はそのパターンをランダムな角速度 $\dot{\theta}(t)$ で連続的に動かすことにする．第 2 章で述べたように，H1 のスパイク列を**デコード**し，角速度の推定値を復元することは可能である．その再構成の例は図 2.20 に示されている．この結果は，行動の応答時間からも示唆されるとおり，H1 のスパイク列は，刺激の波形を典型的なスパイク間隔と同じ時間スケールで，実時間でかつ平均化せずに推論するのに十分な情報をもっていることを示す証拠である．デコードアルゴリズムの構造から，ある時点での波形の最適な推論は，高々数発のスパイクのタイミングだけで決定される．

図 3.17 の解析と同様に，再構成された速度波形を信号成分とノイズ成分に分離する．実効ノイズとは，スパイク列の実時間観測から刺激波形を推定する能力に対するノイズのことであった．もしこれがガウス分布に従う場合は，実効ノイズのスペクトル $N_{\mathrm{eff}}(\omega)$ は，細胞がどの程度正確に刺激をエンコードできるかを特徴付けるものとなる．実験的には，**図 4.26**(a) で示されるように，$N_{\mathrm{eff}}(\omega)$ の分布は本質的にガウス分布であることが確認されている．この再構成手法は，離散的なスパイク列を，元の刺激と統計的に関連する連続信号に変換するものである．言い換えれば，これはガウシアンノイズをもつ刺激のフィルタリング版であり，実効ノイズスペクトル $N_{\mathrm{eff}}(\omega)$ は神経コードの精度について重要な情報を提供するものである．

速度の実効ノイズを考える代わりに，H1 の出力を用いて角度変位の推定を検討しよう．細胞による推定は，定常的な変位に対して応答しないため，低周波数帯での性能は非常に低下する．これは低周波数帯での大きな実効変位ノイズとして現れる．速度のフーリエ成分は単に変位に周波数成分をかけたものなので，変位ノイズのスペクトル密度は，速度ノイズスペクトルを周波数の 2 乗で割れば得られる．得られた結果は，図 4.26(b) に示すように，H1 スパイクの観測を通して，水平方向の変動や振動の振幅を周波数の関数として判断する能力を計測するものになる．

低周波数帯での変位ノイズは予想どおり，急激に増加する．しかし，10–25 Hz の周波数帯では，ノイズは $10^{-4}\,\mathrm{deg}^2\,/\mathrm{Hz}$ または $\sim 0.01°/\sqrt{\mathrm{Hz}}$ のレベルで相対的に平坦となる．このノイズレベルは，具体的に何を示唆しているのだろうか？ 私たちが H1 のスパイク列の観測者であり，1 秒間積分することが可能な場合，再構成の精度は $\sim 0.01°$ となる．この精度は網膜上の受容器の間隔や，球面レンズの公称回折限界よりも優れている．ハエが 1 秒間積分するという考えは現実的ではない（ハエは 30 ミリ秒で応答するため），しかし，一般的な積分時間を考慮すれば，先の節でとりあげた弁別実験と同様に，超視力の範囲での動きの推定が可能となる．したがって，図 4.26 から

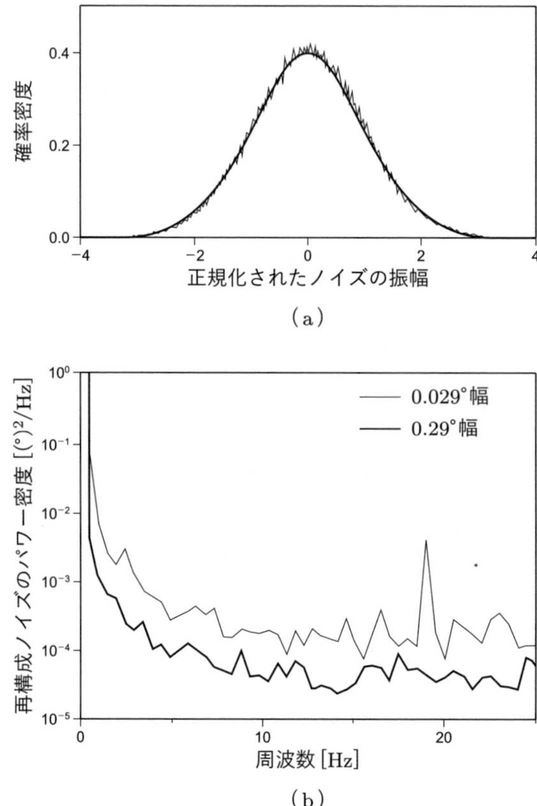

図 4.26 (a) H1 の推定実験における誤差の分布．刺激と推定を 400 試行分繰り返し行い，実効ノイズの各サンプル $\tilde{n}_{\mathrm{eff}}(\omega)$ を標準偏差 $\sqrt{\langle|\tilde{n}_{\mathrm{eff}}(\omega)|^2\rangle/2}$ で割って正規化した．正規化した結果をもとに，各周波数 ω でのノイズの振幅のヒストグラムを計算した．参考として，標準偏差 1 のガウス分布も図示している．(b) H1 推定実験における実効変位ノイズのパワースペクトル．実験から得られた 2 つの結果は，ハエが見るランダムな棒状刺激の幅が 0.29°（太線）および 0.029°（細線）のときのものである．H1 は，変位の検出よりも動きの検出に特化しているため，低周波数の変位は高周波数の変位と比較して，正確にコードできない特性がある．10 Hz 以上の 0.029° の刺激に関する実効変位ノイズレベルは，H1 のスパイクの観測者が，30 ミリ秒の積分時間で約 0.06° の精度で正弦波の動きの振幅を推定する能力に相当する．この能力は，ステップ幅弁別実験で確認された感度と同程度である．

の主な結論は，ハエの視覚系は弁別課題だけでなく，より高度な**推定**課題においても超視力を発揮する可能性があるということである．

ハエがどのようにしてこのレベルの精度で動きを推定しているのであるかは興味深い問題である．具体的には，ハエは光受容器の電位をどのように処理し，どのような計算を行っているのだろうか．視野内の動きに関する情報は，光受容器の出力の時空間相関を通じて伝達される．大まかには，物体の動きは，光受容器格子上の n 番目の受容器が，$n-1$ 番目の受容器が少し前に観察した信号と同じものを検出することによって把握される．Franceschini, Riehle, and le Nestour (1989) の美しい実験により，網膜格子上の隣接するわずか 2 つの光受容器のみを刺激しながら H1 からの記録をとることで，このきわめて基本的な「動き」の刺激がハエの運動感受性ニューロンの応答を引き起こすのに十分であることが確認された．

スクリーン上の特定のパターンの微小な動きを観察する際，光受容器の電位は 2 つの成分から成り立っている．1 つは静止したパターンに応じた定常の電位であり，もう 1 つは動きと受容器ノイズの両方からの電位の変動である．この実験の条件下では，パターン自体がランダムであるため，適切な重み付けに関する追加の情報がないと，動きの刺激を光受容器の電位の線形結合として表現することは不可能である．より形式的には，任意の並進不変性をもつ電位の線形結合は，網膜上の広範な領域で積分されるとその値は消失する，ともいうことができる．

光受容器の出力の線形結合だけでは非ゼロの信号を生成することはできない．このため，最も単純な動きセンサでも，光受容器の電位の乗算が導入される必要がある．この考えは，動き推定のための相関モデルの基本であり，約 40 年前に昆虫の視覚系において初めて提案された (Poggio and Reichardt 1976; Reichardt and Poggio, 1976; Buchner 1984)．ハエの視覚運動応答は，相関モデルにより少なくとも近似的に記述できるという多くの証拠が存在する．同様のことは，H1 の応答や他の運動感受性ニューロンに対しても述べられている (Zaagman, Mastebroek, and Kuiper 1978; Borst and Egelhaaf 1989)．微小変位の弁別に関して，遅延した最近傍の相関は事実上最適であり，その他の計算方法では，同じ積分時間でより高い性能は得られないことが示されている (Bialek 1992; Rieke et al. 1996)．変位が微小である場合，最近傍相関は最適な弁別戦略としてだけでなく，最適な推定戦略としても機能すると予測される．この最近傍相関の数学的な正当性や詳細については，Bialek (1990, 1992) と Rieke et al. (1996) で述べられている．また，より広範な最適運動推定問題の解決策に関しては，Potters and Bialek (1994) の文献が参考となる．ここでの私たちの主要な関心は，数学的な詳細よりも，大きさのオーダーである．前述の $10^{-4}\,\mathrm{deg}^2\,/\mathrm{Hz}$ のノイズレベルは物理限界にどれくらい近いだろう？

動きの推定は，他のすべての視覚課題と同様，光子の数が多ければ多いほど簡単である．この事実から，実効ノイズレベル $N_\theta^{\mathrm{limit}}$ は，各受容器細胞のカウント率 R に反比例することが示唆される．視野全体で一貫した剛体運動に関して，N 個の光受容器細胞からの信号を平均することで，実効ノイズレベルを低下させることが可能だと考えられる．実効変位ノイズは $\mathrm{deg}^2/\mathrm{Hz}$ の単位をもつため，角度のスケールが必要になる．このスケールは，ヒトの視覚と同様にレンズの回折によって決定される．図 4.12 に示すように，ハエの場合はこのスケールは $\phi_0 \sim 1.2^\circ$ である．この議論と次元解析から，次が成り立つと予想される．

$$N_\theta^{\mathrm{limit}} \propto \frac{1}{R} \cdot \frac{1}{N} \phi_0^2 \tag{4.45}$$

そしてこの予想はほぼ正確である．

さらに，画像のコントラストの影響も考慮する必要がある．もし世界が均一にグレーであれば，その動きは視認できないだろう．3.1.4 項で述べたように，光子のショットノイズは $1/R$ の等価なコントラストノイズに寄与する．したがって，コントラスト C の画像の信号ノイズ比は，積分時間を τ として，$RC^2\tau$ となる．したがって，平均 2 乗コントラストを増大させることは，光子の計数率を増大させることに等しく，よって次の式が得られる．

$$N_\theta^{\mathrm{limit}} \sim \frac{1}{RC^2} \cdot \frac{1}{N} \phi_0^2 \tag{4.46}$$

これは Bialek (1990) によるより厳密な解析の結果に近い．なお，その厳密な解析では相対的に大きな値をもつ定数項も考慮しており，真の物理限界は式 (4.46) の単純な結果と比べて約 60 倍大きい．

H1 の実験において，典型的な光子計数率は $R \sim 10^4$ 光子/秒，光受容器の開口部から観察される典型的な画像のコントラストは $C \sim 0.16$ であり，約 2500 個の受容器細胞が照射される．これらのパラメータを式 (4.46) に代入し，より厳密な理論から導かれる定数項を考慮すると，限界のノイズレベルとして $N_\theta^{\mathrm{limit}} \sim 10^{-4}\,\mathrm{deg}^2/\mathrm{Hz}$ が得られる．図 4.26 に示されるように，線形再構成による変位ノイズは，高周波数領域で，光子のショットノイズと回折の限界に近づく (Bialek et al. 1991)．より幅広の縞模様のランダムパターンを使用することで，光受容器におけるコントラストを高くすることが可能である．もしハエが最適な性能であり続けるなら，式 (4.46) から推測される実効ノイズレベルはさらに低くなるはずである．実際，この予測は計測データとも一致する．したがって，ハエの視覚系は，光受容器の電位配列から動きの信号をほぼノイズなしで抽出し，かつ実時間で処理していると考えられる．

コントラストを変化させた場合の再構成実験におけるノイズレベルの比較は，少し間接的な印象を与えるかもしれない．とはいえ，ハエが森林地帯から開けた野原に飛び出すと，視覚環境のコントラストとパラメータは即座に変化する．そして，コントラストが急激に低下すると，動きの推定の精度は劇的に低下するはずである．ハエは体内のノイズ源ではなく，入力の物理的な制約を受けていると仮定し，この効果を実験的に直接

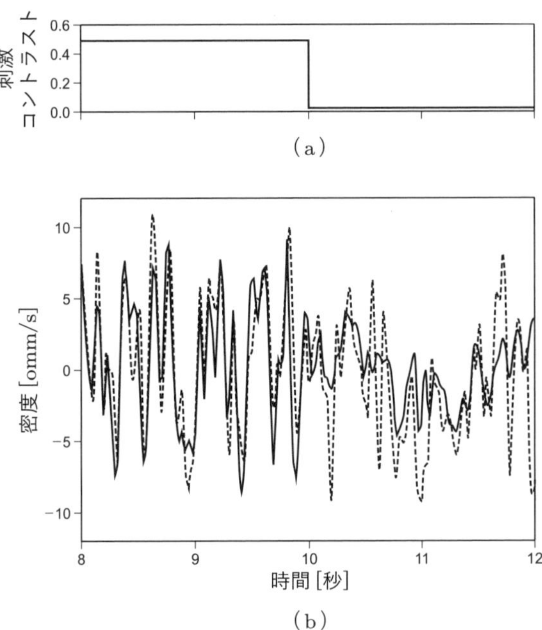

図 4.27 4 秒間の時間窓での刺激波形（破線）と再構成（実線）の一部分．この間，コントラストの 2 乗平均平方根が 0.5 から 0.02 に切り替わる．ハエはまず，ランダムに動く高コントラストのパターンを 10 秒間観察する．10 秒の時点でコントラストを突然，0.02 に大幅に下げる．低コントラストの状況では，高コントラストの場合と比べ，正確な再構成が難しいことが確認できる．この現象は，H1 の性能が光子の到着の統計量などの周辺ノイズ源により制約を受けることから予想されるものである．

観察した結果が図 4.27 である．

4.4 まとめ

神経計算の信頼性を定量化する最初の試みとして，心理物理学的手法を利用した単一細胞の弁別実験を行うことができる．このアプローチの先駆者として，Barlow と Levick は，個々の細胞の働きが動物の全体の能力や入力信号の物理的限界に近づく例を，いくつか提供している．また，刺激再構成の手法を用いると，弁別課題における観測結果を，より自然な推定課題へと進化させることができる．興味深いことに，これらの高度な計算は，きわめて少数のスパイクで実現できることが示されている．これは，神経系が大数の法則に依存しなくても，信頼性のある知覚を合成できることを意味している．

第5章

水先案内

これまで3つの章を通じて，神経コードに関する正確な言語の開発に努めてきた．この言語を使用し，多くの問題を解明してきた．次の章では，先行する問題の先にある，数年内に大きく進展すると期待される3つの分野を探求する．これらの問題の多くは，少なくとも1960年代以前のものである．中には20世紀初頭の議論から現代の問題の根源をたどることができるものもある．すでに述べてきた考え方は，これらの問題を新しい視角から再評価する手助けとなるであろう．

Abragam (1983) は，核磁気共鳴に関する彼の古典的な教科書のペーパーバック版の序文において，本の執筆を目指す人々に向けて「研究論文とは違い，自身が十分理解していない内容は，教科書に書いてはならない」と助言している．この章で，私たちはその原則に沿わないかもしれない部分をとりあげる．しかし，過度な表現や誤解を招く内容は避けるよう努力している．読者には，進行中の考えや不完全な記述を，そうと理解したうえで，楽しんでいただければと思う．

5.1 ニューロンの配列

この本の大部分は，単一のニューロンのスパイク列から世界を推測しなければならない気の毒なホムンクルスの課題を中心に扱ってきた．もし，各細胞が完全に一意かつ独立な情報を生体に提供するのであれば，多くのニューロンからの情報を単純に合計することで，世界の全体像を構築できるだろう．また，各細胞の出力が完全に曖昧であっても，多数の細胞のスパイクを比較することにより，意味ある解釈を導き出せる可能性がある．

単純な神経発火のモデルの文脈で考えると，異なる細胞からの信号をどのように統合すれば最も確実な感覚刺激の推測が得られるかを検討することが可能である．この問題に対する数学的手法は，4.1.3項で触れたSiebertの聴覚神経の研究にその起源をもち，長い伝統がある (Siebert 1965, 1970)．多くの研究グループはSiebertの方法に似た実験を行い，聴覚神経の集団を全体として計測し，周波数や，より一般に推定値をどのようにパワースペクトルで再構成するかを検討してきた．特に，音声の音響的要素，たとえば母音のパワースペクトルに対応する周期波形のエンコードに関心が寄せられている．この分野の詳細については，Young and Sachs (1979), Miller and Sachs (1983, 1984), Winslow, Barta, and Sachs (1987) を参照するとよい．

ニューロン集団によるコーディングに関する理論的な研究は増加傾向にある．しかし，Siebert が中心として提起した，動物が形成可能な知覚の精度とコードの関係については，未だ深く探られていない．Seung and Sompolinsky (1993) はこの理論的問題を再燃させ，視覚系や運動系における角度変数，たとえば方位や方向のエンコーディングに注目した．彼らの研究は，聴覚系の周波数や視覚系の方位といった刺激パラメータに対し，各細胞が異なる選択性をもつという前提のもと，一定の細胞の配列を仮定している．最も単純な状況では，1 つの刺激パラメータに関して，どのように多数のニューロンの出力を組み合わせれば最適な値を推定できるのか，という問題を考えることになる．さらに，Seung and Sompolinsky (1993) によって強調されている点として，特定の心理物理学的弁別課題に関連する情報の抽出ルールを，フィードバックを通じてどのように学習することが可能か，という課題も重要である．

実験分野では，Georgopoulos らによる霊長類の運動皮質における運動方向の表現の研究が注目されている (Georgopoulos, Taira, and Lukashin 1993)．少なくとも特定の行動実験の文脈では，各細胞は好む運動方向をもち，細胞の発火率は実際の方向と好む方向の角度のコサインによって示されることがわかっている．多数の細胞から得られる情報を統合する単純な仮説として，Georgopoulos, Schwartz, and Kettner (1986) は，各細胞の好む方向を示す単位ベクトルを，該当する細胞の発火率で重み付けし，それらのベクトルをすべて合算する，いわゆる「集団ベクトル」の概念を提唱した．この集団ベクトルには興味深い特性がいくつか存在する．特筆すべきは，集団ベクトルが運動の予測に従って回転することで，サルの意図を読み取っているように見える点である (Georgopoulos et al. 1989)．

定量的な観点から見れば，集団ベクトルにはまだ多くの未解決の問題が存在する．Salinas and Abbott (1994) は，可能な移動方向の領域を一様に含まない細胞集団からのデータをもとに，集団ベクトルが系統的なバイアスをもつ可能性を指摘している．しかし，集団ベクトルは異なる細胞の発火率を線形に結合したものにすぎない．Salinas と Abbott は，異なるニューロンのスパイク発射が統計的に独立しているという仮定のもとで，最適な線形結合が通常の集団ベクトルと比較して，非常に正確な推定を行えることを示唆している．

統計的独立性の概念は理論の発展のためには便利な近似であるが，MT 野のニューロンの信頼性に関する議論（4.1.4 項）と似て，この仮定が守られない場合，系の性能に定性的な影響が生じる可能性があることには留意すべきである．運動系での信頼性の定量的な解析は感覚系よりも少ないが，理論的な研究 (Seung and Sompolinsky 1993; Salinas and Abbott 1994) は，運動系の問題を感覚系のものと同様に考察することを推奨している．この観点から，視覚の運動方向をコードする皮質細胞の相関パターン (Zohary, Shadlen, and Newsome 1994) は，腕の運動方向をコードする皮質ニューロンにも存在すると考えられる．懸念としては，MT 野の例で示されているように，相関によって細胞数が増加すると，$\sqrt{N}$ 倍になるはずだった推定精度の改善が阻害される可能性がある．MT 野では，単一のニューロンの信頼性が生体全体の信頼性に近く，この考えは非常に実用的である．しかし，運動系では，単一のニューロンが実際の腕の動きの精度と同等に方向を示すかどうかは，まだ確定していない (Donchin and Bialek 1995).

運動野における方向のコーディングは，コオロギの尾毛の系と類似しており，こちらはより小さなネットワークで，少数の細胞が空気の動きの方向をエンコードしている．これらの細胞は一次求心性ニューロンからの入力を受け，そのコーディング特性は 3.3.1 項で議論した．Miller, Jacobs, and Theunissen (1991) は，皮質マップや集団コードと同様の手法で介在ニューロンの配列を記述した．Theunissen and Miller (1991) は，スパイク数が有効な出力であり，空気の動きの方向が重要な刺激変数であるという仮定のもと，これらのニューロン配列の情報理論的特性を明らかにした．さらに，Theunissen (1993) は，情報量の多い動的刺激アンサンブルにおいて，各介在ニューロンの出力が線形構成法でデコードされることを示し，これらのニューロンのスパイク列が風速の時間的変動に関する豊富な情報を伝達していることを確認した．このように，スパイク数の配列は風向きを推測するために使用され，一方，各ニューロンのスパイクのタイミングは風速の変動を推測するために利用されている．Gozani and Miller (1994) によれば，このような小規模な領域の全細胞からのスパイク列の同時記録により，自然な空気の流れの時間的パターンを完全に再構成する実験が可能となるだろう．

コオロギの尾毛系は，集団コーディングの考え方，すなわち伝統的な発火率やスパイク数による単一ニューロンのコーディングを拡張した，テンポラルコーディングの例を示している．より一般的には，これまで論じてきたように，単一ニューロンの場合，自然な信号の変動の中で重要な情報は，その細胞の発火時刻に含まれなければならない．たとえば，ハエの運動感受性ニューロン H1 では，刺激が開始された後の初めてのスパイクの発火時刻が，異なる刺激設定を識別するための鍵となる情報を提供していた（4.3.2 項）．この考え方をさらに展開すると，単一ニューロンのスパイクの発火時刻が刺激の特性を表現できるのであれば，複数のニューロンが形成する配列においても，各ニューロンのスパイクの相対的な発火時刻を利用して，特定の刺激を同定できる可能性がある．この相対的な発火時刻を利用したコーディングのアイデアは，Hopfield (1995) によって提案され，この方法には計算上の利点があることが示されている．

多数のニューロンによるコーディングの解析に適したもう 1 つの系は，ラットの海馬である．O'Keefe とその共同研究者らによる研究から，この領域の細胞が応答するとき，それは主に空間の中での自分の位置に関する情報を示していることが強く示唆されている．特に注目すべきは，「場所細胞」とよばれる細胞群である．これらの細胞は，ラットが閉じた空間の特定の領域にいるときのみ発火する性質をもっている (O'Keefe and Nadal 1978)．近年の電極技術の進歩により，ラットがその環境を探索する際の多数の場所細胞の応答を，同時に記録することが可能である (O'Keefe and Recce 1993; Wilson and McNaughton 1993)．

Wilson と McNaughton (1993) は，50–100 個の場所細胞からのスパイク列を同時に記録し，閉じた領域を通過するラットの運動軌跡を再構成した．このアプローチは，第 1 章と第 2 章でとりあげた「生体の視点」の考え方に非常に合致している．すなわち，場所細胞の出力をもとに，ラットは自身の位置をどのように認識するのだろうか？ Wilson と McNaughton が採用した再構成の手法は，時間を離散的なビンに分割し，各ビンにおける各細胞のスパイク数を合計するものである．その結果，細胞の配列からスパイク数のベクトルが得られ，そのベクトルを空間的位置にマッピングすることができる．ここでの戦略は，各細胞が空間内の特定の位置を「表す」と仮定し，運動系の細胞集団ベクトルが運動方向の重み付き平均を算出するのと同様に，各位置をスパイク数で重み付けして平均をとることである．別の方法として，事前に空間内の各部分の平均スパイク数を表すベクトル群を用意し，特定のベクトルが群内のどの要素と一致するかを確認する方法も考えられる．これらの手法は，数学的に最適とはいえないが，十分な再構成が行える．さらに，Salinas and Abbott (1994) が指摘したとおり，重み付きの平均化を用いることで，最適線形推定を得るための改善が可能である．

海馬は，場所細胞の研究に加え，学習と記憶に関する細胞やシナプスのメカニズムを探るうえでも重要な系の 1 つである．Blum and Abbott (1996) はこれらのテーマを統合している．彼らは細胞のネットワークを考える際，ラットの位置のような信号が細胞の配列によってエンコードされていると仮定し，信号の読み出しルールをあらかじめ決めて固定する．さらに，細胞間のシナプスをある規則に従って調節する．読み出しルールを固定しておけば，シナプスの更新によりネットワークの出力は変化するはずである．Blum と Abbott は，単純な学習則によってネットワークのシナプスが行動中の特定の経路の経験に応じて更新される場合，ネットワークの応答のデコーディングによって，現在の位置ではなく，次の位置の予測が得られることを明らかにした．この結果は，場所細胞とシナプスの可塑性の組合せがナビゲーションの簡単な機能をもたらすことを示唆している．彼らは，この仮説をラットの行動に関連する古典的な実験に適用することを検討している．

また, 新しい計測技術が感覚系の研究にも進出している．Meister, Pine, and Baylor (1994) は，多電極アレイを開発し，～ 50 個の網膜神経節細胞からの同時記録を行った．サンショウウオの網膜上の多数の隣接する細胞から記録することで，Meister ら (Warland and Meister 1993, 1995; Meister, Lagnado, and Baylor 1995) は，単一の網膜神経節細胞による単一スパイクが伝達する「メッセージ」は，その周辺の細胞の活動に依存することを発見した．単一の神経節細胞のスパイクと隣接する細胞のスパイクの一致度を，相関関数のピークの狭い区間での発射として定義すると，**図 5.1** に示すように，これらの一致するスパイクは視野の様々な位置での明るさの変化を「表現」していることが示唆される．情報理論的な解析から，このような一致したスパイクは，2 個の細胞の合計よりも多くの情報を伝達することが示唆されている (Warland and Meister 1993, 1995).

DeVries and Baylor (1996) はこの電極アレイを利用して，様々な種類の神経節細

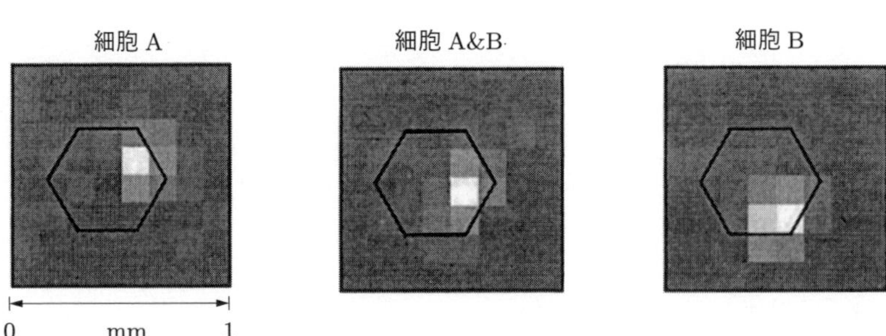

図 5.1 サンショウウオ網膜の 2 個の神経節細胞 A, B のデコーディングフィルタ．2 個の細胞から得られたスパイク列をフィルタリングすることにより，ランダムに変化するチェッカーボード状刺激の時間的変動を推定した．2 個の細胞の相関から得られるメッセージを探索するために，細胞 A と B のスパイク列を，3 つのイベント列，すなわち細胞 A と B の 30 ミリ秒以内の同時発火 (A&B)，細胞 A 単独の発火，そして細胞 B 単独の発火として再度コーディングした．各イベント列のデコーダは，空間の関数と時間の関数の積で表現される．ここで示すのはその空間成分である．六角形は，実験に使用された電極アレイの領域を示している．同時発火パターン A&B は，細胞 A と B の寄与する空間領域の中間での推定過程に寄与している．この結果は，高次の視覚処理中枢が，2 個の細胞の同時発火を検出することにより，空間的分解能を向上させる可能性を示唆している．Warland and Meister (1995) の実験より．

胞が視覚世界をどのようにサンプリングしているかを研究した．それにより，哺乳類の網膜中に，様々な種類の神経節細胞が特徴付けられた．特に，ウサギの網膜における神経節細胞は「タイル状」に配置されており，同じ種類の神経節細胞の受容野中心は，ほぼ完璧な格子を形成していること，また格子の間隔は受容野の幅で定義されていることが示された．

かつて神経科学者たちは，多数のニューロンからの記録が可能となる日を待ち望んでいた．本書の執筆時点では，多くの研究室では数十の細胞からの同時記録が日常的に行われている．特定の実験設定では，大きな努力を要するものの，100 のオーダーでのスパイク列の同時記録が可能となり，近い将来，1000 のオーダーに到達することも容易に想像できる．しかし，これによって得られる大量のデータの処理と解釈には深刻な問題が存在する．このデータ量は，手作業での選別には多すぎる一方で，細胞間のすべての可能な相互作用を包括的に解析するには少なすぎる．そこで，これまでの研究を通して，神経集団の応答から外界の出来事をデコードするというアプローチが，解析の有効なフレームワークを提供するだろう．この問題に自然な感覚環境の文脈で取り組むことは，非常に魅力的である．

5.2 自然の信号

神経コーディングの問題に取り組む際，何らかの感覚環境を前提として考える必要があることを，私たちは主張してきた．ベイズの法則は，スパイク列の解釈が私たちの事前仮説に依存することを示唆している．理想的には，最も自然な環境で神経系を研究したいと思うかもしれないが，それは容易でない．その理由は，自然な刺激が非常に多くの構造をもつのに対し，単一細胞や脳の特定の狭い領域を対象とする研究では，該当する細胞にとってどの構造が実際に重要であるかを特定する必要があるからである．網膜神経節細胞は，視覚世界が物体で構成されていることを「知っている」だろうか，それともそれは皮質処理のより高次の段階で初めて重要となるのだろうか．これらの問題に対応するためには，視覚系に「自然な」刺激を提供するだけでは不足である．その刺激を深く理解することが求められる．

自然の刺激の構造を理解することは，実質的には物理学の問題である．嗅覚において，匂いは拡散と移流の組合せにより鼻（または触角）へと運ばれる．したがって，その自然の刺激の力学を示す方程式を，私たちはすでにもっているといえる．バクテリアのような微小な生物においては，拡散が支配的であり，拡散が主要な領域の物理学が，バクテリアの化学的センシングに関する信号処理の戦略の多くを決定している (Berg and Purcell 1977). フェロモンの源を求める昆虫や，開けた場所での餌探しをする昆虫にとって，主要な匂い物質の輸送手段は，空気の流れに沿って匂い分子が移動する移流である．さらに，この空気の流れは乱流である．乱流によって運ばれる匂い物質（またはトレーサー分子）の空間的・時間的ダイナミクスについて，私たちはどのような知見をもつのだろうか．

乱流中の匂い物質のダイナミクスには，流れを生成する具体的なメカニズムに依存しない，普遍的な定性的・定量的特徴が存在する．空気中と水中で同じ方程式に従うため，適切なスケールで観察すれば，両者は類似した挙動を示す．乱流は匂い分子の密度の局所的な変動を拡散させる効果をもち，巨視的な勾配は滑らかな濃度分布中の短く急激な方向に局在化する．したがって，フェロモン濃度は発生源で最も高くなる傾向があり，しかし，発生源まで「上り坂」をたどるような滑らかな勾配は存在しない．代わりに，濃度勾配は非常に間欠的な信号となり，ゼロに近く，長い空間的および時間的エポックが大きな短期的なパルスによって区切られる．この簡潔性を明らかにする 1 つのアプローチは，濃度信号の確率分布やその時間微分を観察することで，この分布は非常に長く，ほぼ指数的なテールをもつ (Castaing et al. 1989; Gollub et al. 1991). これらの分布を第一原理から理解することは，現在も重要な理論的問題である．最新の研究動向に関しては，Shraiman and Siggia (1994) やそれに関連する参考文献を参照するとよい．

濃度分布の間欠的な構造を理解することは，嗅覚を用いたナビゲーションの理解において非常に重要である．かつて，昆虫の嗅覚に関する文献の大部分は，乱流が拡散を強化し，濃度分布が発生源から滑らかに拡がるという強い前提のもとに書かれていた．これは誤りであり，実際の濃度分布は外向きに蛇行するきわめて狭い煙の帯からなる．昆虫が発生源へ向かう滑らかな勾配を追跡するナビゲーションのモデルは，この理由から不正確である．バクテリアの環境においては，このモデルは原理的には有効であるかもしれないが，前述の誤りは生物学のものではなく，物理学のものである (Murlis, Elkinton, and Cardé 1992).

実験から，昆虫が乱流の構造を「知っており」，その構造を見よう（実際には嗅ごう）としていることが強く示唆されている．定常的な勾配への暴露では，昆虫はその勾配を上ることは難しいが，繰り返しのパルス (Vicker and Baker 1994) や模擬された煙 (Mafra-Neto and Cardé 1994) への暴露時には，匂い源に向かう明確で安定した飛行を行う．ロブスターの化学的ナビゲーションにも，この考え方が適用されるようだ (Atema 1995). 実験物理学と動物行動学の適切な組合せにより，制御された自然環境のモデルでの行動実験を実施し，乱流の中でのナビゲーション戦略の進化を重要なパラメータとして研究することが可能となる．これらの実験はすでに，このような複雑な動的信号のエンコーディングと処理を実行する神経回路には興味深い特性が存在することを示している．

適度に「自然な」画像を生成する方法の1つは，乱流を可視化することである．たとえば，流れによって運ばれる匂い分子の濃度分布を観察すると，先述のような煙に相当する「物体」が見える．この煙は，曲がったり揺れたりして動きながらも，その形を維持している．これは，嗅覚と視覚の信号の統計的な構造に関連がある可能性を示唆するもので，一見（あるいはひと嗅ぎ）すると不思議な考え方である．

自然の画像の統計的特性に関する研究は，Barlow (1961) の指摘により，視覚系がこれらの統計的特性を「知って」おり，それを使用して視覚世界を効率的に表現することを前提として推進されてきた．以下では，このアイデアを具体的に定量化するための試みを紹介する．Laughlin (1981) は，この問題を単一の細胞がコントラストの変動を段階的な電位応答でエンコードするものとして単純化し研究した．自然の環境下でのコントラストの分布はある特定の形をしており，この分布は長いテールをもつと予想される．しかし，利用できる電位の範囲が限定されている場合，電位分布のエントロピーを最大化し，（合理的な仮定のもとで）コントラスト信号の情報を最大化するためには，電位の分布を均一にするのが最も適切であると考えられる．

Laughlin は，木々の間を飛び回るハエの光受容器の開口部から見えるコントラストの分布を測定した．そして，理想的なコントラストから電位への変換を計算した．この計算結果と，ハエの視覚系の2次ニューロン（大型単極細胞）の入出力関係とを比較したところ，両者は非常によく一致していた．これはまだ研究の初期段階であるが，Laughlin の結果は，ハエの視覚における最初のシナプスが，自然の風景の統計的構造に適応していることを示唆している．

視覚世界の特徴として，あらゆるスケールに構造が現れることがある．物体が特徴的な線形次元をもっている場合であっても，その物体がどれだけ私たちから離れていても視認できるため，特徴的な角度スケールは存在しないである．このスケール不変性の考え方は Field (1987) によって探求された．多くの自然画像のパワースペクトルは，スケーリングの考察から期待される形式と一致していることが示されている．その議論は次のようなものである．2次元のグレースケール画像の各点におけるコントラスト $\phi(\mathbf{x})$ を計測することを考える．コントラストは，点 $\mathbf{x}$ の強度と画像全体の平均強度との差として定義され，さらに平均強度で正規化される．したがって，コントラストは無次元数である．画像は（統計的には）並進に対して不変である．なぜなら水平線などの大きな境界線から遠ざかれば，任意の物体の形状はどこに現れても同じだからである．

したがって，たとえば木々の間を歩いているときに撮影した写真のような，類似した画像の集合を平均化すると，コントラストの相関関数（時間領域における類似の関数については 3.1.4 項参照）は以下の形式をとる．

$$\langle \phi(\mathbf{x})\phi(\mathbf{x}')\rangle = C(\mathbf{x}-\mathbf{x}') \tag{5.1}$$

$$= \int \frac{d^2\mathbf{k}}{(2\pi)^2} S(\mathbf{k}) \exp\left[-i\mathbf{k}\cdot(\mathbf{x}-\mathbf{x}')\right] \tag{5.2}$$

ここで，$C(\mathbf{x})$ は相関関数で，$S(\mathbf{k})$ はパワースペクトルである．空間変数 $\mathbf{x}$ は 2 次元のベクトルであり，単位は（たとえば）度である．フーリエ変数 $\mathbf{k}$ は $1/°$ の単位をもつ空間周波数である．コントラストは無次元なので，相関関数も無次元である．式 (5.2) を満たすために，パワースペクトルは $(°)^2$ の単位でなければならない．しかし，特徴的な角度スケールが存在しない場合，

$$S(\mathbf{k}) \sim \frac{A}{|\mathbf{k}|^2} \tag{5.3}$$

とならざるを得ない．ここで，A は無次元の定数である．

Field (1987) は，いくつかの画像がほぼ $1/k^2$ のパワースペクトルをもつことを発見した．また，空間周波数全体にわたるこの特定のパワーの分布が，一次視覚野の空間周波数選択性と密接に関連していると主張した．具体的には，大脳皮質の方位選択性と空間周波数のパターンは，画像のコントラストの分散を等しく処理するフィルタのセットを形成していると示唆した．この簡潔かつ洞察に満ちた考え方により，Field の研究は自然画像の特徴と視覚野の特徴の関係について多くの関心を引き起こした．

もっとも，Tolhurst, Tadmor, and Chao (1992) が指摘したように，すべての画像が単純なスケーリングを示すパワースペクトルをもつわけではない．ここで思い起こしてほしいのは，3.14 節で（空間ではなく）時間依存性の信号について述べたように，パワースペクトルは分散に相当するものであり，それゆえ**画像のアンサンブル**上の平均を定義する必要があることである．Ruderman (1993) と Rudermann and Bialek (1994) は，木々の画像のアンサンブルの統計量を研究した．この研究の動機の一部は，より一般的な形のスケーリング則を模索することであった．物理学では，一般的に系は広い長さスケールの範囲でスケール不変性を示すことが知られているが，相関関数は次元解析から得られる単純な規則に縛られる必要はない．最もよく研究されている例は，気体平衡のような 2 次相転移で，流体の密度揺らぎのパワースペクトルはほぼ式 (5.3) に従うが，$1/k^2$ ではなく $1/k^{2-\eta}$ が観測される．ここで，**異常次元** (anomalous dimension) η は光散乱実験で計測される．熱力学的な量，たとえば比熱のようなもの

にも異常な振る舞いが観測される．これらのスケーリングの正確な計算は，臨界現象における現代的なくりこみ群理論の大きな成果である (Wilson 1975, 1983; Ma 1976).

木々の間で撮影された画像のアンサンブルのパワースペクトルを計測すると，空間周波数で 3 桁にわたるスケール不変性が確認され，その異常次元は $\eta = 0.19 \pm 0.02$ であった (Ruderman and Bialek 1994)．ただし，パワースペクトルの計測はスケール不変性の検証の一環にすぎない．実際にスケーリング性の存在を信じるのであれば，画像を任意に離散化しても，その性質は変わらないはずである．例として，2×2 のピクセルの値を平均化して「ブロックピクセル」を構成すると，ブロック化された画像の統計量は，元のアンサンブルの統計量と一致することが期待される．ここで注意しなければいけないこととして，ブロック化を行うと，画像の総コントラストが低下するため，コントラストを再度正規化する必要がある．このブロック化と再正規化の手続きは，くりこみ群理論の本質である (Wilson 1975, 1983)．実際，ブロック化の手法は，完全な理論が成立するずっと以前から，重要なステップであると考えられていた (Kadanoff 1966).

木々の画像のアンサンブルにおいて，ほとんどの局所的な統計的性質，たとえばコントラストの分布やコントラスト勾配の分布などは，ブロックピクセルの構成に対して不変である．そのスケーリングの例は図 5.2 に示されている．これは，この画像における統計的な構造が，すべての角度スケールにわたって存在することの直接的な証拠である．だが，コントラストとその勾配の分布の調査から，これらの分布が長いテールをもつことが明らかになった．このテールは，乱流における匂い分子の濃度の分布と非常に似ている (Ruderman and Bialek 1994)．特に，中心–周辺受容野のようなフィルタを画像に適用すると，そのフィルタの出力は完全に指数分布に従う．また，この出力は受容野の全体的なスケールに対して不変である (Ruderman 1993).

また，Field (1987) のパワースペクトルに関する観察によって，画像統計学への関心が高まった．コントラストの分布における長いテールの存在は，スペクトルだけでは自然画像の統計的構造を完全に記述することはできないことを示すヒントの 1 つであり，これは乱流の状況を思い起こさせる特性である．ガウス分布から生成される画像は，長いテールをもたないが，自然画像と同じようなパワースペクトルを示す．このような合成画像には「物体」が存在しない．非常に滑らかであるため，物体の境界を表現できないのである．一方，自然画像をフィルタリングし，そのパワースペクトルをホワイトノイズのように平坦化しても，多くの画像において，その中に含まれる物体は依然として認識可能である．この事実は，私たちがまだどのように定量化すべきか理解していない，重要な統計的構造が存在していることを示している．

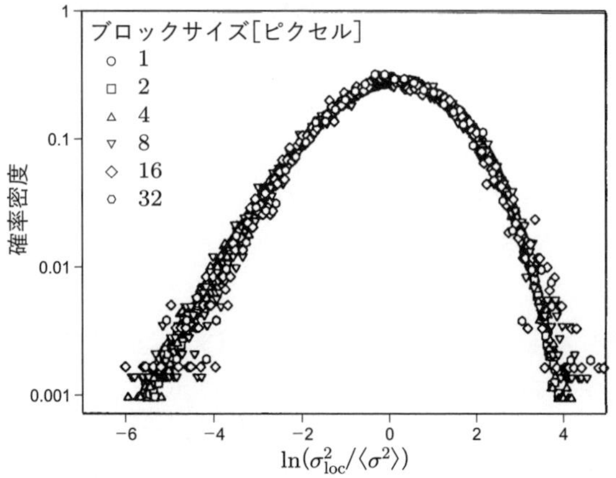

図 5.2 自然画像における局所分散とスケーリング．局所分散 σ^2_{loc} は，隣接する 2×2 ピクセルの強度の分散として定義される．この局所分散のヒストグラムは，森で採取した画像のアンサンブルから算出され，さらにそのアンサンブル平均で正規化される．このヒストグラムは，正規化された量の自然対数によって確率分布に変換され，対数スケールで表示される．だが，画像を解析する前に，カメラの画素よりも大きなピクセルに画像を変換しても問題はない．これは，元のピクセルのブロックを新しいピクセルとして再構成する手法である．本文で述べたように，ブロック化によって，（たとえば）平均的な局所分散は変化するが，この影響は正規化によって取り除かれる．このブロック化され，正規化された画像で計測された局所分散の確率分布は，少なくとも 32×32 のブロックサイズまで一致しており，画像アンサンブルのスケール不変性を示している．D. Ruderman (1993) より引用．

Voss and Clarke (1977) は，音声と音楽は振幅と周波数のゆっくりとした変動をもつことを示した．この変動は，あらゆる時間スケールで現れ，その変動をパワースペクトルから解析すると，ほぼ $1/f$ の特性をもつことが判明した．これは，2 次元画像における $1/k^2$ の時間領域版である．驚くべきことに，この統計的性質を利用して合成された音楽は心地よい響きをもつようである．音楽作品における瞬間的な音圧の確率分布は，画像における局所コントラストの分散と同じ指数型である．Nelkin (1995) は，自然画像に見られる非ガウス的な変動の階層的構造 (Rudermann 1993) が自然音にも存在することを発見している．

現時点での自然信号の統計的構造の探求は，非常に初期段階であり，同時に興味深い段階である．匂いの勾配，画像のコントラスト，音響波形の統計量がどれも類似しているという点は魅力的である．実際，画像を解釈する皮質と音楽を聴く皮質の間には大きな違いはない．一方で，このような自然の信号の普遍的特徴が，より詳細な研究により証明されたとしても，私たちの世界の知覚とは関係がない可能性も考えられる．いずれにせよ，自然の信号に関する現在の大まかな理解ですら，この独特な統計的性質をもつ信号が神経系でどのようにエンコードされ，処理されているのかについて，疑問を投げかけるのに十分である．

5.3 最適コーディングと計算

本書の冒頭で，ニューロンの挙動を定量化することが本書の主題であると読者に忠告した．第3章と第4章の議論を経て，定量化の概念が洗練され，ニューロンの性能を絶対的な尺度で評価すべきだという認識が強まったのではないかと考える．したがって，たとえば視野を横切る特定の運動パターンがニューロンの発火率を 23.5 ± 0.7 スパイク/秒増大させるという事実そのものには特に興味はない．私たちが注目するのは，これは大きな変化であるのか，小さな変化であるのか，この変化が運動の軌跡のパラメータを信頼性をもって示すものであるのか，発火率の変動が自然環境の動的信号の情報を伝えるのに十分な速さであるのかといった問題である．

ニューロンの性能の絶対的な尺度を確立する試みは，一方では動物個体の行動により，他方では物理的な限界という概念により導かれる．物理的な限界の直観的な例は回折である．どのような光学系も，回折によるぼけを完全に取り除くことは不可能で，物理学の法則に従った最小のぼけが常に存在する．同様に，ニューロンが伝達できる情報量には上限が存在し，神経系が感覚環境の非自明な特徴を推定する際の信頼性にも上限が存在する．しかし，これらの物理的な限界を実際の脳に適用するのが当然であると考える理由はない．神経系のデザインは完全に独立な基準に基づくものだからである．実際，今日の生物学は長い進化の歴史の成果物であり，多くの研究者が，この歴史的成果物は今日の生体の効率的あるいは最適デザインの概念を凌駕していると考えている．

そう考えると，多くの異なる系統において，ニューロンの性能が関連する物理的限界に近いことは，驚くべき現象である．多くの研究者は，このような準最適な性能が偶然の産物ではなく，むしろ神経コードと計算の多くの側面を理解するための一般的な原理であると位置付けている．性能が物理限界に近いことの証拠がある以上，神経コードや計算のどの特徴が，この卓越した特性の根本に関わっているのかを探求することは，理論的にも重要である．高い情報伝達率を実現する神経コードの性質は何であるか？ 信頼性の高い推定を可能にする計算の仕組みはどのようなものか？ これらは非常に困難な理論的課題であり，決して既知の理論を簡単に適用するだけの問題ではない．この難しさの多くは，やはり実際の自然の感覚環境の特性と深く結び付いている．そのため，これまでの研究の多くは，実際の複雑な世界よりも単純なモデルの世界を基盤に，この簡易な環境での知見が現実世界における最適な戦略の手がかりとなることを期待して行われてきた．

視覚の初期段階における最適コーディングの問題への関心は非常に高い．この問題への取り組みは，少なくとも Barlow による網膜神経節細胞に関する議論に起源をもつ．Barlow は，受容野の中心と周辺の構造が，隣接するニューロンの応答と視覚刺激の隣接する画素の強度の相関を低くするのに役立つと示唆した (Barlow 1961)．これは脱相関，または冗長度削減という考え方である．網膜神経節細胞の情報伝達の容量が限られていると仮定するならば，異なる細胞が同じ風景の特徴を脳に伝達するのは，その限られた容量を最大限に活用しているとはいえないだろう．さらに具体的に述べると，1 つの細胞がある特徴を伝え，別の細胞が異なる特徴を伝える場面で，片方の特徴がもう片方から予測可能な場合，それは効率的なコーディングとはいえない．英語の文字において「Q」と「U」を例に挙げると，Q と U は別々の信号であるが，Q が現れると U が続くことが頻繁にあるため，これらを表す「Q」と「U」のニューロンを別々にもつことは非効率的であると考えられる．したがって，異なるニューロンが伝達するメッセージの冗長性を最小化し，その結果これらの細胞の情報容量を最大化するような「Q-U」感受性の最適な組合せが存在する．

形式的には，ニューロン A と B の冗長度 R は，同時に観測した場合の情報量 I_{AB} と，個別の情報量 I_A および I_B との関係から定義できる．

$$R = I_A + I_B - I_{AB} \tag{5.4}$$

この冗長度の定義は，2 個だけのニューロンに限らず，多数のニューロンにも拡張可能である．したがって，神経コードの最適化の原理として，冗長性 R の最小化が考えられる．ただし，単純に冗長性を最小化することは，ノイズの影響を無視することになり，賢明とはいえない．なぜなら，文字の出現頻度に偏りがないメッセージは，ランダムなビットの配列と区別できないので，冗長性をゼロにすると，意味のある信号とランダムノイズを区別できなくなるからである．実際，ある程度の冗長性は信号をノイズから保護する機能をもつと考えられる．したがって，適切な原理は，系のノイズの特性を考慮し，総情報伝達率（いまの例では I_{AB}）を保持しつつ冗長性を最小化することであろう．この考えは，Atick らが検討した原理そのものであり，網膜神経節細胞の特性が，この制約下の最適化問題の解として得られることが示された．詳しくは Atick (1992) の総説を参照されたい．

冗長性を最小化することの代替案として，神経コーディングの初期段階は情報伝達を最大化するように設計されていると考えることもできる．この場合も不良設定問題であり，何らかの制約の導入が必要である．制約を適切に選択すると，冗長性の最小化と情報量の最大化は実は同じ問題として捉えられる．私たちは情報量最大化の例に 3.1.4 項ですでに触れたが，最適コーディング問題へのさらなる理解を得るため，関連する別の例をここでとりあげることとする．

ある時間依存の信号 $s(t)$ が，ガウシアンホワイトノイズ $\eta_1(t)$ の背景に埋め込まれているとする．信号はたとえば視覚信号であり，$\eta_1(t)$ は視覚刺激にともなって必然的に発生するランダムな光子の到着によるノイズかもしれない．この信号を電位に変換し，さらに別のガウシアンホワイトノイズ $\eta_2(t)$ を加えるデバイスとして「ニューロン」を考える．簡単のため，変換過程は線形で，伝達関数 F で完全に記述されると仮定する．これは 3.1.4 項でのハエの光受容器と大単極細胞の議論と同じである．したがって，このニューロンの出力電位は

$$V(t)=\int_0^\infty d\tau F(\tau)\left[s(t-\tau)+\eta_1(t-\tau)\right]+\eta_2(t) \tag{5.5}$$

となる．問題は，ニューロンの出力 $V(t)$ が入力信号 $s(t)$ の情報をどれだけ提供するかという点である．もし世界が単純で，$s(t)$ もまたガウス分布から選択されるならば，それはパワースペクトル $S(\omega)$ で完全に特徴付けられる．そうなると，A.19 節で述べられるように，情報伝達率は解析的に計算できるし，合理的な制約条件下での最適化問題も解くことができる．たとえば，F の値が大きい場合，ノイズ $\eta_2(t)$ の影響は低減することは明らかである．しかし，その代償として，ニューロンの出力電位の変動が非常に大きくなる．そこで，ニューロンのダイナミックレンジを制約し，電位の変動の分散を一定に保ちながら情報伝達を最大化するフィルタについて議論する．

自然の信号に関する前節の議論から，自然の信号のパワースペクトルは近似的にスケール不変の形，すなわち $S(\omega)\sim 1/\omega^\alpha$ に従い，$\alpha\sim 1$ であると考えられる．この条件下では，非常に低周波の領域では信号ノイズ比は高く，この極限における最適フィルタはハイパスフィルタである．具体的には，$F(t)$ のフーリエ変換を $\widetilde{F}(\omega)$ とした場合，$|\widetilde{F}(\omega)|\sim 1/\sqrt{S(\omega)}$ である．このことは，信号が一度最適フィルタを通過すると，平坦なパワースペクトルをもつ出力として現れることを意味する．すなわち，最適フィルタは相関のある信号を取り込み，信号ノイズ比が高ければホワイトノイズのような出力をする．これは時間領域における脱相関または冗長性の削減の例であり，Srinivasan, Laughlin, and Dubs (1982) や，van Hareten (1992) によるハエの視覚系の第 1 シナプスを通過する信号の解析からも支持されている．

もし，自然なスペクトルが $\sim 1/\omega^\alpha$ に従っていると仮定するならば，最適エンコーディングフィルタにおいては，周波数がゼロのときゲインがゼロであることが予想される．この考え方は，空間的な変動をもつ信号に対しても適用可能である．空間パワー

スペクトルが $S(\mathbf{k}) \sim 1/k^{2-\eta}$ の形に従っている場合，最適空間フィルタのゲインは $k=0$ でゼロとなる．これは，情報伝達が最大となる細胞が，空間的に一様な刺激に対しては反応しないことを示している．一般には，定常な刺激には伝達すべき情報がないとされる．しかし，情報伝達の最適化の視点から見れば，異なる背景が見えてくる．低周波数の刺激（必ずしも定常でなくてもよい）は大きなパワーをもつ．そのため，減衰させてもノイズに紛れることがない．この性質により，細胞の限られたダイナミックレンジは，中間周波数帯のより微妙な信号の表現に向けられているのである．

十分に低い周波数帯域では，信号ノイズ比は高くノイズは問題にならないため，最適フィルタはハイパス特性をもてばよい．しかし，周波数が上昇すると，信号のパワーは次第に減弱し，最終的に信号はノイズに埋もれてしまうため，ハイパス特性をもつフィルタは不適である．ニューロンのダイナミックレンジは限られているため，ほぼ確実にノイズのみである高周波成分を表現するためにこのダイナミックレンジを無駄にする意味はない．そのため，最適フィルタは高周波数でロールオフし，信号とノイズの区別が難しい高周波成分をカットする必要がある．Atick (1992) の提案によれば，最適フィルタは 2 つの要素から構成される．1 つは信号をノイズから分離するローパスフィルタであり，もう 1 つは冗長性を削減するハイパスフィルタである．これらの組合せにより，バンドパス特性が形成される．時間領域に戻すと，この特性は時間微分の平滑化バージョンのフィルタとなる．空間的な刺激に関して，このバンドパスフィルタは網膜神経節細胞の古典的な中心–周辺型の受容野として解釈される．受容野のスケールはバンドパスのピーク位置に基づき，全体の信号ノイズ比の関数として変動する．Atick and Redlich (1990) は，この関係性が網膜が異なる光強度に適応する際の受容野構造の変動を説明できることを示している．この変動は，単独の神経節細胞の応答だけでなく，ヒトの観察者の感度にも見られ，**図 5.3** に示す理論と比較されている．同様の発想で van Hateren (1992) は，最適コーディングにおける信号ノイズ比の議論から期待されるように，ハエの網膜における時間的フィルタリングが平均光強度に適応することを示している．

この例を通して，最適コーディング問題の構造が明らかにされることを期待している．初めに，信号をエンコードするニューロンのモデルを考える．具体的には，線形フィルタや受容野という概念が中心となる．次に進むと，様々な情報理論的な量の計算が必要となるが，ここで重要なのは入力信号とノイズの統計に関する適切な仮定である．Bialek, Ruderman, and Zee (1991) の研究にも示されるように，最適フィルタの特徴は，たとえそれが定性的なものであっても，信号の統計的性質に大きく依存する．

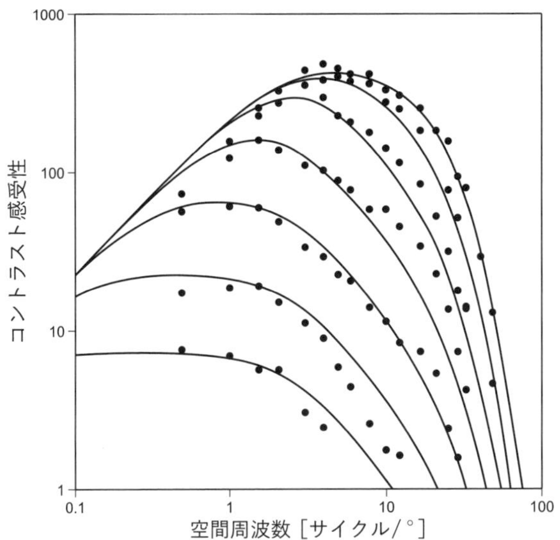

図 5.3 様々な適応レベルでのコントラスト感受性に関して，網膜でのコーディングにおける冗長性を最小化するフィルタから得られる理論性能と，ヒトの性能を比較した結果．実線は背景の光強度が 10 倍の際の最適フィルタを表す．最低の感受性をもつカーブは最低の光強度に対応するもので，ローパスの動作特性が見られる．対照的に，より高い光強度はより高い感受性を示している．本文で述べたとおり，このローパスからバンドパスへのフィルタリングの変化は，光強度の増大にともなう信号ノイズ比の増大に起因している．点は，van Ness and Bouman (1967) の心理物理学実験のデータである．Atick (1992) からの引用．

したがって，系が実際の環境での信号に最適化されていることを実証するためには，入力の統計モデルが実際の自然信号の特性を正確に反映している必要がある．問題を具体的に設定するために，いくつかの制約条件を加える．これらの各段階での理論的・実験的なアプローチは，必ずしも完璧ではなく，近似的なものとなることが多い．それでも，視覚処理の最初の段階における空間的，時間的，色的フィルタの特徴の多くは，定性的あるいは場合によっては半定量的に，この最適化問題の解として捉えることが可能である．

私たちは，情報理論的な最適化原理を，感覚処理の初期段階に適用することを重視してきた．第 3 章で述べたように，その背景には効率的なコーディングに関する具体的な実験的事実が存在する．情報理論が生まれた当初から，このアプローチが高次の情報処理の説明にも有効であることが期待されてきた．この考えを基盤として，Linsker (1990) などの研究者は，脳の深部における細胞層間の情報伝達の最適化を試みている．さらに，情報量の最大化や冗長性の削減といった原理から派生した信号処理の実用的アルゴリズムも多く提案されている．具体的な例として，Bell and Sejnowski (1995) や Becker (1996) の総説が挙げられる．

最適コーディングの理論は，受容野や時間フィルタの形状を予測するだけではないことを強調したい．この理論における基本量は，伝達される情報量と異なる細胞間の冗長性である．ニューロンの配列に関する情報伝達の解析手法が開発されれば，この理論をより厳密に検証することが可能になる．

これまでの議論に基づく理論研究は，スパイキングニューロンの挙動そのものを考えたものではなかったが，連続的な信号やノイズをフィルタして伝達するのではない，特定の波形に対してスパイクを発射する細胞に対しても適用することができる．最初の問題は，得られるスパイク列が入力信号の情報をどれだけもたらすかを表す伝達率を正確に計算することであるが，これは簡単なことではない．DeWeese (1995) はこの課題へのアプローチとして摂動理論の手法を提案している．従来の議論では，与えられた情報伝達率に基づいて最適なフィルタの形状を考慮してきたが，ここでは最適な閾値について考える．もし閾値が非常に高く設定されると，スパイクの発火は稀になり，2.3.1 項での議論によってスパイク列を線形フィルタでデコードできる．一方，最適閾値が低い場合は発火率が増大し，情報伝達率も最大化され，より古典的なレートコーディングの考えに近づく．この広いクラスのモデルにおいて，情報伝達率の最適化は閾値の最適値を導き出し，その値がコードの全体的な構造を決定する．

DeWeese (1995) の研究によれば，閾値の最適な設定によって，信号の特徴時間あたり非常に少数のスパイクが発射されるパラメータ領域が存在することが確認された．この結果を理解する鍵は，スパイク発射がポアソン過程に従い，かつ発火率が刺激によって変調されるニューロンを考えることである．具体的には，スパイク発射は単位時間あたりの確率 $r[t;s(\tau)]$ で行われ，刺激波形 $s(\tau)$ に依存するが，過去のスパイクの発火時刻には影響されない．これは 2.1.4 項で触れたポアソン過程の性質である．この性質を利用すれば，スパイク列が時間的に変化する刺激に関して，どれだけの情報（1 秒あたりのビット数）を提供するのかを再度評価することが可能である．一般に，ポアソンモデルであっても厳密な計算は難しい．しかし，以下の式で示されるように，ポアソンニューロンによる情報伝達の**上限**は明確に定義される．

$$R_{\mathrm{info}} \leq \left\langle r[t;s(\tau)] \log_2 \left[\frac{r[t;s(\tau)]}{\bar{r}} \right] \right\rangle \text{ビット/秒} \tag{5.6}$$

ここで，$\langle \cdots \rangle$ は刺激波形の平均を表し，$\bar{r}$ は平均発火率，すなわち $\bar{r} = \langle r[t;s(\tau)] \rangle$ である．この上限は時間的な相関を考慮せず，各時刻の発火率の分布にのみ依存する．そのため，どれだけ発火率が速く変化しても，情報伝達率が上記の式よりも増大することはない．しかし，時間的な相関の選び方によって，どれほどこの上限に近づけるかが変わる．実際に，発火率や刺激の変動の相関時間が短い場合，つまり $\bar{r}\tau_c \to 0$ の極限で，最大の情報伝達が実現される．一方で，この上限が線形デコードが可能な場合の限界を示すことも，2.3.1 項での議論から明らかである．これらの理論的な考察は，時間領域でのスパースコーディングが，高い情報伝達率とコーディング効率に密接に関わっているという興味深い可能性を提起している．

動物が環境から情報を取得しエンコードする行動は，単に情報を得るためのものではない．動物は，これらの入力データを処理し，特定の計算を行うことに重きを置いている．第 4 章では，こうした特定の計算が，感覚入力の信号とノイズの制約の中で，非常に高い精度をもつ可能性があることを明らかにした．この信頼性の限界で，推定や判断を行うための計算理論が必要である．

一般論として，最適な推定の方法は基本的に既知である．受容器細胞から受け取ったデータに基づき，脳は推定する量の条件付き平均を求めることを目指す．ここでの課題は 2 つある．1 つは，興味深い状況下での条件付き平均の形状の計算方法である．もう 1 つは，脳が実際にこの計算を実行しているかどうかを確認することである．私たちが考えるに，この最適推定というコンセプトは，少なくとも原理的には，神経系が何を計算すべきかをパラメータなしで予測するものである．問題は，多くの課題に対してどのように最適な推定を計算するのかということ，そしてその問題の一部は最適な推定が信号の分布に依存することである．

4.1.3 項では，最適ピッチ推定の理論を紹介した．この理論は，不調和音のピッチに関する非自明な正しい予測をすることを私たちは示唆した (de Boer 1976)．また，ヒトの視覚に関して，最適化理論が私たちの知覚の興味深い特徴をうまく予測した例をいくつか挙げた．たとえば，ランダムドットパターンにおける密度の変動や対称性の認識 (Barlow 1980)，3 次元物体認識 (Blake, Bulthoff, and Sheinberg 1993; Liu, Knill, and Kersten 1995)，さらには曖昧な知覚 (Bialek and DeWeese 1995) という逆説的とも思えるものまで多岐にわたる．これらの予測は，ヒトの観察者全体の行動と関連するものである．では私たちは，個々のニューロンの応答に関する予測を行う，最適推定の理論を構築することができるだろうか？

暗順応した視覚系の光子計測の問題を再考すると，網膜の処理が光受容器の信号にほとんどノイズを加えない場合，その処理戦略はどう解釈できるだろうか．この場合の問題は光子の到達率の推定，より一般的には光子の到達率の汎関数を光受容器の電流から推定することである．低度の光子の流入の極限では，この推定には光受容器の信号ノイズスペクトルに適合したフィルタリングの段階が存在し，それは光受容器の信号が双極細胞や他の 2 次細胞に伝えられる際の初期段階で現れると考えられる．桿体と双極細胞との間の伝達関数がそのフィルタになっているという仮説に基づき，弱いフラッシュ刺激に対する双極細胞の応答を，パラメータなしで予測することに成功した (Bialek and Owen 1990; Rieke, Owen, and Bialek 1991).

光子の計測問題は，画像の複雑な特徴の抽出をともなわない，非常に単純な問題である．しかしながら，ハエが最適に解決していると考えられる運動の推定問題は，より複雑なものである．Potters and Bialek (1994) は，ハエの経験に基づく文脈における最適運動推定理論を展開し，4.3.3 項で指摘したように，視野を横断する動きの最適推定には，隣接する光受容器の遅延した相関の計算という限界が存在することを示唆した．この問題は，この単純な限界を超える複雑な構造を有している．より一般には，ベイズの法則により，世界で何が起こっているかに関する最良の推定は，感覚受容器から得られるデータと，事前知識を組み合わせたものとなる．最適な計算は，異なる感覚環境において異なる解を与えるだけでなく，環境に応じてその計算の構造自体も異なるものにする．同様に，入力信号の情報量を最大化するエンコーディングも，その信号を得るためのアンサンブルの統計的特性に依存している．これは，DeWeese (1995) がスパイキングニューロンに関して述べた内容と一致している．

もし感覚世界が単純で，低次の統計的性質だけで特徴付けられるなら，進化の過程で刺激のアンサンブルに対して最適な性能を発揮する計算戦略が成熟することは考えられる．だが，5.2 節で見たように自然画像の解析例では，世界はそのような単純な統計的構造をもたない．画像の局所的な構造が単純な統計モデルで記述可能だとしても，そのモデルのパラメータは風景の異なる部分で変化し，かつその変動は元の画像中のスケールの普遍性と一致しなければならない (Ruderman 1993)．このような非一様な世界では，画像の特定の領域を処理またはエンコードする最適な戦略が，より大きなスケールの画像全体の構造に依存することとなる．同様の考察は時間領域にも当てはまる．たとえば，ハエの飛行にともなう短い時間スケールの運動を最適に推定する戦略は，より長い時間スケールで計測される視覚信号の特性に依存する．このように，現実世界の複雑さを鑑みれば，最適コーディングと計算は，必然的に**適応的**なプロセスであると考えられる．

「適応」という用語は多義的で，異なる文脈で様々な意味をもつ．神経生物学の第一の文脈では，Adrian が発見した適応（図 1.4）を意味し，刺激が一定の状態を保つ中で，ニューロンの応答が次第に減衰する現象を指す．第二の文脈では，弱い信号に対する神経応答のダイナミクスが，定常的な強い背景信号に依存する現象を指し，これは Wiener カーネル（2.1.3 項）での表現を難しくする要因である．しかし，これらの「適応」の定義は，個々のニューロンの現象論であり，進化生物学でいうところの生物の適応とは隔たりがある．最適コーディングと計算の理論は，このような異なるレベル間の関連性を示唆する．具体的には，単一のニューロンや神経回路の適応は，感覚情報を効率的に取得・処理するメカニズムとしての側面をもち，生物が環境に適応する際の要因として考えることができる．したがって，進化の文脈での適応と同じく，最適な信号処理もまた，生物と環境の**すべての**パラメータとの相互作用を必要とし，感覚入力の確率分布全体への適応が求められる．

視覚処理の初期段階において，網膜に投影される画像や動画の確率分布に適応する能力を調べる方法はあるだろうか．考えられる方法として，まずガウス分布に基づく動画を作成し，その分散や相関時間，コントラストの変動の相関の長さなどをもとに，ニューロンの応答がどのように適応するのかを観察することは可能である．もし動画中に物体や生物の動きを模倣する要素がある場合，その運動速度の平均，分散，相関時間といった要因に対する適応を調べることもできる．実際に，ハエの視覚系に関する研究が行われ，運動感受性ニューロン H1 の応答が調べられた (Zaagman et al. 1983, Maddess and Laughlin 1985, de Ruyter van Steveninck et al. 1986, 1996)．また，脊椎動物の網膜における神経節細胞の応答も研究されている (Smirnakis et al. 1995, 1996)．これらの研究結果から，神経回路が直近の動画の統計的構造に応じて感受性や応答の時定数を適応させていることが明確に示されている．

個々のニューロンが行う計算が，ある種の最適設計を反映しているという考えは，昔から存在する．この考えは，複眼に対するものを中枢神経系へと拡張したものである (Barlow 1981)．19 世紀にはすでに Mallock が，昆虫の複眼のレンズが非常に小さいため，回折が昆虫の視覚にとって私たちのそれよりも深刻な制限となることを指摘した (Mallock 1894)．Barlow (1952) は，レンズの大きさは角度の分解能を最大化するよう選ばれ，昆虫の頭の大きさの平方根でスケールすると主張した．この関係性は多くの昆虫種においておおむねうまく成立する．Barlow の主張は Feynman により再発見され，彼の物理学の講義の中でとりあげられた (Feynman, Leighton, and Sands 1963)．神経計算の解析と同様に，複眼の最適化問題の正確な定式化には，感覚環境を考慮する必要がある．Snyder, Stavenga and Laughlin (1977) は，回折のみならず，光子のショットノイズや画像の統計的性質を含めた，眼の設計に関する情報理論的なアプローチを展開した．この考えをさらに拡張し，Barlow (1982) は，視覚の 3 色覚の起源が，自然界の光スペクトルを効果的に捉える最適戦略に基づいていると主張した．そして，Chittka と Menzel (1992) は，ハチやその他の昆虫がもつ 3 色覚の受容器は，花の識別における情報を最大限に活用する役割を果たしていると述べた．

眼の光学系の設計が基本的な物理学的考察に基づいて決定されていることは，驚くべきことではない．個々の光受容器が単一光子を数えることは，光電変換の分子増幅過程における信号とノイズの物理学が，これらの細胞の生物学的機能を理解する試みにおいて中心的な役割を果たしていることを示している．神経系の奥深くに進むにつれて，こうした物理学的考察は次第に影を潜め，より独自性のある生物学的考察が前面に出るだろうという印象がある．しかしながら，私たちが確認してきたように，一次感覚ニューロンは，スパイク列のエントロピーにおける物理的限界に非常に近い性能で情報を伝達する．また，中枢ニューロンは，受容器細胞の信号とノイズを勘案して，信頼性の高い応答を提供する．このように，少なくともある種の課題では，自然は驚異的な精度と適応性をもつ計算機を設計しているようである．

エピローグ ～単一スパイクへのオマージュ

この本を書くにあたり，私たちは多くの一般的な読者とのつながりを期待し，いくつかの異なるアイデアを念頭に置いていた．しかし，書き進むうちに，それらのアイデアは1つの簡潔な結論に収束した．すなわち，スパイク1発1発が重要だということである．あなたがこの文章を読む間も，何十億ものニューロンが活動し，各ニューロンは1秒間に数十発のスパイクを発射している．そのため，1発のスパイクがそれほど重要だとは考えがたい．しかし，これまでの議論から，多くの条件下で，細胞あたり1スパイクで意思決定がなされること（第2章），個々のスパイクが数ビットの情報を伝達すること（第3章），特定のタイミングで発生するスパイクやスパイク対によって正確な刺激の識別が可能であること（第4章）が明らかになった．これらの結果は，私たちの脳におけるスパイク1発1発が重要であることを示唆している．

過去にValboらは，人間の触覚知覚と皮膚受容器の求心性の活動との関連を研究した．この研究の特徴は，被験者の腕に細い針を挿入して，個々の求心性線維の活動を記録する方法にある．このデータの解釈には疑問点も多いが，被験者が感じる触覚の閾値が，個々の求心性線維の閾値に非常に近いという確固たる証拠が存在する．さらに重要な点は，単一の活動電位の有無と被験者の応答の間には試行ごとに相関があるということである (Valbo 1995)．この結果は，私たちが個々のスパイクを直接的に「感じる」ことができることを示している．

私たちの物語は，スパイクが私たちの知覚を形成する単位であるというAdrianの発見から始まった．そして，この議論は，スパイク1発1発が私たちの知覚に明確かつ計測可能な貢献をしているというアイデアで幕を閉じる．1発のスパイクは近傍のスパイクとともに平均化されがちだが，もっと尊重されるべき存在なのである．

付録　数学的側面

ここでは，本文中で得られる結果を導くために不可欠な数学的詳細を集約し，同時にいくつかの概念的なポイントについても短く論ずる．様々な操作がどのように進んでいるかについて，豊富な説明を試みており，特に新しい方法が導入される際には，追加のページを要してでも，省略されるステップを最小限に留める努力をしている．ここでの目標は，「これは示すことができる $\cdots$」と単に述べることなく，読者が完全に理解できるようにすることである．しかし，多くの場面で同じ数学的な手法が繰り返し使われることも事実であり，読者が最終的には示された材料から細部を自ら補完できるようになることを期待している．

A.1　期待値としての発火率

実測値に基づいて定義された時間と発火率の関係 $r(t)$ が，確率分布 $P[\{t_i\}|s(\tau)]$ とどのように関連しているのかを観察してみることにしよう．実際のデータを分析する際には，時間を $\Delta\tau$ の幅をもつビンに分割し，これらのビンが十分に小さい（不応期よりも短い）ことを仮定している．この仮定のもとでは，各ビン内で 1 つ以上のスパイクが観測されることはない．したがって，時間 t に中心をもつビンを考察した場合，ビン内にスパイクが存在するならば $n(t) = 1$，存在しないならば $n(t) = 0$ となる関数 $n(t)$ を定義することができる．

関数 $f(x)$ を定義し，その関数が x の絶対値が 1/2 より大きい場合は 0 と等しく，x の絶対値が 1/2 より小さい場合は 1 と等しいとしよう．つまり，

$$f(x) = \begin{cases} 1 & (-1/2 \le x \le 1/2) \quad \text{(A.1)} \\ 0 & (x < -1/2, 1/2 < x) \quad \text{(A.2)} \end{cases}$$

である．ある特定のスパイクの到達時間を t_i とした場合，$f[(t - t_i)/\Delta\tau]$ を評価することができ，これはその特定のスパイクが時間 t を中心とした幅 $\Delta\tau$ のビン内にあるかどうかをカウントすることになる．このビン内にいずれかのスパイクが存在するかを判

断するためには，すべての可能なスパイクに対して和をとる必要があるため，ビン内のスパイクをカウントする関数 $n(t)$ は以下のように表される．

$$n(t) = \sum_i f\left[\frac{t - t_i}{\Delta\tau}\right] \tag{A.3}$$

前述のとおり，関数 $n(t)$ はスパイクを直接的な方法で数えることによって得られるものである．一方で，f および $\{t_i\}$ を用いた表現は，より形式的な数学的記述である．

刺激を何度も繰り返すと，$n(t)$ の平均値を求めることができ，これを本文では $p(t)$ とよんでいる．これは，特定の刺激 $s(\tau)$ を提示した際に，時刻 t を中心とする幅 $\Delta\tau$ のビン内でスパイクが生じる**確率**である．この確率をビンのサイズで割ると，単位時間あたりの確率，すなわち発火率を得ることができる．厳密には，この手続きを任意に小さなビンで行った結果として，時間に対する発火率を定義したい．この手続きを方程式で記述するために，発火率は $n(t)$ を平均し，ビンのサイズで正規化してからビンのサイズをゼロにすることで定義される．

$$r[t; s(\tau)] \equiv \lim_{\Delta\tau\to 0} \frac{1}{\Delta\tau} \langle n(t) \rangle \tag{A.4}$$

しかしながら，ここでスパイク到達時刻に関して定義された $n(t)$ の形式的な表現を用いて，式 (A.3) に従い，これらの時刻にわたる平均として発火率を書き換えることができる．

$$\begin{aligned} r[t; s(\tau)] &\equiv \lim_{\Delta\tau\to 0} \frac{1}{\Delta\tau} \langle n(t) \rangle \\ &= \lim_{\Delta\tau\to 0} \frac{1}{\Delta\tau} \left\langle \sum_i f\left[\frac{t - t_i}{\Delta\tau}\right] \right\rangle \qquad (A.5) \\ &= \left\langle \sum_i \lim_{\Delta\tau\to 0} \frac{1}{\Delta\tau} f\left[\frac{t - t_i}{\Delta\tau}\right] \right\rangle \qquad (A.6) \end{aligned}$$

よって，発火率は次の興味深い関数と自然に関連する．

$$\lim_{\Delta\tau\to 0} \frac{1}{\Delta\tau} f\left[\frac{t - t_i}{\Delta\tau}\right] \tag{A.7}$$

この関数はいくつかの特徴をもつ．まず，ビンサイズを無限にゼロに近づけているので，スパイク時刻 t_i がちょうど t に一致しない限り，関数の値はゼロである．また，$t_i = t$ のときは，$f(0) = 1$ を $\Delta\tau \to 0$ で割るので，関数の値は無限大になる．最後に，このように定義された関数を時間に関して積分すると，その値は 1 になる．すなわち，

$$\int_{-\infty}^{\infty} dt \lim_{\Delta\tau \to 0} \frac{1}{\Delta\tau} f\left[\frac{t - t_i}{\Delta\tau}\right] = 1 \tag{A.8}$$

である．この性質を確認するのは読者に譲ろう．これら 3 つの特性を備えた関数には名称が存在する．それは Dirac によって導入された「デルタ関数」である．明らかにこの関数は少し特異な性質をもっており，その値はゼロまたは無限大のいずれかであるため，厳密な観点からは通常の関数とは異なる．しかし，Lighthill (1958) が強調しているように，ここで使用されている手法に沿って厳密な理論を構築することは可能である．この理論では，デルタ関数や他の「超関数」を，何らかのパラメータ（ここではビン幅）をゼロに近づける関数列の極限として定義する．Lighthill の論述は格段に明快かつ簡潔であり，さらに本書の 3.1.4 項と関連してフーリエ解析の概念を扱っているという利点ももっている．

Dirac のデルタ関数 $\delta(t)$ は次の性質をもつ．

$$\delta(t) = 0 \quad t \neq 0 \tag{A.9}$$

$$\int_{-\infty}^{\infty} dt\, \delta(t) = 1 \tag{A.10}$$

そして，この興味深い関数は次のように簡潔に書ける．

$$\lim_{\Delta\tau \to 0} \frac{1}{\Delta\tau} f\left[\frac{t - t_i}{\Delta\tau}\right] = \delta(t - t_i) \tag{A.11}$$

このことから，発火率を以下のように書くことができる．

$$\begin{aligned} r[t; s(\tau)] &= \left\langle \sum_i \lim_{\Delta\tau \to 0} \frac{1}{\Delta\tau} f\left[\frac{t - t_i}{\Delta\tau}\right] \right\rangle \\ &= \left\langle \sum_i \delta(t - t_i) \right\rangle \end{aligned} \tag{A.12}$$

これは非常に簡潔な表現であり，発火率はスパイク到着時刻を抜き出すデルタ関数の集合を平均したものであることを意味する．デルタ関数自体は特異な関数であり，ゼロもしくは無限大の値をとるが，その平均は正しく時間の関数となる．

式 (A.12) では発火率を平均化された量として記述したが，実際には（本文で強調したように）発火率は同じ刺激を多数回繰り返して得られた応答の平均として定義される．このことをもう少し詳しく見ていく．刺激 $s(\tau)$ を提示するたびに，少しずつ異なるスパイク発射時刻の列 $\{t_i\}$ を得ることになる．これらの時刻はランダムな変数であり，このランダムな変数に対して式 (A.12) の平均を計算することになる．しかし，このランダムネスは刺激波形が与えられたもとでのスパイク発射時刻の確率分布 $P[\{t_i\}|s(\tau)]$

で記述される．私たちの実験が時刻 $t = 0$ から $t = T$ までの時間窓で行われるとすると，スパイク発射時刻に関する平均は，個々のスパイク発射時刻 $t_1, t_2, \ldots, t_N$ について積分し，時間窓 $0 < t < T$ 内のすべてのスパイクを数え上げる必要がある．その際，それぞれを分布 $P[\{t_i\}|s(\tau)]$ に従って重み付けすることに気をつける．したがって，

$$r[t; s(\tau)] = \left\langle \sum_i \delta(t - t_i) \right\rangle$$
$$= \sum_{N=0}^{\infty} \int_0^T dt_1 \int_0^T dt_2 \cdots \int_0^T dt_N \, P[\{t_i\} \mid s(\tau)] \sum_{i=1}^{N} \delta(t - t_i) \qquad \text{(A.13)}$$

となる．

スパイク列はちょうど時刻 t_i で発生するパルスの集合である．このパルスの列はデルタ関数の和で書くことができ，これを $\rho(t)$ で表す．

$$\rho(t) = \sum_i \delta(t - t_i) \qquad \text{(A.14)}$$

ここまでの議論から，発火率は単にスパイク列の平均であることがわかる．

$$r[t; s(\tau)] = \langle \rho(t) \rangle \qquad \text{(A.15)}$$

ここで，平均は分布 $P[\{t_i\}|s(\tau)]$ 上でとられるものとする．$\rho(t)$ に関するこの定式化は，とても簡潔かつ以降の数学的議論において有用だが，少し取り扱いが難しい．私たちはスパイク列を記述するために，まずスパイク数を有限のビン幅 $\Delta\tau$ で割った関数 $n(t)$ を考え，ビン幅を無限にゼロに近づける $(\Delta\tau \to 0)$ ことで $\rho(t)$ を得た．実際の実験では $\Delta\tau$ は有限の値しかとりえないため，ビン幅をどれくらいの大きさにすべきかはデリケートな問題である．例として，式 (A.15) における平均を，刺激 $s(\tau)$ の K 回の繰り返し提示に関する平均として考えると，$r[t; s(\tau)]$ を滑らかな関数に保つためには $\Delta\tau$ を小さく，しかし非ゼロの値に留める必要がある．K の値をより大きくすれば $\Delta\tau$ の値はより小さくできるが，ゼロまでは小さくできない．

A.2　2 点関数

式 (A.15) において発火率をスパイク列の平均として定義したのと同様に，スパイク列の積の平均を考えることもできる．

$$C(t, t') = \langle \rho(t) \rho(t') \rangle \qquad \text{(A.16)}$$

$\rho(t)$ の定義から以下が得られる．

$$C(t,t') = P(\text{時刻 } t \text{ でスパイクを発射かつ時刻 } t' \text{ でスパイクを発射}) \tag{A.17}$$
$$= P(\text{時刻 } t \text{ でスパイクを発射} \mid \text{時刻 } t' \text{ でスパイクを発射})$$
$$\times P(\text{時刻 } t' \text{ でスパイクを発射}) \tag{A.18}$$

ここで，第 2 項の時刻 t' でスパイクが発射される確率とは，単に発火率 $r(t')$ である．また，条件付き確率

$$P(\text{時刻 } t \text{ でスパイクを発射} \mid \text{時刻 } t' \text{ でスパイクを発射})$$

を，時刻 t' でスパイクが発射された際に時刻 t でスパイクが発射される確率，すなわち条件付き発火率として考えることもできる．式 (A.16) の平均を定義する際，たとえば定常な確率分布から得られる刺激を考えれば（3.1.4 項を参照），絶対時間に関するあらゆる平均をとることができる．この場合の条件付き確率は相関関数とよばれ，時間差 $t-t'$ に依存し，スパイクの発火確率が平均発火率 $\overline{r}$ の関数である．

スパイク列に関する相関を考えていく．まず図 2.5 に示したとおり，相関はその強さを示す無次元の値で特徴付けられると期待される．つまり，2 つの確率変数 x と y に対して，それらの単位とは無関係の数値を係数とする相関関数を計算することができる．では，同じ計算をスパイク列に対して行うとどうなるだろうか？

スパイク発射時刻 t と t' が十分離れている場合，スパイク間の相関は小さいと考えられる．つまり系は十分な時間が経過すると，それ以前に発射したスパイクのことを忘れてしまう．つまり，図 2.5 に示したとおり，この条件付き確率は $|t-t'|$ が大きくなると減衰し，平均発火率に収束する．一方，時刻が十分近い場合は条件付き確率は小さく，これは細胞が短時間に繰り返しスパイクを発射することができない性質（**不応期**）による．この区間の単位は 1/時間もしくは率であることから，不応期により平均発火率が低下することを意味している．一方で，正規化した相関関数を考えると，値は単位をもたないため，この場合は不応期によってスパイクが「消去された」と考えることになる．同様に，それ以外の区間での値について考えることもできる．もしある区間の発火率が平均発火率よりも低い，もしくは正規化された値が 1 よりも小さい場合，相関が弱いことを意味する．また，相関関数を積分して得られる発火率が平均発火率に近い場合，相関は強いことを意味する．

相関関数にはもう 1 つ別の解釈がある．次の式を思い出そう．

$$\rho(t) = \sum_i \delta(t-t_i)$$

デルタ関数は面積が 1 になるため，

$$\int_0^T dt\,\delta(t-t_i) = \begin{cases} 1 & (0 \le t_i \le T) \\ 0 & (t_i < 0, T < t_i) \end{cases} \tag{A.19, A.20}$$

である．よって，$\rho(t)$ 自体を積分することは，スパイク数を数えることに相当する．

$$\int_0^T dt\,\rho(t) = N(T) \tag{A.21}$$

ここで，$N(T)$ は時間窓 $[0,T]$ において発射されたスパイク数である．よって，相関関数を積分すると，次式が得られる．

$$\int_0^T dt \int_0^T dt'\, C(t,t') = \int_0^T dt \int_0^T dt'\, \langle \rho(t)\rho(t') \rangle \tag{A.22}$$

$$= \left\langle \int_0^T dt \int_0^T dt'\, \rho(t)\rho(t') \right\rangle \tag{A.23}$$

$$= \left\langle \left[\int_0^T dt\,\rho(t) \right] \left[\int_0^T dt'\,\rho(t') \right] \right\rangle \tag{A.24}$$

$$= \langle [N(T)]^2 \rangle \tag{A.25}$$

これはスパイク数の 2 乗の平均である．また，平均スパイク数は発火率の時間積分，すなわち $\rho(t)$ の平均である．したがって，$\rho(t)$ の平均を使ってスパイク数の分散を記述できる．

$$\langle [\delta N(T)]^2 \rangle = \langle [N(T)]^2 \rangle - \langle N(T) \rangle^2 \tag{A.26}$$

$$= \int_0^T dt \int_0^T dt'\, C(t,t') - \left[\left\langle \int_0^T dt\,\rho(t) \right\rangle \right] \tag{A.27}$$

$$= \int_0^T dt \int_0^T dt'\, \langle \rho(t)\rho(t') \rangle - \int_0^T dt \int_0^T dt'\, \langle \rho(t) \rangle \langle \rho(t') \rangle \tag{A.28}$$

$$= \int_0^T dt \int_0^T dt'\, \langle [\rho(t) - \langle \rho(t) \rangle][\rho(t') - \langle \rho(t') \rangle] \rangle \tag{A.29}$$

$$= \int_0^T dt \int_0^T dt'\, \langle \delta\rho(t)\delta\rho(t') \rangle \tag{A.30}$$

このように，スパイク数の分散は，$\rho(t)$ の変動に関する相関関数 $\langle \delta\rho(t)\delta\rho(t') \rangle$ と関係することがわかる．

上記の議論から，3.1.4 項で詳しく説明したとおり，相関関数は系が過去の状態をどの程度「記憶」するのかを計測したものであり，この記憶は時間とともに減衰する．このことは，t と t' が離れるにつれ $\langle \delta\rho(t)\delta\rho(t') \rangle$ の値は小さくなることを意味し，十分大き

な T に関して式 (A.30) の積分をすると，ほとんどの区間では積分の結果はゼロに近くなる．したがって，t と t' に関する 2 次元の積分を行う際，$t-t'=\tau$ と $(t+t')/2=\bar{t}$ に変数変換して行うと便利である．

$$\begin{aligned}\langle[\delta N(T)]^2\rangle &= \int_0^T dt \int_0^T dt' \ \langle\delta\rho(t)\delta\rho(t')\rangle \\ &= \int_0^T d\bar{t} \int_{-2\bar{t}}^{2\bar{t}} d\tau \ \langle\delta\rho(\bar{t}+\tau/2)\delta\rho(\bar{t}-\tau/2)\rangle \qquad \text{(A.31)} \\ &\approx \int_0^T d\bar{t} \int_{-\infty}^{\infty} d\tau \ \langle\delta\rho(\bar{t}+\tau/2)\delta\rho(\bar{t}-\tau/2)\rangle \qquad \text{(A.32)}\end{aligned}$$

最後のステップでは，$\bar{t}$ が典型的に $\sim T/2$ であることを利用し，τ での積分が「記憶」を完全に保持する十分広い範囲にわたるものとした．最後に，$\bar{t}$ に関する積分によって T を導出し，以下を得る◆1．

$$\langle[\delta N(T)]^2\rangle = DT \qquad \text{(A.33)}$$

$$D = \int_{-\infty}^{\infty} d\tau \ \langle\delta\rho(\bar{t}+\tau/2)\delta\rho(\bar{t}-\tau/2)\rangle \qquad \text{(A.34)}$$

スパイク数の分散は時間とともに増大することに注意する．これは，「拡散係数」D が有限の場合，拡散する粒子の平均 2 乗変位が時間とともに増大するのと同じ現象である．相関関数が長いテールをもつ場合，D を定義する積分は収束しない可能性があり，その場合スパイク数の分散は T の異なる冪として増大することがある (Teich 1989).

適切な性質をもつ (well behaved) 相関の場合，十分大きな窓 T におけるスパイク数の分散が，はるかに短い時間スケールに従う相関関数の積分で計算されることは重要な知見である．これもまた拡散との対応があり，液体中を拡散する粒子の平均 2 乗変位は，わずか数ピコ秒内に起こる衝突の統計に従うことが知られている．

さて，上記の議論はすべて，ある単一のスパイク列におけるスパイクの相関に関するものだった．この議論を，2 個の細胞が発射するスパイクに関する相関に拡張できる．ある 2 個の細胞，あるいはより一般的にある細胞集団に含まれる任意の 2 個の細胞のスパイク列をそれぞれ $\rho_1(t)$ と $\rho_2(t)$ とする．この場合の相関関数の自然な定義は $\langle\rho_i(t)\rho_j(t')\rangle$，もしくは平均を差し引いて $\langle\delta\rho_i(t)\delta\rho_j(t')\rangle$ である．これらは相互相関関数とよばれ，様々な方法で正規化が行われる*1．特に，式 (A.33) との類推から，相互

◆1 訳注：$\bar{t}$ が典型的に $\sim T/2$，すなわち定数という仮定を使い続けている．

*1 どの正規化が最良かという問題は熱烈な論争を巻き起こすが，ここでの議論においては本質的ではないため，深堀りはしない．あえて指摘するならば，相関を正しい単位に基づいて計算することで大抵の問題を避けることができ，その際どの正規化を用いるのかはそれほど重要ではない．

相関関数の相関をスパイク数の共分散に対応させる◆2.

$$\langle \delta N_i(T) \delta N_j(T) \rangle = D_{ij} T \tag{A.35}$$

$$D_{ij} = \int_{-\infty}^{\infty} d\tau \ \langle \delta\rho_i(\bar{t} + \tau/2) \delta\rho_j(\bar{t} - \tau/2) \rangle \tag{A.36}$$

この式の重要な帰結は，十分大きな窓におけるスパイク数に関する相関は，はるかに短い時間スケールに従うスパイク列の相関関数で決まるということである．Zohary, Shadlen, and Newsome (1994) が計測した MT 野のニューロンに対して，Bair, Zohary, and Koch (1996) は，この考察のもとで相関の解析を行った．その結果は 4.1.4 項で議論したとおりであり，相関関数の記憶は平均して 10 ミリ秒も保持されないが，式 (A.35) の予測どおり 2 秒間の時間窓でのスパイク数の相関を十分説明可能である．

A.3 Wiener カーネル

Volterra (1930) と Wiener (1958) によって開発された手法は，フィルタもしくはカーネルの集合による非線形システムの系統的な特徴付けを提供する．本文で述べたように，1 変数 x の関数 $y = f(x)$ を冪級数展開することができる．

$$y = f(x) = f(x_0) + f'(x_0)(x - x_0) + \frac{1}{2} f''(x_0)(x - x_0)^2 + \cdots \tag{A.37}$$

$$= f_0 + f_1(x - x_0) + f_2(x - x_0)^2 + \cdots \tag{A.38}$$

これは式 (2.6) で表されるテイラー級数である．これを一般化し，「入力」を変数ではなく時間の関数 $x(t)$，「出力」を値 y ではなく関数 $y(t)$ へと拡張する．記法としては，$y = f(x)$ からの類推で，

$$y(t) = F[x(t)] \tag{A.39}$$

と書く．ここで，変換 $F[x(t)]$ は**汎関数**とよばれる．Volterra 級数はテイラー級数の類推である．

$$y(t) = h_0 + \int d\tau_1 \, h_1(\tau) x(t - \tau_1)$$
$$+ \int d\tau_1 \int d\tau_2 \, h_2(\tau_1, \tau_2) x(t - \tau_1) x(t - \tau_2)$$

◆2 訳注：ここでも式 (A.34) と同様に，$\bar{t}$ を定数として仮定し続ける．

$$
+\int d\tau_1 \int d\tau_2 \int d\tau_3\, h_3(\tau_1,\tau_2,\tau_3)x(t-\tau_1)x(t-\tau_2)x(t-\tau_3) \\
+\cdots \qquad \text{(A.40)}
$$

ここで，h_n は Volterra カーネルとよばれる．関数 h_n は入力 $x(t)$ から出力 $y(t)$ への変換を記述する展開係数であり，テイラー級数において x から y へ変換する係数 f_n と同様のものである．ここで，展開係数自体は関数であり数値ではないことに注意する．この記述は入力が複数の場合にも拡張できる．特に，視覚のように各時刻における入力が空間変数の関数の場合は，Poggio and Reichardt (1976) の議論を参照するとよい．ある条件下では，カーネル h_n を適切に選択すると，変換 $x(t)\to y(t)$ の完全な記述が得られることを保証する定理がある (Volterra 1930).

原理的には式 (A.40) の積分はとりうるすべての時刻の変数 $\tau_1,\tau_2,\ldots$ に関して行われなければならない．しかし現実的には，私たちの興味は実際の物理デバイスを特徴付けることであり，出力はこれまでに与えられた入力にのみ依存する．これは因果律であり，現在の状態は過去のイベントにのみ依存し，未来のイベントには依存しない．因果律により，$y(t)$ は正の値のみをとる τ を用いて $x(t-\tau)$ で書き表すことができることになる．したがって，この積分は τ が正の領域のみに限定してもよい．

$$
\begin{aligned}
y(t) = h_0 &+ \int_0^\infty d\tau_1\, h_1(\tau)x(t-\tau_1) \\
&+ \int_0^\infty d\tau_1 \int_0^\infty d\tau_2\, h_2(\tau_1,\tau_2)x(t-\tau_1)x(t-\tau_2) \\
&+ \int_0^\infty d\tau_1 \int_0^\infty d\tau_2 \int_0^\infty d\tau_3\, h_3(\tau_1,\tau_2,\tau_3)x(t-\tau_1)x(t-\tau_2)x(t-\tau_3) \\
&+\cdots
\end{aligned} \qquad \text{(A.41)}
$$

ここで，関数 h_n は積分の内側にのみ現れるので，これらの関数を対称とみなして引数 τ_i の順番を入れ替えてもよいものとする．すなわち，

$$
h_2(\tau_1,\tau_2) = h_2(\tau_2,\tau_1) \qquad \text{(A.42)}
$$

$$
h_3(\tau_1,\tau_2,\tau_3) = h_3(\tau_2,\tau_3,\tau_1) \qquad \text{(A.43)}
$$

$$
= h_3(\tau_1,\tau_3,\tau_2) \qquad \text{(A.44)}
$$

$$
= h_3(\tau_3,\tau_2,\tau_1) \qquad \text{(A.45)}
$$

とする．

Wiener は Volterra 展開を再定式化し，個々の係数を決定する手法を明確にした．彼は「入力」関数 $x(t)$ がある確率分布から選ばれると仮定し，級数の各項を確率変数

にすることを考えた．そうすることで，各項を統計的に独立に決定できるように物事を簡単化した．原理的には任意の確率分布 $P[x(t)]$ に対してこの手順（「対角化」とよばれることもある）を適用することができるが，最も簡単なのは $x(t)$ がガウシアンホワイトノイズの場合である．ガウシアンホワイトノイズの場合は，$x(t)$ の平均値はゼロであり，すべての奇の相関関数が消滅する．すなわち，

$$\langle x(t) \rangle = 0 \tag{A.46}$$

$$\langle x(t_1)x(t_2)x(t_3) \rangle = 0 \tag{A.47}$$

$$\langle x(t_1)x(t_2)x(t_3)x(t_4)x(t_5) \rangle = 0 \tag{A.48}$$

$$\cdots$$

となる．「ホワイト」という言葉が意味するところは，すべての周波数成分が等しい強さで存在することである（つまりパワースペクトルが周波数と独立である，3.1.4 項を参照せよ）．そして時間領域では，相関はごく短い時間で消滅することである．このように通常の相関関数，ここでは注意深く 2 点相関関数とよぶことにすると，それは次の形式に従う．

$$\langle x(t)x(t') \rangle = S_x \delta(t - t') \tag{A.49}$$

ここで，S_x は x のパワースペクトルであり◆3，デルタ関数は A.1 節で説明したとおりである．より高次の相関関数も同様に，時刻が等しいときのみ非ゼロの値をもつ．また，これらの相関関数は，$x(t)$ の要素のペアの可能な組合せを列挙することで構成できる．たとえば，4 点相関関数は次の形式に従う．

$$\begin{aligned}
\langle x(t_1)x(t_2)x(t_3)x(t_4) \rangle &= \langle x(t_1)x(t_2) \rangle \langle x(t_3)x(t_4) \rangle \\
&\quad + \langle x(t_1)x(t_3) \rangle \langle x(t_2)x(t_4) \rangle \\
&\quad + \langle x(t_1)x(t_4) \rangle \langle x(t_2)x(t_3) \rangle \\
&= S_x^2 \delta(t_1 - t_2)\delta(t_3 - t_4) \qquad \text{(A.50)} \\
&\quad + S_x^2 \delta(t_1 - t_3)\delta(t_2 - t_4) \\
&\quad + S_x^2 \delta(t_1 - t_4)\delta(t_2 - t_3) \qquad \text{(A.51)}
\end{aligned}$$

このようなガウシアンホワイトノイズの特徴を活かして，式 (A.41) の Volterra 展開の解析ができるようになる．例として，まず $x(t)$ の 2 次の項からなる成分は $h_2(\tau_1, \tau_2)$ に比例し，非ゼロの平均値をもつ．その平均値は定数項 h_0 で表すことができる．同様に 3 次の項からなる成分は $h_2(\tau_1, \tau_2, \tau_3)$ に比例し，それは $x(t)$ の 1 次の項と関連す

◆3 訳注：すべての周波数においてパワーが一定なので，その定数を示している．

る．Wiener 級数はそのような相関をすべて消去し，次の形式に書き下す．

$$y(t) = G_0 + G_1[x(t)] + G_2[x(t)] + G_3[x(t)] + \cdots \tag{A.52}$$

ここで，各成分は以下で定義される．

$$G_0 = g_0 \tag{A.53}$$

$$G_1[x(t)] = \int_0^\infty d\tau_1\, g_1(\tau_1)x(t-\tau_1) \tag{A.54}$$

$$\begin{aligned} G_2[x(t)] &= \int_0^\infty d\tau_1 \int_0^\infty d\tau_2\, g_2(\tau_1,\tau_2)x(t-\tau_1)x(t-\tau_2) \\ &\quad - S_x \int_0^\infty d\tau_1\, g_2(\tau_1,\tau_1) \end{aligned} \tag{A.55}$$

$$\begin{aligned} G_3[x(t)] &= \int_0^\infty d\tau_1 \int_0^\infty d\tau_2 \int_0^\infty d\tau_3\, g_3(\tau_1,\tau_2,\tau_3) \\ &\quad \times x(t-\tau_1)x(t-\tau_2)x(t-\tau_3) \\ &\quad - 3S_x \int_0^\infty d\tau_1 \int_0^\infty d\tau_2\, g_3(\tau_1,\tau_1,\tau_2)x(t-\tau_2) \\ &\quad \cdots \end{aligned} \tag{A.56}$$

Wiener 展開の各係数 $g_0, g_1(\tau), g_2(\tau_1, \tau_2), \ldots$ は Wiener カーネルとよばれる．Volterra 係数 h_n と同様に，Wiener カーネルも因果律を満たすように選択し，τ_i が負の場合はゼロ，かつ τ_i の順序の入れ替えに対する対称性をもたせることができる．Wiener 展開の美しい点は，展開の連続する成分が独立になることである．式 (A.54), (A.55) の右辺に見られる項の引き算がその独立性をもたらしている．級数の成分が独立であるということは，よくある多項式補間のような場合とは異なり，各成分を個別に求めてもよいことを意味する．すなわち，第 1 次成分の係数を決定するのに，2 次やそれ以上の次数の成分のことを事前に考慮する必要はない．

カーネルは，出力 $y(t)$ をホワイトノイズ入力 $x(t)$ と相関させることで計算することができる．実際に $y(t)$ を $x(t)$ と相関させてみると，

$$\begin{aligned} \langle y(t)x(t-\tau)\rangle &= \langle x(t-\tau)G_0\rangle + \langle x(t-\tau)G_1[x(t)]\rangle \\ &\quad + \langle x(t-\tau)G_2[x(t)]\rangle + \langle x(t-\tau)G_3[x(t)]\rangle + \cdots \end{aligned} \tag{A.57}$$

となり，各成分を個別に評価できる．

$$\langle x(t-\tau)G_0\rangle = \langle x(t-\tau)g_0\rangle \tag{A.58}$$

$$= 0 \tag{A.59}$$

$$\langle x(t-\tau)G_1[x(t)]\rangle = \int_0^\infty d\tau_1\, g_1(\tau_1)\,\langle x(t-\tau_1)x(t-\tau)\rangle \tag{A.60}$$

$$= \int_0^\infty d\tau_1\, g_1(\tau_1)S_x\delta(\tau-t_1) \tag{A.61}$$

$$= S_x g_1(\tau) \tag{A.62}$$

$$\langle x(t-\tau)G_2[x(t)]\rangle = \int_0^\infty d\tau_1 \int_0^\infty d\tau_2\, g_2(\tau_1,\tau_2)\,\langle x(t-\tau_1)x(t-\tau_2)x(t-\tau)\rangle$$
$$- S_x \int_0^\infty d\tau_1\, g_2(\tau_1,\tau_1)\,\langle x(t-\tau)\rangle \tag{A.63}$$

$$= 0 \tag{A.64}$$

$$\langle x(t-\tau)G_3[x(t)]\rangle = \int_0^\infty d\tau_1 \int_0^\infty d\tau_2 \int_0^\infty d\tau_3\, g_3(\tau_1,\tau_2,\tau_3)$$
$$\times \langle x(t-\tau_1)x(t-\tau_2)x(t-\tau_3)x(t-\tau)\rangle$$
$$- 3S_x \int_0^\infty d\tau_1 \int_0^\infty d\tau_2\, g_2(\tau_1,\tau_1\tau_2)\,\langle x(t-\tau_2)x(t-\tau)\rangle \tag{A.65}$$

$$= \int_0^\infty d\tau_1 \int_0^\infty d\tau_2 \int_0^\infty d\tau_3\, g_3(\tau_1,\tau_2,\tau_3)$$
$$\times [S_x^2\delta(\tau_1-\tau_2)\delta(\tau_3-\tau) + S_x^2\delta(\tau_1-\tau_3)\delta(\tau_2-\tau)$$
$$+ S_x^2\delta(\tau_1-\tau)\delta(\tau_2-\tau_3)]$$
$$- 3S_x \int_0^\infty d\tau_1 \int_0^\infty d\tau_2\, g_3(\tau_1,\tau_1,\tau_2)S_x\delta(\tau-\tau_2) \tag{A.66}$$

$$= S_x^2 \int_0^\infty d\tau_1\, [g_3(\tau_1,\tau_1,\tau) + g_3(\tau_1,\tau,\tau_1)$$
$$+ g_3(\tau,\tau_1,\tau_1) - 3g_3(\tau_1,\tau_1,\tau)] \tag{A.67}$$

$$= 0 \tag{A.68}$$

このように，$G_1[x(t)]$ を含む成分のみが残り，他はすべて消滅するので，

$$\langle y(t)x(t-\tau)\rangle = S_x g_x(\tau) \tag{A.69}$$

が得られる．結果として，出力を入力と相関させることで，第 1 カーネルだけを分離することができる．同様に，入力のより高次の冪と相関させることで，その次数のカーネルを分離することができ，カーネルを以下の相互相関の形式で記述できる．

$$g_0 = \langle y(t)\rangle \tag{A.70}$$

$$g_1(\tau) = \frac{1}{S_x}\,\langle y(t)x(t-\tau)\rangle \tag{A.71}$$

$$g_2(\tau_1, \tau_2) = \frac{1}{S_x^2} \langle y(t)x(t-\tau_1)x(t-\tau_2) \rangle \tag{A.72}$$

$$\cdots$$

Volterra 級数のときと同様に，Wiener 級数も十分な数の成分を用いることで，非線形システムの完全な記述を与えることが保証されている．

スパイキングニューロンの場合は，A.1 節で定義したとおり，入力を刺激 $s(\tau)$，出力を関数 $\rho(t)$ とする．$\rho(t)$ の期待値は時間依存発火率 $r[t; s(\tau)]$ であった．Wiener の手法に従って式 (A.71) を考慮すれば，スパイキングニューロンの第 1 Wiener カーネルは

$$g_1(\tau) = \frac{1}{S} \langle \rho(t)s(t-\tau) \rangle \tag{A.73}$$

で与えられる◆4．$\rho(t)$ は式 (A.14) で定義したスパイク発射時刻を表すデルタ関数の和なので，以下が得られる．

$$\begin{aligned} g_1(\tau) &= \frac{1}{S} \langle \rho(t)s(t-\tau) \rangle \\ &= \frac{1}{S} \left\langle \sum_i \delta(t-t_i)s(t-\tau) \right\rangle && \text{(A.74)} \\ &= \frac{1}{S} \left\langle \sum_i \delta(t-t_i)s(t_i-\tau) \right\rangle && \text{(A.75)} \end{aligned}$$

最後の変形では，デルタ関数 $\delta(t-t_i)$ は $t = t_i$ 以外の点でゼロになる性質を利用し，t を t_i で置き換えた．ここで Wiener カーネルが記述するのは系の応答であり，それは実際に応答を計測した時刻 t とは独立であることを考慮する．すると，t に関して 0 から T まで積分し，それを T で割ってもよいだろう．式 (A.19), (A.20) は，デルタ関数の積分は，積分区間中に t_i が含まれれば 1，そうでなければ 0 になることを述べていた．しかし，式 (A.21) によれば，デルタ関数の和の積分は，単にその時間窓内でのスパイク数を数えることに相当する．この時間窓を実験期間全体とすると，

$$\begin{aligned} g_1(\tau) &= \frac{1}{S} \left\langle \sum_i \delta(t-t_i)s(t_i-\tau) \right\rangle \\ &= \frac{1}{T} \int_0^T dt \frac{1}{S} \left\langle \sum_i \delta(t-t_i)s(t_i-\tau) \right\rangle && \text{(A.76)} \end{aligned}$$

◆4 訳注：ここで，S は式 (A.49) と同様のパワースペクトルである．

$$= \frac{1}{S}\left\langle \sum_i \frac{1}{T}\int_0^T dt\,\delta(t-t_i)s(t_i-\tau)\right\rangle \tag{A.77}$$

$$= \frac{1}{S}\left\langle \frac{N(T)}{T}s(t_i-\tau)\right\rangle \tag{A.78}$$

となる◆5．さて，実験期間が十分に長いものとすると，単位時間あたりのスパイク数 $N(T)/T$ が平均発火率 $\bar{r}$ と等しく，かつその変動は $1/\sqrt{T}$ に比例して十分小さくなる．そして，最終的に

$$g_1(\tau) = \frac{\bar{r}}{S}\langle s(t_i-\tau)\rangle \tag{A.79}$$

が得られる．このように，正規化されてはいるものの，スパイキングニューロンの第1 Wiener カーネル $g_1(\tau)$ は，スパイクが発射される直前の時刻 τ における刺激の平均と正確に一致する．以上で，本文で述べた結論が得られた (de Boer and Kuyper 1968).

A.4 ポアソンモデルI

スパイク発火のポアソンモデルは，与えられた刺激 $s(\tau)$ に対して，個々のスパイクの発火が互いに独立であるという仮定のもとで定義される．発火率はこの刺激によって決定されるので，時間と刺激の関数として定義される．

本文で議論したとおり，個々のスパイクが独立であるということは，時刻 $t_1, t_2, \ldots, t_N$ でスパイクを観測する確率は，各時刻での発火率の積に比例することを意味する．すなわち

$$P[\{t_i\}|s(\tau)] \propto r[t_1; s(\tau)]r[t_2; s(\tau)]\cdots r[t_N; s(\tau)]$$

$$= \prod_{i=1}^{N} r[t_i; s(\tau)] \tag{A.80}$$

である．しかし，分布の正確な形状を決めるためには，それ以外の時刻ではスパイクが存在**しない**確率も考慮する必要がある．時刻 t において幅 $\Delta\tau$ のビンにスパイクが含まれる確率は $p(t) = r[t; s(\tau)]\Delta\tau$ であり，このビンにスパイクが含まれない確率は $1-p(t)$ である．したがって，スパイクが発射される t_i 以外のすべての時刻において $1-p(t)$ の積を計算する必要がある．これを要素 F として，

◆5　訳注：添字の i が残っていて記法としてはよくないが，アンサンブルを考えているので単にあるスパイクの発射時刻を t_i と考えればよい．式 (A.79) も同様.

$$F = \prod_{\{t_n\} \neq \{t_i\}} [1 - p(t_n)] \tag{A.81}$$

とするか，もしくは簡単のために

$$F = \prod_{n \neq i} [1 - p(t_n)] \tag{A.82}$$

と書くことにする．そうすると，時刻 $\{t_i\}$ のビンにのみスパイクが含まれる確率は以下のように計算される．

$$P[\{t_i\}|s(\tau)](\Delta\tau)^N = \frac{1}{N!} F \prod_{i=1}^{N} (r[t_i; s(\tau)]\Delta\tau) \tag{A.83}$$

ここで，$N!$ はスパイクのラベル $1, 2, \ldots, N$ の異なるすべての可能な順序を考慮するために必要である．

計算を進めていく．まず，t_i に関する項とそれ以外の項を分離する．

$$\begin{aligned} P[\{t_i\}|s(\tau)](\Delta\tau)^N &= \frac{1}{N!} F \prod_{i=1}^{N} (r[t_i; s(\tau)]\Delta\tau) \\ &= \frac{1}{N!} \prod_{n \neq i} [1 - p(t_n)] \times \prod_{i=1}^{N} (r[t_i; s(\tau)]\Delta\tau) \qquad \text{(A.84)} \\ &= \frac{1}{N!} \prod_{n \neq i} (1 - r[t_n; s(\tau)]\Delta\tau) \prod_{i=1}^{N} (r[t_i; s(\tau)]\Delta\tau) \qquad \text{(A.85)} \\ &= \frac{1}{N!} \prod_{n} (1 - r[t_n; s(\tau)]\Delta\tau) \prod_{i=1}^{N} \left(\frac{r[t_i; s(\tau)]\Delta\tau}{1 - r[t_i; s(\tau)]\Delta\tau} \right) \qquad \text{(A.86)} \end{aligned}$$

ここで，$\prod_n$ は**すべての**可能な t_n に関する積であることに注意する．また，積の計算は対数をとることで和の計算へと簡単化することができる．つまり，積 $x_1 x_2 \cdots x_N$ に対して，各項 x をその対数の指数として表すと，以下のような計算ができる．

$$\begin{aligned} x &= \exp(\ln x) \qquad \text{(A.87)} \\ \Rightarrow x_1 x_2 \cdots x_N &= \exp(\ln x_1) \exp(\ln x_2) \cdots \exp(\ln x_N) \qquad \text{(A.88)} \\ &= \exp(\ln x_1 + \ln x_2 + \cdots \ln x_N) \qquad \text{(A.89)} \end{aligned}$$

最後のステップでは $\exp(A)\exp(B) = \exp(A + B)$ という関係を用いた．このトリックを用いて，式 (A.86) 中の項を書き直す．

$$\prod_{n} (1 - r[t_n; s(\tau)]\Delta\tau) = \prod_{n} \exp[\ln(1 - r[t_n; s(\tau)]\Delta\tau)] \tag{A.90}$$

$$= \exp\left[\sum_n \ln(1 - r[t_n; s(\tau)]\Delta\tau)\right] \tag{A.91}$$

そして，式 (A.86) に代入することで，以下の式が得られる．

$$\begin{aligned} P[\{t_i\}|s(\tau)](\Delta\tau)^N &= \frac{1}{N!}\prod_n (1 - r[t_n; s(\tau)]\Delta\tau) \\ &\quad \times \prod_{i=1}^{N}\left(\frac{r[t_i; s(\tau)]\Delta\tau}{1 - r[t_i; s(\tau)]\Delta\tau}\right) \\ &= \frac{1}{N!}\exp\left[\sum_n \ln(1 - r[t_n; s(\tau)]\Delta\tau)\right] \\ &\quad \times \prod_{i=1}^{N}\left(\frac{r[t_i; s(\tau)]\Delta\tau}{1 - r[t_i; s(\tau)]\Delta\tau}\right) \end{aligned} \tag{A.92}$$

いま，$\Delta\tau$ は十分小さいものとしているので，対数の中身はほぼ 1 である．$\ln 1 = 0$ であり，対数の 1 の周辺でのテイラー展開は次のようになる．

$$\ln(1 + x) = x - \frac{1}{2}x^2 + \frac{1}{3}x^3 - \cdots \tag{A.93}$$

この展開を用いることで，次式が得られる．

$$\ln(1 - r[t_n; s(\tau)]\Delta\tau) = -r[t_n; s(\tau)]\Delta\tau - \frac{1}{2}(r[t_n; s(\tau)]\Delta\tau)^2 + \cdots \tag{A.94}$$

したがって，確率は次のように計算される．

$$\begin{aligned} P[\{t_i\}|s(\tau)](\Delta\tau)^N &= \frac{1}{N!}\exp\left[\sum_n \ln(1 - r[t_n; s(\tau)]\Delta\tau)\right] \\ &\quad \times \prod_{i=1}^{N}\left(\frac{r[t_i; s(\tau)]\Delta\tau}{1 - r[t_i; s(\tau)]\Delta\tau}\right) \\ &= \frac{1}{N!}\exp\left[\sum_n (-r[t_n; s(\tau)]\Delta\tau) \right. \\ &\qquad \left. - \frac{1}{2}\sum_n (-r[t_n; s(\tau)]\Delta\tau)^2 + \cdots\right] \\ &\quad \times \prod_{i=1}^{N}\left(\frac{r[t_i; s(\tau)]\Delta\tau}{1 - r[t_i; s(\tau)]\Delta\tau}\right) \end{aligned} \tag{A.95}$$

この指数の中身はどのように計算できるだろうか？ 任意の $f(t)$ に対して

$$\lim_{\Delta\tau\to 0} f(t_n)\Delta\tau = \int dt\, f(t) \tag{A.96}$$

が成立することから，$\Delta\tau$ が十分小さいという仮定のもとで，次のように書くことができる．

$$\begin{aligned}
&\lim_{\Delta\tau\to 0} \exp\left[\sum_n (1 - r[t_n; s(\tau)]\Delta\tau) - \frac{1}{2}\sum_n (1 - r[t_n; s(\tau)]\Delta\tau)^2 + \cdots\right] \\
&\qquad = \exp\left[-\int dt\, r[t; s(\tau)] - \frac{1}{2}\Delta\tau \int dt\, (r[t; s(\tau)])^2 + \cdots\right]
\end{aligned} \tag{A.97}$$

$\Delta\tau \to 0$ の条件のもとで，発火率が無限大にならない限り第 2 項以降は無視してよい．同様に，式 (A.95) 中の項

$$\frac{r[t_i; s(\tau)]\Delta\tau}{1 - r[t_i; s(\tau)]\Delta\tau}$$

も，$\Delta\tau$ の 1 次の項を残してそれ以外を無視してよい．結果として，スパイク発射時刻の確率の式は以下のようになる．

$$\begin{aligned}
P[\{t_i\}|s(\tau)] = \lim_{\Delta\tau\to 0} \frac{1}{(\Delta\tau)^N}\frac{1}{N!} \exp&\left[\sum_n (-r[t_n; s(\tau)]\Delta\tau)\right. \\
&\left. - \frac{1}{2}\sum_n (-r[t_n; s(\tau)]\Delta\tau)^2 + \cdots\right] \\
\times \prod_{i=1}^{N} &\left(\frac{r[t_i; s(\tau)]\Delta\tau}{1 - r[t_i; s(\tau)]\Delta\tau}\right)
\end{aligned} \tag{A.98}$$

$$= \frac{1}{N!}\exp\left[-\int dt\, r[t; s(\tau)]\right]\prod_{i=1}^{N} r[t_i; s(\tau)] \tag{A.99}$$

時間に関する積分は実験期間全体なので，その範囲を $t = 0$ から $t = T$ と書くことにする．よって，

$$P[\{t_i\}|s(\tau)] = \frac{1}{N!}\exp\left[-\int_0^T dt\, r[t; s(\tau)]\right]\prod_{i=1}^{N} r[t_i; s(\tau)] \tag{A.100}$$

となり，本文中の式 (2.18) が得られた．

式 (A.100) の確率分布が正規化されているかどうか，すなわち確率の総和が 1 になっているかどうかをチェックしよう．そのために，N 発のスパイクを考え，その N 個の到着時刻を積分し，さらに N に関して和を計算する．

$$\sum_{N=0}^{\infty}\int_0^T dt_1\int_0^T dt_2\cdots\int_0^T dt_N\, P[\{t_i\}|s(\tau)]$$
$$= \sum_{N=0}^{\infty}\int_0^T dt_1\int_0^T dt_2\cdots\int_0^T dt_N\,\frac{1}{N!}\exp\left[-\int_0^T dt\, r[t;s(\tau)]\right]$$
$$\times\prod_{i=1}^{N} r[t_i;s(\tau)] \qquad \text{(A.101)}$$

指数の部分は $\{t_i\}$ に関する項を含まないので，外に出す．

$$\sum_{N=0}^{\infty}\int_0^T dt_1\int_0^T dt_2\cdots\int_0^T dt_N\, P[\{t_i\}|s(\tau)]$$
$$= \sum_{N=0}^{\infty}\int_0^T dt_1\int_0^T dt_2\cdots\int_0^T dt_N\,\frac{1}{N!}\exp\left[-\int_0^T dt\, r[t;s(\tau)]\right]$$
$$\times\prod_{i=1}^{N} r[t_i;s(\tau)]$$
$$= \exp\left[-\int_0^T dt\, r[t;s(\tau)]\right]$$
$$\times\sum_{N=0}^{\infty}\frac{1}{N!}\int_0^T dt_1\int_0^T dt_2\cdots\int_0^T dt_N\, r[t_1;s(\tau)]$$
$$\times r[t_2;s(\tau)]\cdots r[t_N;s(\tau)] \qquad \text{(A.102)}$$

次に，N 個の異なる t_i について積分を計算する必要があるが，積分の中身は各時刻の項の積である．したがって，実際には N 個の 1 次元の積分の積になる．

$$\sum_{N=0}^{\infty}\int_0^T dt_1\int_0^T dt_2\cdots\int_0^T dt_N\, P[\{t_i\}|s(\tau)]$$
$$= \exp\left[-\int_0^T dt\, r[t;s(\tau)]\right]$$
$$\times\sum_{N=0}^{\infty}\frac{1}{N!}\int_0^T dt_1\int_0^T dt_2\cdots\int_0^T dt_N\, r[t_1;s(\tau)]$$
$$\times r[t_2;s(\tau)]\cdots r[t_N;s(\tau)]$$
$$= \exp\left[-\int_0^T dt\, r[t;s(\tau)]\right]\sum_{N=0}^{\infty}\frac{1}{N!}\int_0^T dt_1\, r[t_1;s(\tau)]$$

$$
\begin{aligned}
&\times \int_0^T dt_2\, r[t_2; s(\tau)] \cdots \int_0^T dt_N\, r[t_N; s(\tau)] \\
&= \exp\left[-\int_0^T dt\, r[t; s(\tau)]\right] \sum_{N=0}^{\infty} \frac{1}{N!} \left(\int_0^T dt\, r[t; s(\tau)]\right)^N
\end{aligned}
\tag{A.103}
$$

そして，指数関数の級数展開は次のように書ける（定義より，$0! = 1$ に注意する）.

$$
\exp(x) = \sum_{N=0}^{\infty} \frac{1}{N!} x^N \tag{A.104}
$$

これを用いて式 (A.103) の和を計算すれば，

$$
\begin{aligned}
&\exp\left[-\int_0^T dt\, r[t; s(\tau)]\right] \sum_{N=0}^{\infty} \frac{1}{N!} \left(\int_0^T dt\, r[t; s(\tau)]\right)^N \\
&= \exp\left[-\int_0^T dt\, r[t; s(\tau)]\right] \exp\left[+\int_0^T dt\, r[t; s(\tau)]\right] \\
&= 1
\end{aligned}
\tag{A.105}
$$

となり，式 (2.18) の確率分布が正しく正規化されていることが確認できる.

A.5 ポアソンモデル II

スパイク数に関する確率分布を表す式 (2.19) と，その平均と分散を表す式 (2.20), (2.21) を導出するのはよい練習になるだろう．いずれの導出も，式 (2.18) のポアソンモデルの一般的な定義から得られるものである.

スパイク数の分布を計算するために，確率分布 $P[\{t_i\}|s(\tau)]$ の完全な記述から出発し，N 個のスパイクに関する項を抜き出して，すべてのスパイク到着時刻に関して積分を計算する.

$$
P(N) = \int_0^T dt_1 \int_0^T dt_2 \cdots \int_0^T dt_N P[\{t_i\}|s(\tau)] \tag{A.106}
$$

式 (2.18) を代入すると，次式が得られる.

$$
\begin{aligned}
P(N) &= \int_0^T dt_1 \int_0^T dt_2 \cdots \int_0^T dt_N P[\{t_i\}|s(\tau)] \\
&= \int_0^T dt_1 \int_0^T dt_2 \cdots \int_0^T dt_N \frac{1}{N!} \exp\left[-\int_0^T dt\, r[t; s(\tau)]\right]
\end{aligned}
$$

$$\times \prod_{i=1}^{N} r[t_i; s(\tau)] \tag{A.107}$$

式 (A.103) での議論から，指数の項は積分の外に出すことができ，かつ N 次元の積分は N 個の 1 次元の積分にできる．

$$\begin{aligned}
P(N) &= \int_0^T dt_1 \int_0^T dt_2 \cdots \int_0^T dt_N \frac{1}{N!} \exp\left[-\int_0^T dt\, r[t; s(\tau)]\right] \\
&\quad \times \prod_{i=1}^{N} r[t_i; s(\tau)] \\
&= \frac{1}{N!} \exp\left[-\int_0^T dt\, r[t; s(\tau)]\right] \\
&\quad \times \int_0^T dt_1 \int_0^T dt_2 \cdots \int_0^T dt_N \prod_{i=1}^{N} r[t_i; s(\tau))] \qquad (A.108) \\
&= \frac{1}{N!} \exp\left[-\int_0^T dt\, r[t; s(\tau)]\right] \left(\int_0^T dt\, r[t; s(\tau)]\right)^N \qquad (A.109) \\
&= \frac{1}{N!} \exp(-Q) Q^N \qquad (A.110)
\end{aligned}$$

ここで，

$$Q = \int_0^T dt\, r[t; s(\tau)] \tag{A.111}$$

と定義した．特に，$t = 0$ から $t = T$ までの間にスパイクが 1 発も発射されない確率は，$P(0) = \exp(-Q)$ もしくは

$$P(0) = \exp\left[-\int_0^T dt\, r[t; s(\tau)]\right] \tag{A.112}$$

である．

スパイク数に関する確率分布の式 (A.110) から，スパイク数の平均と分散を計算することができる．平均は以下のように計算される．

$$\begin{aligned}
\langle N \rangle &= \sum_{N=0}^{\infty} P(N) N \qquad (A.113) \\
&= \sum_{N=0}^{\infty} \frac{1}{N!} \exp(-Q) Q^N N \qquad (A.114)
\end{aligned}$$

$$= \exp(-Q) \sum_{N=0}^{\infty} \frac{1}{N!} Q^N N \tag{A.115}$$

ここで，最後の級数の計算は，

$$Q^N N = Q \frac{\partial}{\partial Q} Q^N \tag{A.116}$$

に注意すると，

$$\begin{aligned} \langle N \rangle &= \exp(-Q) \sum_{N=0}^{\infty} \frac{1}{N!} Q^N N \\ &= \exp(-Q) \sum_{N=0}^{\infty} \frac{1}{N!} Q \frac{\partial}{\partial Q} Q^N & \text{(A.117)} \\ &= \exp(-Q) Q \frac{\partial}{\partial Q} \sum_{N=0}^{\infty} \frac{1}{N!} Q^N & \text{(A.118)} \\ &= \exp(-Q) Q \frac{\partial}{\partial Q} \exp(+Q) & \text{(A.119)} \end{aligned}$$

と書ける．最後のステップで指数関数の級数展開の式 (A.104) を用いた．さらに，指数関数の微分は指数関数それ自身であることから，

$$\frac{\partial}{\partial Q} \exp(+Q) = \exp(+Q) \tag{A.120}$$

であり，よって

$$\begin{aligned} \langle N \rangle &= \exp(-Q) Q \frac{\partial}{\partial Q} \exp(+Q) \\ &= \exp(-Q) Q \exp(+Q) = Q & \text{(A.121)} \end{aligned}$$

が得られる．Q は発火率の積分，すなわち平均スパイク数だったので，本文で述べたとおりの計算結果が得られる．

同様の計算で，スパイク数の分散の式を得ることもできる．N^2 の平均を計算することから始める．

$$\langle N^2 \rangle = \sum_{N=0}^{\infty} N^2 P(N) \tag{A.122}$$

式 (A.110) から $P(N)$ を代入すると，次式が得られる．

$$\langle N^2 \rangle = \sum_{N=0}^{\infty} N^2 P(N)$$

$$= \sum_{N=0}^{\infty} N^2 \exp(-Q) \frac{1}{N!} Q^N \tag{A.123}$$

$$= \exp(-Q) \sum_{N=0}^{\infty} \frac{1}{N!} N^2 Q^N \tag{A.124}$$

再び，N（ここでは N^2）に関する項を Q の微分で書くトリックを用いることにする．まず，

$$\frac{\partial^2}{\partial Q^2} Q^N = N(N-1) Q^{N-2} \tag{A.125}$$

から，

$$Q^2 \frac{\partial^2}{\partial Q^2} Q^N = (N^2 - N) Q^N \tag{A.126}$$

となる．これはほぼ求めたい式である．ここに式 (A.116) を代入すると，

$$N^2 Q^N = Q^2 \frac{\partial^2}{\partial Q^2} Q^N + Q \frac{\partial}{\partial Q} Q^N \tag{A.127}$$

が得られる．そして，これを式 (A.124) に代入し，式 (A.117) から (A.121) までのステップに従って計算を進めると，

$$\begin{aligned}
\langle N^2 \rangle &= \exp(-Q) \sum_{N=0}^{\infty} \frac{1}{N!} N^2 Q^N \\
&= \exp(-Q) \sum_{N=0}^{\infty} \frac{1}{N!} \exp\left[Q^2 \frac{\partial^2}{\partial Q^2} Q^N + Q \frac{\partial}{\partial Q} Q^N \right] && \text{(A.128)} \\
&= \exp(-Q) Q^2 \frac{\partial^2}{\partial Q^2} \sum_{N=0}^{\infty} \frac{1}{N!} Q^N + \exp(-Q) Q \frac{\partial}{\partial Q} \sum_{N=0}^{\infty} \frac{1}{N!} Q^N && \text{(A.129)} \\
&= \exp(-Q) Q^2 \frac{\partial^2}{\partial Q^2} \exp(+Q) + \exp(-Q) Q \frac{\partial}{\partial Q} \exp(+Q) && \text{(A.130)} \\
&= \exp(-Q) Q^2 \exp(+Q) + \exp(-Q) Q \exp(+Q) && \text{(A.131)} \\
&= Q^2 + Q && \text{(A.132)}
\end{aligned}$$

となる．これは，Q は平均スパイク数に等しいので，平均スパイク数の 2 乗が

$$\langle N^2 \rangle = \langle N \rangle^2 + \langle N \rangle \tag{A.133}$$

と書けることを意味する．一方，分散は

$$\langle (\delta N)^2 \rangle \equiv \langle N^2 \rangle - \langle N \rangle \tag{A.134}$$

$$= [\langle N\rangle^2 + \langle N\rangle] - \langle N\rangle^2 = \langle N\rangle \tag{A.135}$$

と書けることから，ポアソン過程における分散が平均と一致することが確認できる．

A.6　独立した応答からの推定

あるニューロンから応答の列 $R_1, R_2, \ldots, R_k$ を得て，ここから元の刺激 $s(t)$ を再構成する問題を考える．計算を簡単にするために，同じ刺激に対して各応答は統計的に独立に得られるとする．

各応答 R_i が統計的に独立であるという仮定は，数学的には以下のように記述できる．

$$P[R_1, R_2, \ldots, R_k|s] = \prod_{i=1}^{k} P[R_i|s] \tag{A.136}$$

つまり，与えられた刺激 s に対して，すべての応答 $R_1, R_2, \ldots, R_k$ を観測する確率がそれぞれの応答を観測する確率の積になるということである．ここで，ベイズの法則から，与えられた応答の列のもとでの刺激の条件付き確率分布は，以下のように記述できる．

$$P[s|R_1, R_2, \ldots, R_k] = \frac{P[R_1, R_2, \ldots, R_k|s]P_0[s]}{P[R_1, R_2, \ldots, R_k]} \tag{A.137}$$

ここで，$P_0[s]$ は刺激 s の事前確率分布である．一方，式 (A.136) を用いて $P[R_1, R_2,$ $\ldots, R_k|s]$ に代入すると，

$$\begin{aligned} P[s|R_1, R_2, \ldots, R_k] &= \frac{P[R_1, R_2, \ldots, R_k|s]P_0[s]}{P[R_1, R_2, \ldots, R_k]} \\ &= \left(\prod_{i=1}^{k} P[R_i|s]\right) \frac{P_0[s]}{P[R_1, R_2, \ldots, R_k]} \end{aligned} \tag{A.138}$$

となる．2.2.3 項で議論した実験で，分布 $P[R|s]$ ではなく $P[s|R]$ について学んだとおり，ベイズの法則を用いて次のように書ける．

$$P[R_i|s] = \frac{P[s|R_i]P[R_i]}{P_0[s]} \tag{A.139}$$

式 (A.138) に代入すると，以下が得られる．

$$P[s|R_1, R_2, \ldots, R_k] = \left(\prod_{i=1}^{k} P[R_i|s]\right) \frac{P_0[s]}{P[R_1, R_2, \ldots, R_k]}$$

$$= \left(\prod_{i=1}^{k} \frac{P[s|R_i]P[R_i]}{P_0[s]} \right) \frac{P_0[s]}{P[R_1, R_2, \ldots, R_k]} \tag{A.140}$$

$$= \left(\frac{1}{P[R_1, R_2, \ldots, R_k]} \prod_{i=1}^{k} P[R_i] \right) \times P_0[s] \times \left(\prod_{i=1}^{k} \frac{P[s|R_i]}{P_0[s]} \right) \tag{A.141}$$

ここで，応答 $\{R_i\}$ が与えられると，第 1 項は定数となる．第 2 項は事前分布である．第 3 項は条件付き確率と事前分布の比をすべての応答に関して積をとったものである．この条件付き確率は，2.2.3 項で紹介した応答条件付きアンサンブルに相当する．

H1 実験では (de Ruyter van Steveninck and Bialek 1988)，応答条件付きアンサンブルはガウス分布として近似された．具体的には，まず時間を離散化し，時刻 $t_1, t_2, \ldots, t_n, \ldots$ での刺激 $s(t)$ の値 $(s_1, s_2, \ldots, s_n, \ldots)$ をベクトル $\mathbf{s}$ で表す．与えられた応答 R_i に対する平均刺激波形のベクトルを $\mathbf{w}_{R_i}$ とし，その平均周辺での変動を共分散行列 C_{R_i} として書く．すると，いくらか形式的に，条件付き確率に関して次のように書くことができる◆6.

$$P[\mathbf{s}|R_i] \propto \exp\left[-\frac{1}{2}(\mathbf{s} - \mathbf{w}_{R_i})^T \cdot C_{R_i}^{-1} \cdot (\mathbf{s} - \mathbf{w}_{R_i}) \right] \tag{A.142}$$

ここで，$\mathbf{v}^T$ は $\mathbf{v}$ の転置である．同様の記法で，刺激全体のアンサンブルは以下のように書ける．

$$P_0[\mathbf{s}] \propto \exp\left[-\frac{1}{2}\mathbf{s}^T \cdot C_0^{-1} \cdot \mathbf{s} \right] \tag{A.143}$$

ここで，C_0 は刺激の共分散行列であり，事前分布が無相関なので対角行列となる．これを式 (A.141) に代入していく．$\mathbf{s}$ とは無関係な定数項を捨てていくと，

$$P[\mathbf{s}|R_1, R_2, \ldots, R_k]$$
$$= \left(\frac{1}{P[R_1, R_2, \ldots, R_k]} \prod_{i=1}^{k} P[R_i] \right) \times P_0[s] \times \left(\prod_{i=1}^{k} \frac{P[s|R_i]}{P_0[s]} \right) \tag{A.144}$$

$$\propto \exp\left[-\frac{1}{2}\mathbf{s}^T \cdot C_0^{-1} \cdot \mathbf{s} \right] \prod_{i=1}^{k} \frac{\exp\left[-\frac{1}{2}(\mathbf{s} - \mathbf{w}_{R_i})^T \cdot C_{R_i}^{-1} \cdot (\mathbf{s} - \mathbf{w}_{R_i}) \right]}{\exp\left[-\frac{1}{2}\mathbf{s}^T \cdot C_0^{-1} \cdot \mathbf{s} \right]} \tag{A.145}$$

◆6 訳注：$\mathbf{s}$ がベクトルなので，多変量の場合のガウス分布を考えることになり，式 (A.142) はその定義である．指数部の 2 次形式は $\mathbf{w}_{R_i}$ から $\mathbf{s}$ までのマハラノビス距離 (Mahalanobis distance) という．詳しくは，たとえば（Bishop et al., パターン認識と機械学習, 2006）の 2.3 節（ガウス分布）を参照されたい．

$$\propto \exp\left[-\frac{1}{2}\mathbf{s}^T\cdot C_0^{-1}\cdot\mathbf{s}-\frac{1}{2}\sum_{i=1}^{k}(\mathbf{s}-\mathbf{w}_{R_i})^T\cdot C_{R_i}^{-1}\cdot(\mathbf{s}-\mathbf{w}_{R_i})\right. \tag{A.146}$$
$$\left.+\frac{1}{2}\sum_{i=1}^{k}\mathbf{s}^T\cdot C_0^{-1}\cdot\mathbf{s}\right]$$

$$\propto \exp\left\{-\frac{1}{2}\mathbf{s}^T\cdot\left[C_0^{-1}+\sum_{i=1}^{k}(C_{R_i}^{-1}-C_0^{-1})\right]\cdot\mathbf{s}+\mathbf{s}^T\sum_{i=1}^{k}C_{R_i}^{-1}\cdot\mathbf{w}_{R_i}\right\} \tag{A.147}$$

となる◆7．最後に，与えられた応答に対するもっともありうる刺激の最良の推定は，

◆7 訳注：式 (A.146) から式 (A.147) へは，以下のように変形できる．

$$\exp\left[-\frac{1}{2}\mathbf{s}^T\cdot C_0^{-1}\cdot\mathbf{s}-\frac{1}{2}\sum_{i=1}^{k}(\mathbf{s}-\mathbf{w}_{R_i})^T\cdot C_{R_i}^{-1}\cdot(\mathbf{s}-\mathbf{w}_{R_i})+\frac{1}{2}\sum_{i=1}^{k}\mathbf{s}^T\cdot C_0^{-1}\cdot\mathbf{s}\right]$$
$$\propto \exp\left\{-\frac{1}{2}\mathbf{s}^T\cdot\left[C_0^{-1}+\sum_{i=1}^{k}(C_{R_i}^{-1}-C_0^{-1})\right]\cdot\mathbf{s}+\frac{1}{2}\sum_{i=1}^{k}\mathbf{s}^T\cdot C_{R_i}^{-1}\cdot\mathbf{w}_{R_i}\right.$$
$$\left.+\frac{1}{2}\sum_{i=1}^{k}\mathbf{w}_{R_i}^T\cdot C_{R_i}^{-1}\cdot\mathbf{s}-\frac{1}{2}\sum_{i=1}^{k}\mathbf{w}_{R_i}^T\cdot C_{R_i}^{-1}\cdot\mathbf{w}_{R_i}\right\}$$
$$\propto \exp\left\{-\frac{1}{2}\mathbf{s}^T\cdot\left[C_0^{-1}+\sum_{i=1}^{k}(C_{R_i}^{-1}-C_0^{-1})\right]\cdot\mathbf{s}+\frac{1}{2}\sum_{i=1}^{k}\mathbf{s}^T\cdot C_{R_i}^{-1}\cdot\mathbf{w}_{R_i}+\frac{1}{2}\sum_{i=1}^{k}\mathbf{w}_{R_i}^T\cdot C_{R_i}^{-1}\cdot\mathbf{s}\right\}$$
$$\propto \exp\left\{-\frac{1}{2}\mathbf{s}^T\cdot\left[C_0^{-1}+\sum_{i=1}^{k}(C_{R_i}^{-1}-C_0^{-1})\right]\cdot\mathbf{s}+\sum_{i=1}^{k}\mathbf{s}^T\cdot C_{R_i}^{-1}\cdot\mathbf{w}_{R_i}\right\}$$
$$\propto \exp\left\{-\frac{1}{2}\mathbf{s}^T\cdot\left[C_0^{-1}+\sum_{i=1}^{k}(C_{R_i}^{-1}-C_0^{-1})\right]\cdot\mathbf{s}+\mathbf{s}^T\sum_{i=1}^{k}C_{R_i}^{-1}\cdot\mathbf{w}_{R_i}\right\}$$

1 行目から 2 行目は単なる展開，2 行目から 3 行目は，$-(1/2)\sum_{i=1}^{k}\mathbf{w}_{R_i}^T\cdot C_{R_i}^{-1}\cdot\mathbf{w}_{R_i}$ が確率変数 $\mathbf{s}$ を含まない項で正規化にのみ関係するため省略した．3 行目から 4 行目は $\mathbf{w}_{R_i}^T\cdot C_{R_i}^{-1}\cdot\mathbf{s}=\mathbf{s}^T\cdot C_{R_i}^{-1}\cdot\mathbf{w}_{R_i}$ であることを用いた．これは全体としてスカラー値であることと，$C_{R_i}^{-1}$ が対称行列であることから得られる．最終的に $\mathbf{s}^T$ を総和の外に出して式 (A.147) が得られる．ここからさらに次のように変形できる．

$$\exp\left\{-\frac{1}{2}\mathbf{s}^T\cdot\left[C_0^{-1}+\sum_{i=1}^{k}(C_{R_i}^{-1}-C_0^{-1})\right]\cdot\mathbf{s}+\mathbf{s}^T\sum_{i=1}^{k}C_{R_i}^{-1}\cdot\mathbf{w}_{R_i}\right\}$$
$$\propto \exp\left\{-\frac{1}{2}\left[\mathbf{s}^T\cdot\left[\sum_{i=1}^{k}(C_{R_i}^{-1}-C_0^{-1})+C_0^{-1}\right]\cdot\mathbf{s}-2\mathbf{s}^T\sum_{i=1}^{k}C_{R_i}^{-1}\cdot\mathbf{w}_{R_i}\right]\right\}$$
$$\propto \exp\left\{-\frac{1}{2}\left[\mathbf{s}^T\cdot\left[\sum_{i=1}^{k}(C_{R_i}^{-1}-C_0^{-1})+C_0^{-1}\right]\cdot\mathbf{s}-2\mathbf{s}^T\sum_{i=1}^{k}C_{R_i}^{-1}\cdot\mathbf{w}_{R_i}+\left(\sum_{i=1}^{k}C_{R_i}^{-1}\cdot\mathbf{w}_{R_i}\right)^T\right.\right.$$
$$\left.\left.\cdot\left[\sum_{i=1}^{k}(C_{R_i}^{-1}-C_0^{-1})+C_0^{-1}\right]^{-1}\cdot\sum_{i=1}^{k}C_{R_i}^{-1}\mathbf{w}_{R_i}\right]\right\}$$

（ガウス分布を考えているので）その平均値になる．

$$\mathbf{s}_{\mathrm{est}} = \left[\sum_{i=1}^{k}(C_{R_i}^{-1} - C_0^{-1}) + C_0^{-1}\right]^{-1} \cdot \sum_{i=1}^{k} C_{R_i}^{-1} \cdot \mathbf{w}_{R_i} \tag{A.148}$$

R_i は異なる試行で得られるので，条件付き刺激ベクトルと共分散は適時シフトする必要がある．

A.7　最適推定としての条件付き平均

推定理論における最も有益な事実は，χ^2 を誤差の尺度とすると，条件付き平均が常に最小の推定誤差を与えることである．すなわち，y を観測し x を推定する場合，条件付き分布 $P(x|y)$ における x の平均値を計算すればよい．この条件付き平均 $\langle x \rangle_y$ は次で定義される．

$$\langle x \rangle_y = \int dx\, P(x|y)x \tag{A.149}$$

ここでは，$\langle x \rangle_y$ が χ^2 を最小にする最適推定であることの証明を外観しよう．この計算の過程で，関数微分の記法を導入する．これは様々な計算において重要な役割を担うものである．

y を観測したときの x の推定を $F(y)$ と書き，この関数を計算する．ここでの平均 2 乗誤差は，定義より同時分布 $P(x,y)$ 上での平均なので，

$$\begin{aligned}\chi^2 &= \left\langle \left| F(y) - x \right|^2 \right\rangle \\ &= \int dx \int dy\, P(x,y)[F(y) - x]^2\end{aligned} \tag{A.150}$$

である．χ^2 の最小値を求めるために，関数 $F(y)$ の微分を試みる．一般的な最小化問

$$\propto \exp\left\{-\frac{1}{2}\left[\left(\mathbf{s} - \left[\sum_{i=1}^{k}(C_{R_i}^{-1} - C_0^{-1}) + C_0^{-1}\right]^{-1} \cdot \sum_{i=1}^{k} C_{R_i}^{-1} \cdot \mathbf{w}_{R_i}\right)^T \cdot \left[\sum_{i=1}^{k}(C_{R_i}^{-1} - C_0^{-1}) + C_0^{-1}\right] \cdot \left(\mathbf{s} - \left[\sum_{i=1}^{k}(C_{R_i}^{-1} - C_0^{-1}) + C_0^{-1}\right]^{-1} \cdot \sum_{i=1}^{k} C_{R_i}^{-1} \cdot \mathbf{w}_{R_i}\right)\right]\right\}$$

これは平均が $[\sum_{i=1}^{k}(C_{R_i}^{-1} - C_0^{-1}) + C_0^{-1}]^{-1} \cdot \sum_{i=1}^{k} C_{R_i}^{-1} \cdot \mathbf{w}_{R_i}$（これが式 (A.148) となる），共分散行列が $[\sum_{i=1}^{k}(C_{R_i}^{-1} - C_0^{-1}) + C_0^{-1}]^{-1}$ のガウス分布である．なお，3 行目で現れた $(\sum_{i=1}^{k} C_{R_i}^{-1} \cdot \mathbf{w}_{R_i})^T \cdot [\sum_{i=1}^{k}(C_{R_i}^{-1} - C_0^{-1}) + C_0^{-1}]^{-1} \cdot \sum_{i=1}^{k} C_{R_i}^{-1} \cdot \mathbf{w}_{R_i}$ は確率変数 $\mathbf{s}$ を含まない項で，最終的に正規化で調整されるため，自由に加えてよい．

題では，ある関数の最小値は，その 1 階微分が 0 で，かつ 2 階の微分が正になる点で与えられる．いま考えている χ^2 は関数の関数，すなわち**汎関数**だが，考え方は等しい．χ^2 の最小値を，$F(y) \to F(y) + \delta F(y)$ と変化させてみて評価する．ここで，$\delta F(y)$ は任意の小さな関数である．最小となるところでは，$F(y)$ の変化は δF の 1 次項に関して 0, 2 次項に関して正になる．

したがって，$F(y) \to F(y) + \delta F(y)$ としたときの変化 $\delta\chi^2$ を評価していく．

$$\chi^2[F(y) + \delta F(y)] = \int dx \int dy\, P(x,y)[F(y) + \delta F(y) - x]^2 \tag{A.151}$$

$$\begin{aligned} &= \int dx \int dy\, P(x,y)[F(y) - x]^2 \\ &\quad + 2\int dx \int dy\, P(x,y)\delta F(y)[F(y) - x] \\ &\quad + \int dx \int dy\, P(x,y)[\delta F(y)]^2 \end{aligned} \tag{A.152}$$

右辺の 3 つの項に着目すると，第 1 項は単に $\chi^2[F(y)]$ なので，以下のようになる．

$$\begin{aligned} \chi^2[F(y) + \delta F(y)] &= \int dx \int dy\, P(x,y)[F(y) - x]^2 \\ &\quad + 2\int dx \int dy\, P(x,y)\delta F(y)[F(y) - x] \\ &\quad + \int dx \int dy\, P(x,y)[\delta F(y)]^2 \\ &= \chi^2[F(y)] + 2\int dx \int dy\, P(x,y)\delta F(y)[F(y) - x] \\ &\quad + \int dx \int dy\, P(x,y)[\delta F(y)]^2 \end{aligned} \tag{A.153}$$

χ^2 の変化は $\delta F(y)$ に比例する「1 次の項」と $[\delta F(y)]^2$ に比例する「2 次の項」からなる．なぜなら χ^2 は $F(y)$ の 2 次式だからである．さらに，2 次の項は $\delta F(t)$ の選び方によらず常に正なので，残った 1 次の項がゼロになる点を見つければよい．

一般的な微分とテイラー展開の類推から，χ^2 の $F(y)$ に関する汎関数微分を以下で定義する．

$$\begin{aligned} \chi^2[F(y) + \delta F(y)] &= \chi^2[F(y)] + \int dy\, \delta F(y) \frac{\delta\chi^2}{\delta F(y)} \\ &\quad + \frac{1}{2}\int dy\, [\delta F(y)]^2 \frac{\delta^2\chi^2}{\delta F(y)\delta F(y)} + \cdots \end{aligned} \tag{A.154}$$

ここでは, δF に関するより高次項は $\cdots$ として省略している．式 (A.153) を式 (A.154)

と比較すると，1 次の項を特定できる．

$$\begin{aligned}\int dy\,\delta F(y)\frac{\delta\chi^2}{\delta F(y)} &= 2\int dx\int dy\,P(x,y)\delta F(y)[F(y)-x]\\ &= 2\int dy\,\delta F(y)\int dx\,P(x,y)[F(y)-x]\end{aligned}\tag{A.155}$$

計算を進めるために，x と y の積分の順番を入れ替え，かつ同時分布 $P(x,y)$ を y が与えられたときの x の条件付き分布，つまり $P(x,y)=P(x|y)P(y)$ で置き換える．そうすると次式が得られる．

$$\begin{aligned}\int dy\delta F(y)\frac{\delta\chi^2}{\delta F(y)} &= 2\int dy\,\delta F(y)\int dx\,P(x,y)[F(y)-x]\\ &= 2\int dy\,\delta F(y)\int dx\,P(x|y)P(y)[F(y)-x]\\ &= 2\int dy\,\delta F(y)P(y)\int dx\,P(x|y)[F(y)-x]\\ &= 2\int dy\,\delta F(y)P(y)\\ &\quad\times\left[\int dx\,P(x|y)F(y)-\int dx\,P(x|y)x\right]\end{aligned}\tag{A.156}$$

括弧内の 2 項のうち，先頭の項は簡単に評価できる．$F(y)$ を x の積分の外に出し，$P(x,y)$ の正規化を使えばよい．よって，

$$\int dx\,P(x|y)F(y) = F(y)\int dx\,P(x|y) \tag{A.157}$$

$$= F(y) \tag{A.158}$$

となる．ここで正規化条件

$$\int dx\,P(x|y)=1 \tag{A.159}$$

を用いた．式 (A.156) の角括弧内の第 2 項は $\int dxP(x|y)x$ であり，式 (A.149) と比較すると，これは条件付き平均 $\langle x\rangle_y$ と等しいことがわかる．よって，式 (A.156) に戻って両者を代入すると，以下が得られる．

$$\begin{aligned}\int dy\,\delta F(y)\frac{\delta\chi^2}{\delta F(y)} &= 2\int dy\,\delta F(y)P(y)\\ &\quad\times\left[\int dx\,P(x|y)F(y)-\int dx\,P(x|y)x\right]\\ &= 2\int dy\,\delta F(y)P(y)[F(y)-\langle x\rangle_y]\end{aligned}\tag{A.160}$$

この式は関数 $\delta F(y)$ の**任意の**選択に関して成立しなければならない．したがって，両辺の積分の中身を比較することができて，

$$\int dy\,\delta F(y)\frac{\delta\chi^2}{\delta F(y)} = 2\int dy\,\delta F(y)P(y)[F(y)-\langle x\rangle_y]$$

$$\Rightarrow \frac{\delta\chi^2}{\delta F(y)} = 2P(y)[F(y)-\langle x\rangle_y] \tag{A.161}$$

となる．

関数 $\delta F(y)$ の任意の選択に対して，χ^2 の 1 階の変化がゼロになる条件は，関数微分がゼロになることである．すなわち，

$$0 = \frac{\delta\chi^2}{\delta F(y)} \tag{A.162}$$

$$= 2P(y)[F(y)-\langle x\rangle_y] \tag{A.163}$$

$$= [F(y)-\langle x\rangle_y] \tag{A.164}$$

$$\Rightarrow F(y) = \langle x\rangle_y \tag{A.165}$$

である．このように，χ^2 を最小化するための最適推定は，条件付き平均であることが確認できた．

A.8 再構成フィルタの実際の計算

第 2 章では，私たちは連続的な感覚刺激をスパイク列をフィルタすることで推定する手法を議論した．その推定は次の形式をとる．

$$s_{\mathrm{est}}(t) = \sum_i K_1(t-t_i) + \sum_{i,j} K_2(t-t_i, t-t_j) + \cdots \tag{A.166}$$

ここで，スパイクは時刻 $\{t_i\}$ に発射されるものとし，K_n は推定フィルタである．この定式化では，刺激の推定方法はフィルタ K_n の選び方にほかならない．フィルタは次の誤差関数を最小化するように選ばれるものとする．

$$E = \left\langle \int dt\ |s(t) - s_{\mathrm{est}}(t)|^2\, G[s(t)] \right\rangle \tag{A.167}$$

ここで，$G[s]$ は刺激 s の大きな変動に対する重み付けを表す変数である．私たちはまず $G[s]=1$ と設定し，誤差関数が平均 2 乗誤差 $E=\chi^2$ に一致する場合を考える．簡単のために，刺激の平均値はゼロであると仮定する．

A.8.1 非因果性をシフトする計算

まず線形の場合を考えるところから解析を始める．つまり，$K_1(\tau)$ を考え，かつ因果性の制約を無視する．この場合は，次を最小化するカーネル $K_1(\tau)$ を求めることに相当する．

$$\chi^2[K_1(\tau)] = \left\langle \int dt \left| s(t) - \sum_i K_1(t - t_i) \right|^2 \right\rangle \tag{A.168}$$

この形式のまま計算を進めることもできるが，本書の 3.1.4 項や Lighthill (1958) で論じられたように，周波数領域に変換すると解析がより簡単になる．特に，Parseval の定理は，時間領域での積分が周波数領域での積分に変換できることを述べている．一般的には，

$$\int dt\, F^2(t) = \int \frac{d\omega}{2\pi} |\widetilde{F}(\omega)|^2 \tag{A.169}$$

となり，ここで $\widetilde{F}(\omega)$ は，次で定義される $F(t)$ のフーリエ変換である．

$$\widetilde{F}(\omega) = \int dt\, F(t) \exp[+i\omega t] \tag{A.170}$$

いまの場合は，真の刺激 $s(t)$ とその推定 $\sum_i K_1(t - t_i)$ の差のフーリエ変換を計算する必要がある．定義から，$s(t)$ のフーリエ変換を $\widetilde{s}(\omega)$ とすると，推定のフーリエ変換は次のように簡単に書くことができる．

$$\begin{aligned}
\widetilde{F}(\omega) &= \int dt \sum_i K_1(t - t_i) \exp[+i\omega t] \\
&= \sum_i \int dt\, K_1(t - t_i) \exp[+i\omega(t - t_i)] \exp[+i\omega t_i] && \text{(A.171)} \\
&= \sum_i \exp[+i\omega t_i] \int d\tau\, K_1(\tau) \exp[+i\omega\tau] && \text{(A.172)} \\
&= \left[\sum_i \exp[+i\omega t_i] \right] \widetilde{K}_1(\omega) && \text{(A.173)}
\end{aligned}$$

ここで，$\widetilde{K}_1(\omega)$ は，カーネル $K_1(t)$ のフーリエ変換である．以上のことから，χ^2 の式は，周波数領域域の積分として以下のように書くことができる◆8.

◆8 訳注：* 印は共役を表す．

$$\chi^2[K_1(\tau)] = \left\langle \int dt \left| s(t) - \sum_i K_1(t - t_i) \right|^2 \right\rangle$$

$$= \int \frac{d\omega}{2\pi} \left\langle \left| \widetilde{s}(\omega) - \widetilde{K}_1(\omega) \left[\sum_i \exp[+i\omega t_i] \right] \right|^2 \right\rangle \tag{A.174}$$

$$= \int \frac{d\omega}{2\pi} \langle |\widetilde{s}(\omega)|^2 \rangle - \int \frac{d\omega}{2\pi} \widetilde{K}_1(\omega) \left\langle \widetilde{s}^*(\omega) \left(\sum_i \exp[+i\omega t_i] \right) \right\rangle$$

$$- \int \frac{d\omega}{2\pi} \widetilde{K}_1^*(\omega) \left\langle \widetilde{s}(\omega) \left(\sum_i \exp[-i\omega t_i] \right) \right\rangle$$

$$+ \int \frac{d\omega}{2\pi} |\widetilde{K}_1(\omega)|^2 \left\langle \left| \sum_i \exp[+i\omega t_i] \right|^2 \right\rangle \tag{A.175}$$

カーネルの各周波数成分は χ^2 に対して独立に寄与するので，A.7 節で紹介した手続きを用いることができる．結果として，χ^2 を最小化するためには，すべての周波数 ω に対して次の性質を満たすカーネルを求めればよい◆9．

$$\left\langle \widetilde{s}(\omega) \sum_i \exp(-i\omega t_i) \right\rangle = \left\langle \widetilde{K}_1(\omega) \sum_{i,j} \exp[i\omega(t_i - t_j)] \right\rangle \tag{A.176}$$

フィルタ K_1 は刺激のアンサンブルのみに依存するため，平均の外に出してよい．したがって，式 (A.176) を解いて次のフィルタを得る．

$$\widetilde{K}_1(\omega) = \frac{\langle \widetilde{s}(\omega) \sum_i \exp(-i\omega t_i) \rangle}{|\sum_i \exp(i\omega t_i)|^2} \tag{A.177}$$

このフィルタはスパイク周辺での平均刺激のフーリエ変換をスパイク列のパワースペクトルで割ったものである（3.1.4 項ならびに A.2 節参照）．このように，このフィルタ

◆9 訳注：式 (A.175) 右辺の第 4 項の寄与をゼロにするために，第 3 項で打ち消すように $\widetilde{K}_1(\omega)$ を決める．第 3 項 = 第 4 項として，かつ周波数 ω を 1 つ決めて抜き出して，

$$\widetilde{K}_1^*(\omega) \left\langle \widetilde{s}(\omega) \left(\sum_i \exp[-i\omega t_i] \right) \right\rangle = |\widetilde{K}_1(\omega)|^2 \left\langle \left| \sum_i \exp[+i\omega t_i] \right|^2 \right\rangle$$

$$\Leftrightarrow \widetilde{K}_1^*(\omega) \left\langle \widetilde{s}(\omega) \left(\sum_i \exp[-i\omega t_i] \right) \right\rangle = \widetilde{K}_1(\omega) \cdot \widetilde{K}_1^*(\omega) \left\langle \sum_i \exp[i\omega t_i] \sum_j \exp[-i\omega t_j] \right\rangle$$

$$\Leftrightarrow \left\langle \widetilde{s}(\omega) \left(\sum_i \exp[-i\omega t_i] \right) \right\rangle = \widetilde{K}_1(\omega) \left\langle \sum_{i,j} \exp[i\omega(t_i - t_j)] \right\rangle$$

とする．式 (A.175) の段階で K_1 が $\langle\cdot\rangle$ の外に出ているので少し違って見える．

は実験刺激 $w(t)$ と，その刺激に対するスパイク列の計測 $\{t_i\}$ から完全に決定することができる．

式 (A.177) は，最適な**非因果的な**フィルタである．刺激の実時間での推定を行う場合は，このフィルタを**因果的な**ものに変換する必要がある．それにはフィルタ $K_1(\tau)$ を $K_1(\tau) < 0$（ただし $\tau < \tau_{\rm delay}$）とし，さらに遅延 $\tau_{\rm delay}$ の分シフトすればよい．このフィルタを $K_1^{\rm shift}(\tau) = \Theta(\tau - \tau_{\rm delay})K_1(\tau - \tau_{\rm delay})$ と定義する．ここで，$\Theta(\tau) = 0$（$\tau < 0$ の場合）かつ $\Theta(\tau) = 1$（$\tau > 0$ の場合）である．一般には，$K_1^{\rm shift}(\tau)$ は χ^2 を最小化しないが，フィルタの主要な働きは $\tau > \tau_{\rm delay}$ の場合に限定されるので，この切り捨てはフィルタの性質にそれほど大きい影響を与えないと考えられる．因果性を導入することによる影響は，フィルタを計算する後述の手法でも検証することができる．

この計算の手法の限界は，式 (A.166) の第 1 項より先を考えられないことである．2.3.1 項で議論したとおり，スパイク生成のモデルとして高次項の寄与は相対的に小さいと考えられるが，検証は必要である．その検証は後述の手法で与えられる．

A.8.2 K_n による冪級数展開

因果性を満たすフィルタを直接計算するために，フィルタを陽に因果的な関数 $f_\mu(\tau)$ の冪級数として展開することを考える．ここで，$f_\mu(\tau < 0) = 0$ とする．この場合，推定された刺激は

$$
\begin{aligned}
s_{\rm est}(t) = &\sum_\mu a_\mu \int d\tau\, f_\mu(\tau) \sum_i \delta(t - t_i - \tau) \\
&+ \sum_{\mu,\nu} b_{\mu\nu} \int d\tau\, d\tau' f_\mu(\tau) f_\nu(\tau') \sum_i \delta(t - t_i - \tau) \sum_j \delta(t - t_j - \tau') \\
&+ \cdots
\end{aligned}
\tag{A.178}
$$

と書ける．ここで，展開係数 a_μ は線形フィルタの形状を決定し，$b_{\mu,\nu}$ は 2 次フィルタの形状を決定する．計算上の理由で，冪級数展開はある有限個の項までで切り捨てなければいけないので，フィルタの構成は有限個の基底で行われることになる．この方法で計算されるフィルタと，非因果性のシフトにより得られるフィルタを比較することで，項の切り捨てがフィルタの選択に与える制限と，因果性がフィルタの形状に与える影響を検証することができる．

再構成のために特定の遅延時間を選び，係数 $a_\mu, b_{\mu,\nu}, \ldots$ を変化させて，次の値を最小化する．

$$E(\tau_{\rm delay}) = \left\langle \int dt\ |s(t-\tau_{\rm delay}) - s_{\rm est}(t)|^2\, G[s(t-\tau_{\rm delay})] \right\rangle \tag{A.179}$$

ここで再び，$G[s]=1$ の場合，すなわち平均 2 乗誤差 χ^2 の最小化を考える．線形項の係数 a_μ だけを考えると，$\partial\chi^2/\partial a_\beta = 0$ の条件から，

$$a_\beta = \sum_\mu F_\mu (N^{-1})_{\mu\beta} \tag{A.180}$$

となる◆10．ここで，N^{-1} で行列 N の逆行列を表すものとし，

$$\begin{aligned} F_\mu &= \left\langle \int dt\, s(t-\tau_{\rm delay}) \sum_i f_\mu(t-t_i) \right\rangle \\ &= \int d\tau\, f_\mu(\tau) \left\langle \sum_i s(\tau+t_i) \right\rangle \end{aligned} \tag{A.181}$$

かつ

$$\begin{aligned} N_{\mu\nu} &= \left\langle \int dt \sum_{i,j} f_\mu(t-t_i) f_\nu(t-t_j) \right\rangle \\ &= \int d\tau\, d\tau'\, f_\mu(\tau) f_\nu(\tau') \int dt \left\langle \sum_{i,j} \delta(t-t_i-\tau)\delta(t-t_j-\tau') \right\rangle \end{aligned} \tag{A.182}$$

である．注意として，係数は刺激 $s(\tau)$ とスパイク時刻 $\{t_i\}$ に依存し，特に N はスパイク列の 2 点相関関数（もしくは自己相関関数）とスパイク発火周辺の平均刺激に依存する．これは式 (A.177) の非因果性をシフトしたフィルタで見たものとよく似た構造である．

この計算は高次項に対しても本質的に一緒である．式 (A.178) をより一般的な形式で書くことにする．

$$s_{\rm est}(t) = \sum_n x_n y_n(t) \tag{A.183}$$

ここで，

◆10 訳注：式 (A.180) は最小 2 乗法における正規方程式である．以下，このことを説明する．まず式 (A.178) の右辺第 1 項を $\boldsymbol{a}^T\boldsymbol{x}$ と書くことにする．ただし，$\boldsymbol{a}$ は a_μ を第 μ 成分とするベクトル，$\boldsymbol{x}$ は $\int d\tau\, f_\mu(\tau) \sum_i \delta(t-t_i-\tau)$ を第 μ 成分とするベクトルである．形式的に，時刻 t が離散値をとるとして，時刻 t に対応する $\boldsymbol{x}$ を t 行とする行列を X と書くとする．さらに，各時刻に対応する $s(t-\tau_{\rm delay})$ を第 t 成分にとるベクトルを $\boldsymbol{s}$ とおく．このとき，この最小化問題は $\|X\boldsymbol{a}-\boldsymbol{s}\|^2$ の最小 2 乗問題に帰着される．よく知られているように，この解は正規方程式 $\boldsymbol{a} = (X^TX)^{-1}X^T\boldsymbol{s}$ で与えられる．X^TX の μ 行 ν 列成分を与えるのが式 (A.182) であり，$X^t\boldsymbol{s}$ の第 μ 成分を与えるのが式 (A.181) である．これらを合わせた式 (A.180) は，正規方程式による解の第 β 成分に対応する．

$$\vec{x} = (a_1, a_2, \ldots, b_{11}, b_{12}, \ldots, b_{22}, b_{23}, \ldots) \tag{A.184}$$

は展開係数のベクトルであり，また

$$\vec{y}(t) = \begin{pmatrix} \sum_i f_1(t-t_i) \\ \sum_i f_2(t-t_i) \\ \vdots \\ \sum_{i,j} f_1(t-t_i) f_1(t-t_j) \\ \sum_{i,j} f_1(t-t_i) f_2(t-t_j) \\ \vdots \\ \sum_{i,j} f_2(t-t_i) f_2(t-t_j) \\ \sum_{i,j} f_2(t-t_i) f_3(t-t_j) \\ \vdots \end{pmatrix} \tag{A.185}$$

はスパイク列を畳み込んだ基底関数 $f_\mu(\tau)$ の積である．最小化の条件は $\partial\chi^2(\tau_{\mathrm{delay}})/\partial x_n = 0$ だから，

$$x_n = \sum_m F'_m (N'^{-1})_{mn} \tag{A.186}$$

となる．ここで

$$F'_m = \left\langle \int dt\, s(t-\tau_{\mathrm{delay}}) y_m(t) \right\rangle \tag{A.187}$$

かつ

$$N'_{mn} = \left\langle \int dt\, y_m(t) y_n(t) \right\rangle \tag{A.188}$$

である．これらの高次フィルタはスパイク列間の相関関数あるいは刺激とスパイク列の相関関数に依存する．

A.9 ガウス分布のエントロピー

ここでは，私たちはガウス分布のエントロピーを計算する手順を紹介する．まず式 (3.4) の，連続変数の分布に関するエントロピーの定義から出発する．

$$S = -\int dx\, P(x) \log_2 P(x) \quad \text{ビット} \tag{A.189}$$

自然対数を用いるほうが便利なので，そのように書き直す．

$$S = -\int dx\, P(x) \log_2 P(x)$$
$$= -\frac{1}{\ln 2} \int dx\, P(x) \ln P(x) \tag{A.190}$$

ガウス分布の式から，

$$P(x) = \frac{1}{\sqrt{2\pi\sigma^2}} \exp\left[-\frac{(x-M)^2}{2\sigma^2}\right] \tag{A.191}$$

$$\ln P(x) = -\ln(\sqrt{2\pi\sigma^2}) - \frac{(x-M)^2}{2\sigma^2} \tag{A.192}$$

となる．よって，エントロピーは次の積分を計算することで得られる．

$$S = -\frac{1}{\ln 2} \int dx\, P(x) \ln P(x)$$
$$= \frac{1}{\ln 2} \cdot \frac{1}{\sqrt{2\pi\sigma^2}} \int dx\, \exp\left[-\frac{(x-M)^2}{2\sigma^2}\right]$$
$$\times \left[\ln(\sqrt{2\pi\sigma^2}) + \frac{(x-M)^2}{2\sigma^2}\right] \tag{A.193}$$

この積分を厳密に行うこともできるし，期待値の形式を利用することもできるし，ガウス分布上での平均を考えることもできる．次の記法を導入し，$f(x)$ の平均を表すものとする．

$$\langle f(x) \rangle = \frac{1}{\sqrt{2\pi\sigma^2}} \int dx\, \exp\left[-\frac{(x-M)^2}{2\sigma^2}\right] f(x) \tag{A.194}$$

すると，エントロピーは

$$S = -\frac{1}{\ln 2} \int dx\, P(x) \ln P(x)$$
$$= -\frac{1}{\ln 2} \langle \ln P(x) \rangle \tag{A.195}$$
$$= -\frac{1}{\ln 2} \left\langle -\ln(\sqrt{2\pi\sigma^2}) - \frac{(x-M)^2}{2\sigma^2} \right\rangle \tag{A.196}$$
$$= \frac{1}{\ln 2} \left[\ln(\sqrt{2\pi\sigma^2}) + \frac{1}{2\sigma^2} \langle (x-M)^2 \rangle\right] \tag{A.197}$$

となる．平均 $\langle (x-M)^2 \rangle$ は定義から分散を表すので，分母の σ^2 の項と相殺される．

$$S = \frac{1}{\ln 2} \left[\ln(\sqrt{2\pi\sigma^2}) + \frac{1}{2\sigma^2} \langle (x-M)^2 \rangle\right]$$
$$= \frac{1}{\ln 2} \left[\ln(\sqrt{2\pi\sigma^2}) + \frac{1}{2}\right] \tag{A.198}$$

$$= \frac{1}{\ln 2}\left[\frac{1}{2}\ln(2\pi\sigma^2) + \frac{1}{2}\right] \tag{A.199}$$

$$= \frac{1}{2\ln 2}\ln(2\pi e\sigma^2) \quad \text{ビット} \tag{A.200}$$

ここで，最後の変形では $\ln e = 1$ を用いた．最後に，底が 2 の log に変形し直すと，

$$\begin{aligned} S &= \frac{1}{2\ln 2}\ln(2\pi e\sigma^2) \\ &= \frac{1}{2}\log_2(2\pi e\sigma^2) \quad \text{ビット} \end{aligned} \tag{A.201}$$

が得られ，計算が完了する．

A.10 スパイク列のエントロピーの近似

スパイク列のエントロピーを表す式 (3.21) から始める．

$$S = -\frac{T}{\Delta\tau \ln 2}[(\overline{r}\Delta\tau)\ln(\overline{r}\Delta\tau) + (1-\overline{r}\Delta\tau)\ln(1-\overline{r}\Delta\tau)] \tag{A.202}$$

ビン幅 $\Delta\tau$ が小さい場合のみを考える．図 2.8 で示した自然対数のテイラー展開を用いる．

$$\ln(1+x) = x - \frac{1}{2}x^2 + \cdots \tag{A.203}$$

$x = -\overline{r}\Delta\tau$ とすると，

$$\ln(1-\overline{r}\Delta\tau) = -\overline{r}\Delta\tau - \frac{1}{2}(\overline{r}\Delta\tau)^2 + \cdots \tag{A.204}$$

となる．式 (A.202) に代入して，

$$\begin{aligned} S &= -\frac{T}{\Delta\tau \ln 2}[(\overline{r}\Delta\tau)\ln(\overline{r}\Delta\tau) + (1-\overline{r}\Delta\tau)\ln(1-\overline{r}\Delta\tau)] \\ &= -\frac{T}{\Delta\tau \ln 2}[(\overline{r}\Delta\tau)\ln(\overline{r}\Delta\tau) + (1-\overline{r}\Delta\tau)(-\overline{r}\Delta\tau + \cdots)] \end{aligned} \tag{A.205}$$

$$\approx -\frac{T}{\Delta\tau \ln 2}[(\overline{r}\Delta\tau)\ln(\overline{r}\Delta\tau) - \overline{r}\Delta\tau] \tag{A.206}$$

となる．ビン幅の 2 乗の項 $(\Delta\tau)^2$ は無視した．ここで，$\overline{r}\Delta\tau$ に関して式をまとめ，式 (A.200) のように 1 を e の自然対数として考えると，

$$\begin{aligned} S &\approx -\frac{T}{\Delta\tau \ln 2}[(\overline{r}\Delta\tau)\ln(\overline{r}\Delta\tau) - \overline{r}\Delta\tau] \\ &= -\frac{T}{\Delta\tau \ln 2}(\overline{r}\Delta\tau)[\ln(\overline{r}\Delta\tau) - 1] \end{aligned} \tag{A.207}$$

$$= -\frac{\bar{r}T}{\ln 2}[\ln(\bar{r}\Delta\tau) - \ln e] \tag{A.208}$$

$$= -\frac{\bar{r}T}{\ln 2}\ln\left(\frac{\bar{r}\Delta\tau}{e}\right) \tag{A.209}$$

$$= (\bar{r}T)\frac{1}{\ln 2}\ln\left(\frac{e}{\bar{r}\Delta\tau}\right) \tag{A.210}$$

$$= (\bar{r}T)\log_2\left(\frac{e}{\bar{r}\Delta\tau}\right) \tag{A.211}$$

となる．最後の導出では底が 2 の対数に戻した．最後に，このエントロピーをスパイク列の計測時間 T で割って，式 (3.22) で示した小さいビン幅でのエントロピーレートを得る．

$$\frac{S}{T} \approx \bar{r}\log_2\left(\frac{e}{\bar{r}\Delta\tau}\right) \tag{A.212}$$

A.11 最大エントロピーとスパイク数

情報理論の応用において最も有用な技術の 1 つは**最大エントロピー**である．私たちはこれを文字どおりに捉え，ある平均量の値が与えられた条件下でのエントロピーが最大になる確率分布を考える．第一の応用として，平均回数または平均発火率が与えられたときの，スパイク数の最大エントロピー分布を導出する．この問題はさらに一般化でき，スパイクだけでなく，シナプスにおける小胞，桿体細胞に到達する光子，または交差点に到達する車を数える場合にも有効である．平均回数 $\langle n \rangle$ が与えられたときの，回数 n の確率分布において最大のエントロピーをもつものを見つける問題を考える．

確率分布 $p(n)$ のエントロピーは，式 (3.23) のとおり

$$S[p(n)] = -\sum_{n=0}^{\infty} p(n)\log_2 p(n) \tag{A.213}$$

である．すべての可能な分布の中から $S[p(n)]$ が最大になるものを見つけたい．A.7 節の最適推定の議論に従って，$p(n)$ に小さな摂動を加えたときの S の変化を計算し，その変化の 1 次の項が 0，かつ 2 次の項が負（最大値を求めたいので）になるような $p(n)$ を求めればよい．

難しいのは，$p(n)$ に任意の摂動を与えられないことである．まず，この関数は確率分布なので，正規化条件

$$1 = \sum_{n=0}^{\infty} p(n) \tag{A.214}$$

を満たす必要がある．次に，平均回数が与えられているので，分布は次の式を満たす必要がある．

$$\langle n \rangle = \sum_{n=0}^{\infty} np(n) \tag{A.215}$$

したがって，ここでの問題は，式 (A.214) と (A.215) を満たしつつエントロピーを最大化することになる．

そのような制約条件付きの最大化問題を解く一般的な方法は，Lagrange の未定乗数法である (Mathews and Walker 1964)．これは与えられた関数 $f(x_1, x_2, \ldots, x_N)$ の最大化を，別の関数 $g(x_1, x_2, \ldots, x_N)$ の値を g_0 に保ちながら行う方法であり，具体的には次の式の最大値を求める．

$$F(x_1, x_2, \ldots, x_N; \lambda) = f(x_1, x_2, \ldots, x_N) - \lambda g(x_1, x_2, \ldots, x_N) \tag{A.216}$$

ここで，λ は Lagrange 乗数とよばれる．F を最大化する変数の値の集合 $x_1, x_2, \ldots, x_N$ を求めると，それらは λ に依存するはずである．よって，計算の最後に λ を調整して，関数 g の値が g_0 になるようにする．

この手法でエントロピーを最大化する過程を見てみよう．私たちは 2 つの制約条件，正規化条件と平均回数をもっているので，2 個の Lagrange 乗数が必要になる．それらを λ_1 と λ_2 とし，次の式の最大化を考える．

$$\widetilde{S}[p(n)] = -\sum_{n=0}^{\infty} p(n) \log_2 p(n) - \lambda_1 \sum_{n=0}^{\infty} p(n) - \lambda_2 \sum_{n=0}^{\infty} np(n) \tag{A.217}$$

$p(n)$ に小さな摂動を加え，$p(n) \to p(n) + \delta p(n)$ としたときに何が起こるのかを検討し，$p(n)$ に関する $\widetilde{S}$ の関数微分を計算する（A.7 節を参照）．$\widetilde{S}$ に関する次の式から出発する．

$$\begin{aligned}\widetilde{S}[p(n) + \delta p(n)] = &-\sum_{n=0}^{\infty} [p(n) + \delta p(n)] \log_2 [p(n) + \delta p(n)] \\ &- \lambda_1 \sum_{n=0}^{\infty} [p(n) + \delta p(n)] - \lambda_2 \sum_{n=0}^{\infty} n[p(n) + \delta p(n)]\end{aligned} \tag{A.218}$$

式の 3 つの項のうち，もっとも計算が難しいのは対数を含む第 1 項である．残りの 2 項はすでに，$p(n)$ もしくは $\delta p(n)$ に比例する項に展開されている．

式 (A.218) の第 1 項だけを取り出して計算を行い，最後に元の式に戻してみよう．まず，自然対数に変換し，対数の項を $\delta p(n)$ に関係する項とそれ以外の和に分割する．

$$\begin{aligned}
&\sum_{n=0}^{\infty}[p(n)+\delta p(n)]\log_2[p(n)+\delta p(n)] \\
&\quad = \frac{1}{\ln 2}\sum_{n=0}^{\infty}[p(n)+\delta p(n)]\ln[p(n)+\delta p(n)] && \text{(A.219)} \\
&\quad = \frac{1}{\ln 2}\sum_{n=0}^{\infty}[p(n)+\delta p(n)]\ln\left(p(n)\left[1+\frac{\delta p(n)}{p(n)}\right]\right) && \text{(A.220)} \\
&\quad = \frac{1}{\ln 2}\sum_{n=0}^{\infty}[p(n)+\delta p(n)]\ln p(n) \\
&\qquad + \frac{1}{\ln 2}\sum_{n=0}^{\infty}[p(n)+\delta p(n)]\ln\left[1+\frac{\delta p(n)}{p(n)}\right] && \text{(A.221)}
\end{aligned}$$

先に進むために，自然対数のテイラー展開を必要とする．

$$\ln(1+x) = x - \frac{1}{2}x^2 + \frac{1}{3}x^3 - \cdots \tag{A.222}$$

これは x が小さいときに有効である．式 (A.221) を見ると，この展開を使って

$$\ln\left[1+\frac{\delta p(n)}{p(n)}\right] = \frac{\delta p(n)}{p(n)} - \frac{1}{2}\left(\frac{\delta p(n)}{p(n)}\right)^2 + \cdots \tag{A.223}$$

と書くことができる．式 (A.221) に戻すと，次式が得られる．

$$\begin{aligned}
&\sum_{n=0}^{\infty}[p(n)+\delta p(n)]\log_2[p(n)+\delta p(n)] \\
&\quad = \frac{1}{\ln 2}\sum_{n=0}^{\infty}[p(n)+\delta p(n)]\ln p(n) \\
&\qquad + \frac{1}{\ln 2}\sum_{n=0}^{\infty}[p(n)+\delta p(n)]\ln\left[1+\frac{\delta p(n)}{p(n)}\right] \\
&\quad = \frac{1}{\ln 2}\sum_{n=0}^{\infty}[p(n)+\delta p(n)]\ln p(n) \\
&\qquad + \frac{1}{\ln 2}\sum_{n=0}^{\infty}[p(n)+\delta p(n)]\ln\left[\frac{\delta p(n)}{p(n)} - \frac{1}{2}\left(\frac{\delta p(n)}{p(n)}\right)^2 + \cdots\right] && \text{(A.224)} \\
&\quad = \frac{1}{\ln 2}\sum_{n=0}^{\infty}[p(n)+\delta p(n)]\ln p(n)
\end{aligned}$$

$$
+\frac{1}{\ln 2}\sum_{n=0}^{\infty}\left[p(n)\cdot\frac{\delta p(n)}{p(n)}-p(n)\frac{1}{2}\left(\frac{\delta p(n)}{p(n)}\right)^2+\delta p(n)\frac{\delta p(n)}{p(n)}+\cdots\right] \tag{A.225}
$$

$$
\begin{aligned}
&=\frac{1}{\ln 2}\sum_{n=0}^{\infty}p(n)\ln p(n)+\sum_{n=0}^{\infty}\delta p(n)\left[\frac{1}{\ln 2}\ln p(n)+\frac{1}{\ln 2}\right]\\
&\quad+\frac{1}{2}\sum_{n=0}^{\infty}[\delta p(n)]^2\left[\frac{1}{\ln 2}\cdot\frac{1}{p(n)}\right]+\cdots
\end{aligned} \tag{A.226}
$$

ここで，式 (A.226) を $\widetilde{S}[p(n)+\delta p(n)]$ に関する元の式 (A.218) に戻して，$\delta p(n)$ の次数を揃える．

$$
\begin{aligned}
\widetilde{S}[p(n)+\delta p(n)] &= -\sum_{n=0}^{\infty}[p(n)+\delta p(n)]\log_2[p(n)+\delta p(n)]\\
&\quad-\lambda_1\sum_{n=0}^{\infty}[p(n)+\delta p(n)]-\lambda_2\sum_{n=0}^{\infty}n[p(n)+\delta p(n)]\\
&=-\frac{1}{\ln 2}\sum_{n=0}^{\infty}p(n)\ln p(n)\\
&\quad-\sum_{n=0}^{\infty}\delta p(n)\left[\frac{1}{\ln 2}\ln p(n)+\frac{1}{\ln 2}\right]\\
&\quad-\frac{1}{2}\sum_{n=0}^{\infty}[\delta p(n)]^2\left[\frac{1}{\ln 2}\cdot\frac{1}{p(n)}\right]-\cdots\\
&\quad-\lambda_1\sum_{n=0}^{\infty}[p(n)+\delta p(n)]-\lambda_2\sum_{n=0}^{\infty}n[p(n)+\delta p(n)]
\end{aligned} \tag{A.227}
$$

$$
\begin{aligned}
&=-\frac{1}{\ln 2}\sum_{n=0}^{\infty}p(n)\ln p(n)-\lambda_1\sum_{n=0}^{\infty}p(n)-\lambda_2\sum_{n=0}^{\infty}p(n)n\\
&\quad+\sum_{n=0}^{\infty}\delta p(n)\left[-\frac{1}{\ln 2}\ln p(n)-\frac{1}{\ln 2}-\lambda_1-\lambda_2 n\right]\\
&\quad+\frac{1}{2}\sum_{n=0}^{\infty}[\delta p(n)]^2\left[-\frac{1}{\ln 2}\cdot\frac{1}{p(n)}\right]+\cdots
\end{aligned} \tag{A.228}
$$

この式は，$\widetilde{S}$ の関数微分を求めるためのすべての必要な要素を含んでいる．

私たちは，式 (A.228) を，微分を用いて次のように書き表したい．

$$\widetilde{S}[p(n)+\delta p(n)] = \widetilde{S}[p(n)] + \sum_{n=0}^{\infty} \frac{\delta \widetilde{S}}{\delta p(n)} \delta p(n) + \frac{1}{2} \sum_{n=0}^{\infty} \frac{\delta^2 \widetilde{S}}{\delta p(n) \delta p(n)} [\delta p(n)]^2 + \cdots \tag{A.229}$$

式 (A.228) と比較すると，式 (A.228) の最初の行は $\delta p(n)$ の項を含んでおらず，式 (A.217) に示された $\widetilde{S}[p(n)]$ を計算している．これは正しく，かつ計算の過程で項を忘れるミスを犯していないことの確認になる．次に，$\delta p(n)$ に比例する項を比較し，1 階関数微分を求めていく．

$$\sum_{n=0}^{\infty} \frac{\delta \widetilde{S}}{\delta p(n)} \delta p(n) = \sum_{n=0}^{\infty} \delta p(n) \left[-\frac{1}{\ln 2} \ln p(n) - \frac{1}{\ln 2} - \lambda_1 - \lambda_2 n \right] \tag{A.230}$$

$$\Rightarrow \frac{\delta \widetilde{S}}{\delta p(n)} = -\left[\frac{1}{\ln 2} \cdot \ln p(n) + \frac{1}{\ln 2} + \lambda_1 + n\lambda_2 \right] \tag{A.231}$$

同様に，$[\delta p(n)]^2$ に比例する項を比較し，2 階関数微分を求める．

$$\frac{1}{2} \sum_{n=0}^{\infty} \frac{\delta^2 \widetilde{S}}{\delta p(n) \delta p(n)} [\delta p(n)]^2 = \frac{1}{2} \sum_{n=0}^{\infty} [\delta p(n)]^2 \left[-\frac{1}{\ln 2} \cdot \frac{1}{p(n)} \right] \tag{A.232}$$

$$\Rightarrow \frac{\delta^2 \widetilde{S}}{\delta p(n) \delta p(n)} = -\frac{1}{\ln 2} \cdot \frac{1}{p(n)} \tag{A.233}$$

ここで，2 階微分は常に負であることに注意しよう．つまり，あとは 1 階微分が 0 になる点を求めれば，それが最大値をもたらす点になる．

$\widetilde{S}$ の 1 階関数微分は，確率分布が，

$$0 = \frac{\delta \widetilde{S}}{\delta p(n)} \tag{A.234}$$

$$= -\left[\frac{1}{\ln 2} \cdot \ln p(n) + \frac{1}{\ln 2} + \lambda_1 + n\lambda_2 \right] \tag{A.235}$$

$$\ln p(n) = -1 - (\lambda_1 + n\lambda_2)(\ln 2) \tag{A.236}$$

すなわち，

$$p(n) = \frac{1}{Z} \exp(-\lambda n) \tag{A.237}$$

$$Z = \exp[1 + \lambda_1 \ln 2] \tag{A.238}$$

$$\lambda = \lambda_2 \ln 2 \tag{A.239}$$

を満たすときにゼロになる．この段階で，最大エントロピーをもつ分布は，式 (A.237) の指数形式をとることがわかる．次に私たちがやることは，式 (A.214) と (A.215) を

満たすような λ_1 と λ_2 の値を決めることである．それは実際は，Z と λ を決めることと等価である．

正規化条件は

$$\begin{aligned}1 &= \sum_{n=0}^{\infty} p(n) \\ &= \sum_{n=0}^{\infty} \frac{1}{Z} \exp(-\lambda n) \qquad \text{(A.240)} \\ &= \frac{1}{Z} \sum_{n=0}^{\infty} \exp(-\lambda n) \qquad \text{(A.241)} \\ &= \frac{1}{Z} \sum_{n=0}^{\infty} [\exp(-\lambda)]^n \qquad \text{(A.242)}\end{aligned}$$

である．よって，条件を満たすためには，

$$Z = \sum_{n=0}^{\infty} [\exp(-\lambda)]^n \qquad \text{(A.243)}$$

でなければならない．これは幾何級数であり，厳密に計算できる．一般に

$$\sum_{n=0}^{\infty} x^n = \frac{1}{1-x} \qquad \text{(A.244)}$$

であるから，Z の式において $x = \exp(-\lambda)$ として

$$\begin{aligned}Z &= \sum_{n=0}^{\infty} [\exp(-\lambda)]^n \\ &= \frac{1}{1-\exp(-\lambda)} \qquad \text{(A.245)}\end{aligned}$$

が得られる．

平均回数については，

$$\begin{aligned}\langle n \rangle &= \sum_{n=0}^{\infty} n p(n) \qquad \text{(A.246)} \\ &= \sum_{n=0}^{\infty} n \frac{1}{Z} \exp(-\lambda n) \qquad \text{(A.247)} \\ &= \frac{1}{Z} \sum_{n=0}^{\infty} n \exp(-\lambda n) \qquad \text{(A.248)}\end{aligned}$$

でなければならない．級数 $\sum \exp(-\lambda n)$ の和の計算は正規化条件のところで説明した

が，ここでは少し違う級数の和を計算する必要がある．そのために，次の関係を用いる．

$$n\exp(-\lambda n) = (-1)\frac{\partial}{\partial\lambda}\exp(-\lambda n) \tag{A.249}$$

そうすると，

$$\begin{aligned}\langle n\rangle &= \frac{1}{Z}\sum_{n=0}^{\infty} n\exp(-\lambda n)\\ &= \frac{1}{Z}\sum_{n=0}^{\infty}(-1)\frac{\partial\exp(-\lambda n)}{\partial\lambda} && \text{(A.250)}\\ &= -\frac{1}{Z}\frac{\partial}{\partial\lambda}\sum_{n=0}^{\infty}\exp(-\lambda n) && \text{(A.251)}\\ &= -\frac{1}{Z}\frac{\partial}{\partial\lambda}\sum_{n=0}^{\infty}[\exp(-\lambda)]^n && \text{(A.252)}\\ &= -\frac{1}{Z}\frac{\partial}{\partial\lambda}\frac{1}{1-\exp(-\lambda)} && \text{(A.253)}\\ &= -\frac{1}{Z}(-1)\frac{\exp(-\lambda)}{[1-\exp(-\lambda)]^2} && \text{(A.254)}\\ &= \frac{\exp(-\lambda)}{1-\exp(-\lambda)} && \text{(A.255)}\end{aligned}$$

が得られる．ここで，最後の変形で式 (A.245) の Z を代入した．このようにして，平均回数については，

$$\begin{aligned}\langle n\rangle &= \frac{\exp(-\lambda)}{1-\exp(-\lambda)}\\ &= \frac{1}{\exp(\lambda)-1} && \text{(A.256)}\end{aligned}$$

もしくは

$$\exp(\lambda) = 1 + \frac{1}{\langle n\rangle} \tag{A.257}$$

$$\lambda = \ln\left(1 + \frac{1}{\langle n\rangle}\right) \tag{A.258}$$

を満たす必要がある．

最後に，エントロピーを計算してみる．

$$S = -\frac{1}{\ln 2}\sum_{n=0}^{\infty} p(n)\ln p(n)$$

$$= -\frac{1}{\ln 2}\sum_{n=0}^{\infty}\frac{1}{Z}\exp(-\lambda n)\ln\left[\frac{1}{Z}\exp(\lambda n)\right]p(n) \tag{A.259}$$

$$= -\frac{1}{\ln 2}\frac{1}{Z}\sum_{n=0}^{\infty}\exp(-\lambda n)(-\ln Z - n\lambda) \tag{A.260}$$

$$= -\frac{1}{\ln 2}(-\ln Z - \lambda\langle n\rangle) \tag{A.261}$$

$$= \log_2(Z) + \frac{1}{\ln 2}\lambda\langle n\rangle \tag{A.262}$$

ここで式 (A.245) から Z を代入し，式 (A.258) から λ を代入する．

$$\begin{aligned} S &= \log_2(Z) + \frac{1}{\ln 2}\lambda\langle n\rangle \\ &= \log_2\left[\frac{1}{1-\exp(-\lambda)}\right] + \frac{1}{\ln 2}\lambda\langle n\rangle \qquad (A.263) \\ &= \log_2(1+\langle n\rangle) + \langle n\rangle\frac{1}{\ln 2}\ln\left(1+\frac{1}{\langle n\rangle}\right) \qquad (A.264) \\ &= \log_2(1+\langle n\rangle) + \langle n\rangle\log_2\left(1+\frac{1}{\langle n\rangle}\right) \quad \text{ビット} \qquad (A.265) \end{aligned}$$

まとめると，式 (A.265) は，平均回数 $\langle n\rangle$ が与えられたときの回数に関する分布の最大エントロピーを与える．

A.12 ガウシアンチャネル

ここでは式 (3.35) で示したガウシアンチャネルの相互情報量の導出を行う．まず，情報量の定義から出発する（式 (3.28)）．

$$I = \int dy \int ds\, P(y,s)\log_2\left[\frac{P(y,s)}{P(y)P(s)}\right] \tag{A.266}$$

同時分布 $P(y,s)$ は事前分布 $P(s)$ と条件付き分布 $P(y|s)$ の積なので，

$$P(y,s) = P(y \mid s) \times P(s) \tag{A.267}$$

である．式 (A.266) に代入して，対数の内側の分母と分子の事前分布を消去する．

$$\begin{aligned} I &= \int dy \int ds\, P(y,s)\log_2\left[\frac{P(y,s)}{P(y)P(s)}\right] \\ &= \int dy \int ds\, P(y|s)P(s)\log_2\left[\frac{P(y|s)P(s)}{P(y)P(s)}\right] \qquad (A.268) \end{aligned}$$

$$= \int dy \int ds\, P(y|s)P(s) \log_2 \left[\frac{P(y|s)}{P(y)}\right] \tag{A.269}$$

対数を自然対数に変換して取り扱いを容易にし，分数の対数を対数の差に書き直す．

$$\begin{aligned} I &= \int dy \int ds\, P(y|s)P(s) \log_2 \left[\frac{P(y|s)}{P(y)}\right] \\ &= \frac{1}{\ln 2} \int dy \int ds\, P(y|s)P(s) \ln \left[\frac{P(y|s)}{P(y)}\right] && \text{(A.270)} \\ &= \frac{1}{\ln 2} \int dy \int ds\, P(y|s)P(s)[\ln P(y|s) - \ln P(y)] && \text{(A.271)} \end{aligned}$$

ガウシアンチャネルの場合は，信号の分布 $P(s)$ と条件付き確率分布 $P(y|s)$ の両方が，3.1.3 項で議論したとおりガウス分布である．

$$\begin{aligned} P(s) &= \frac{1}{\sqrt{2\pi \langle s^2 \rangle}} \exp\left[-\frac{s^2}{2\langle s^2 \rangle}\right] \\ P(y|s) &= \frac{1}{\sqrt{2\pi \langle \eta^2 \rangle}} \exp\left[-\frac{(y-gs)^2}{2\langle \eta^2 \rangle}\right] && \text{(A.272)} \end{aligned}$$

変数 s, y はそれぞれ $-\infty$ から $+\infty$ までの任意の値をとりうるので，式 (A.271) の積分は無限積分になる．式 (A.271) より明らかに出力の分布 $P(y)$ が必要なことがわかる．この分布もまたガウス分布に従うが，その形状を得るにはもう少し計算を進める必要がある．$P(y)$ の定義である，すべての可能な信号の積分から計算を始める．

$$\begin{aligned} P(y) &= \int_{-\infty}^{\infty} ds\, P(y|s)P(s) && \text{(A.273)} \\ &= \int_{-\infty}^{\infty} ds\, \frac{1}{\sqrt{2\pi \langle \eta^2 \rangle}} \exp\left[-\frac{(y-gs)^2}{2\langle \eta^2 \rangle}\right] \frac{1}{\sqrt{2\pi \langle s^2 \rangle}} \exp\left[-\frac{s^2}{2\langle s^2 \rangle}\right] && \text{(A.274)} \\ &= \frac{1}{2\pi\sqrt{\langle s^2 \rangle \langle \eta^2 \rangle}} \int_{-\infty}^{\infty} ds\, \exp\left[-\frac{(y-gs)^2}{2\langle \eta^2 \rangle} - \frac{s^2}{2\langle s^2 \rangle}\right] && \text{(A.275)} \\ &= \frac{1}{2\pi\sqrt{\langle s^2 \rangle \langle \eta^2 \rangle}} \\ &\quad \times \int_{-\infty}^{\infty} ds\, \exp\left[-\frac{1}{2}s^2\left(\frac{1}{\langle s^2 \rangle} + \frac{g^2}{\langle \eta^2 \rangle}\right) + s\left(\frac{gy}{\langle \eta^2 \rangle}\right) - \frac{y^2}{2\langle \eta^2 \rangle}\right] && \text{(A.276)} \\ &= \frac{1}{2\pi\sqrt{\langle s^2 \rangle \langle \eta^2 \rangle}} \exp\left[-\frac{y^2}{2\langle \eta^2 \rangle}\right] \\ &\quad \times \int_{-\infty}^{\infty} ds\, \exp\left[-\frac{1}{2}s^2\left(\frac{1}{\langle s^2 \rangle} + \frac{g^2}{\langle \eta^2 \rangle}\right) + s\left(\frac{gy}{\langle \eta^2 \rangle}\right)\right] && \text{(A.277)} \end{aligned}$$

s に関する積分を行うために，指数関数の積分に関する次の式を用いる．

$$\int_{-\infty}^{\infty} ds \exp\left[-\frac{1}{2}As^2 + Bs\right] = \sqrt{\frac{2\pi}{A}} \exp\left[\frac{B^2}{2A}\right] \tag{A.278}$$

式 (A.277) は式 (A.278) と同じ形式であり，特に

$$\begin{aligned} A &= \frac{1}{\langle s^2 \rangle} + \frac{g^2}{\langle \eta^2 \rangle} \\ B &= \frac{gy}{\langle \eta^2 \rangle} \end{aligned} \tag{A.279}$$

である．したがって，

$$\begin{aligned} P(y) &= \frac{1}{2\pi\sqrt{\langle s^2 \rangle \langle \eta^2 \rangle}} \exp\left[-\frac{y^2}{2\langle \eta^2 \rangle}\right] \\ &\quad \times \int_{-\infty}^{\infty} ds \exp\left[-\frac{1}{2}s^2\left(\frac{1}{\langle s^2 \rangle} + \frac{g^2}{\langle \eta^2 \rangle}\right) + s\left(\frac{gy}{\langle \eta^2 \rangle}\right)\right] \\ &= \frac{1}{2\pi\sqrt{\langle s^2 \rangle \langle \eta^2 \rangle}} \exp\left[-\frac{y^2}{2\langle \eta^2 \rangle}\right] \\ &\quad \times \sqrt{\frac{2\pi}{1/\langle s^2 \rangle + g^2/\langle \eta^2 \rangle}} \exp\left[\frac{(gy + \langle \eta^2 \rangle)^2}{2(1/\langle s^2 \rangle + g^2/\langle \eta^2 \rangle)}\right] \end{aligned} \tag{A.280}$$

$$\begin{aligned} &= \frac{1}{\sqrt{2\pi(g^2\langle s^2 \rangle + \langle \eta^2 \rangle)}} \\ &\quad \times \exp\left[-\frac{y^2}{2}\left(+\frac{1}{\langle \eta^2 \rangle} - \frac{g^2/\langle \eta^2 \rangle^2}{1/\langle s^2 \rangle + g^2/\langle \eta^2 \rangle}\right)\right] \end{aligned} \tag{A.281}$$

$$\begin{aligned} &= \frac{1}{\sqrt{2\pi(g^2\langle s^2 \rangle + \langle \eta^2 \rangle)}} \\ &\quad \times \exp\left[-\frac{y^2}{2}\left(+\frac{1}{\langle \eta^2 \rangle} - \frac{1}{\langle \eta^2 \rangle} \cdot \frac{g^2\langle s^2 \rangle}{\langle \eta^2 \rangle + g^2\langle s^2 \rangle}\right)\right] \end{aligned} \tag{A.282}$$

$$= \frac{1}{\sqrt{2\pi(g^2\langle s^2 \rangle + \langle \eta^2 \rangle)}} \exp\left[-\frac{y^2}{2(g^2\langle s^2 \rangle + \langle \eta^2 \rangle)}\right] \tag{A.283}$$

$$= \frac{1}{\sqrt{2\pi\langle y^2 \rangle}} \exp\left[-\frac{y^2}{2\langle y^2 \rangle}\right] \tag{A.284}$$

となる．ここで，出力の分散は

$$\langle y^2 \rangle = g^2\langle s^2 \rangle + \langle \eta^2 \rangle \tag{A.285}$$

である．

これらの結果を式 (A.271) に代入する．

$$
\begin{aligned}
I &= \frac{1}{\ln 2}\int_{-\infty}^{\infty} dy \int_{-\infty}^{\infty} ds\, P(y|s)P(s)[\ln P(y|s) - \ln P(y)] \\
&= \frac{1}{\ln 2}\int_{-\infty}^{\infty} dy \int_{-\infty}^{\infty} ds\, P(y|s)P(s) \\
&\quad \times \left[-\ln\sqrt{2\pi\left\langle\eta^2\right\rangle} - \frac{(y-gs)^2}{2\left\langle\eta^2\right\rangle} + \ln\sqrt{2\pi\left\langle y^2\right\rangle} + \frac{y^2}{2\left\langle y^2\right\rangle}\right]
\end{aligned}
\tag{A.286}
$$

4 つある項のうち，2 つは単に定数なので，y と s に関する積分は容易である．

$$
\begin{aligned}
&\int_{-\infty}^{\infty} dy \int_{-\infty}^{\infty} ds\, P(y|s)P(s)\left[-\ln\sqrt{2\pi\left\langle\eta^2\right\rangle} + \ln\sqrt{2\pi\left\langle y^2\right\rangle}\right] \\
&\quad = \left[-\ln\sqrt{2\pi\left\langle\eta^2\right\rangle} + \ln\sqrt{2\pi\left\langle y^2\right\rangle}\right]\int_{-\infty}^{\infty} dy \int_{-\infty}^{\infty} ds\, P(y|s)P(s) \\
&\quad = \left[-\ln\sqrt{2\pi\left\langle\eta^2\right\rangle} + \ln\sqrt{2\pi\left\langle y^2\right\rangle}\right]\int_{-\infty}^{\infty} ds\, P(s) \int_{-\infty}^{\infty} dy\, P(y|s) \\
&\quad = \left[-\ln\sqrt{2\pi\left\langle\eta^2\right\rangle} + \ln\sqrt{2\pi\left\langle y^2\right\rangle}\right]\int_{-\infty}^{\infty} ds\, P(s) \\
&\quad = -\ln\sqrt{2\pi\left\langle\eta^2\right\rangle} + \ln\sqrt{2\pi\left\langle y^2\right\rangle}
\end{aligned}
\tag{A.287}
$$

ここで，最後の 2 ステップでは正規化条件を用いた．

$$
1 = \int_{-\infty}^{\infty} dy\, P(y|s) \tag{A.288}
$$

$$
1 = \int_{-\infty}^{\infty} ds\, P(s) \tag{A.289}
$$

残りの 2 項についても，もし積分を正しい順序で行えば，計算は容易である．片方の項は

$$
\begin{aligned}
&\int_{-\infty}^{\infty} ds \int_{-\infty}^{\infty} dy\, P(y|s)P(s)\left[-\frac{(y-gs)^2}{2\left\langle\eta^2\right\rangle}\right] \\
&\quad = -\int_{-\infty}^{\infty} ds\, P(s)\int_{-\infty}^{\infty} dy\, P(y|s)\frac{(y-gs)^2}{2\left\langle\eta^2\right\rangle} \\
&\quad = -\int_{-\infty}^{\infty} ds\, P(s)\frac{1}{2\left\langle\eta^2\right\rangle}\int_{-\infty}^{\infty} dy\, P(y|s)(y-gs)^2
\end{aligned}
\tag{A.290}
$$

となる．ここで $P(y|s)$ は，y が平均 gs，分散 $\left\langle\eta^2\right\rangle$ のガウス分布の変数であることを表すので，

$$
\int_{-\infty}^{\infty} dy\, P(y|s)(y-gs)^2 = \left\langle\eta^2\right\rangle \tag{A.291}
$$

である．したがって，

$$
\begin{aligned}
&\int_{-\infty}^{\infty} ds \int_{-\infty}^{\infty} dy\, P(y|s)P(s) \left[-\frac{(y-gs)^2}{2\langle \eta^2 \rangle} \right] \\
&\quad = -\int_{-\infty}^{\infty} ds\, P(s) \frac{1}{2\langle \eta^2 \rangle} \int_{-\infty}^{\infty} dy\, P(y|s)(y-gs)^2 \\
&\quad = -\int_{-\infty}^{\infty} ds\, P(s) \frac{1}{2\langle \eta^2 \rangle} \langle \eta^2 \rangle \\
&\quad = -\int_{-\infty}^{\infty} ds\, P(s) \frac{1}{2} \\
&\quad = -\frac{1}{2}
\end{aligned}
\tag{A.292}
$$

が得られる．

第 4 項に対しても本質的に同じ評価を行うと，以下が得られる．

$$
\begin{aligned}
\int_{-\infty}^{\infty} ds \int_{-\infty}^{\infty} dy\, P(y \mid s)P(s) \frac{y^2}{2\langle y^2 \rangle} &= \int_{-\infty}^{\infty} dy \frac{y^2}{2\langle y^2 \rangle} \int_{-\infty}^{\infty} ds\, P(y \mid s)P(s) \\
&= \int_{-\infty}^{\infty} dy \frac{y^2}{2\langle y^2 \rangle} P(y) \\
&= \frac{\langle y^2 \rangle}{2\langle y^2 \rangle} \\
&= \frac{1}{2}
\end{aligned}
\tag{A.293}
$$

最後に，式 (A.286) にすべての要素をまとめて，情報量を計算する．

$$
\begin{aligned}
I = \frac{1}{\ln 2} &\int_{-\infty}^{\infty} dy \int_{-\infty}^{\infty} ds\, P(y|s)P(s) \\
&\times \left[-\ln \sqrt{2\pi \langle \eta^2 \rangle} - \frac{(y-gs)^2}{2\langle \eta^2 \rangle} + \ln \sqrt{2\pi \langle y^2 \rangle} + \frac{y^2}{2\langle y^2 \rangle} \right] \\
= \frac{1}{\ln 2} &\left[-\ln \sqrt{2\pi \langle \eta^2 \rangle} - \frac{1}{2} + \ln \sqrt{2\pi \langle y^2 \rangle} + \frac{1}{2} \right]
\end{aligned}
\tag{A.294}
$$

$$
= \frac{1}{\ln 2} \ln \sqrt{\frac{\langle y^2 \rangle}{\langle \eta^2 \rangle}} \tag{A.295}
$$

$$
= \frac{1}{\ln 2} \times \frac{1}{2} \ln \left[\frac{\langle y^2 \rangle}{\langle \eta^2 \rangle} \right] \tag{A.296}
$$

$$
= \frac{1}{2} \log_2 \left[\frac{\langle y^2 \rangle}{\langle \eta^2 \rangle} \right] \tag{A.297}
$$

$$
= \frac{1}{2} \log_2 \left[1 + \frac{g^2 \langle s^2 \rangle}{\langle \eta^2 \rangle} \right] \tag{A.298}
$$

以上で計算が完了する.

A.13 ガウス分布と最大エントロピー

平均と分散が既知の確率分布の中で最大エントロピーをもつものを求めたい. 計算の考え方は, スパイク数の分布に関する最大エントロピーを求めた A.11 節での議論と同様である. ここでも再び Lagrange の未定乗数法を用いる.

次の量の最大化を考える.

$$S = -\int_{-\infty}^{\infty} dx\, P(x) \log_2 P(x) \tag{A.299}$$

同時にいくつかの制約条件も考える. まず, 関数 $P(x)$ は確率分布であり, 正規化条件を満たす必要がある. すなわち,

$$\int_{-\infty}^{\infty} dx\, P(x) = 1 \tag{A.300}$$

である. 次に, x の平均値は既知としているので,

$$\int_{-\infty}^{\infty} dx\, P(x) x = \langle x \rangle \tag{A.301}$$

である. 最後に, x の分散も既知であり, σ^2 とする. この制約は, x^2 の平均が既知であると言い換えることで, 以下のように記述することができる.

$$\int_{-\infty}^{\infty} dx\, P(x) x^2 = \langle x^2 \rangle = \langle x \rangle^2 + \sigma^2 \tag{A.302}$$

A.11 節で行ったのと同様に, 関数 $\widetilde{S}$ を定義し, 各制約条件ごとに 1 個の Lagrange 乗数項をエントロピーの式に加える.

$$\begin{aligned}\widetilde{S}[P(x)] = &-\int_{-\infty}^{\infty} dx\, P(x) \log_2 P(x) - \lambda_1 \int_{-\infty}^{\infty} dx\, P(x) \\ &- \lambda_2 \int_{-\infty}^{\infty} dx\, P(x) x - \lambda_3 \int_{-\infty}^{\infty} dx\, P(x) x^2\end{aligned} \tag{A.303}$$

そして, $\widetilde{S}$ を最大化する関数 $P(x)$ を求めることにする.

関数 $P(x) + \delta P(x)$ に関して $\widetilde{S}$ を評価し, $\delta P(x)$ の冪級数に展開して, 関数微分の値を特定していく. まず,

$$\widetilde{S}[P(x) + \delta P(x)] = -\int_{-\infty}^{\infty} dx\, [P(x) + \delta P(x)] \log_2 [P(x) + \delta P(x)]$$

$$
\begin{aligned}
&-\lambda_1 \int_{-\infty}^{\infty} dx\,[P(x)+\delta P(x)] \\
&-\lambda_2 \int_{-\infty}^{\infty} dx\,[P(x)+\delta P(x)]x \\
&-\lambda_3 \int_{-\infty}^{\infty} dx\,[P(x)+\delta P(x)]x^2
\end{aligned} \tag{A.304}
$$

である．すでに見てきたように，計算が難しいのは先頭の対数の項である．したがって，まずこの項だけを取り出し，展開して，元の式 (A.304) に戻す．自然対数に変換し，対数内の分数を対数の引き算に変換する．

$$
\int_{-\infty}^{\infty} dx\,[P(x)+\delta P(x)]\log_2[P(x)+\delta P(x)]
$$

$$
=\frac{1}{\ln 2}\int_{-\infty}^{\infty} dx\,[P(x)+\delta P(x)]\ln[P(x)+\delta P(x)] \tag{A.305}
$$

$$
=\frac{1}{\ln 2}\int_{-\infty}^{\infty} dx\,[P(x)+\delta P(x)]\ln\left(P(x)\left[1+\frac{\delta P(x)}{P(x)}\right]\right) \tag{A.306}
$$

$$
\begin{aligned}
&=\frac{1}{\ln 2}\int_{-\infty}^{\infty} dx\,[P(x)+\delta P(x)]\ln P(x) \\
&\quad+\frac{1}{\ln 2}\int_{-\infty}^{\infty} dx\,[P(x)+\delta P(x)]\ln\left[1+\frac{\delta P(x)}{P(x)}\right]
\end{aligned} \tag{A.307}
$$

ここで再び，式 (A.93) の自然対数のテイラー展開を用いて近似計算を行う．

$$
\ln\left[1+\frac{\delta P(x)}{P(x)}\right]=\frac{\delta P(x)}{P(x)}-\frac{1}{2}\left(\frac{\delta P(x)}{P(x)}\right)^2+\cdots \tag{A.308}
$$

式 (A.307) に代入し，$\delta P(x)$ に関する次数の同じ項をまとめることで，以下が得られる．

$$
\begin{aligned}
&\int_{-\infty}^{\infty} dx\,[P(x)+\delta P(x)]\log_2[P(x)+\delta P(x)] \\
&=\frac{1}{\ln 2}\int_{-\infty}^{\infty} dx\,[P(x)+\delta P(x)]\ln P(x) \\
&\quad+\frac{1}{\ln 2}\int_{-\infty}^{\infty} dx\,[P(x)+\delta P(x)]\ln\left[1+\frac{\delta P(x)}{P(x)}\right] \\
&=\frac{1}{\ln 2}\int_{-\infty}^{\infty} dx\,[P(x)+\delta P(x)]\ln P(x) \\
&\quad+\frac{1}{\ln 2}\int_{-\infty}^{\infty} dx\,[P(x)+\delta P(x)]\left[\frac{\delta P(x)}{P(x)}-\frac{1}{2}\left(\frac{\delta P(x)}{P(x)}\right)^2+\cdots\right]
\end{aligned} \tag{A.309}
$$

$$
\begin{aligned}
&= \frac{1}{\ln 2}\int_{-\infty}^{\infty} dx\,[P(x)+\delta P(x)]\ln P(x) \\
&\quad + \frac{1}{\ln 2}\int_{-\infty}^{\infty} dx\,\left[\delta P(x) + \frac{1}{2}\frac{[\delta P(x)]^2}{P(x)} + \cdots\right] \qquad \text{(A.310)} \\
&= \frac{1}{\ln 2}\int_{-\infty}^{\infty} dx\,P(x)\ln P(x) \\
&\quad + \frac{1}{\ln 2}\int_{-\infty}^{\infty} dx\,\delta P(x)[\ln P(x)+1] \\
&\quad + \frac{1}{\ln 2}\int_{-\infty}^{\infty} dx\,[\delta P(x)]^2\left[\frac{1}{2}\cdot\frac{1}{P(x)}\right] + \cdots \qquad \text{(A.311)}
\end{aligned}
$$

あらためて式 (A.304) の $\widetilde{S}[P(x)+\delta P(x)]$ の定義に戻って，対数項の部分に代入すると，

$$
\begin{aligned}
\widetilde{S}[P(x)+\delta P(x)] &= -\int_{-\infty}^{\infty} dx\,[P(x)+\delta P(x)]\log_2[P(x)+\delta P(x)] \\
&\quad - \lambda_1\int_{-\infty}^{\infty} dx\,[P(x)+\delta P(x)] \\
&\quad - \lambda_2\int_{-\infty}^{\infty} dx\,[P(x)+\delta P(x)]x \\
&\quad - \lambda_3\int_{-\infty}^{\infty} dx\,[P(x)+\delta P(x)]x^2 \\
&= \frac{1}{\ln 2}\int_{-\infty}^{\infty} dx\,P(x)\ln P(x) \\
&\quad + \frac{1}{\ln 2}\int_{-\infty}^{\infty} dx\,\delta P(x)[\ln P(x)+1] \\
&\quad + \frac{1}{\ln 2}\int_{-\infty}^{\infty} dx\,[\delta P(x)]^2\left[\frac{1}{2}\cdot\frac{1}{P(x)}\right] + \cdots \\
&\quad - \lambda_1\int_{-\infty}^{\infty} dx\,[P(x)+\delta P(x)] \\
&\quad - \lambda_2\int_{-\infty}^{\infty} dx\,[P(x)+\delta P(x)]x \\
&\quad - \lambda_3\int_{-\infty}^{\infty} dx\,[P(x)+\delta P(x)]x^2 \qquad \text{(A.312)}
\end{aligned}
$$

となる．関数微分は次の式で定義される．

$$
\widetilde{S}[P(x)+\delta P(x)] = \widetilde{S}[P(x)] + \int dx\,\frac{\delta\widetilde{S}}{\delta P(x)}\delta P(x)
$$

$$+\frac{1}{2}\int dx\,\frac{\delta^2\widetilde{S}}{\delta P(x)\delta P(x)}[\delta P(x)]^2+\cdots \tag{A.313}$$

$\delta P(x)$ に比例する項だけを集めると，1 階微分は以下のようになる．

$$\int dx\,\frac{\delta\widetilde{S}}{\delta P(x)}\delta P(x)=-\int dx\,\delta P(x)\left\{\frac{1}{\ln 2}[\ln P(x)+1]+\lambda_1+\lambda_2 x+\lambda_3 x^2\right\} \tag{A.314}$$

$$\Rightarrow\ \frac{\delta\widetilde{S}}{\delta P(x)}=-\frac{1}{\ln 2}[\ln P(x)+1]-\lambda_1-\lambda_2 x-\lambda_3 x^2 \tag{A.315}$$

同様に，$[\delta P(x)]^2$ に比例する項だけを集めて，2 階微分を以下のように計算する．

$$\frac{1}{2}\int dx\,\frac{\delta^2\widetilde{S}}{\delta P(x)\delta P(x)}[\delta P(x)]^2=\frac{1}{2}\int dx\,[\delta P(x)]^2\left[-\frac{1}{\ln 2}\cdot\frac{1}{P(x)}\right] \tag{A.316}$$

$$\Rightarrow\ \frac{\delta^2\widetilde{S}}{\delta P(x)\delta P(x)}=-\frac{1}{\ln 2}\cdot\frac{1}{P(x)} \tag{A.317}$$

前節で議論したとおり，最大値は 1 階関数微分がゼロで，かつ 2 階関数微分が負になる点で与えられる．いまの場合，明らかに 2 階微分は自動的に負なので，1 階微分がゼロになる点を求めればよい．

$$0=\frac{\delta\widetilde{S}}{\delta P(x)} \tag{A.318}$$

$$=-\frac{1}{\ln 2}[\ln P(x)+1]-\lambda_1-\lambda_2 x-\lambda_3 x^2 \tag{A.319}$$

これを書き直して x に関する式にまとめると，（扱いにくいなりに）いくらか示唆的な形式になる．

$$\begin{aligned}
0&=-\frac{1}{\ln 2}[\ln P(x)+1]-\lambda_1-\lambda_2 x-\lambda_3 x^2\\
\frac{1}{\ln 2}\ln P(x)&=-\frac{1}{\ln 2}-\lambda_1-\lambda_2 x-\lambda_3 x^2\\
\ln P(x)&=-(1+\lambda_1\ln 2)-x(\lambda_2\ln 2)-x^2(\lambda_3\ln 2)\\
&=-(\lambda_3\ln 2)\left[x^2+2x\left(\frac{\lambda_2}{2\lambda_3}\right)\right]-(1+\lambda_1\ln 2)\\
&=-\frac{1}{2}(2\lambda_3\ln 2)\left[x^2+2x\left(\frac{\lambda_2}{2\lambda_3}\right)+\left(\frac{\lambda_2}{2\lambda_3}\right)^2\right]\\
&\quad-\left[1+\lambda_1\ln 2-\frac{1}{2}(2\lambda_3\ln 2)\left(\frac{\lambda_2}{2\lambda_3}\right)^2\right]
\end{aligned}$$

$$
\begin{aligned}
&= -\frac{1}{2(2\lambda_3 \ln 2)^{-1}} \left(x + \frac{\lambda_2}{2\lambda_3}\right)^2 \\
&\quad - \left[1 + \lambda_1 \ln 2 - \frac{1}{2}(2\lambda_3 \ln 2)\left(\frac{\lambda_2}{2\lambda_3}\right)^2\right] \qquad \text{(A.320)}
\end{aligned}
$$

$$
\begin{aligned}
P(x) &= \exp\left[-1 - \lambda_1 \ln 2 + \frac{1}{2}(2\lambda_3 \ln 2)\left(\frac{\lambda_2}{2\lambda_3}\right)^2\right] \\
&\quad \times \exp\left[-\frac{1}{2(2\lambda_3 \ln 2)^{-1}}\left(x + \frac{\lambda_2}{2\lambda_3}\right)^2\right] \qquad \text{(A.321)}
\end{aligned}
$$

ここで，最後の導出では，両辺の指数を計算した．

ガウス分布が以下の形式をもつことを思い出そう．

$$
P(x) = \frac{1}{\sqrt{2\pi\sigma^2}} \exp\left[-\frac{1}{2\sigma^2}(x - \langle x\rangle)^2\right] \qquad \text{(A.322)}
$$

これを式 (A.321) と比較することで，次のパラメータの対応を得ることができる．

$$
\langle x\rangle = -\frac{\lambda_2}{2\lambda_3} \qquad \text{(A.323)}
$$

$$
\sigma^2 = \frac{1}{2\lambda_2 \ln 2} \qquad \text{(A.324)}
$$

$$
\frac{1}{\sqrt{2\pi\sigma^2}} = \exp\left[-1 - \lambda_1 \ln 2 + \frac{1}{2}(2\lambda_3 \ln 2)\left(\frac{\lambda_2}{2\lambda_3}\right)^2\right] \qquad \text{(A.325)}
$$

Lagrange 乗数を用いた計算では，最後のこれらの未定乗数の値を，制約条件を満たすように決定する必要がある．いまの場合，x の平均が式 (A.323) を満たす必要がある．次に，分散を式 (A.324) を満たすように設定する必要があり，最後に，分布が正規化され，式 (A.325) を満たす必要がある．以上を解くと，次の Lagrange 未定乗数の値が計算できる．

$$
\lambda_1 = -\frac{1}{\ln 2} + \frac{1}{2}\log_2(2\pi\sigma^2) + \frac{1}{2\ln 2}\frac{\langle x\rangle^2}{\sigma^2} \qquad \text{(A.326)}
$$

$$
\lambda_2 = -\frac{\langle x\rangle}{\sigma^2 \ln 2} \qquad \text{(A.327)}
$$

$$
\lambda_3 = \frac{1}{2\sigma^2 \ln 2} \qquad \text{(A.328)}
$$

以上で，既知の平均と分散に矛盾しない最大エントロピーをもつ分布の式 (A.321) を得ることができ，かつ 3 つの Lagrange 未定乗数を式 (A.326)–(A.328) のように決定することができた．これらをまとめると，その分布は式 (A.322) に従うおなじみのガウス分布に正確に一致した．したがって，私たちの問いへの答えはこうである．与えられた平均と分散のもとで，最大エントロピーをもつ分布はガウス分布である．

A.14 Wiener–Khinchine 定理

この節では，相関関数とパワースペクトルの関係を解説する．この 2 つの量はフーリエ変換のペアであり，本節のタイトルの定理がその事実を表している．

相関関数の定義とは，時刻 τ だけ離れた関数の積の平均であった．すなわち，

$$C(\tau) \equiv \langle f(t)f(t-\tau)\rangle \tag{A.329}$$

である．ここで，この定義では平均は任意の関数 $f(t)$ の確率分布上で計算されるため，連続する実験でこの関数の多数のサンプルを得て，そのサンプルの平均を考えるものとする．実際には非常に長い単一の実験上の平均をとり，アンサンブル平均を時間平均で置き換えることがしばしば行われる．第 2 章で議論したとおり，この置き換えがうまくいくのはエルゴード性のおかげであり，相関関数が時間平均として陽に定義されていることもしばしば見受けられる．私たちとしては，関数 $f(t)$ がある確率分布から得られることを想像しやすいアンサンブル平均の描像のほうを好む．コイン投げをする際に，ある確率分布に従って裏か表が現れる，というのとまったく同じ描像である

3.1.4 項で議論したとおり，ランダムな関数をフーリエ係数を用いて記述することができる．特に，少なくともガウス分布に従うランダム関数では，その記述はきわめて単純になり，以下のように記述できる．

$$f(t) = \sum_{n=-\infty}^{\infty} f_n \exp[-i\omega_n t] \tag{A.330}$$

相関関数の定義に代入すると，以下が得られる．

$$\begin{aligned}
C(\tau) &= \langle f(t)f(t-\tau)\rangle \\
&= \left\langle \sum_{n=-\infty}^{\infty} f_n \exp[-i\omega_n t] \sum_{m=-\infty}^{\infty} f_m \exp[-i\omega_m (t-\tau)] \right\rangle && \text{(A.331)} \\
&= \sum_{n=-\infty}^{\infty} \sum_{m=-\infty}^{\infty} \langle f_n f_m\rangle \exp[-i\omega_n t] \exp[-i\omega_m (t-\tau)] && \text{(A.332)}
\end{aligned}$$

ここで，最後の導出では，平均をとらなければならないランダムな要素は f_n のみであることを用いた．

フーリエ空間での表現が便利な理由は，f_n の共分散行列が式 (3.52) のように簡潔に

記述できる点である.

$$\langle f_n[f_n]^* \rangle = \langle f_n f_{-n} \rangle = \sigma^2(\omega_n) \tag{A.333}$$

$$\langle f_n f_m \rangle = 0 \qquad m \neq -n \tag{A.334}$$

これらの関係が意味するのは，相関関数の式において，平均をとったときに消えずに残る項は $m = -n$ に関するもののみである，ということである．$\omega_{-n} = -\omega_n$ であることを思い出すと，

$$C(\tau) = \sum_{n=-\infty}^{\infty} \sum_{m=-\infty}^{\infty} \langle f_n f_m \rangle \exp[-i\omega_n t] \exp[-i\omega_m (t-\tau)]$$

$$= \sum_{n=-\infty}^{\infty} \langle f_n f_{-n} \rangle \exp[-i\omega_n t] \exp[-i\omega_{-n} (t-\tau)] \tag{A.335}$$

$$= \sum_{n=-\infty}^{\infty} \langle f_n f_{-n} \rangle \exp[-i\omega_n t] \exp[+i\omega_n (t-\tau)] \tag{A.336}$$

$$= \sum_{n=-\infty}^{\infty} \sigma^2(\omega_n) \exp(-i\omega_n \tau) \tag{A.337}$$

となる．最後に，式 (3.62) から (3.65) での操作の際に見てきたように，時間窓 T を十分大きくとると，離散的な周波数上の和は連続的な周波数上での積分になる．したがって，

$$\begin{aligned} C(\tau) &= \sum_{n=-\infty}^{\infty} \sigma^2(\omega_n) \exp(-i\omega_n \tau) \\ &\to \int_{-\infty}^{\infty} \frac{d\omega}{2\pi} [T\sigma^2(\omega)] \exp(-i\omega\tau) \\ &= \int_{-\infty}^{\infty} \frac{d\omega}{2\pi} S(\omega) \exp(-i\omega\tau) \end{aligned} \tag{A.338}$$

となる．ここで，最後の導出では式 (3.66) で定義されたパワースペクトルを代入した．このようにして，約束したとおり，相関関数とはパワースペクトルのフーリエ変換であることが示された．

A.15 情報伝達の最大化

信号があるガウス分布から選ばれ，さらにガウシアンノイズが加わったとすると，その場合の情報伝達率は式 (3.72) で与えられる．

$$R_{\text{info}} = \frac{1}{2}\int_{-\infty}^{\infty} \frac{d\omega}{2\pi} \log_2 \left[1 + \frac{S(\omega)}{N(\omega)}\right] \tag{A.339}$$

ここで，$S(\omega)$ は信号のパワースペクトル，$N(\omega)$ はノイズのパワースペクトルである．私たちの興味は，ノイズスペクトル $N(\omega)$ と信号の全分散が与えられたときに，R_{info} の最大値を求めることである．より具体的には，信号の分散の「予算」をどのように周波数に分配すると，情報伝送が最大化されるのかを知りたい．

信号の全分散は式 (3.65) のパワースペクトルと関係し，

$$\langle s^2 \rangle = \int_{-\infty}^{\infty} \frac{d\omega}{2\pi} S(\omega) \tag{A.340}$$

である．よって，問題は $\langle s^2 \rangle$ を固定しながら R_{info} を最大化することである．前節と同様に，Lagrange 未定乗数を導入し，次の新しい関数を最大化する．

$$\widetilde{R} = R_{\text{info}} - \lambda \langle s^2 \rangle \tag{A.341}$$

$$= \frac{1}{2}\int_{-\infty}^{\infty} \frac{d\omega}{2\pi} \log_2 \left[1 + \frac{S(\omega)}{N(\omega)}\right] - \lambda \int_{-\infty}^{\infty} \frac{d\omega}{2\pi} S(\omega) \tag{A.342}$$

$\widetilde{R}$ を信号のスペクトル $S(\omega) + \delta S(\omega)$ について評価し，関数微分を求めたい．次の式から出発する．

$$\widetilde{R}[S(\omega) + \delta S(\omega)] = \frac{1}{2}\int_{-\infty}^{\infty} \frac{d\omega}{2\pi} \log_2 \left[1 + \frac{S(\omega) + \delta S(\omega)}{N(\omega)}\right] - \lambda \int_{-\infty}^{\infty} \frac{d\omega}{2\pi} [S(\omega) + \delta S(\omega)] \tag{A.343}$$

再び，計算が難しいのは対数項なので，これだけを取り出して始末する．自然対数に変換して $\delta S(\omega)$ に関する項を分離する．

$$\int_{-\infty}^{\infty} \frac{d\omega}{2\pi} \log_2 \left[1 + \frac{S(\omega) + \delta S(\omega)}{N(\omega)}\right]$$

$$= \frac{1}{\ln 2}\int_{-\infty}^{\infty} \frac{d\omega}{2\pi} \ln \left[1 + \frac{S(\omega) + \delta S(\omega)}{N(\omega)}\right] \tag{A.344}$$

$$= \frac{1}{\ln 2}\int_{-\infty}^{\infty} \frac{d\omega}{2\pi} \ln \left[1 + \frac{S(\omega)}{N(\omega)} + \frac{\delta S(\omega)}{N(\omega)}\right] \tag{A.345}$$

$$= \frac{1}{\ln 2}\int_{-\infty}^{\infty} \frac{d\omega}{2\pi} \ln \left\{\left[1 + \frac{S(\omega)}{N(\omega)}\right]\left[1 + \frac{\delta S(\omega)/N(\omega)}{1 + S(\omega)/N(\omega)}\right]\right\} \tag{A.346}$$

$$= \frac{1}{\ln 2}\int_{-\infty}^{\infty} \frac{d\omega}{2\pi} \ln \left[1 + \frac{S(\omega)}{N(\omega)}\right]$$

$$+\frac{1}{\ln 2}\int_{-\infty}^{\infty}\frac{d\omega}{2\pi}\ln\left[1+\frac{\delta S(\omega)/N(\omega)}{1+S(\omega)/N(\omega)}\right] \tag{A.347}$$

さらに再び，式 (A.222) の自然対数のテイラー展開を用いて，以下の展開を得る．

$$\begin{aligned}\ln\left[1+\frac{\delta S(\omega)/N(\omega)}{1+S(\omega)/N(\omega)}\right] &= \frac{\delta S(\omega)/N(\omega)}{1+S(\omega)/N(\omega)} \\ &\quad -\frac{1}{2}\left(\frac{\delta S(\omega)/N(\omega)}{1+S(\omega)/N(\omega)}\right)^2+\cdots\end{aligned} \tag{A.348}$$

これを式 (A.347) に代入すると，以下が得られる．

$$\begin{aligned}&\int_{-\infty}^{\infty}\frac{d\omega}{2\pi}\log_2\left[1+\frac{S(\omega)+\delta S(\omega)}{N(\omega)}\right] \\ &\quad =\frac{1}{\ln 2}\int_{-\infty}^{\infty}\frac{d\omega}{2\pi}\ln\left[1+\frac{S(\omega)}{N(\omega)}\right] \\ &\qquad +\frac{1}{\ln 2}\int_{-\infty}^{\infty}\frac{d\omega}{2\pi}\ln\left[1+\frac{\delta S(\omega)/N(\omega)}{1+S(\omega)/N(\omega)}\right] \\ &\quad =\frac{1}{\ln 2}\int_{-\infty}^{\infty}\frac{d\omega}{2\pi}\ln\left[1+\frac{S(\omega)}{N(\omega)}\right] \\ &\qquad +\frac{1}{\ln 2}\int_{-\infty}^{\infty}\frac{d\omega}{2\pi}\frac{\delta S(\omega)/N(\omega)}{1+S(\omega)/N(\omega)} \\ &\qquad -\frac{1}{2\ln 2}\int_{-\infty}^{\infty}\frac{d\omega}{2\pi}\left(\frac{\delta S(\omega)/N(\omega)}{1+S(\omega)/N(\omega)}\right)^2+\cdots\end{aligned} \tag{A.349}$$

$\widetilde{R}[S(\omega)+\delta S(\omega)]$ の定義に代入すると，

$$\begin{aligned}&\widetilde{R}[S(\omega)+\delta S(\omega)] \\ &\quad =\frac{1}{2}\int_{-\infty}^{\infty}\frac{d\omega}{2\pi}\log_2\left[1+\frac{S(\omega)+\delta S(\omega)}{N(\omega)}\right] \\ &\qquad -\lambda\int_{-\infty}^{\infty}\frac{d\omega}{2\pi}[S(\omega)+\delta S(\omega)] \\ &\quad =\frac{1}{\ln 2}\int_{-\infty}^{\infty}\frac{d\omega}{2\pi}\ln\left[1+\frac{S(\omega)}{N(\omega)}\right] \\ &\qquad +\frac{1}{\ln 2}\int_{-\infty}^{\infty}\frac{d\omega}{2\pi}\frac{\delta S(\omega)/N(\omega)}{1+S(\omega)/N(\omega)} \\ &\qquad -\frac{1}{2\ln 2}\int_{-\infty}^{\infty}\frac{d\omega}{2\pi}\left(\frac{\delta S(\omega)/N(\omega)}{1+S(\omega)/N(\omega)}\right)^2+\cdots \\ &\qquad -\lambda\int_{-\infty}^{\infty}\frac{d\omega}{2\pi}[S(\omega)+\delta S(\omega)]\end{aligned} \tag{A.350}$$

となる．$\delta S(\omega)$ と独立な項をすべて足し合わせると $\widetilde{R}[S(\omega)]$ になり，またそうでなければならない．$\delta S(\omega)$ と $[\delta S(\omega)]^2$ に関する項を集約すると，

$$
\begin{aligned}
\widetilde{R}[S(\omega)+\delta S(\omega)] &= \widetilde{R}[S(\omega)] \\
&\quad + \frac{1}{2\ln 2}\int_{-\infty}^{\infty}\frac{d\omega}{2\pi}\frac{\delta S(\omega)/N(\omega)}{1+S(\omega)/N(\omega)} \\
&\quad - \frac{1}{2\ln 2}\int_{-\infty}^{\infty}\frac{d\omega}{2\pi}\frac{1}{2}\left(\frac{\delta S(\omega)/N(\omega)}{1+S(\omega)/N(\omega)}\right)^2 \\
&\quad + \cdots \\
&\quad - \lambda\int_{-\infty}^{\infty}\frac{d\omega}{2\pi}\delta S(\omega) \qquad (\text{A.351}) \\
&= \widetilde{R}[S(\omega)] \\
&\quad + \int_{-\infty}^{\infty}\frac{d\omega}{2\pi}\delta S(\omega)\left[\frac{1}{2\ln 2}\cdot\frac{1/N(\omega)}{1+S(\omega)/N(\omega)}-\lambda\right] \\
&\quad - \frac{1}{4\ln 2}\int_{-\infty}^{\infty}\frac{d\omega}{2\pi}[\delta S(\omega)]^2\left(\frac{1/N(\omega)}{1+S(\omega)/N(\omega)}\right)^2 \\
&\quad + \cdots \qquad (\text{A.352}) \\
&= \widetilde{R}[S(\omega)] + \int_{-\infty}^{\infty}\frac{d\omega}{2\pi}\delta S(\omega)\frac{\delta\widetilde{R}[S(\omega)]}{\delta S(\omega)} \\
&\quad + \frac{1}{2}\int_{-\infty}^{\infty}\frac{d\omega}{2\pi}[\delta S(\omega)]^2\frac{\delta^2\widetilde{R}[S(\omega)]}{\delta S(\omega)\delta S(\omega)} + \cdots \qquad (\text{A.353})
\end{aligned}
$$

となる．ここで，関数微分を以下のように特定した．

$$
\frac{\delta\widetilde{R}[S(\omega)]}{\delta S(\omega)} = \frac{1}{2\ln 2}\frac{1/N(\omega)}{1+S(\omega)/N(\omega)} - \lambda \qquad (\text{A.354})
$$

$$
= \frac{1}{2\ln 2}\frac{1}{S(\omega)+N(\omega)} - \lambda \qquad (\text{A.355})
$$

$$
\frac{\delta^2\widetilde{R}[S(\omega)]}{\delta S(\omega)\delta S(\omega)} = -\frac{1}{2\ln 2}\left(\frac{1/N(\omega)}{1+S(\omega)/N(\omega)}\right)^2 \qquad (\text{A.356})
$$

式 (A.356) から，2 階微分は自動的に負になり，したがって 1 階微分がゼロになる $S(\omega)$ が $\widetilde{R}$ の最大化をすることになる．式 (A.355) から 1 階関数微分をゼロにするには，

$$
0 = \frac{\delta\widetilde{R}[S(\omega)]}{\delta S(\omega)} \qquad (\text{A.357})
$$

$$= \frac{1}{2\ln 2}\frac{1}{S(\omega)+N(\omega)} - \lambda \tag{A.358}$$

$$\lambda = \frac{1}{2\ln 2}\frac{1}{S(\omega)+N(\omega)} \tag{A.359}$$

$$S(\omega)+N(\omega) = \frac{1}{2\lambda\ln 2} \tag{A.360}$$

となる．よって，情報伝達を最大化するためには，信号のスペクトルの形状をノイズのスペクトルを補完するように決定し，図 3.10 で示したように，2 つのスペクトルの和を定数あるいは「ホワイト」にしなければならない．

式 (A.360) の条件は，ノイズが $N(\omega) > 1/(2\lambda\ln 2)$ の周波数では明らかに満たされない．このようなあってはならない周波数では，単に $S(\omega)=0$ とするのが最良である．図 3.10 はこの考えを図解したものである．物事が数値的にどのように行われるのかを見るために，簡単な例を考える．

ノイズのパワースペクトルが

$$N(\omega) = N_0[1+(\omega\tau)^2] \tag{A.361}$$

と与えられたとする．ここで，τ^{-1} 以上の周波数はより高周波のノイズに埋もれるため，τ は系の時間分解能を決定する．情報伝達を最適化するためには，信号のスペクトルを次のように選ぶ必要がある．

$$S_{\rm opt}(\omega) = \frac{1}{2\lambda\ln 2} - N(\omega) \tag{A.362}$$

$$= \frac{1}{2\lambda\ln 2} - N_0[1+(\omega\tau)^2] \tag{A.363}$$

この式は周波数がある区間 $-\omega_c < \omega < \omega_c$ に入る場合にのみ有効であり，ω_c は最適なスペクトルが消滅する周波数，すなわち

$$0 = S_{\rm opt}(\omega_c) \tag{A.364}$$

$$= \frac{1}{2\lambda\ln 2} - N_0[1+(\omega_c\tau)^2] \tag{A.365}$$

である．この式を解いて ω_c を求めるか，未知のパラメータ λ を新しいパラメータ ω_c で置き換えることになる．後者を選択すると，以下のように書くことができる．

$$S_{\rm opt}(\omega) = \frac{1}{2\lambda\ln 2} - N_0[1+(\omega\tau)^2]$$

$$= N_0[1+(\omega_c\tau)^2] - N_0[1+(\omega\tau)^2] \tag{A.366}$$

$$= N_0(\omega_c\tau)^2\left[1-\left(\frac{\omega}{\omega_c}\right)^2\right] \tag{A.367}$$

ここで，$|\omega| > \omega_c$ において $S_{\rm opt}(\omega) = 0$ であることに注意する．

さて，式 (3.65) から分散一定の制約条件を課し，ω_c を決定する．

$$\begin{aligned}
\langle s^2 \rangle &= \int_{-\infty}^{\infty} \frac{d\omega}{2\pi} S(\omega) \\
&= \int_{-\omega_c}^{\omega_c} \frac{d\omega}{2\pi} N_0 (\omega_c \tau)^2 \left[1 - \left(\frac{\omega}{\omega_c} \right)^2 \right] \qquad \text{(A.368)} \\
&= N_0 (\omega_c \tau)^2 2 \int_0^{\omega_c} \frac{d\omega}{2\pi} \left[1 - \left(\frac{\omega}{\omega_c} \right)^2 \right] \qquad \text{(A.369)} \\
&= N_0 (\omega_c \tau)^2 2\omega_c \int_0^1 \frac{dx}{2\pi} (1 - x^2) \qquad \text{(A.370)}
\end{aligned}$$

ここで，最後の導出では積分変数を $x = \omega/\omega_c$ に置き換えた．そうすると，

$$\begin{aligned}
\langle s^2 \rangle &= N_0 (\omega_c \tau)^2 2\omega_c \int_0^1 \frac{dx}{2\pi} (1 - x^2) \\
&= N_0 (\omega_c \tau)^2 \frac{\omega_c}{\pi} \left(1 - \frac{1}{3} \right) \qquad \text{(A.371)} \\
&= \frac{2}{3} N_0 \omega_c (\omega_c \tau)^2 \qquad \text{(A.372)}
\end{aligned}$$

が得られる．この式を満たすには，次のように ω_c を正しく選べばよい．

$$\begin{aligned}
\langle s^2 \rangle &= \frac{2}{3} N_0 \omega_c (\omega_c \tau)^2 \\
\Rightarrow \omega_c &= \left[\frac{3 \langle s^2 \rangle}{2 N_0 \tau^2} \right]^{1/3} \qquad \text{(A.373)}
\end{aligned}$$

このように，最適な信号のスペクトル $S_{\rm opt}(\omega)$（式 (A.367)）は，信号ノイズ比 $\langle s^2 \rangle / N_0$ の 2/3 乗で帯域全体に広がる．

スペクトルを最適にした場合，どれくらいの情報が実際に伝達されるのだろうか？この場合の情報伝達率は，式 (3.72) から

$$\begin{aligned}
R_{\rm info} &= \frac{1}{2} \int_{-\infty}^{\infty} \frac{d\omega}{2\pi} \log_2 \left[1 + \frac{S(\omega)}{N(\omega)} \right] \quad \text{ビット/秒} \\
&= \frac{1}{2} \int_{-\omega_c}^{\omega_c} \frac{d\omega}{2\pi} \log_2 \left[1 + \frac{N_0 (\omega_c \tau)^2 [1 - (\omega/\omega_c)^2]}{N_0 [1 + (\omega\tau)^2]} \right] \qquad \text{(A.374)} \\
&= \frac{1}{2} \int_{-\omega_c}^{\omega_c} \frac{d\omega}{2\pi} \log_2 \left[\frac{1 + (\omega_c \tau)^2}{1 + (\omega\tau)^2} \right] \qquad \text{(A.375)}
\end{aligned}$$

である．ω の自然な単位は τ に関係するため，新しい積分変数 $y = \omega\tau$ を導入すると，

次式が得られる.

$$R_{\mathrm{info}} = \frac{1}{2}\int_{-\omega_c}^{\omega_c} \frac{d\omega}{2\pi} \log_2\left[\frac{1+(\omega_c\tau)^2}{1+(\omega\tau)^2}\right]$$

$$= \frac{1}{\tau}\int_0^{\omega_c\tau} \frac{dy}{2\pi} \log_2\left[\frac{1+(\omega_c\tau)^2}{1+y^2}\right] \tag{A.376}$$

$$= \frac{1}{2\pi\tau}\int_0^{\omega_c\tau} dy\,(\log_2[1+(\omega_c\tau)^2] - \log_2[1+y^2]) \tag{A.377}$$

$$= \frac{1}{2\pi\tau}\left\{\int_0^{\omega_c\tau} dy\ \log_2[1+(\omega_c\tau)^2] - \int_0^{\omega_c\tau} dy\ \log_2[1+y^2]\right\} \tag{A.378}$$

最初の積分は単に定数の積分なので, 簡単に

$$\int_0^{\omega_c\tau} dy\ \log_2[1+(\omega_c\tau)^2] = \omega_c\tau\log_2[1+(\omega_c\tau)^2] \tag{A.379}$$

が得られる. 2つ目の積分はより難しいが, 公式集にある自然対数の積分公式を使うと,

$$\int_0^{\omega_c\tau} dy\ \ln[1+y^2] = \omega_c\tau\ln[1+(\omega_c\tau)^2] - 2\omega_c\tau + 2\tan^{-1}(\omega_c\tau) \tag{A.380}$$

が得られる. $\log_2 Z = \ln Z/\ln 2$ であることを思い出すと, この積分を

$$\int_0^{\omega_c\tau} dy\ \log_2[1+y^2] = \frac{1}{\ln 2}\int_0^{\omega_c\tau} dy\ \ln[1+y^2] \tag{A.381}$$

$$= \frac{1}{\ln 2}\{(\omega_c\tau)\ln[1+(\omega_c\tau)^2] - 2\omega_c\tau + 2\tan^{-1}(\omega_c\tau)\} \tag{A.382}$$

$$= \omega_c\tau\log_2[1+(\omega_c\tau)^2] - \frac{2}{\ln 2}[\tan^{-1}(\omega_c\tau) - \omega_c\tau] \tag{A.383}$$

と書き直すことができる.

そして, 最後に情報伝達率の式に代入することで,

$$R_{\mathrm{info}} = \frac{1}{2\pi\tau}\left\{\int_0^{\omega_c\tau} dy\ \log_2[1+(\omega_c\tau)^2] - \int_0^{\omega_c\tau} dy\ \log_2[1+y^2]\right\}$$

$$= \frac{1}{2\pi\tau}\Bigg[\omega_c\tau\log_2[1+(\omega_c\tau)^2] - \left(\omega_c\tau\log_2[1+(\omega_c\tau)^2] + \frac{2}{\ln 2}[\tan^{-1}(\omega_c\tau) - \omega_c\tau]\right)\Bigg] \tag{A.384}$$

$$= \frac{1}{2\pi\tau}\cdot\frac{2}{\ln 2}[\omega_c\tau - \tan^{-1}(\omega_c\tau)] \tag{A.385}$$

$$= \frac{1}{\tau\pi\ln 2}[\omega_c\tau - \tan^{-1}(\omega_c\tau)] \quad \text{ビット/秒} \tag{A.386}$$

を得る. この意味を理解するためには, 信号ノイズ比が大きい, すなわち式 (A.373)

によりカットオフ周波数 ω_c が大きい極限を調べることが有用である．最後の式の括弧内では，最初の項が大きくなり，一方，2 番目の項は定数に近づく（$x \to \infty$ に対して $\tan^{-1} x \to \pi/2$）．したがって，以下のように近似でき，

$$R_{\text{info}}(\omega_c\tau \gg 1) \sim \frac{1}{\tau\pi\ln 2}\omega_c\tau = \frac{\omega_c}{\pi\ln 2} \quad \text{ビット/秒} \tag{A.387}$$

単純な結果が得られる．

簡単のために無次元の信号ノイズ比 $SNR = \langle s^2\rangle\,\tau/N_0$ を定義すると，式 (A.373) のカットオフ周波数の式は

$$\omega_c = \left[\frac{3\langle s^2\rangle}{2N_0\tau^2}\right]^{1/3} = \frac{1}{\tau}\left(\frac{3SNR}{2}\right)^{1/3} \tag{A.388}$$

となる．よって，情報伝達率は

$$R_{\text{info}}(SNR \gg 1) \sim \frac{\omega_c}{\pi\ln 2} = \frac{1}{\tau}\frac{(3/2)^{1/3}}{\pi\ln 2}(SNR)^{1/3} \tag{A.389}$$

$$\sim \frac{(0.53)}{\tau}(SNR)^{1/3} \quad \text{ビット/秒} \tag{A.390}$$

となる．情報伝送率は時間分解能 τ の単位で自然に計測され，時間 τ あたりのビット数は信号ノイズ比とともに増加する．興味深い点は，スペクトルを最適化することで，情報が SNR の 1/3 乗で大きくなることである．基本的な Shannon の公式からは情報が SNR の対数でしか大きくならないと予想されることから，異なる結果である．この違いは，SNR が大きい場合に顕著であり，最適化によって現れるものである．

A.16 最尤推定

この節では，背景ノイズ中の 2 択の信号を区別するための最適戦略を開発する．2 つの選択肢を + と − とよび，単一の変数 x の観測に基づいて決定を下さなければならないと仮定する．もし信号が + であれば，観測値 x は分布 $P(x|+)$ から選ばれ，信号が − であれば，観測可能な観測値 x は分布 $P(x|-)$ から選ばれるだろう．これらの分布は，もし私たちが信号を知っていれば，観測可能な統計を予測できることを教えてくれる．しかし，私たちが関心をもっているのは反対の問題である．もし私たちが特定の x の値を見た場合，提示された信号がどちらであったかを判断できるだろうか？

私たちはたった 2 つの選択肢から選択をしているので，x の各値は + か − かに割り当てられなければならない．直観的には，片方の信号はもう片方より大きいと考えられるので，ある臨界値 x_0 よりも大きな x の値はたとえば + という信号に割り当てられ，

小さい値は $-$ の信号に割り当てられるべきである．より複雑な決定規則が必要な場合については最後に議論する．

私たちの単純な規則では，x 軸を臨界点 x_0 で分割し，右側全体を $+$，左側全体を $-$ とよぶ．分割線または閾値 x_0 の位置はどのように選ぶべきだろうか？ できるだけ多く正しい決定をしたいので，しきい値の関数として正しい決定の確率 $P_c(x_0)$ を計算し，この確率を最大化する閾値を求める．

信号が $+$ の場合，x は $P(x|+)$ から選ばれる．しかし，x を $+$ に割り当てるのは，$x > x_0$ の場合のみである．よって，信号 $+$ を正しく割り当てる確率は，

$$P(\text{“+” と答える} \mid \text{信号が} +) \equiv P(+|+) \tag{A.391}$$

$$= \int_{x_0}^{\infty} dx\, P(x|+) \tag{A.392}$$

である．一方，信号が $-$ の場合，x は $P(x|-)$ から選ばれる．しかし，x を $+$ に割り当てるのは，$x < x_0$ の場合のみである．よって，信号 $-$ を正しく割り当てる確率は，

$$P(\text{“−” と答える} \mid \text{信号が} -) \equiv P(-|-) \tag{A.393}$$

$$= \int_{-\infty}^{x_0} dx\, P(x|-) \tag{A.394}$$

である．ここで，正しい判断をする全体の確率は，これらの確率とそれぞれの信号が与えられる確率によって決まり，

$$\begin{aligned} P_c(x_0) &\equiv P(\text{信号が} +) \times P(\text{“+” と答える} \mid \text{信号が} +) \\ &\quad + P(\text{信号が} -) \times P(\text{“−” と答える} \mid \text{信号が} -) \end{aligned} \tag{A.395}$$

$$= P(+)P(+|+) + P(-)P(-|-) \tag{A.396}$$

$$= P(+)\int_{x_0}^{\infty} dx\, P(x|+) + P(-)\int_{-\infty}^{x_0} dx\, P(x|-) \tag{A.397}$$

である．式 (A.397) を最大化することが私たちの目標である．

関数の最大・最小を求めるためには，関数の微分がゼロになる点を求める必要がある．いまの場合は関数が積分の形で与えられており，積分の微分は特に簡単である．

$$\begin{aligned} \frac{d}{dy}\int_{y}^{\infty} dx\, f(x) &= -f(y) \\ \frac{d}{dy}\int_{-\infty}^{y} dx\, f(x) &= +f(y) \end{aligned} \tag{A.398}$$

$P_c(x_0)$ を最大化するために，次の式を解く．

$$0 = \frac{dP_c(x_0)}{dx_0} \tag{A.399}$$

式 (A.397) から $P_c(x_0)$ の式を代入して，式 (A.398) の規則を用いると，

$$\begin{aligned}
0 &= \frac{dP_c(x_0)}{dx_0} \\
&= \frac{d}{dx_0}\left[P(+)\int_{x_0}^{\infty} dx\, P(x|+) + P(-)\int_{-\infty}^{x_0} dx\, P(x|-)\right] &\text{(A.400)}\\
&= P(+)\left[\frac{d}{dx_0}\int_{x_0}^{\infty} dx\, P(x|+)\right] + P(-)\left[\frac{d}{dx_0}\int_{-\infty}^{x_0} dx\, P(x|-)\right] &\text{(A.401)}\\
&= P(+)[-P(x_0|+)] + P(-)[P(x_0|-)] &\text{(A.402)}
\end{aligned}$$

となる．よって，正しい判断をする確率の最大化は，次の式を満たすように閾値 x_0 を選ぶことに対応する．

$$\begin{aligned}
0 &= P(+)[-P(x_0|+)] + P(-)[P(x_0|-)] \\
P(+)P(x_0|+) &= P(-)[P(x_0|-)] &\text{(A.403)}
\end{aligned}$$

信号 + と − が等しく起こりうる単純な場合，$P(+) = P(-)$ であり，かつ $P(x_0|+) = P(x_0|-)$ となる閾値 x_0 を求める必要がある．言い換えると，図 4.8 に示したように，閾値は 2 つの確率分布が交差する点に設定されなければならない．

より一般には，閾値 x_0 は式 (A.403) を満たすように選ばれなければならない．この条件をもう少しよく理解するために，ベイズの法則を思い出そう．この法則によれば，x を観測したときに信号が + である確率は，

$$\begin{aligned}
P(+|x) &= P(x|+) \times P(+) \times \frac{1}{P(x)} &\text{(A.404)}\\
&= \frac{P(+)P(x|+)}{P(x)} &\text{(A.405)}
\end{aligned}$$

となる．ここで，$P(x)$ は x を観測する確率で，2 つの可能な信号に関する平均である．

$$P(x) = P(+)P(x|+) + P(-)P(x|-) \tag{A.406}$$

同様に，x を観測したときに信号が − である確率は，

$$P(-|x) = \frac{P(-)P(x|-)}{P(x)} \tag{A.407}$$

である．閾値 x_0 に関する式を，式 (A.404) から始めて少し変形すると，

$$P(+)P(x_0|+) = P(-)P(x_0|-)$$

$$\frac{P(+)P(x_0|+)}{P(x_0)} = \frac{P(-)P(x_0|-)}{P(x_0)} \tag{A.408}$$

$$P(+|x_0) = P(-|x_0) \tag{A.409}$$

となる．したがって，閾値は信号 + と − が等しく起こりうる点に設定されなければならない．これは，観測されたデータが与えられたときに，より高い確率をもつ信号を常に選択するならば，信号を正しく弁別する確率を最大化することを意味している．つまり，2 択の弁別の境界は，それらの確率が等しくなる点である．この方法は「最尤推定」とよばれ，複数の選択肢の中から 1 つを選択することへと一般化される．

もし $P(x|+)$ と $P(x|-)$ が分散が同じで平均が異なるガウス分布であれば，式 (A.409) の条件を満たす x_0 は 1 点のみである．一方，2 つの分布が同じ平均をもつが分散が異なるガウス分布であるならば，2 つの解があり，2 つの分割線が存在する．しかし，これらは一般的な規則の特殊な場合にすぎず，観測されたデータ x を最もありそうな信号に割り当てればよい．

A.17 ポアソン平均

ここでは，スパイク到着時刻のポアソン分布において平均を計算する際に関わる手順を示す．興味のある量は一般的には次の形式をもつ．

$$\left\langle \sum_{i=1}^{N} f(t_i) \right\rangle_{+} = \sum_{N=0}^{\infty} \int_0^T dt_1 \int_0^T dt_2 \cdots \int_0^T dt_N \sum_{i=1}^{N} f(t_i) P[t_1, t_2, \ldots, t_N|+] \tag{A.410}$$

ポアソンモデルから $P[t_1, t_2, \ldots, t_N|+]$ の式を代入し，$\{t_i\}$ と独立な指数項を取り出して，和を展開する．

$$\begin{aligned}\left\langle \sum_{i=1}^{N} f(t_i) \right\rangle_{+} &= \sum_{N=0}^{\infty} \int_0^T dt_1 \int_0^T dt_2 \cdots \int_0^T dt_N \sum_{i=1}^{N} f(t_i) \\ &\quad \times \exp\left[-\int_0^T dt r_+(t) \right] \frac{1}{N!} r_+(t_1) r_+(t_2) \cdots r_+(t_N) \\ &= \exp\left[-\int_0^T dt\, r_+(t) \right]\end{aligned}$$

$$
\times \sum_{N=0}^{\infty} \frac{1}{N!} \int_0^T dt_1\, r_+(t_1) \int_0^T dt_2\, r_+(t_2) \cdots \int_0^T dt_N\, r_+(t_N)[f(t_1) + f(t_2) + \cdots + f(t_N)] \tag{A.411}
$$

式 (A.411) の積分を行うために，式の中には N 個の次の形式に従う項が含まれることに着目する．

$$
\int_0^T dt_1\, r_+(t_1) \int_0^T dt_2\, r_+(t_2) \cdots \int_0^T dt_N\, r_+(t_N) f(t_1)
$$

この項は，$N-1$ 個の $r(t)$ の積分と $r(t)f(t)$ の（この場合は t_1 に関する）積分からなる．

$$
\begin{aligned}
&\int_0^T dt_1\, r_+(t_1) \int_0^T dt_2\, r_+(t_2) \cdots \int_0^T dt_N\, r_+(t_N) f(t_1) \\
&\quad = \left[\int_0^T dt_1\, r_+(t_1) f(t_1)\right] \left[\int_0^T dt_2\, r_+(t_2)\right] \cdots \left[\int_0^T dt_N\, r_+(t_N)\right] && \text{(A.412)} \\
&\quad = \left[\int_0^T dt\, r_+(t) f(t)\right] \times \left[\int_0^T dt\, r_+(t)\right]^{N-1} && \text{(A.413)}
\end{aligned}
$$

しかし，$f(t_1)$ に着目するのは本質的ではない．なぜなら，この導出は任意の $f(t_i)$ において成立するからである．したがって，N 個の項の和を計算すると，前の結果の N 倍が得られる．

$$
\begin{aligned}
&\int_0^T dt_1\, r_+(t_1) \int_0^T dt_2\, r_+(t_2) \cdots \int_0^T dt_N\, r_+(t_N)[f(t_1) + f(t_2) + \cdots + f(t_N)] \\
&\qquad = N \left[\int_0^T dt\, r_+(t) f(t)\right] \times \left[\int_0^T dt\, r_+(t)\right]^{N-1} && \text{(A.414)}
\end{aligned}
$$

よって，式 (A.411) に代入することができ，

$$
\begin{aligned}
\left\langle \sum_{i=1}^{N} f(t_i) \right\rangle_+ &= \exp\left[-\int_0^T dt\, r_+(t)\right] \\
&\quad \times \sum_{N=0}^{\infty} \frac{1}{N!} \int_0^T dt_1\, r_+(t_1) \int_0^T dt_2\, r_+(t_2) \\
&\quad\quad \cdots \int_0^T dt_N\, r_+(t_N)[f(t_1) + f(t_2) + \cdots + f(t_N)]
\end{aligned}
$$

$$
\begin{aligned}
&= \exp\left[-\int_0^T dt\, r_+(t)\right] \sum_{N=0}^{\infty} \frac{1}{N!} N \left[\int_0^T dt\, r_+(t)\right]^{N-1} \\
&\quad \times \int_0^T dt'\, r_+(t') f(t') \\
&= \exp(-Q_+) \times \sum_{N=0}^{\infty} \frac{1}{N!} N Q_+^{N-1} \times F_+ \qquad \text{(A.415)}
\end{aligned}
$$

となる．ここで，式 (A.111) の類推で，発火率の積分

$$
Q_+ = \int_0^T dt\, r_+(t) \qquad \text{(A.416)}
$$

ならびに次の因子

$$
F_+ = \int_0^T dt\, r_+(t) f(t) \qquad \text{(A.417)}
$$

を定義した．

計算を完了するためには，方程式 (A.415) に現れる無限級数の和を求める必要がある．A.5 節で議論されているように，NQ_+^{N-1} が Q_+^N の微分であることと，指数関数の展開

$$
\begin{aligned}
\sum_{N=0}^{\infty} \frac{1}{N!} N Q_+^{N-1} &= \sum_{N=0}^{\infty} \frac{1}{N!} \frac{\partial}{\partial Q_+} Q_+^N \qquad \text{(A.418)} \\
&= \frac{\partial}{\partial Q_+} \sum_{N=0}^{\infty} \frac{1}{N!} Q_+^N \qquad \text{(A.419)} \\
&= \frac{\partial}{\partial Q_+} \exp(Q_+) = \exp(Q_+) \qquad \text{(A.420)}
\end{aligned}
$$

を用いる．最後に，式 (A.415) に代入して指数関数の項を打ち消すと，以下が得られる．

$$
\begin{aligned}
\left\langle \sum_{i=1}^{N} f(t_i) \right\rangle_+ &= \exp(-Q_+) \times \sum_{N=0}^{\infty} \frac{1}{N!} N Q_+^{N-1} \times F_+ \\
&= \exp(-Q_+) \times \exp(Q_+) \times F_+ = F_+ \qquad \text{(A.421)} \\
&= \int_0^T dt\, r_+(t) f(t) \qquad \text{(A.422)}
\end{aligned}
$$

よって，本文で約束した結果が得られた．計算は読者への練習として残すが，同様の方法で，

$$
\left\langle \left[\sum_{i=1}^{N} f(t_i)\right]^2 \right\rangle_+ = \left[\int_0^T dt\, r_+(t) f(t)\right]^2 + \int_0^T dt\, r_+(t) [f(t)]^2 \qquad \text{(A.423)}
$$

を用いて計算すると，式 (4.12) に示すように分散

$$\left\langle\left[\delta\sum_{i=1}^{N}f(t_i)\right]^2\right\rangle_+=\int_0^T dt\,r_+(t)[f(t)]^2 \tag{A.424}$$

が得られる．

この節の結果を 4.1.3 項で利用すると，式 (4.10) の対数尤度比の平均の変化が次のように書ける．

$$\Delta M=\int_0^T dt\,[r_+(t)-r_-(t)]\ln\left[\frac{r_+(t)}{r_-(t)}\right]$$
$$=\int_0^T dt\,[\Delta r(t)]\ln\left[\frac{r_-(t)+\Delta r(t)}{r_-(t)}\right] \tag{A.425}$$
$$=\int_0^T dt\,[\Delta r(t)]\ln\left[1+\frac{\Delta r(t)}{r_-(t)}\right] \tag{A.426}$$

この問題が面白くなるのは，$\Delta r(t)$ が非常に小さく弁別が困難な限界においてである．そこで，図 2.8 で示したテイラー級数を用いて対数を展開することができ，

$$\ln\left[1+\frac{\Delta r(t)}{r_-(t)}\right]\approx\frac{\Delta r(t)}{r_-(t)}-\frac{1}{2}\left(\frac{\Delta r(t)}{r_-(t)}\right)^2+\cdots \tag{A.427}$$

となる．この展開は $\Delta r(t)$ が小さいときに成立する．式 (A.426) に代入して級数の先頭の項だけを取り出すと，それは $\Delta r(t)$ の変化が非常に小さいときの支配的な項になる．すなわち，

$$\Delta M=\int_0^T dt\,[\Delta r(t)]\ln\left[1+\frac{\Delta r(t)}{r_-(t)}\right]$$
$$=\int_0^T dt\,[\Delta r(t)]\left[\frac{\Delta r(t)}{r_-(t)}-\frac{1}{2}\left(\frac{\Delta r(t)}{r_-(t)}\right)^2+\cdots\right] \tag{A.428}$$
$$\approx\int_0^T dt\,\frac{[\Delta r(t)]^2}{r_-(t)} \tag{A.429}$$

となる．この式における因子 $r_-(t)$ は 2 つの発火率の平均，すなわち $r(t)=(1/2)[r_+(t)+r_-(t)]$ として書くことができ，よって $r_-(t)=r(t)-2r_+(t)$ である．再度テイラー級数で展開することもできるが，その展開の最初の項以外はすべて $\Delta r(t)$ の高次の項を含むことになり，これらの項を省略しても生じる誤差は無視できる．したがって，最終的に，対数尤度比の平均値の変化についての単純な式を得ることができる．

$$\Delta M \approx \int_0^T dt \, \frac{[\Delta r(t)]^2}{r(t)} \tag{A.430}$$

A.18 ホワイトノイズに対する信号ノイズ比

1つの変数を観測するとき，図4.19は，この変数の変化の検出可能性を，ガウシアンの背景ノイズに対して計算する方法を示している．しかし，4.2.1項の超視覚や4.2.3項のコウモリの反響定位の議論において，区別すべき信号が空間の位置の関数，または時間の関数である場合に，この描像を一般化したい．どちらの場合も，ノイズが「ホワイト」，つまり画像の各ピクセルやエコー波形の各瞬間において統計的に独立しているような限界を検討することが有用である．まず，時間的に変化する信号の場合を厳密に議論し，次いで画像の問題への明らかな一般化を行っていく．

時間を $\Delta\tau$ の大きさのビンに離散化するところから始める．計算の最後には，これらのビンを任意に小さくするので，この離散化は重要な制限ではない．ガウシアンホワイトノイズは，定義より各時間ビンで独立して変動するガウス分布に従う確率変数であり，これらの変動の分散を $\langle\eta^2\rangle$ と書く．この背景ノイズに加えられた信号 $s(t)$ を観測したとし，時間ビン n での値を

$$x(t_n) = s(t_n) + \eta_n \tag{A.431}$$

と書くことにする．ここで，$s(t_n)$ は時間ビン n の信号であり，η_n は同じビンのノイズである．$s(t_n)$ が与えられたときに $x(t_n)$ を観測する確率は，

$$P[x(t_n)|s(t_n)] = P[\eta_n = x(t_n) - s(t_n)] \tag{A.432}$$

$$= \frac{1}{\sqrt{2\pi\langle\eta^2\rangle}} \exp\left\{-\frac{[x(t_n) - s(t_n)]^2}{2\langle\eta^2\rangle}\right\} \tag{A.433}$$

で与えられる．ここで，ある特定のビンではなく，時刻 $t = 0$ から $t = T$ までの全時間区間で何が起こるのかを知りたいとする．この中には $N = T/\Delta\tau$ 個のビンが含まれている．ノイズは各ビンで統計的に独立であるため，$x(t_1), x(t_2), \ldots, x(t_N)$ の**集合**の条件付き確率は，個々のビンでの確率の積で計算することができる．

$$P[\{x(t_n)\}|\{s(t_n)\}] = \prod_{n=1}^{N} P[x(t_n)|s(t_n)] \tag{A.434}$$

$$= \prod_{n=1}^{N} \frac{1}{\sqrt{2\pi\langle\eta^2\rangle}} \exp\left\{-\frac{[x(t_n) - s(t_n)]^2}{2\langle\eta^2\rangle}\right\} \tag{A.435}$$

$$= \left[\frac{1}{\sqrt{2\pi\langle\eta^2\rangle}}\right]^N \prod_{n=1}^{N} \exp\left\{-\frac{[x(t_n)-s(t_n)]^2}{2\langle\eta^2\rangle}\right\} \tag{A.436}$$

$$= \left[\frac{1}{\sqrt{2\pi\langle\eta^2\rangle}}\right]^N \exp\left\{-\sum_{n=1}^{N}\frac{[x(t_n)-s(t_n)]^2}{2\langle\eta^2\rangle}\right\} \tag{A.437}$$

$$= \left[\frac{1}{\sqrt{2\pi\langle\eta^2\rangle}}\right]^{T/\Delta\tau} \exp\left\{-\frac{1}{2\langle\eta^2\rangle}\sum_{n=1}^{T/\Delta\tau}[x(t_n)-s(t_n)]^2\right\} \tag{A.438}$$

最初に述べたように，ビン幅 $\Delta\tau$ を小さくする．その場合，離散的なビンにわたる合計は，連続時間の積分として近似することできる．すなわち，任意の滑らかな関数 $F(t)$ に対して

$$\sum_{n=1}^{T/\Delta\tau} F(t_n) \to \frac{1}{\Delta\tau}\int_0^T dt\, F(t) \tag{A.439}$$

である．式 (A.338) の場合，和は

$$\sum_{n=1}^{T/\Delta\tau}[x(t_n)-s(t_n)]^2 \to \frac{1}{\Delta\tau}\int_0^T dt\,[x(t_n)-s(t_n)]^2 \tag{A.440}$$

となり，よって

$$P[\{x(t_n)\}|\{s(t_n)\}] = \left[\frac{1}{\sqrt{2\pi\langle\eta^2\rangle}}\right]^{T/\Delta\tau} \exp\left\{-\frac{1}{2\langle\eta^2\rangle}\sum_{n=1}^{T/\Delta t}[x(t_n)-s(t_n)]^2\right\}$$
$$\to \left[\frac{1}{\sqrt{2\pi\langle\eta^2\rangle}}\right]^{T/\Delta\tau} \exp\left[-\frac{1}{2\langle\eta^2\Delta\tau\rangle}\int_0^T dt\ |x(t)-s(t)|^2\right] \tag{A.441}$$

である．ビンを小さくする極限に移行する際に，各ビンの $x(t_n)$ の値を記述する確率分布は，$x(t)$ の関数の確率分布へと変化する．これは時に，確率分布関数（Feynman and Hibbs 1965 による）とよばれる．形式的には次のように書くことができる．

$$P[x(t_1), x(t_2), \ldots, x(t_N)|s(t_1), s(t_2), \ldots, s(t_N)] \to P[x(t)|s(t)] \tag{A.442}$$

そして式 (A.441) より，次式が得られる．

$$P[x(t)|s(t)] \propto \exp\left[-\frac{1}{2\langle\eta^2\Delta\tau\rangle}\int_0^T dt\ |x(t)-s(t)|^2\right] \tag{A.443}$$

この議論で自然に浮かび上がってくる量は $N_0 = \langle \eta^2 \rangle \Delta\tau$ であり，(ノイズ)^2・(時間)^2 または (ノイズ)^2/(周波数)^2 の単位をもつ．これはノイズ $\langle \eta \rangle$ のスペクトル密度の単位とも一致する．実際，N_0 は 3.1.4 項で定義したようなノイズのパワースペクトルそのものである．そして，スペクトル全体が 1 つの数値として出てくるのは，ノイズがホワイトであるという仮定により，スペクトルが一定であることによる．

このように，背景ノイズがスペクトル密度 N_0 をもつガウシアンかつホワイトの場合，ある波形 $x(t)$ を観測する確率は，

$$P[x(t)|s_1(t)] \propto \exp\left[-\frac{1}{2N_0}\int dt\ |x(t) - s_1(t)|^2\right] \tag{A.444}$$

となる．ここで，$s_1(t)$ は 1 つの可能な信号である．同様に，もしその信号が $s_2(t)$ であれば，その分布は同じ形式をもち，平均波形を $s_1(t)$ を $s_2(t)$ に置き換えて

$$P[x(t)|s_2(t)] \propto \exp\left[-\frac{1}{2N_0}\int dt\ |x(t) - s_2(t)|^2\right] \tag{A.445}$$

となる．標準的な強制選択実験では，ある波形 $x(t)$ を観測したとき，式 (4.3) での議論に従って相対尤度の対数を計算することで，信号が $s_1(t)$ であるか $s_2(t)$ であるかを決定することができる．

$$\lambda[x(t)] = \ln\left(\frac{P[x(t)|s_1(t)]}{P[x(t)|s_2(t)]}\right) \tag{A.446}$$

$$= \frac{1}{2N_0}\int dt\,[|x(t) - s_1(t)|^2 - |x(t) - s_2(t)|^2] + 定数 \tag{A.447}$$

$$\begin{aligned} &= \frac{1}{2N_0}\int dt\,[x^2(t) - 2x(t)s_1(t) + s_1^2(t)] \\ &\quad - \frac{1}{2N_0}\int dt\,[x^2(t) - 2x(t)s_2(t) + s_2^2(t)] + 定数 \end{aligned} \tag{A.448}$$

$$= \frac{1}{2N_0}\int dt\,\{-2x(t)[s_1(t) - s_2(t)] + s_1^2(t) + s_2^2(t)\} + 定数 \tag{A.449}$$

$$= \frac{1}{N_0}\int dt\,x(t)[s_2(t) - s_1(t)] + それ以外 \tag{A.450}$$

この導出では，式 (A.444) と (A.445) から現れる定数項をまとめて「定数」として記述し，かつ $\lambda[x(t)]$ の $x(t)$ に依存しない項をまとめて「それ以外」とした◆11．

対数尤度比 $\lambda[x(t)]$ は，$s_1(t)$ と $s_2(t)$ の 2 つの刺激間で最適な弁別を行うために必要なすべてであり，$x(t)$ の線形汎関数である．しかし波形 $x(t)$ は，信号にガウシアン

◆11 訳注：式 (A.447) から式 (A.448) の変形で絶対値を外しているが，元々の式 (A.440) は絶対値が付いてないため外してもよい．

ホワイトノイズが加わったものであり，これは $x(t)$ もまたガウシアン確率変数であることを意味する．また，異なる時刻の $x(t)$ の任意の線形の組合せ，たとえば $\lambda[x(t)]$ もまたガウシアン確率変数となる．しかし，これは元の問題，すなわち関数間の弁別問題が，1 つの変数，つまり λ 自体に基づく弁別問題に還元されたことを意味する．そして，この弁別問題は図 4.19 に記述されている問題とまったく同じである．弁別のための「信号」は，2 つの分布 $P[x(t)|s_1(t)]$ と $P[x(t)|s_2(t)]$ における $\lambda[x(t)]$ の平均値が異なるという事実から来ている．この違いを計算するために，$x(t)$ の平均値は常にその「信号」であり，

$$\langle\lambda[x(t)]\rangle_1 = \frac{1}{N_0}\int dt\ \langle x(t)\rangle_1\,[s_2(t) - s_1(t)] + \text{それ以外} \tag{A.451}$$

$$= \frac{1}{N_0}\int dt\, s_1(t)[s_2(t) - s_1(t)] + \text{それ以外} \tag{A.452}$$

かつ，同様に

$$\langle\lambda[x(t)]\rangle_2 = \frac{1}{N_0}\int dt\ \langle x(t)\rangle_2\,[s_2(t) - s_1(t)] + \text{それ以外} \tag{A.453}$$

$$= \frac{1}{N_0}\int dt\, s_2(t)[s_2(t) - s_1(t)] + \text{それ以外} \tag{A.454}$$

とできる．したがって，平均の差は以下で与えられる．

$$\langle\lambda[x(t)]\rangle_1 - \langle\lambda[x(t)]\rangle_2 = \frac{1}{N_0}\int dt\, s_1(t)[s_2(t) - s_1(t)] + \text{それ以外}$$

$$- \frac{1}{N_0}\int dt\, s_2(t)[s_2(t) - s_1(t)] - \text{それ以外} \tag{A.455}$$

$$= \frac{1}{N_0}\int dt\,[s_1(t) - s_2(t)][s_2(t) - s_1(t)] \tag{A.456}$$

$$= -\frac{1}{N_0}\int dt\,[s_1(t) - s_2(t)]^2 \tag{A.457}$$

これは弁別のための「信号」を決定する．また，ノイズを特定するためには $\lambda[x(t)]$ の分散を求める必要がある．

$\lambda[x(t)]$ の分散を求める際，変動しないすべての項を除外することができる．したがって，$x(t)$ に依存しない「それ以外」の項は無視でき，$x(t)$ からその平均値を引いて，ノイズ $\eta(t)$ のみを残すことができる．そうすると，$\lambda[x(t)]$ の変動は次のように与えられる．

$$\delta\lambda[x(t)] = \frac{1}{N_0}\int dt\, \eta(t)[s_2(t) - s_1(t)] \tag{A.458}$$

また，分散は

$$\langle(\delta\lambda[x(t)])^2\rangle = \left\langle\left[\frac{1}{N_0}\int dt\,\eta(t)[s_2(t)-s_1(t)]\right]^2\right\rangle \tag{A.459}$$

$$= \frac{1}{N_0^2}\left\langle\int dt\,\eta(t)[s_2(t)-s_1(t)]\int dt'\,\eta(t')[s_2(t')-s_1(t')]\right\rangle \tag{A.460}$$

$$= \frac{1}{N_0^2}\int dt\int dt'\,\langle\eta(t)\eta(t')\rangle\,[s_2(t)-s_1(t)][s_2(t')-s_1(t')] \tag{A.461}$$

となる．ホワイトノイズは非常に単純な相関関数をもつ．すなわち，A.1 節で定義した Dirac のデルタ関数に比例し，その係数がパワースペクトルになる．つまり，

$$\langle\eta(t)\eta(t')\rangle = N_0\delta(t-t') \tag{A.462}$$

である．これを式 (A.461) に代入して，

$$\langle(\delta\lambda[x(t)])^2\rangle = \frac{1}{N_0^2}\int dt\int dt'\,\langle\eta(t)\eta(t')\rangle\,[s_2(t)-s_1(t)][s_2(t')-s_1(t')]$$

$$= \frac{1}{N_0^2}\int dt\int dt'\,N_0\delta(t-t')[s_2(t)-s_1(t)][s_2(t')-s_1(t')] \tag{A.463}$$

$$= \frac{1}{N_0}\int dt\int dt'\,\delta(t-t')[s_2(t)-s_1(t)][s_2(t')-s_1(t')] \tag{A.464}$$

$$= \frac{1}{N_0}\int dt\int dt'\,\delta(t-t')[s_2(t)-s_1(t)]^2 \tag{A.465}$$

となる．ここで，最後の導出では，$t \neq t'$ で $\delta(t-t')=0$ となる性質を利用し，$t=t'$ の点だけを取り出した．また，式 (A.10) より，t' に関する積分は

$$\int dt'\,\delta(t-t') = 1 \tag{A.466}$$

であることから，

$$\langle(\delta\lambda[x(t)])^2\rangle = \frac{1}{N_0}\int dt\int dt'\,\delta(t-t')[s_2(t)-s_1(t)]^2$$

$$= \frac{1}{N_0}\int dt\,[s_2(t)-s_1(t)]^2\int dt'\,\delta(t-t') \tag{A.467}$$

$$= \frac{1}{N_0}\int dt\,[s_2(t)-s_1(t)]^2 \tag{A.468}$$

となる．

最後に，すべての部品をまとめて，ホワイト背景ノイズにおける信号 $s_1(t)$ と $s_2(t)$ の弁別のための信号ノイズ比を計算する．

$$SNR = [\langle\lambda[x(t)]\rangle_1 - \langle\lambda[x(t)]\rangle_2]^2 \times [\langle(\delta\lambda[x(t)])^2\rangle]^{-1} \tag{A.469}$$

$$= \left[-\frac{1}{N_0} \int dt \, [s_1(t) - s_2(t)]^2 \right]^2 \left[\frac{1}{N_0} \int dt \, [s_1(t) - s_2(t)]^2 \right]^{-1} \tag{A.470}$$

$$= \frac{1}{N_0} \int dt \, [s_1(t) - s_2(t)]^2 \tag{A.471}$$

$$= \frac{1}{N_0} \int dt \, [\Delta s(t)]^2 \tag{A.472}$$

ここで，$\Delta s(t) = s_1(t) - s_2(t)$ の記法を導入した．

式 (A.472) の結果は，2 つの画像間の弁別へと明確に一般化することができる．2 つの画像が光の強度のパターン $I_1(x)$ と $I_2(x)$ を生成し，ホワイトノイズがこれらの強度の計測におけるノイズに相当するものと考える．そうすると，弁別における信号ノイズ比は，時間依存信号と本質的に同じであり，画像のピクセルが離散時間ビンの役割を果たして，以下のようになる．

$$SNR = \frac{1}{N_0} \int d^2x \, [\Delta I(x)]^2 \tag{A.473}$$

これが，4.2.1 項で必要とされた式である．

コウモリの反響定位に関する 4.2.3 項の議論において，コウモリが弁別しなければならない 2 つの波形は，両方とも定型化された反響波形 $s_0(t - \tau)$ である．ここで τ は反響の遅延を表す．$s_1(t)$ と $s_2(t)$ の違いは遅延の値だけなので，以下のようになる．

$$s_1(t) = s_0(t - \tau) \tag{A.474}$$

$$s_2(t) = s_0(t - \tau - \delta\tau) \tag{A.475}$$

ここで，$\delta\tau$ はターゲットの小さな変動である．波形の差は

$$\begin{aligned} \Delta s(t) &= s_1(t) - s_2(t) \\ &= s_0(t-\tau) - s_0(t - \tau - \delta\tau) && \text{(A.476)} \\ &\approx s_0(t-\tau) - \left[s_0(t-\tau) - \delta\tau \frac{ds_0(t-\tau)}{dt} + \cdots \right] && \text{(A.477)} \\ &= \delta\tau \frac{ds_0(t-\tau)}{dt} && \text{(A.478)} \end{aligned}$$

となる．ここで小さい $\delta\tau$ のもとでテイラー展開を用いた（式 (A.37) 参照）．式 (A.472) に代入すると，変動の弁別のための信号ノイズ比が得られる．

$$\begin{aligned} SNR &= \frac{1}{N_0} \int dt \, [\Delta s(t)]^2 \\ &= \frac{1}{N_0} \int dt \left[\delta\tau \frac{ds_0(t-\tau)}{dt} \right]^2 && \text{(A.479)} \end{aligned}$$

$$= (\delta\tau)^2 \frac{1}{N_0} \int dt \left[\frac{ds_0(t-\tau)}{dt}\right]^2 \tag{A.480}$$

A.19　最適フィルタ

この節では，フィルタを通じた情報伝達の最大化の問題を考える．信号は背景ノイズとともに提示され，フィルタの出力には限られたダイナミックレンジがあり，出力時にもノイズが存在する．私たちがやりたいことは，信号を保護し，利用可能なダイナミックレンジを最大限に活用するためのフィルタ特性を形成することである．単純化のために，信号とノイズはガウス分布で与えられるとし，そのパワースペクトルで完全に記述されると仮定する．さらに，フィルタが線形であると仮定し，計算を著しく単純化する．実際にはこれは仮定ではなく，ガウシアンの信号とノイズの場合には，最適化問題は線形フィルタによって解決される．その際，非線形性は情報をより多く伝達する助けにはならない．

5.3 節に従って問題を設定する．信号 $s(t)$ が背景ノイズ $\eta_1(t)$ に加えられ，次にこの組合せがインパルス応答 $F(t)$ をもつデバイスによってフィルタリングされ，最終的に出力にもノイズ $\eta_2(t)$ が加えられて電圧 $V(t)$ を生成する．

$$V(t) = \int dt'\, F(t-t')[s(t') + \eta_1(t')] + \eta_2(t) \tag{A.481}$$

周波数領域でこの仕組みを考えると有用である．そのために，2.1.3 項でのインピーダンスの議論から，式 (2.7) から式 (2.10) まで，両辺をフーリエ変換する．

$$\int dt\, \exp(+i\omega t) V(t) = \int dt\, \exp(+i\omega t) \int dt'\, F(t-t')[s(t') + \eta_1(t')] + \int dt\, \exp(+i\omega t)\eta_2(t) \tag{A.482}$$

$$\widetilde{V}(\omega) = \int dt\, \exp(+i\omega t) \int dt'\, F(t-t')[s(t') + \eta_1(t')] + \int dt\, \exp(+i\omega t)\eta_2(t) \tag{A.483}$$

$$= \int dt \int dt'\, \exp(+i\omega t) F(t-t')[s(t') + \eta_1(t')] + \widetilde{\eta}_2(\omega) \tag{A.484}$$

$$= \int dt \int dt'\, \exp[+i\omega(t-t')]$$

$$\times F(t-t')\exp(i\omega t')[s(t')+\eta_1(t')]+\widetilde{\eta}_2(\omega) \tag{A.485}$$

計算を完了するために，積分の変数を変更する．変数 t と t' の上で積分する代わりに，t' と τ で積分する．ここで，新しい変数は $\tau=t-t'$ として定義される．そうすると，以下が得られる．

$$\begin{aligned}\widetilde{V}(\omega) &= \int dt\int dt'\ \exp[+i\omega(t-t')]F(t-t')\exp(i\omega t')[s(t')+\eta_1(t')]\\ &\quad +\widetilde{\eta}_2(\omega)\\ &= \int d\tau\ \exp(i\omega\tau)F(\tau)\int dt'\ \exp(i\omega t')[s(t')+\eta_1(t')]\\ &\quad +\widetilde{\eta}_2(\omega) \qquad (A.486)\\ &= \left[\int d\tau\ \exp(i\omega\tau)F(\tau)\right]\\ &\quad \times\left[\int dt'\ \exp(i\omega t')s(t')+\int dt'\ \exp(i\omega t')\eta_1(t')\right]\\ &\quad +\widetilde{\eta}_2(\omega) \qquad (A.487)\\ &= \widetilde{F}(\omega)[\widetilde{s}(\omega)+\widetilde{\eta}_1(\omega)]+\widetilde{\eta}_2(\omega) \qquad (A.488)\end{aligned}$$

つまり，周波数成分ごとに見ていくと，出力電圧は信号 $\widetilde{s}(\omega)$ に比例する項と，入力と出力でのノイズを反映する 2 つの項，それぞれ $\widetilde{\eta}_1$ と $\widetilde{\eta}_2$ から構成されていることがわかる．

出力電圧 $V(t)$ が入力信号 $s(t)$ に対してどれほどの情報を提供するのかを考える．周波数成分 ω において，信号に対応する $\widetilde{V}(\omega)$ の成分は明らかに $\widetilde{F}(\omega)\widetilde{s}(\omega)$ であり，ノイズに対応する成分は $\widetilde{F}(\omega)\eta_1 s(\omega)+\eta_2(\omega)$ である．式 (3.66) を思い出すと，信号 $s(t)$ のパワースペクトルはフーリエ係数の分散を正規化することで得られるので，

$$\langle\widetilde{s}(\omega)\widetilde{s}(-\omega)\rangle=\langle|\widetilde{s}(\omega)|^2\rangle=TS(\omega) \tag{A.489}$$

あるいは

$$S(\omega)=\frac{1}{T}\langle|\widetilde{s}(\omega)|^2\rangle \tag{A.490}$$

のようになる．いまの場合，信号の実効フーリエ成分は $\widetilde{F}(\omega)\widetilde{s}(\omega)$ なので，実効パワースペクトルは次で与えられる．

$$S_{\text{eff}}(\omega)=\frac{1}{T}\left\langle\left|\widetilde{F}(\omega)\widetilde{s}(\omega)\right|^2\right\rangle \tag{A.491}$$

$$=\left|\widetilde{F}(\omega)\right|^2\frac{1}{T}\langle|\widetilde{s}(\omega)|^2\rangle=\left|\widetilde{F}(\omega)\right|^2 S(\omega) \tag{A.492}$$

実効ノイズスペクトルも同様の操作で得られる.

$$N_{\mathrm{eff}}(\omega) = \frac{1}{T}\left\langle\left|\widetilde{F}(\omega)\eta_1(\omega) + \eta_2(\omega)\right|^2\right\rangle \tag{A.493}$$

$$= \left|\widetilde{F}(\omega)\right|^2 \frac{1}{T}\left\langle|\eta_1(\omega)|^2\right\rangle + \frac{1}{T}\left\langle|\eta_2(\omega)|^2\right\rangle \tag{A.494}$$

ここで,最後の導出では,2 つのノイズ源 $\eta_1(t)$ と $\eta_2(t)$ が統計的に独立であることを用いた.実効ノイズスペクトルは個々のノイズ成分のパワースペクトル,N_1 と N_2 で表され,簡単のためにこれらのノイズはホワイトであると仮定する.このようにして,

$$N_{\mathrm{eff}}(\omega) = \left|\widetilde{F}(\omega)\right|^2 \frac{1}{T}\left\langle|\eta_1(\omega)|^2\right\rangle + \frac{1}{T}\left\langle|\eta_2(\omega)|^2\right\rangle = \left|\widetilde{F}(\omega)\right|^2 N_1 + N_2 \tag{A.495}$$

が得られる.最後に,これらの式をまとめて各周波数ごとの信号ノイズ比を得る.

$$SNR(\omega) \equiv \frac{S_{\mathrm{eff}}(\omega)}{N_{\mathrm{eff}}(\omega)} \tag{A.496}$$

$$= \frac{\left|\widetilde{F}(\omega)\right|^2 S(\omega)}{\left|\widetilde{F}(\omega)\right|^2 N_1 + N_2} \tag{A.497}$$

入力信号 $s(t)$ に対する出力 $V(t)$ の情報伝達率は,式 (3.72) の Shannon の公式から得られる.

$$R_{\mathrm{info}} = \frac{1}{2}\int_{-\infty}^{\infty}\frac{d\omega}{2\pi}\log_2[1 + SNR(\omega)]$$

$$= \frac{1}{2}\int_{-\infty}^{\infty}\frac{d\omega}{2\pi}\log_2\left[1 + \frac{\left|\widetilde{F}(\omega)\right|^2 S(\omega)}{\left|\widetilde{F}(\omega)\right|^2 N_1 + N_2}\right] \tag{A.498}$$

情報伝達を最大化するフィルタ特性 $\widetilde{F}(\omega)$ を,出力の分散が固定されているという制約のもとで求めたい.出力の分散は,式 (3.65) の一般化によりパワースペクトルと関連しており,以下のようになる.

$$\langle V^2\rangle = \int_{-\infty}^{\infty}\frac{d\omega}{2\pi}[S_{\mathrm{eff}}(\omega) + N_{\mathrm{eff}}(\omega)] \tag{A.499}$$

$$= \int_{-\infty}^{\infty}\frac{d\omega}{2\pi}\left[\left|\widetilde{F}(\omega)\right|^2 S(\omega) + \left|\widetilde{F}(\omega)\right|^2 N_1 + N_2\right] \tag{A.500}$$

前節と同様に,Lagrange の未定乗数法を用いて,$\langle V^2\rangle$ を固定した状態で R_{info} を最大化する.

新しい量 $\widetilde{R}$ と Lagrange 乗数 λ を定義する.

$$\widetilde{R} \equiv R_{\text{info}} - \lambda \langle V^2 \rangle \tag{A.501}$$

$$= \frac{1}{2}\int_{-\infty}^{\infty} \frac{d\omega}{2\pi} \log_2 \left[1 + \frac{\left|\widetilde{F}(\omega)\right|^2 S(\omega)}{\left|\widetilde{F}(\omega)\right|^2 N_1 + N_2} \right] - \lambda \int_{-\infty}^{\infty} \frac{d\omega}{2\pi} \left[\left|\widetilde{F}(\omega)\right|^2 S(\omega) + \left|\widetilde{F}(\omega)\right|^2 N_1 + N_2 \right] \tag{A.502}$$

フィルタ $\widetilde{F}(\omega)$ に小さな摂動を加えたときの $\widetilde{R}$ の変化を評価し，関数微分を取り出して，最大化する条件を求めたい．$\widetilde{R}$ は $|\widetilde{F}(\omega)|^2$ に依存することから，これを独立変数とみなす．よって，次の式から始めることにする．

$$\begin{aligned}
&\widetilde{R}\left[\left|\widetilde{F}(\omega)\right|^2 + \delta \left|\widetilde{F}(\omega)\right|^2 \right] \\
&= \frac{1}{2}\int_{-\infty}^{\infty} \frac{d\omega}{2\pi} \log_2 \left[1 + \frac{\left[\left|\widetilde{F}(\omega)\right|^2 + \delta \left|\widetilde{F}(\omega)\right|^2 \right] S(\omega)}{\left[\left|\widetilde{F}(\omega)\right|^2 + \delta \left|\widetilde{F}(\omega)\right|^2 \right] N_1 + N_2} \right] \\
&\quad - \lambda \int_{-\infty}^{\infty} \frac{d\omega}{2\pi} \left[\left|\widetilde{F}(\omega)\right|^2 S(\omega) + \left|\widetilde{F}(\omega)\right|^2 N_1 + N_2 \right] \\
&\quad - \lambda \int_{-\infty}^{\infty} \frac{d\omega}{2\pi} \delta \left|\widetilde{F}(\omega)\right|^2 [S(\omega) + N_1]
\end{aligned} \tag{A.503}$$

これまでの計算と同様に，計算が難しいのは対数の項なので，まずそれから手を付ける．自然対数に変換すると，

$$\begin{aligned}
&\frac{1}{2}\int_{-\infty}^{\infty} \frac{d\omega}{2\pi} \log_2 \left[1 + \frac{\left[\left|\widetilde{F}(\omega)\right|^2 + \delta \left|\widetilde{F}(\omega)\right|^2 \right] S(\omega)}{\left[\left|\widetilde{F}(\omega)\right|^2 + \delta \left|\widetilde{F}(\omega)\right|^2 \right] N_1 + N_2} \right] \\
&= \frac{1}{2\ln 2}\int_{-\infty}^{\infty} \frac{d\omega}{2\pi} \ln \left[1 + \frac{\left[\left|\widetilde{F}(\omega)\right|^2 + \delta \left|\widetilde{F}(\omega)\right|^2 \right] S(\omega)}{\left[\left|\widetilde{F}(\omega)\right|^2 + \delta \left|\widetilde{F}(\omega)\right|^2 \right] N_1 + N_2} \right]
\end{aligned} \tag{A.504}$$

となる．$\delta|\widetilde{F}(\omega)|^2$ は小さく，任意の小さな δB に関して次の関係が成立する◆12.

$$\frac{1}{A + \delta B} = \frac{1}{A} - \frac{1}{A^2}\delta B + \frac{1}{A^3}[\delta B]^2 - \cdots \tag{A.505}$$

◆12　訳注：$1/(A + \delta B) = (1/A)[1/(1 + \delta B/A)]$, $x = -\delta B/A$ とし，$1/(1 - x) = 1 + x + x^2 + \cdots$ $(-1 < x < 1)$ を使う．

$$= \frac{1}{A}\left(1 - \frac{1}{A}\delta B + \frac{1}{A^2}[\delta B]^2 - \cdots\right) \tag{A.506}$$

以降の手順はおなじみである．この式を，自然対数のテイラー展開とともに用い，$\delta|\widetilde{F}(\omega)|^2$ と同じ次数の項を集める．そうすることで，$\widetilde{R}$ の関数微分を得ることができる．

$$\frac{\delta \widetilde{R}}{\delta\left|\widetilde{F}(\omega)\right|^2} = \frac{1}{2\ln 2}\cdot\frac{S(\omega)}{\left|\widetilde{F}(\omega)\right|^2 N_1 + N_2}\cdot\frac{N_2}{\left|\widetilde{F}(\omega)\right|^2[S(\omega)+N_1]+N_2} - \lambda[S(\omega)+N_1] \tag{A.507}$$

この式を用いて最適フィルタを得る．すなわち，関数微分がゼロになる点を求めて $|\widetilde{F}(\omega)|^2$ について解けばよい．しかしより重要なのは，いくつかの特定の場合である．

信号ノイズ比が大きい場合，式 (A.507) において $S(\omega)\to\infty$ とすることができ，

$$\frac{\delta \widetilde{R}}{\delta\left|\widetilde{F}(\omega)\right|^2} \approx \frac{1}{2\ln 2}\cdot\frac{N_2}{\left|\widetilde{F}(\omega)\right|^2 N_1 + N_2}\cdot\frac{1}{\left|\widetilde{F}(\omega)\right|^2} - \lambda[S(\omega)] \tag{A.508}$$

となる．関数微分が 0 になり，最適な情報伝達が行われる条件は，単に以下の計算をすればよい．

$$0 = \frac{\delta \widetilde{R}}{\delta\left|\widetilde{F}(\omega)\right|^2} \tag{A.509}$$

$$\approx \frac{1}{2\ln 2}\cdot\frac{N_2}{\left|\widetilde{F}(\omega)\right|^2 N_1 + N_2}\cdot\frac{1}{\left|\widetilde{F}(\omega)\right|^2} - \lambda[S(\omega)] \tag{A.510}$$

$$\lambda[S(\omega)] = \frac{1}{2\ln 2}\cdot\frac{N_2}{\left|\widetilde{F}(\omega)\right|^2 N_1 + N_2}\cdot\frac{1}{\left|\widetilde{F}(\omega)\right|^2} \tag{A.511}$$

$$\left|\widetilde{F}(\omega)\right|^2 = \frac{1}{S(\omega)}\cdot\frac{1}{2\lambda\ln 2}\cdot\frac{N_2}{\left|\widetilde{F}(\omega)\right|^2 N_1 + N_2} \tag{A.512}$$

十分大きな $S(\omega)$ に対してこの式からわかるのは，フィルタ $|\widetilde{F}(\omega)|^2$ は十分小さく，よって式 (A.512) 中の $|\widetilde{F}(\omega)|^2 N_1$ は N_2 と比較して無視できることである．したがって，次の簡潔な結果が得られる．

$$\left|\widetilde{F}(\omega)\right|^2 = \frac{1}{S(\omega)}\cdot\frac{1}{2\lambda\ln 2} \tag{A.513}$$

これは 5.3 節で議論した結果である．すなわち，高い信号ノイズ比のもとでは，最適エ

ンコーディングフィルタは入力パワースペクトルをキャンセルする周波数依存性をもつ．よって，フィルタの出力電位は定数もしくはホワイトなパワースペクトル

$$S_{\mathrm{out}}(\omega) = \left|\widetilde{F}(\omega)\right|^2 S(\omega) \tag{A.514}$$

をもつ．より一般には，式 (A.507) から明らかなように，信号ノイズ比が小さい周波数範囲に達すると，この状況は続かないことがわかる．最適フィルタがどのようにしてノイズ N_1 を除外するために「ロールオーバー」するかの詳細は，N_2 の正確な値と信号スペクトル $S(\omega)$ の正確な形状に依存する．これらの最適化の議論についてさらに展開した視点は，Atick (1992) を参照されたい．

参考文献

Abeles, M., H. Bergman, E. Margalit, and E. Vaadia (1993). Spatiotemporal firing patterns in the frontal cortex of behaving monkeys, *J. Neurophysiol.* 70, 1629–1638.

Abragam, A. (1983). *Principles of Nuclear Magnetism*, paperback edition (Oxford University Press, Oxford).（日本語訳: 富田和久, 田中基之 (2005). 核の磁性（上）（下）, POD 版.（吉岡書店））

Adrian, E. D. (1926). The impulses produced by sensory nerve endings: Part I, *J. Physiol. (Lond.)* 61, 49–72.

Adrian, E. D. (1928). *The Basis of Sensation: The Action of the Sense Organs* (W. W. Norton, New York).

Adrian, E. D. (1932). *The Mechanism of Nervous Action: Electrical Studies of the Neurone* (University of Pennsylvania Press, Philadelphia).

Adrian, E. D. (1947). *The Physical Background of Perception; being the Waynflete Lectures delivered in the College of St. Mary Magdalen, Oxford, in Hilary term 1946* (Oxford University Press, Oxford).

Adrian, E. D., and Y. Zotterman (1926a). The impulses produced by sensory nerve endings: Part II: The response of a single end organ, *J. Physiol. (Lond.)* 61, 151–171.

Adrian, E. D., and Y. Zotterman (1926b). The impulses produced by sensory nerve endings: Part III: Impulses set up by touch and pressure, *J. Physiol. (Lond.)* 61, 465–483.

Aho, A.-C., K. Donner, C. Hydén, L. O. Larsen, and T. Reuter (1988). Low retinal noise in animals with low body temperature allows high visual sensitivity, *Nature* 334, 348–350.

Aidley, D. J., (1989). *The Physiology of Excitable Cells, Third Edition* (Cambridge University Press, Cambridge).

Allen, C., and C. F. Stevens (1994). An evaluation of causes for unreliability of synaptic transmission, *Proc. Nat. Acad. Sci. USA* 91, 10380–10383.

Altes, R. A. (1989). Ubiquity of hyperacuity, *J. Acoust. Soc. Am.* 85, 943–952.

Aronson, D. G., and H. F. Weinberger (1978). Multidimensional nonlinear diffusion arising in population genetics, *Adv. Math.* 30, 33–76.

Atema, J. (1995). Chemical signals in the marine environment: Dispersal, detection and temporal signal analysis, *Proc. Nat. Acad. Sci. USA* 92, 62–66.

Atick, J. J. (1992). Could information theory provide an ecological theory of sensory processing?. In *Princeton Lectures on Biophysics*, W. Bialek, ed., pp. 223–289 (World Scientific, Singapore),

Atick, J. J., Z. Li, and A. N. Redlich (1992). Understanding retinal color coding from first principles, *Neural Comp.* 4, 559–572.

Atick, J. J., and A. N. Redlich (1990). Towards a theory of early visual processing, *Neural Comp.* 2, 308–320.

Bair, W. (1995). The analysis of temporal structure in spike trains of visual cortical area MT. Dissertation, California Institute of Technology.

Bair, W., and C. Koch (1996). Temporal precision of spike trains in extrastriate cortex of the behaving macaque monkey, *Neural Comp.* 8, 1184–1202.

Bair, W., E. Zohary, and C. Koch (1996). Correlated neuronal response: Time scales and mechanisms. In *Advances in Neural Information Processing Systems* 8, D. S. Touretzky, M. C. Mozer, and M. E. Hasselmo, eds., pp. 68–74 (MIT Press, Cambridge MA).

Barlow, H. B. (1952). The size of ommatida in apposition eyes, *J. Exp. Biol.* 29, 667–674.

Barlow, H. B. (1953a). Action potentials from the frog's retina, *J. Physiol. (Lond.)* 119, 58–68.

Barlow, H. B. (1953b). Summation and inhibition in the frog's retina, *J. Physiol. (Lond.)* 119, 69–88.

Barlow, H. B. (1956). Retinal noise and absolute threshold, *J. Opt. Soc. Am.* 46, 634–639.

Barlow, H. B. (1961). Possible principles underlying the transformation of sensory messages. In *Sensory Communication*, W. Rosenblith, ed., pp. 217–234 (MIT Press, Cambridge MA).

Barlow, H. B. (1972). Single units and sensation: A neuron doctrine for perception, *Perception* 1, 371–394.

Barlow, H. B. (1980). The absolute efficiency of perceptual decisions, *Philos. Trans. R. Soc. Lond. Ser. B* 290, 71–82.

Barlow, H. B. (1981). Critical limiting factors in the design of the eye and visual cortex, *Proc. R. Soc. Lond. Ser. B* 212, 1–34.

Barlow, H. B. (1982). What causes trichromacy? A theoretical analysis using combfiltered spectra, *Vision Res.* 22, 635–643.

Barlow, H. B. (1988). The thermal limit to seeing, *Nature* 334, 296–297.

Barlow, H. B., R. FitzHugh, and S. W. Kuffler (1957). Change of organization in the receptive fields of the cat's retina during dark adaptation *J. Physiol.* 137, 338–354.

Barlow, H. B., and W. Levick (1969). Three factors limiting the reliable detection of light by the retinal ganglion cells of the cat, *J. Physiol. (Lond.)* 200, 1–24

Barlow, H. B., W. R. Levick, M. Yoon (1971). Responses to single quanta of light in retinal ganglion cells of the cat, *Vision Res. Suppl.* 3, 87–101.

Barth, F. G., U. Wastl, J. A. C. Humphrey, and R. Devarkonda (1993). Dynamics of arthropod filiform hairs. II: Mechanical properties of spider trichobothria (*Cupiennius salei* Keys.), *Phil. Trans. R. Soc. Ser. B* 340, 445–461.

Baylor, D. A., and A. L. Hodgkin (1974). Changes in time course and sensitivity in turtle photoreceptors, *J. Physiol. (Lond.)* 242, 729–758.

Baylor, D. A., T. D. Lamb, and K.-W. Yau (1979a). The membrane current of single rod outer segments, *J. Physiol. (Lond.)* 288, 589–634.

Baylor, D. A., T. D. Lamb, and K.-W. Yau (1979b). Responses of retinal rods to single photons, *J. Physiol. (Lond.)* 288, 613–634.

Baylor, D. A., G. Matthews, and K.-W. Yau (1980). Two components of electrical dark noise in toad retinal rod outer segments, *J. Physiol. (Lond.)* 309, 591–621.

Baylor, D. A., B. J. Nunn, and J. F. Schnapf (1984). The photocurrent, noise and spectral sensitivity of rods of the monkey *Macaca fascicularis*, *J. Physiol. (Lond.)* 357, 575–607.

Becker, S. (1996). Mutual information maximization: Models of cortical self-organization, *Network* 7, 7–31 .

Bekkers, J. M., and C. F. Stevens (1994). The nature of quantal transmission at central excitatory synapses, *Advances in Second Messenger and Phosphoprotein Research* 29, 261–273.

Bell, A. J., and T. J. Sejnowski (1995). An information maximization approach to blind separation and blind deconvolution, *Neural Comp.* 6, 1129–1159.

Berg, H. C., and E. M. Purcell (1977). Physics of chemoreception, *Biophys. J.* 20, 193–219.

Bevensee, R. M. (1993). *Maximum Entropy Solutions to Scientific Problems* (Prentice Hall,

Englewood Cliffs).

Bialek, W. (1987). Physical limits to sensation and perception, *Ann. Rev. Biophys. Biophys. Chem.* 16, 455–478.

Bialek, W. (1990). Theoretical physics meets experimental neurobiology. In *1989 Lectures in Complex Systems, SFI Studies in the Sciences of Complexity, Lecture Vol. II*, E. Jen, ed., pp. 513–595 (Addison-Wesley, Menlo Park, CA).

Bialek, W (1992). Optimal signal processing in the nervous system. In *Princeton Lectures on Biophysics*, W. Bialek, ed., pp. 321–401 (World Scientific, Singapore).

Bialek, W., and M. DeWeese (1995). Random switching and optimal processing in the perception of ambiguous signals, *Phys. Rev. Lett.* 74, 3077–3080.

Bialek, W., M. DeWeese, F. Rieke, and D. Warland (1993). Bits and brains: Information flow in the nervous system, *Physica A* 200, 581–593.

Bialek, W., and W. G. Owen (1990). Temporal filtering in retinal bipolar cells: Elements of an optimal computation?, *Biophys. J.* 58, 1227–1233.

Bialek, W., F. Rieke, R. R. de Ruyter van Steveninck, and D. Warland (1990). Reading a neural code. In *Advances in Neural Information Processing Systems* 2, D. Touretzky, ed., pp. 36–43 (Morgan Kaufmann, San Mateo CA).

Bialek, W., F. Rieke, R. R. de Ruyter van Steveninck, and D. Warland (1991). Reading a neural code, *Science* 252, 1854–1857.

Bialek, W, D. L. Ruderman, and A.Zee (1991). Optimal sampling of natural images: A design principle for the visual system?. In *Advances in Neural Information Processing Systems* 3, R. P. Lippman, J. E. Moody, and D. S. Touretzky, eds., pp. 363–369 (Morgan Kaufmann, San Mateo CA).

Bialek, W., and A. Zee (1990). Coding and computation with neural spike trains, *J. Stat. Phys.* 59, 103–115.

Blake, A., H. H. Bülthoff, and D. Sheinberg (1993). Shape from texture—Ideal observers and human psychophysics, *Vision Res.* 33, 1723–1737.

Blum, K. I., and L. Abbott (1996). A model of spatial map formation in the hippocampus of the rat, *Neural Comp.*, 8, 85–93.

de Boer, E. (1976). On the residue and auditory pitch perception. In *Handbook of Sensory Physiology V/3: Auditory System. Clinical and Special Topics*, ed. W. D. Keidel and W. D. Neff, pp. 479–583 (Springer-Verlag, Berlin).

de Boer, E., and P. Kuyper (1968). Triggered correlation, *I. E. E. E. Trans. Biomed. Eng.* 15, 169–179.

Boring, E. G. (1942). *Sensation and Perception in the History of Experimental Psychology* (Appelton-Century, New York).

Born, M. (1949). *Natural Philosophy of Cause and Chance: being the Waynflete Lectures delivered in the College of St. Mary Magdalen, Oxford, in Hilary term, 1948* (Oxford University Press, Oxford).（日本語訳: 鈴木良治 (2016). 原因と偶然の自然哲学, 新装版.（みすず書房））

Borst, A., and M. Egelhaaf (1989). Principles of visual motion detection, *Trends. Neurosci.* 12, 297–306.

Bouman, M. A. (1961). History and present status of quantum theory in vision. In *Sensory Communication*, W. Rosenblith, ed., pp. 377–401 (MIT Press, Cambridge MA).

Brillouin, L. (1962). *Science and Information Theory* (Academic Press, New York).（日本語訳: 佐藤洋 (2022). 科学と情報理論, 新装版.（みすず書房））

Britten, K. H. et al. (1996). [K. H. Britten, W. T. Newsome, M. N. Shadlen, S. Celebrini, and J. A. Movshon] A relationship between behavioral choice and the visual responses of neurons in macaque Ml *Vis. Neurosci.* 13, 87–100.

Britten, K. H. et al. (1992). [M. N. Shadlen, W. T. Newsome, and J. A. Movshon] The analysis of visual motion: A comparison of neuronal and psychophysical performance, *J. Neurosci.* 12, 4745–4765.

Buchner, E. (1984). Behavioural analysis of spatial vision in insects. In *Photoreception and Vision in Invertebrates*, M. Ali, ed., pp. 561–622 (Plenum Press, New York).

Buck, B., and V. A. Macaulay, eds. (1991). *Maximum Entropy in Action: A Collection of Expository Essays* (Oxford University Press, Oxford).

Bullock, T. H. (1970). The reliability of neurons, *J. Gen. Physiol.* 55, 584–656.

Bullock, T.H. (1976). Redundancy and noise in the nervous system: Does the model based on unreliable neurons sell nature sort?. In *Electrobiology of Nerve, Synapse, and Muscle*, ed. J. Reuben, D. Purpura, M. V. L. Bennett, and E. Kandel, pp. 179–185 (Raven Press, New York).

Cajal, S. Ramón y (1909–11). *Histologie du systéme nerveux de l'homme er des vertébrés.* Edition francaise traduite de l'espagnol par L. Azoulay. (A. Maloine, Paris). Translated by N. Swanson and L. W Swanson, *Histology of the Nervous System of Man and Vertebrates* (Oxford University Press, New York, 1995).

Capranica, R. R. (1965). *The Evoked Vocal Response of the Bullfrog* (MIT Press, Cambridge, MA).

Capranica, R. R. (1968). The vocal repertoire of the bullfrog (*Rana catesbeiana*), *Behavior* 31, 302–325.

Carlin, G. (1978). Seven words you can never say on television. In *Indecent Exposure: Some of the Best of George Carlin*, Little David Records (Atlantic Recording, New York).

Carr, C. E. (1993). Processing of temporal information in the brain, *Ann. Rev. Neurosci.* 16, 223–243.

Carr, C. E., W. Heiligenberg and G. J. Rose (1986). A time-comparison circuit in the electric fish midbrain. I. Behavior and physiology, *J. Neurosci.* 6, 107–119.

Carr, C. E., and M. Konishi (1990). A circuit for detection of interaural time differences in the brain stem of the barn owl, *J. Neurosci.* 10, 3227–3246.

Castaing, B., G. Gunaratne, F. Heslot, L. Kadanoff, A. Libchaber, S. Thomae, X.-Z. Wu, S. Zaleski, and G. Zanetti (1989). Scaling of hard thermal turbulence in Rayleigh–Bénard convection, *J. Fluid Mech.* 209, 1–30.

Chittka, L., and R. Menzel (1992). The evolutionary adaptation of flower colours and the insect pollinators' colour vision, *J. Comp. Physiol. A* 171, 171–181.

Corbière-Tichané, G., and R. Loftus (1983). Antennal thermal receptors of the cave beetle, *Speophyes lucidulus* Delar.: II. Cold receptor response to slowly changing temperature, *J. Comp. Physiol.* 153, 343–351.

DeAngelis, G. C., I. Ohzawa, and R. D. Freeman (1995). Receptive field dynamics in the central visual pathways, *Trends Neurosci.* 18, 451–458.

Dear, S. P., J. Fritz, T. Haresign, M. Ferragamo, and J. A. Simmons (1993). Tonotopic and functional organization in the auditory cortex of the big brown bat, *Eptesicus fuscus*, *J. Neurophys.* 70, 1988–2009.

Dear, S. P., J. A. Simmons, J. Fritz (1993). A possible neuronal basis for representation of acoustic scenes in the auditory cortex of the big brown bat, *Nature* 364, 620–623.

DeFelice, L. J. (1981). *Introduction to Membrane Noise* (Plenum Press, New York).

DeVries, S. H., and D. A. Baylor (1997). Mosaic design of ganglion cell receptive fields in rabbit retina, *J. Pysiol.* 78, 2048–2060.

DeWeese, M. (1995). *Optimization Principles for the Neural Code*, Dessertation, Princeton University.

Dickinson, M. H. (1994). The effects of wing rotation on unsteady aerodynamic performance at low Reynolds numbers, *J. Exp. Biol.* 192, 179–206.

Dickinson, M. H., and K. G. Götz (1993). Unsteady aerodynamic performance of model wings at low Reynolds numbers, *J. Exp. Biol.* 174, 45–64.

Dill, M., R. Wolf and M. Heisenberg (1993). Visual pattern recognition in Drosophila involves retinotopic matching, *Nature* 365, 751–753.

Dill, M., and M. Heisenberg (1995). Visual pattern memory without shape recognition, *Phil. Trans. R. Soc. Lond. Ser. B* 349, 143–152.

Donchin, O., and W Bialek (1995). Notes on the reliability of coding in motor cortex, unpublished.

Donner, K. (1989). The absolute sensitivity of vision: Can a frog become a perfect detector of light induced and dark rod events?, *Phys. Scr.* 39, 133–140.

Earman, J. (1992). *Bayes or Bust?: A Critical Examination of Bayesian Confirmation Theory* (MIT Press, Cambridge MA).

Ebeling, W., and T. Pöschel (1994). Entropy and long-range correlations in literary english, *Europhys. Lett.* 26, 241–246.

Eckhorn, R., and B. Pöpel (1974). Rigorous and extended application of information theory to the afferent visual system of the cat I: Basicconcepts, *Kybernetik* 16, 191–200.

Eckhorn, R., and B. Pöpel (1975). Rigorous and extended application of information theory to the afferent visual system of the cat II: Experimental results, *Biol. Cybern.* 17, 7–17 .

Eggermont, J. J., P. I. M. Johannesma, and A. M. H. J. Aertsen (1983). Reverse-correlation methods in auditory research, *Q. Rev. Biophys.* 16, 341–414.

Eskandar, E. N., B. J. Richmond, and L. M. Optican (1992). Role of inferior temporal neurons in visual memory: I. Temporal encoding of information about visual images, recalled images, and behavioral context, *J. Neurophys.* 68, 1277–1295.

Evans, E. F. (1982). Functional anatomy of the auditory system. In The Senses, H. B. Barlow and J. D. Mollon, eds., pp. 251–306 (Cambridge University Press, Cambridge).

Fee, M., and D. Kleinfeld (1994). Neuronal responses in rat vibrissa cortex during behavior, *Soc. Neurosci. Abs.* 20, 26.

Feynman, R. P., and A. R. Hibbs (1965). *Path Integrals and Quantum Mechanics.* (McGraw Hill, New York).（日本語訳: 北原和夫 (2017). 量子力学と経路積分, 新版.（みすず書房））

Feynman, R. P., R. Leighton, and M. Sands (1963). *The Feynman Lectures on Physics* (Addison-Wesley, Reading MA).（日本語訳: 坪井忠二, 富山小太郎, 宮島龍興, 戸田盛和, 砂川重信 (1986, 2002). ファインマン物理学 1–5.（岩波書店））

Field, D. (1987). Relations between the statistics of natural images and the response properties of cortical cells, *J. Opt. Soc. Am. A* 4, 2379–2394.

FitzHugh, R. (1958). A statistical analyzer for optic nerve messages, *J. Gen. Physiol.* 41, 675–692.

Franceschini, N., A. Riehle, and A. le Nestour (1989). Directionally selective motion detection by insect neurons, in Facets of Vision, R. C. Hardie and D. G. Stavenga, eds., pp. 360–390 (Springer-Verlag, Berlin).

Frost, D. R., ed. (1985) *Amphibian Species of the World. A Taxonomic and Geographic Reference* (Allen Press, Lawrence KS).

Fuortes, M. G. F., and S. Yeandle (1964). Probability of occurrence of discrete potential waves in the eye of *Limulus*, *J. Gen. Physiol.* 47, 443–463.

Gabbiani, F., and C. Koch (1996). Coding of time-varying signals in spike trains of integrate-and-fire neurons with random threshold, *Neural Comp.* 8, 44–66.

Gallant, J., C. E. Connor, and D. C. van Essen (1994). Responses of visual cortical neurons in a monkey freely viewing natural scenes, *Soc. Neurosci. Abs.* 20, 838.

Geisler, W. (1984). Physical limits of acuity and hyperacuity, *J. Opt. Soc. Am. A* 1, 775–782.

Geisler, W. S., and K. D. Davila (1985). Ideal discriminators in spatial vision: Two-point stimuli, *J. Opt. Soc. Am.* 42, 1483–1497.

Georgopoulos, A. P., J. T. Lurito, M. Petrides, A. Schwartz and J. T. Massey (1989). Mental rotation of the population vector, *Science* 243, 234–236.

Georgopoulos, A. P., A. Schwartz and R. E. Kettner (1986). Neuronal population coding of movement direction, *Science* 233, 1416–1419.

Georgopoulos, A. P., M. Taira and A. Lukashin (1993). Cognitive neurophysiology of the motor cortex, *Science* 260, 47–52.

von Gersdorff, H., and G. Matthews (1994). Dynamics of synaptic vesicle fusion and membrane retrieval in synaptic terminals, *Nature* 367, 735–739.

Gielen, C. C. A. M., G. H. F. M. Hesselmans, and P. I. M. Johannesma (1988). Sensory interpretation of neural activity patterns, *Math. Biosci.* 88, 15–35.

Goldberg, J. M., and C. Fernandez (1971). Physiology of peripheral neurons innervating semicircular canals of the squirrel monkey. III: Variations among units in their discharge properties, *J. Neurophys.* 34, 676–684.

Goldstein, J. L. (1967). Auditory non-linearity, *J. Acoust. Soc. Am.* 41, 676–689.

Goldstein, J. L. (1973). An optimum processor theory for the central formation of the pitch of complex tones, *J. Acoust. Soc. Am.* 54, 1496–1516.

Goldstein, J. L., and P. Srulovicz (1977). Auditory-nerve spike intervals as an adequate basis for aural spectrum analysis. In *Psychophysics and Physiology of Hearing*, E. F. Evans and J. P. Wilson, eds., pp. 337–346.

Goldstein, J. L., A. Gerson, P. Srulovicz, and M. Furst (1978). Yerification of the optimal probabilistic basis for aural processing in pitch of complex tones, *J. Acoust. Soc. Am.* 63, 486–497.

Gollub, J. P., J. Clarke, M. Gharib, B. Lane, and O. N. Mesquita (1991). Fluctuations and transport with a mean gradient, *Phys. Rev. Lett.* 67, 3507–3510.

Golomb, D., D. Kleinfeld, R. C. Reid, R. M. Shapley and B. I. Shraiman (1994). On temporal codes and the spatiotemporal response of neurons in the lateral geniculate nucleus, *J. Neurophys.* 72, 2990–3003.

Gozani, S. N., and J. P. Miller (1994). Optimal discrimination and classification of neuronal action potential waveforms from multiunit, multichannel recordings using software-based linear filters, *I. E. E. E. Trans. Biomed. Eng.* 41, 358–372.

Green, D. M., and J. A. Swets (1966). *Signal Detection Theory and Psychophysics.* (Wiley, New York).

Griffin, D. R. (1958). *Listening in the Dark: The Acoustic Orientatton of Bats and Men* (Yale University Press, New Haven). Dover edition, 1974 (Dover, New York).

Gross, C. G., and J. Sergent (1992). Face recognition, *Curr. Opin. Neurobiol.* 2, 156–161.

Grzywacz, N. M., F. R. Amthor, and D. K. Merwine (1994). Directional hyperacuity in ganglion cells of the rabbit retina, *Vis. Neurosci.* 11, 1019–1025.

Gull, S. F., and G. J. Daniell (1978). Image reconstruction from incomplete and noisy data, *Nature* 27 2, 686–690.

Gutnick, M. J., and I. Mody, eds. (1995) *The Cortical Neuron* (Oxford University Press,

Oxford).

Hassenstein, S., and W. Reichardt (1956). Systemtheoretische Analyse der Zeit-, Reihenfolgen-, und Vorzeichenauswertung bei der Bewegungsperzeption des Rüsselkafers *Chlorophanus, Z. Naturforsch.* 11b, 513–524.

van Hateren, J.H. (1992). Real and optimal neural images in early vision, *Nature* 360, 68–70.

Hausen, K. (1984). The lobular complex of the fly: Structure, function, and significance in behavior. In *Photoreception and vision in invertebrates*, M. Ali, ed., pp. 523–559 (Plenum Press, New York).

Hausen, K. and M. Egelhaaf (1989). Neural mechanisms of visual course control in insects. In *Facets of Vision*, D. G. Stavenga and R. C. Hardie, eds., pp. 391–424 (Springer-Verlag, Berlin).

Hausen, K. and C. Wehrhahn (1983). Microsurgical lesion of horizontal cells changes optomotor yaw responses in the blowfly *Calliphora erythrocephala, Proc. R. Soc. Lond. B* 21, 211–216.

Hecht, S., S. Shlaer, and M. H. Pirenne (1942). Energy, quanta, and vision, *J. Gen. Physiol.* 25, 819–840.

Heisenberg, M., and R. Wolf (1984). *Vision in Drosophila: Genetics of Microbehavior* (Springer-Verlag, Berlin).

von Helmholtz, H. L. F. (1885). *On the Sensation of Tone as a Physiological Basis for the Theory of Music*, translated from the last German edition (1877) by A. J. Ellis (Longmans, London). Reprint, with an introduction by H. Margenau (Dover, New York, 1954).

Hille, B. (1992). *Ionic Channels of Excitable Membranes*, 2d ed. (Sinauer Associates, Sunderland MA).

Himstedt, W., and U. Grüsser-Cornehls (1976). The urodele visual system. In *The Amphibian Visual System*, K. V. Fite and W. F. Blair, eds., pp. 203–266 (Academic Press, New York).

Hodgkin, A. L., and A. F. Huxley (1952a). Currents carried by sodium and potassium ions through the membrane of the giant axon of *Loligo*, *J. Physiol.* 116, 449–472.

Hodgkin, A. L., and A. F. Huxley (1952b). The components of membrane conductance in the giant axon of *Loligo*, *J. Physiol.* 116, 473–496.

Hodgkin, A. L., and A. F. Huxley (1952c). The dual effect of membrane potential on sodium conductance in the giant axon of *Loligo*, *J. Physiol.* 116, 497–506.

Hodgkin, A. L., and A. F. Huxley (1952d). A quantitative description of membrane current and its application to conduction and excitation in nerve, *J. Physiol.* 117, 500–544.

Hodgkin, A. L., A. F. Huxley, W. Feldberg, W. A. H. Rushton, R. A. Gregory, and R. A. McCance (1977). *The Pursuit of Nature: Informal Essays on the History of Physiology* (Cambridge University Press, Cambridge).

Hodgkin, A. L., and W. A. H. Rushton (1946). The electrical constants of a crustacean nerve fibre, *Proc. R. Soc Lond. Ser. B* 133, 444–479.

Hopfield, J. J. (1995). Pattern recognition computation using action potential timing for stimulus representation, *Nature* 37 6, 33–36.

Horowitz, P., and W. Hill (1980). *The Art of Electonics* (Cambridge University Press, Cambridge).

Hubel, D. H., and T. N. Wiesel (1962). Receptive fields, binocular interaction and functional architecture in the cat's visual cortex, *J. Physiol. (Lond.)* 160, 106–154.

Hubel, D. H., and T. N. Wiesel (1977). Functional architecture of macaque monkey visual cortex, *Proc. R. Soc. Lond. Ser. B* 198, 1–59.

Huber, F., T. E. Moore, and W. Loher, eds. (1989). *Cricket Behavior and Neurobiology* (Comstock, Ithaca).

Humphrey, J. A. C., R. Devarkonda, I. Ingelssia, and F. G. Barth (1993). Dynamics of arthropod filiform hairs. I: Mathematical modelling of the hair and air motion, *Phil. Trans. R. Soc. Ser. B* 340, 423–444.

Jacobs, G. A., and R. Nevin (1991). Anatomical relationships between sensory afferent arborizations in the cricket cercal system, *Anat. Rec.* 231, 563–572.

Jan, L. Y., and Y. N. Jan (1994). Potassium channels and their evolving gates, *Nature* 371, 119–122.

Jaramillo, F., V. S. Markins and A. J. Hudspeth (1993). Auditory illusions and the single hair cell, *Nature* 364, 527–529.

Jaynes, E. T. (1983). *E. T. Jaynes: Papers on Probability, Statistics, and Statistical Physics.* R. D. Rosenkrantz, ed. (Kluwer Academic Publishers, Boston).

Johannesma, P. I. M. (1981). Neural representation of sensory stimuli and sensory interpretation of neural activity, *Adv. Physiol. Sci.* 30, 103–126.

Johnson, D. H. (1974). The response of single auditory nerve fibers in the cat to single tones: Synchrony and average discharge rate. Dissertation, Massachusetts Institute of Technology.

Kadanoff, L. P. (1966). Scaling laws for Ising models near T_c, *Physics* 2, 263–272.

Katz, B. (1966). *Nerve, Muscle, and Synapse.* (McGraw-Hill, New York)（日本語訳: 佐藤昌康（監訳), 千葉元丞, 山田和広 (1970). 神経・筋・シナプス.（医歯薬出版))

Kiang, N. Y.-S., T. Watanabe, E. C. Thomas, and L. F. Clark (1965) *Discharge patterns of Single Fibers in the Cat's Auditory Nerve* (MIT Press, Cambridge MA).

Kittel, C., and H. Kroemer (1980). *Thermal Physics*, 2d ed. (Freeman San Francisco).（日本語訳: 山下次郎, 福地充 (1983). 熱物理学, 第 2 版.（丸善出版))

Kjaea T. W., J. A. Hertz, and B. J. Richmond (1994). Decoding cortical neuronal signals: Network models, information estimation, and spatial tuning, *J. Comp. Neurosci.* 1, 109–139.

Klein, S. A., and D. M. Levi (1985). Hyperacuity thresholds of I sec: Theoretical predictions and empirical validation, J. Opt. Soc. Am. A 2, 1170–1190.

Knierem, J. J., and D. C. van Essen (1992). Neuronal responses to static textures in area V1 of the alert Macaque monkey, *J. Neurophys.* 67, 961–980.

Knudsen, E. L, S. du Lac, and S. D. Esterly (1987). Computational maps in the brain, *Ann. Rev. Neurosci.* 10, 41–65.

Kolmogoroff, A. (1939). Sur l'interpolation et extrapolations des suites stationnaires, *C. R. Acad. Sci. Paris* 208, 2043–2045.

Kolmogorov, A. N. (1941). Interpolation and extrapolation of stationary random sequences (in Russian), *Izv. Akad. Nauk. SSSR Ser. Mat.* 5, 3–14. English translation in *Selected Works of A. N. Kolmogorov, Volume II* A. N. Shiryagev, ed., pp. 272–280 (Kluwer Academic Publishers, Dordrecht, The Netherlands).

Kroese, A. B., J. M. van der Zalm, and J. van den Bercken (1978). Frequency response of the lateral-line organ of *Xenopus laevis*, *Pflugers Arch.* 375, 167–175.

Kuffler, S. W. (1953). Discharge patterns and functional organization of mammalian retina, *J. Neurophys.* 16, 37–68.

du Lac, S., and S. G. Lisberger (1995). Cellular processing of temporal information in medial vestibular nucleus neurons, *J. Neurosci.* 15, 8000–8010.

Land, M. F., and T. S. Collett (1974). Chasing behavior of houseflies (*Fannia canicularis*): A description and analysis, *J. Comp. Physiol.* 89, 331–357.

Landau, L. D., and E. M. Lifshitz (1969). *Statistical Physics*, Second revised and enlarged edition translated from the Russian by J. B. Sykes and M. J. Kearsley (Pergamon Press,

Oxford).（日本語訳: 小林秋男, 小川岩雄, 富永五郎, 浜田達二, 横田伊佐秋 (1983). 統計物理学（上）（下）, 第 3 版.（岩波書店））

Lass, Y., and M. Abeles (1975). Transmission of information by the axon. I: Noise and memory in the myelinated nerve fiber of the frog, *Biol. Cybern.* 19, 61–67.

Laughlin, S. B. (1981). A simple coding procedure enhances a neuron's information capacity, *Z. Naturforsch.* 36c, 910–912.

Lawson, J. L., and G. E. Uhlenbeck (1950). *Threshold Signals.* Massachusetts Institute of Technology Radiation Laboratory Series, vol. 24. (McGraw-Hill, New York).

Lee, B. B., C. Wehrhahn, G. Westheimer, and J. Kremer (1993). Macaque ganglion cell responses to stimuli which elicit hyperacuity in man: Detection of small displacements, *J. Neurosci.* 13, 1001–1009.

Lettvin, J. Y., H. R. Maturana, W. S. McCulloch, and W. H. Pitts (1959). What the frog's eye tells the frog's brain, *Proc. I. R. E.* 47, 1940–1951.

Lewis, E. R., E. L. Leverenz, and W. S. Bialek (1985). *The Vertebrate Inner Ear* (CRC Press, Boca Raton FL).

Lighthill, J. (1958). *An Introduction to Fourier Analysis and Generalized Functions* (Cambridge University Press, Cambridge).（日本語訳: 高見穎郎 (1975). フーリエ解析と超関数.（ダイヤモンド社））

Linsker, R. (1990). Perceptual neural organization: Some approaches based on network models and information theory, *Ann. Rev. Neurosci.* 13, 257–281.

Liu, Z. L., D. C. Knill, and D. Kersten (1995). Object classification for human and ideal observers, *Vision Res.* 35, 549–568.

Loftus, R., and G. Corbière-Tichané (1981). Antennal warm and cold receptors of the cave beetle, *Speophyes lucidulus* Delar., in sensilla with a lamellated dendrite: I. Response to sudden temperature change, *J. Comp. Physiol.* 143, 443–452.

Loftus, R., and G. Corbière-Tichané (1987). Response of antennal cold receptors of the catopid beetles, *Speophyes lucidulus* Delar. and *Choleva augustata* Fab. to very slowly changing temperature, *J. Comp. Physiol.* 161, 399–405.

Lucas, K. (1917). *The Conduction of the Nervous Impulse* (Longmans, London).

Ma, S.-K. (1976). *Modern Theory of Critical Phenomena* (W. A. Benjamin, Reading MA).

MacKay, D., and W S. McCulloch (1952). The limiting information capacity of a neuronal link, *Bull. Math. Biophys.* 14, 127–135.

Maddess, T., and S. B. Laughlin (1985). Adaptation of the movement sensitive neuron H1 is generated locally and governed by contrast frequency, *Proc. R. Soc. Lond. Ser. B* 225, 251–275.

Mafra-Neto, A., and R. T. Cardé (1994). Fine-scale structure of pheromone plumes modulates upwind orientation of flying moths *Nature* 369, 142–144.

Mainen, Z. F., and T. J. Sejnowski (1995). Reliability of spike timing in neocortical neurons, *Science* 268, 1503–1506.

Mallock, A. (1894). Insect sight and the defining power of compound eyes, *Proc. R. Soc. Lond. Ser. B* 55, 85–90.

Marmarelis, P. Z., and V. Z. Marmarelis (1978). *Analysis of physiological systems: The white-noise approach* (Plenum Press, New York).

Mathews, J., and R. L. Walker (1964). *Mathematical Methods of Physics* (W. A. Benjamin, New York).

McClurkin, J. W., et al. (1991a). [J. W. McClurkin, T. J. Gawne, L. M. Optican, and B. J. Richmond] Lateral geniculate neurons in behaving primates. II: Encoding of visual information in the temporal shape of the response, *J. Neurophys.* 66, 794–808.

McClurkin, J. W., et al. (1991b). [J. W. McClurkin, T. J. Gawne, B. J. Richmond, L. M. Optican, and D. L. Robinson] Lateral geniculate neurons in behaving primates. I: Responses to two dimensional stimuli, *J. Neurophys.* 66, 777–793.

McClurkin, J. W., et al. (1991c). [J. W. McClurkin, L. M. Optican, B. J. Richmond, and T. J. Gawne] concurrent processing and complexity of temporally encoded messages in visual perception, *Science* 253, 675–677.

McKee, S. P. (1991). The physical constraints on visual hyperacuity. In *Limits of Vision: Vision and Visual Dysfunction 5*, J. J. Kulikowski, V. Walsh, and I. J. Murray, eds., pp. 221–233 (CRC Press, Boca Raton FL).

Meinertzhagen, I. (1993). The synaptic populations of the fly's optic neuropil and their dynamic regulation-parallels with the vertebrate retina, *Proc. Retinal Res.* 12, 13–39.

Meister, M., L. Lagnado, and D. A. Baylor (1995). Concerted signaling by retinal ganglion cells, *Science* 270, 1207–1210.

Meister, M., J. Pine, and D. A. Baylor (1994). Multi-neuronal signals from the retina: Acquisition and analysis, *J. Neurosci. Meth.* 51, 95–106.

Menne, D., and H. Hackbarth (1986). Accuracy of distance measurement in the bat *Eptesicus fuscus*: Theoretical aspects and computer simulations, *J. Acoust. Soc. Am.* 79, 386–397.

Miller, G. A. (1956). The magical number seven, plus or minus two: Some limits on our capacity for processing information, *Psychol. Rev.* 63, 81–97.

Miller, J. P., G. A. Jacobs, F. E. Theunissen (1991). Representation of sensory information in the cricket cercal sensory system. I: Response properties of the primary interneurons, *J. Neurophys.* 66, 1680–1703.

Miller, M. I., and K. E. Mark (1992). A statistical study of cochlear nerve discharge patterns in response to complex speech stimuli, *J. Acoust. Soc. Am.* 92, 202–209.

Miller, M. I., and M. B. Sachs (1983). Representation of stop consonants in the discharge patterns of auditory-nerve fibers, *J. Acoust. Soc. Am.* 74, 502–517.

Miller, M. I., and M. B. Sachs (1984). Representation of voice pitch in discharge patterns of auditory-nerve fibers, *Hearing Res.* 14, 257–279.

Mollon, J. D., Estévez, O., and Cavonius, C. R. (1990). The two subsystems of colour vision and their rôles in wavelength discrimination. In *Vision: Coding and Efficiency*, C. Blakemore, ed., pp. 119–131 (Cambridge University Press, Cambridge)

Mountcastle, V. B. (1957). Modality and topographic properties of single neurons of cat's somatic sensory cortex, *J. Neurophys.* 20, 408–434.

Murlis, J., J. S. Elkinton, and R. T. Cardé (1992). Odor plumes and how insects use them, *Ann. Rev. Entomol.* 37, 505–532.

Narins, P. M., and E. R. Lewis (1984). The vertebrate inner ear as an exquisite seismic sensor, *J. Acoust. Soc. Am.* 76, 1384–1387.

Nelkin, I. (1995). On the structure of natural sounds, unpublished.

van Ness, F. L., and M. A. Bouman (1967). Spatial modulation transfer in the human eye, *J. Opt. Soc. Am.* 57, 401–406.

von Neumann, J. (1956). Probabilistic logics and the synthesis of reliable organisms from unreliable components, In *Automata Studies*, C. E. Shannon and J. McCarthy eds., pp. 43–98 (Princeton University Press, Princeton).（日本語訳: 柴田裕之 (2011). 計算機と脳.（筑摩書房））

von Neumann, J. (1958). *The Computer and the Brain.* (Yale University Press, New Haven CT).

Newsome, W. T., K. H. Britten, C. D. Salzman, and J. A. Movshon (1990). Neuronal mechanisms of motion perception, *Cold Spring Harbor Symp. Quant. Biol.* 55, 697–705.

Newsome, W T., and E. B. Paré (1988). A selective impairment of motion perception following lesions of the middle temporal visual area (MT), *J. Neurosci.* 8, 2201–2211.

Newsome, W. T., M. N. Shadlen, E. Zohary, K. H. Britten, and J. A. Movshon (1995). Visual motion: Linking neuronal activity to psychophysical performance. In *The Cognitive Neurosciences*, M. Gazzaniga, ed., pp. 401–414 (MIT Press, Cambridge MA).

Nunn, B. J., J. L. Schnapf, and D. A. Baylor (1984). Spectral sensitivity of single cones in the retina of *Macaca fascicularis*, *Nature* 309, 264–267.

O'Carroll, D. (1993). Feature-detecting neurones in dragonflies, *Nature* 362, 541–543.

O'Keefe, J., and L. Nadel (1978). *The Hippocampus as a Cognitive Map* (Oxford University Press, New York).

O'Keefe, J., and M. Recce (1993). Phase relationship between hippocampal place units and the EEG theta rhythm, *Hippocampus* 3, 317–330.

Optican, L. M., and B. J. Richmond (1987). Temporal encoding of two dimensional patterns by single units in primate inferior temporal cortex. III: Information theoretic analysis, *J. Neurophys.* 57, 162–178.

Panzeri, S., G. Biella, E. T. Rolls, W. E. Skaggs, and A. Treves (1996). Speed, noise, information and the graded nature of neuronal responses, *Network* 7, 365–370.

Papoulis, A. (1965). *Probability, Random Variables and Stochastic Processes* (McGraw-Hill, New York). (日本語訳: 中山謙二, 根本幾, 町田東一 (1992). 確率とランダム変数. (東海大学出版会))

Parker, A. J., and M. J. Hawken (1985). Capabilities of monkey cortical cells in spatial-resolution tasks, *J. Opt. Soc. Am. A* 2, 1101–1114.

Pera, M. (1986). *La rana ambigua* (Giuilio Einaudi editore, Torino). Translated by J. Mandelbaum, *The Ambiguous Frog: The Galvani–Volta Controversy on Animal Electricity* (Pinceton University Press, Princeton, 1992).

Perkel, D. H., and T. H. Bullock (1968). Neural coding, *Neurosci. Res. Proc. Sum.* 3, 405–527.

Pippard, A. B. (1985). *Response and Stability: An Introduction to the Physical Theory* (Cambridge University Press, Cambridge). (日本語訳: 加藤鞆一 (1988). 自然の応答と安定性: 現代物理学への招待. (共立出版))

Poggio, T., and W. Reichardt (1976). Visual control of orientation behavior in the fly. Part II. Towards the underlying neural interactions, *Q. Rev. Biophys.* 9, 377–438.

Potters, M., and W. Bialek (1994). Statistical mechanics and visual signal processing. *J. Phys. I France* 4, 1755–1775.

Press, W. H., B. P. Flanney, S. A. Teukolsky, and W. T. Vetterling (1992). *Numerical Recipes in C: The Art of Scientific Computing*, 2d ed. (Cambridge University Press, Cambridge). (日本語訳: 丹慶勝市, 佐藤俊郎, 奥村晴彦, 小林誠 (1993). ニューメリカルレシピ・イン・シー: C 言語による数値計算のレシピ, 日本語版. (技術評論社))

Pumphrey, R. J. (1940). Hearing in insects, *Biol. Reviews* 15, 107–132.

Ratliff F., ed. (1974). *Studies on Excitation and Inhibiton in the Retina* (Rockefeller University Press, New York).

Reichardt, W., and T. Poggio (1976). Visual control of orientation behavior in the fly. Part I: A quantitative analysis, *Q. Rev. Biophys.* 9, 311–375.

Reid, R. C., and R. M. Shapley (1992). Spatial structure of cone inputs to receptive fields in primate lateral geniculate nucleus, *Nature* 356, 716–718.

Reid, R. C., R. E. Soodak, and R. M. Shapley (1991). Directional selectivity and spatiotemporal structure of receptive fields of simple cells in cat striate cortex, *J. Neurophys.* 66,

505–529.

Rice, S. O. (1944–45). Mathematical analysis of random noise, *Bell Sys. Tech. J.* 23, 1–51; 24, 52–162. (reprinted in Wax 1954).

Richmond, B. J., and L. M. Optican (1987). Temporal encoding of two dimensional patterns by single units in primate inferior temporal cortex. II: Quantification of response waveform, J. Neurophys. 57, 147–161.

Richmond, B. J., and L. M. Optican (1990). Temporal encoding of two dimensional patterns by single units in primate primary visual cortex. II: Information transmission, *J. Neurophys.* 64, 370–380.

Richmond, B. J., L. M. Optican, and H. Spitzer (1990). Temporal encoding of two dimensional patterns by single units in primate primary visual cortex. I: stimulus–response relations, *J. Neurophys.* 64, 351–369.

Richmond, B. J., L. M. Optican, M. Podell, and H. Spitzer (1987). Temporal encoding of two dimensional patterns by single units in primate inferior temporal cortex. I: Response characteristics, *J. Neurophys.* 57, 132–146.

Rieke, F. (1991). Physical Principles Underlying Sensory Processing and Computation. Dissertation, University of California at Berkeley.

Rieke, F., D. Bodnar, and W. Bialek (1992). Coding of natural sound stimuli by the bullfrog auditory nerve: Phase, amplitude and information rates. In *Proceedings of the Third International Congress of Neuroethology*, abstract 153.

Rieke, F., D. Bodnar, and W. Bialek (1995). Naturalistic stimuli increase the rate and efficiency of information transmission by primary auditory neurons, *Proc. R. Soc. Lond. Ser. B* 262, 259–265.

Rieke, F., W. C. Owen, and W Bialek (1991). Optimal filtering in the salamander retina. In *Advances in Neural Information Processing Systems 3*, J. E. Moody, S. J. Hanson, and R. P. Lippmann, eds., pp. 377–383 (Morgan Kaufmann, San Mateo CA).

Rieke, F., D. Warland, and W. Bialek (1993). Coding efficiency and information rates in sensory neurons, *Europhys. Lett.* 22, 151–156.

Rieke, F., et al. (1996). [F. Rieke, D. Warland, R. R. de Ruyter van Steveninck, and W. Bialek] Optimal processing of visual movement signals: Theory and experiments in the blowfly, unpublished.

Rieke, F., et al. (1992). [F. Rieke, W Yamada, K. Moortgat, E. R. Lewis, and W. Bialek] Real-time coding of complex signals in the auditory nerve, in *Auditory physiology and Perception: Proceedings of the 9th International Symposium on Hearing*, Y. Cazals, L. Demany, and K. Homer, eds., pp. 315–322 (Elsevier, Amsterdam).

Roberts, A., and B. M. H. Bush, eds. (1981). *Neurones Without Impulses: Their significance for vertebrate and invertebrate nervous systems* (Cambridge University Press, Cambridge).

Roeder, K. D. (1963). *Nerve Cells and Insect Behavior* (Harvard University Press, Cambridge MA).

Roeder, K. D., and R. S. Payne (1966). Acoustic orientation of a moth in flight by means of two sense cells, *Symp. Soc. Exp. Biol.* 20, 251–272.

Roeder, K. D., and A. E. Treat (1957). Ultrasonic reception by the tympanic organ of noctuid moths, *J. Exp. Zool.* 134, 127–157.

Roeder, K. D., and A. E. Treat (1961). The detection and evasion of bats by moths, *Am. Scientist* 49, 135–148.

Rolls, E. T., and M. J. Tovee (1994). Processing speed in the cerebral cortex and the neurophysiology of visual masking, *Proc. R. Soc. Lond. Ser. B* 257, 9–15.

Rose, A. (1948). The sensitivity performance of the human eye on an absolute scale, *J. Opt. Soc. Am.* 38, 196–208.

Rose, J. E., J. F. Brugge, D. J. Anderson, and J. E. Hind (1967). Phase-locked response to low-frequency tones in single auditory nerve fibers of the squirrel monkey, *J. Neurophys.* 30, 769–793.

Rose, G., and W. Heiligenberg (1985). Temporal hyperacuity in the electric sense of fish, *Nature* 318. 178–180.

Ruderman, D. L. (1993). Natural Ensembles and Sensory Signal Processing. Disseration, University of California at Berkeley.

Ruderman, D. L., and W. Bialek (1994). Statistics of natural images: Scaling in the woods, *Phys. Rev. Lett.* 73, 814–817.

de Ruyter van Steveninck, R. R. (1986). Real-time Performance of a Movement-sensitive Neuron in the Blowfly Visual System. Academisch Proefschrift, Rijksuniversiteit Groningen.

de Ruyter van Steveninck, R., and W. Bialek (1988). Real-time performance of a movement-sensitive neuron in the blowfly visual system: Coding and information transfer in short spike sequences, *Proc. R. Soc. Lond. Ser. B* 234, 379–414.

de Ruyter van Steveninck, R. R., and W. Bialek (1992). Statistical reliability of a blowfly movement-sensitive neuron. In *Advances in Neural Information Processing Systems 4*, R. Lippmann, J. Moody, and D. Touretzky, eds., pp. 27–34 (Morgan Kaufmann, San Mateo CA).

de Ruyter van Steveninck, R. R., and W. Bialek (1995). Reliability and statistical efficiency of a blowfly movement-sensitive neuron, *Phil. Trans. R. Soc. Lond. Ser. B* 348, 321–340.

de Ruyter van Steveninck, R. R., W. Bialek, and W. H. Zaagman (1984). Vernier movement discrimination with three spikes from one neuron, *Perception* 13, A47–48.

de Ruyter van Steveninck, R. R., W. Bialek, M. Potters, and R. H. Carlson (1994). Statistical adaptation and optimal estimation in movement computation by the blowfly visual system, *Proceedings of the 1994 I. E. E. E. Conference on Systems, Man and Cybernetics*, pp. 302–307.

de Ruyter van Steveninck, R. R., W. Bialek, M. Potters, R. H. Carlson, and G. D. Lewen (1996). Adaptive movement computation by the blowfly visual system. In *Natural and Artificial Parallel Computation: Proceedings of the Fifth NEC Research Symposium*, D. L. Waltz, ed., pp.21–41 (SIAM, Philadelphia)

de Ruyter van Steveninck, R. R., and S. B. Laughlin (1996a). The rate of information transfer at graded-potential synapses, *Nature* 379, 642–645.

de Ruyter van Steveninck, R. R., and S. B. Laughlin (1996b). Light adaptation and reliability in blowfly photoreceptors, *Int. J. Neural Sys.* in press.

de Ruyter van Steveninck, R. R., W. H. Zaagman and H. Mastebroek (1986). Adaptation of transient responses of a movement-sensitive neuron in the visual system of the blowfly *Calliphora erythrocephala*, *Biol. Cybern.* 54, 223–236.

Sachs, M. B., and E. D. Young (1980). Effects of nonlinearities on speech encoding in the auditory nerve. *J. Acoust. Soc. Am.* 69, 858–875.

Sakai, H. M. (1992). White-noise analysis in neurophysiology, *Physiol. Rev.* 72, 491–505.

Sakitt, B. (1972). Counting every quantum, *J. Physiol. (Lond.)* 223, 131–150.

Sakmann, B., and E. Neher, eds. (1983). *Single Channel Recording* (Plenum Press, New York).

Salinas, E., and L. Abbott (1994). Vector reconstruction from firing rates, *J. Comp. Neurosci.* 1, 89–107.

Salzman, C. D., K. H. Britten, and W. T. Newsome (1990). Cortical microstimulation influences perceptual judgements of motion direction, *Nature* 346, 174–177. Erratum 346, 589.

Salzman, C. D., C. M. Murasagi, K. H. Britten, and W. T. Newsome (1992). Microstimulation in visual area MT: Effects on direction discrimination performance, *J. Neurosci.* 12, 2331–2355.

Schnapf, J. L., B. J. Nunn, M. Meister, and D. A. Baylor (1990). Visual transduction in cones ofthe monkey *Macaca fascicularis*, *J. Physiol. (Lond.)* 427, 681–713.

Schwartz, J. J., and A. M. Simmons (1990). Encoding of a spectrally-complex communication sound in the bullfrog's auditory nerve, *J. Comp. Physiol. A* 166, 489–499.

Segundo, J. P., G. P. Moore, L. J. Stensaas, and T. H. Bullock (1963). Sensitivity of neurones in *Aplysia* to temporal pattern of arriving impulses, *J. Exp. Biol.* 40, 643–667.

Seung, H. S., and H. Sompolinsky (1993). Simple models for reading neuronal population codes, *Proc. Nat. Acad. Sci. USA* 90, 10749–10753.

Shannon, C. E. (1948). A mathematical theory of communciation, *Bell Sys. Tech. J.* 27, 379–423, 623–656 (reprinted in Shannon and Weaver 1949).

Shannon, C.E. (1949). Communication in the presence of noise, *Proc. I. R. E.* 37, 10–21.

Shannon, C. E. (1951). Prediction and entropy of printed English, *Bell Sys. Tech. J.* 30, 50–64.

Shannon, C. E., and W. Weaver (1949). *The Mathematical Theory of Communication* (University of Illinois Press, Urbana).（日本語訳: 植松友彦 (2009). 通信の数学的理論.（筑摩書房））

Shapley, R. M., and J. D. Victor (1986) Hyperacuity in cat retinal ganglion cells, *Science* 231, 999–1002.

Shraiman, B. I., and E. D. Siggia (1994). Lagrangian path integrals and fluctuations in random flow, *Phys. Rev. E* 49, 2912–2927 .

Siebert, W. M. (1965). Some implications of the stochastic behavior of primary auditory neurons, *Kybernetik* 2, 206–215.

Siebert, W. M. (1970). Frequency discrimination in the auditory system: Place or periodicity mechanisms?, *Proc. I. E. E. E.* 58, 723–730.

Simmons, A. M., and M. Ferragamo (1993). Periodicity extraction in the anuran auditory nerve. I: "Pitch-shift" effects, *J. Comp. Physiol. A* 172, 57–69.

Simmons, A. M., G. Reese, M. Ferragamo (1993). Periodicity extraction in the anuran auditory nerve. II: Phase and temporal fine structure, *J. Acoust. Soc. Am.* 93, 3374–3389.

Simmons, J. A. (1979). Perception of echo phase information in bat sonar, *Science* 204, 1336–1338.

Simmons, J. A. (1989). A view of the world through the bat's ear: The formation of acoustic images in echolocation, *Cognition* 33, 155–199.

Simmons, J. A., M. Ferragamo, C. F. Moss, S. B. Stevenson, and R. A. Altes (1990). Discrimination of jittered sonar echoes by the echolocating bat, *Eptesicus fuscus*: The shape of target images in echolocation, *J. Comp. Physiol. A* 167, 589–616.

Skilling, J., ed. (1989). *Maximum Entropy and Bayesian Methods: Proceedings of the Eighth Maximum Entropy Workshop at St. John's College, Cambridge, 1988* (Kluwer Academic Publishers, Boston).

Smakman, J. G. J., J. H. van Hateren, and D. G. Stavenga (1984). Angular sensitivity of blowfly phoreceptors: Intracellular measurements and wave-optical predictions, *J. Comp. Physiol. A* 155, 239–247.

Smirnakis, S., D. Warland, W. Bialek, and M. Meister (1995). Tiger salamander retina adapts to temporal contrast modulation to improve coding efficiency, *Invest. Ophthalmol. Vis. Sci. (Suppl.)* 36, 624.

Smirnakis, S., M. Berry, D. Warland, W. Bialek, and M. Meister (1997). Retinal processing adapts dynamically to image contrast, Nature 386, 69–73.

Snyder, A. W., D. S. Stavenga, and S. B. Laughlin (1977). Spatial information capacity of compound eyes, *J. Comp. Physiol.* 116, 183–207.

Srinivasan, M. V., S. B. Laughlin, and A. Dubs (1982). Predictive coding: A fresh view of inhibition in the retina *Proc. R. Soc. Lond. Ser. B* 216, 427–459.

Srulovicz, P., and J. L. Goldstein (1983). A central spectrum model: A synthesis of auditory-nerve timing and place cues in monoaural communication of frequency spectrum, *J. Acoust. Soc. Am.* 73, 1266–1276.

Strong, S. P., R. Koberle, R. R. de Ruyter van Steveninck, and W. Bialek (1998). Entropy and information in neural spike trains, Phys. Rev. Lett. 80, 197–200.

Strutt, J. W., Baron Rayleigh (1877–78). *The Theory of Sound* (Macmillan, London); Reprint, from the 2d ed., revised and enlarged, with an introduction by R. Bruce Lindsay (Dover, New York, 1945).

Surlykke, A. (1984). Hearing in notodontid moths: A tympanic organ with a single auditory neurone. *J. Exp. Biol.* 113, 323–335.

Swindale, N. V., and M. S. Cynader (1986). Vernier acuity in cat visual cortex, *Nature* 319, 591–593.

Teich, M. C. (1989). Fractal character of the auditory neural spike train, *I. E. E. E. Trans. Biomed. Eng.* 36, 150–160.

Teich, M. C., D. H. Johnson, A. R. Kumar, and R. C. Turcott (1990). Rate fluctuations and fractional power law noise recorded from cells in the lower auditory pathway of the cat, *Hearing Res.* 46, 41–52.

Teich, M. C., and S. M. Khanna (1985). Pulse number distribution for the neural spike train in the cat's auditory nerve, *J. Acoust. Soc. Am.* 77, 1110–1128.

Teich, M. C., P. R. Prucnal, G. Vannucci, M. E. Breton, and W. J. McGill (1982a). Multiplication noise in the human visual system at threshold. I: Quantum fluctuations and the minimum detectable energy, *J. Opt. Soc. Am.* 72, 419–431 .

Teich, M. C., P. R. Prucnal, G. Vannucci, M. E. Breton, and W. J. Mccill (1982b). Multiplication noise in the human visual system at threshold. III: The role of non-Poisson quantum fluctuations, *Biol. Cybern.* 44, 157–165.

Theunissen, F. (1993). An Investigation of Sensory Coding Principles Using Advanced Statistical Techniques. Dissertation, University of California at Berkeley.

Theunissen, F., and J. P. Miller (1991). Representation of sensory information in the cricket cercal sensory system. II: Information theoretic calculation of system accuracy and optimal tuning curve widths of four primary interneurons, J. Neurophys. 66, 1690–1703.

Thorpe, S. J. (1990). Spike arrival times: A highly efficient coding scheme for neural networks. ln Parallel Processing in Neural Systems, R. Eckmiller, G. Hartman, and G. Hauske, eds., pp. 9l–94 (Elsevier, Amsterdam).

Thorpe, S., D. Fize, and C. Marlot (1996). Speed of processing in the human visual system, *Nature* 381, 520–522.

Tolhurst, D. J., Y. Tadmor, and T. Chao (1992). Amplitude spectra of natural images, *Ophthal. Physiol. Opt.* 12, 229–232.

Tovee, M. J., E. T. Rolls, A. Treves and R. P. Bellis (1993). Information encoding and the responses of single neurons in the primate temporal visual cortex, *J. Neurophys.* 70, 640–654.

Trappe, M. (1982). Verhalten und Echoortung der Grossen Hufeisennase (*Rhinolophus ferrumequinum*) beim Insektenfang. Dissertation, Universität Marburg.

Treves, A., and S. Panzeri (1995). The upward bias in information derived from limited data samples, *Neural Comp.* 7, 399–407.

Troy, J. 8., and J. G. Robson (1992). Steady discharges of X and Y retinal ganglion cells of cat under photopic illuminance, *Vis. Neurosci.* 9, 535–553.

Valbo, A. B. (1995). Single afferent neurons and somatic sensation in humans. In *The Cognitive Neurosciences*, M. Gazzaniga, ed., pp. 237–252 (MIT Press, Cambridge, MA).

van der Velden, H. A. (1944). Over het aantal lichtquanta dat nodig is voor een lichtprikkel bij het menselijk oog, *Physica* 11, 179–189.

Verveen, A. A. (1961). Fluctuation in excitability: Research report on signal transmission in nerve fibers. Disseration, Netherlands Central Institute for Brain Research, Amsterdam.

Vickers, N. J., and T. C. Baker (1994). Reiterative responses to single strands of odor promote sustained upwind flight and odor source location by moths, *Proc. Nat. Acad. Sci. USA* 91, 5756–5760.

Volterra, V. (1930). Theory of Functionals and of Integral and Integro-differential Equations (Blackwell Scientific, London). Reprint, with a preface by G. C. Evans (Dover, New York, 1959).

Voss, R. F., and J. Clarke (1977). l/f noise in music and speech, *Nature* 258, 317–318.

de Vries, Hl. (1943). The quantum character of light and its bearing upon threshold of vision, the differential sensitivity and visual acuity of the eye, *Physica* 10, 553–564.

Wagner, H. (1986a). Flight performance and visual control of flight in the free-flying house fly (*Musca domestica L.*). I: Organization of the flight motor, *Phil. Trans. R. Soc. Lond. Ser. B* 312, 527–551.

Wagner, H. (1986b). Flight performance and visual control of flight in the free-flying house fly (*Musca domestica L.*). II: Pursuit of targets, *Phil. Trans. R. Soc. Lond. Ser. B* 312, 553–579.

Wagner, H. (1986c). Flight performance and visual control of flight in the free-flying house fly (*Musca domestica L.*). III: Interactions between angular movement induced by wide- and small-field stimuli, *Phil. Trans. R. Soc. Lond. Ser. B* 312, 581–595.

Warland, D. (1991). Reading Between the Spikes: Real-Time Processing in Neural Systems. Dissertation, University of California at Berkeley.

Warland, D., M. Landolfa, J. P. Miller, and W. Bialek (1992). Reading between the spikes in the cercal filiform hair receptors of the cricket. In *Analysis and Modeling of Neural Systems*, F. Eeckman, ed., pp. 327–333 (Kluwer Academic Publishers, Boston).

Warland, D., and M. Meister (1993). The decoding of multi-neuronal signals from the retina, *Soc. Neurosci. Abs. 1993*, 1258.

Warland, D., and M. Meister (1995). Multi-neuronal firing patterns among retinal ganglion cells encode spatial information, *Invest. Opthalmol. Vis. Sci. Suppl.* 36, 932.

Wax, N., ed. (1954). *Selected Papers on Noise and Stochastic Processes* (Dover, New York).

Weinberg, S. (1983). *The Discovery of Subatomic Particles* (W. H. Freeman, San Francisco). （日本語訳: 本間三郎 (2006). 電子と原子核の発見: 20 世紀物理学を築いた人々, 新版. (筑摩書房)）

Weiss, T. F. (1966). A model of the auditory periphery, *Kybernetik* 4, 153–175.

Werner, G., and V. B. Mountcastle (1965). Neural activity in mechanoreceptive cutaneous afferents: Stimulus–response relations, Weber functions, and information transmission, *J. Neurophys.* 28, 359–397.

Wessel, R., C. Koch, and F. Gabbiani (1996). Coding of time-varying electric field amplitude modulations in a wave-type electric fish, *J. Neurophys.* 75, 2280–2293.

Westheimer, G. (1981). Visual hyperacuity, *Prog. Sens. Physiol.* 1, 1–30.

Wever, E. G. (1949). *Theory of Hearing* (John Wiley and Sons, New York).

Wiener, N. (1949). *Extrapolation, Interpolation and Smoothing of Time Series* (Wiley, New York).

Wiener, N. (1958). *Nonlinear Problems in Random Theory* (MIT Press, Cambridge MA).

Wilson, K. G. (1975). The renormalization group, critical phenomena, and the Kondo problem, *Revs. Mod. Phys.* 47, 773–840.

Wilson, K. G. (1983). The renormalization group and critical phenomena, *Revs. Mod. Phys.* 55, 583–600.

Wilson, M. A., and B. L. McNaughton (1993). Dynamics of the hippocampal code for space, *Science* 261, 1055–1058.

Winslow, R. L., P. E. Barta and M. B. Sachs (1987). Rate coding in the auditory nerve. In *Auditory Processing of Complex Sounds*, W. A. Yost and C. S. Watson, eds., pp. 212–224 (Erlbaum, Hillsdale NJ).

Wolf R., and M. Heisenberg (1990). Visual control of straight flight in *Drosophila melanogaster*, *J. Comp. Physiol. A* 167, 269–283.

Young, E. D., and M. B. Sachs (1979). Representation of steady-state vowels in the temporal aspects of the discharge patterns of auditory-nerve fibers, *J. Acoust. Soc. Am.* 66, 1381–1403.

Zaagman, W. H., H. A. K. Mastebroek, and J. W. Kuiper (1978). On the correlation model: Performance of a movement-detecting neural element in the fly visual system, *Biol. Cybern.* 31, 163–168.

Zaagman, W. H., H. A. K. Mastebroek, and R. R. de Ruyrer van Steveninck (1983). Adaptive strategies in fly vision: On their image processing qualities, *I. E. E. E. Trans. Sys. Man Cybern.* 13, 900–906.

Zohary, E., P. Hillman, and S. Hochstein (1990). Time course of perceptual discrimination and single neuron reliability, *Biol. Cybern.* 62, 475–486.

Zohary, E., M. N. Shadlen, and W. T. Newsome (1994). Correlated neuronal discharge rate and its implication for psychophysical performance, *Nature* 370, 140–143.

索引

さ 行

た 行

な 行

は 行

ま 行

や 行

ら 行

訳者略歴

山﨑　匡（やまざき・ただし）
電気通信大学大学院情報理工学研究科情報・ネットワーク工学専攻准教授．専門は神経科学，シミュレーション科学．スーパーコンピュータを駆使して，小脳を中心とした脳全体の学習メカニズムを解明しようとしている．研究室は NumericalBrain.Org（https://numerical-brain.org/）．日本神経回路学会，日本神経科学学会，Society for Neuroscience 各会員．博士（理学）．

倉重宏樹（くらしげ・ひろき）
東海大学情報通信学研究科情報通信学専攻講師．専門は認知神経科学，計算論的神経科学．記憶・学習の脳基盤の解明を目指す研究や AI を用いて脳の情報処理を探る研究を行っている．日本神経回路学会，日本神経科学学会，Society for Neuroscience 各会員．博士（工学）．

神経コーディング

2024 年 11 月 22 日　第 1 版第 1 刷発行

訳者　山﨑匡・倉重宏樹

編集担当　宮地亮介（森北出版）
編集責任　富井晃（森北出版）
組版　中央印刷
印刷　同
製本　協栄製本

発行者　森北博巳
発行所　森北出版株式会社
〒102-0071　東京都千代田区富士見 1-4-11
03-3265-8342（営業・宣伝マネジメント部）
https://www.morikita.co.jp/

Printed in Japan
ISBN978-4-627-85081-1

MEMO

MEMO

MEMO

MEMO

MEMO